U0799404

代表作

徐

徐国栋代表作

徐国栋 著

民法对象研究

法律出版社

徐国栋 湖南省益阳市人。1977年，中学毕业后农村插队。1978年，为逃离农村考入西南政法学院，毕业后分配到江西大学法律系教民事诉讼法。1984年，为解决夫妻分居问题考入中国政法大学攻读民法硕士。1987年，因为舍不得离开北京又考入中国社会科学院研究生院攻读民法博士。同时在中南政法学院分房并领工资。1997年年底起，放洋意大利两年，尔后回到中南政法学院教书。2000年，因向往大海调往厦门大学任教至今。其间先后访学于意大利罗马二大（2010年、2014年）、美国哥伦比亚大学（2002~2003年）、意大利米兰大学（2013年）。担任罗马法与共同法研究会会长，并担任中国外国法制史研究会副会长。享受国务院颁发的政府特殊津贴。主要著作有：《民法基本原则解释——成文法局限性之克服》（中国政法大学出版社1992年版）；《罗马私法要论——文本与分析》（科学出版社2007年版）；《民法哲学》（中国法制出版社2009年版）、《优士丁尼<法学阶梯>评注》（北京大学出版社2011年版）、《罗马公法要论》（北京大学出版社2014年版）。主编《绿色民法典草案》，开创了生态学的民法观念，为我国的相应立法实践提供理论指导，成为学界和立法界广为参考的三大私家民法典草案之一。目前的研究对象为罗马商法和罗马国际法。

序　言

2013 年 5 月底在长沙参加第五届湘籍法学家联谊会，与丁小宣老友重逢，得知法律出版社可以为我出一部代表作集，题目自定，篇幅为三十万字。从此我开始琢磨如何组织这本书。到目前，我已发表论文两百篇，论题既有公法性的，也有私法性的；既有法史性的，也有实在法性的，如果没有专题，只以文章影响力大为选择标准，必然导致全书无统一的主题的缺陷。于是，我决定以专题为标准选择论文，最后确定的专题是民法对象理论研究。如此确定的理由，一是我发表过篇幅达三十万字论文的只有这个专题；二是这是一个我喜爱的专题。几年前，我就在自己的电脑中建立了“民法对象研究”的文件夹，更早的时候，我有过一部这一领域的专著的草稿，它最后未以书的形式出版，而是拆开后加以扩充，以论文形式次第发表。正因为有这样的积累和化整为零的过程，我才得以有二十三篇有关论文收入本书。

可以说，是民法调整对象问题把我带入了民法专业。1983 年，我以江西大学法律系民诉法教师的身份参加在西南政法学院举行的司法部民诉法师资进修班。与此班同时开班的有司法部民法师资进修班，我的大学同班同学孙波参加了此班，在闲谈中他把佟柔老师在这个班上讲的让他折服的民法调整对象理论（表现的是我后来批判的商品经济的民法观）转述给我，也让我着迷，由此我最终转入民法专业。入行以后，我把民法调整对象问题作为我的第一兴趣点。从本书收录论文的发表时间来看，我第一篇这方面的论文《市民社会与市民法——民法的调整对象研究》发表于 1993 年，最后一篇这方面的论文《论民事屈从关系——以菲尔麦命题为中心》发表于 2011 年，也就是说，我就民法对象问题的写作持续了至少十八年，伴随着我的大半个学术生涯。在这一过程中,曾让我着迷的佟柔老师的民法调整对象理论被我破毁,全世界各国或明或暗的民法调整对象理论被我挖掘出来并加以分析,结果是——佟柔老师的民法调整对象理论于我曾是整个世界,现在它变成了沧海中的一粟。

民法调整对象问题也是让我国民法学界乃至苏联民法学界着迷的问题,因为它是民法的"天字第一号"问题,也就是"民法是什么、干什么"的问题。在我国,围绕这个问题曾发生过三次全国性的讨论,其成果被编成专题文集,本书收录了对这些讨论的综述。可惜它们是围绕着苏联人划定的框框在官方意识形态的框架内进行的,当我把对民法对象研究的视野放大到全世界并追溯到罗马法后,发现它们多属于红色经院讨论,现在可用的成分不多。我因此为民法调整对象问题在我国的学术史悲伤,导致我懒得把写成多年的关于这些讨论的综述发表(今番为求信息全面将其收入本书发表)。本书体现的民法对象理论与这些先前的讨论无甚关系,基本上是基于新的资讯来源和新的思考方式打造的新理论。所以,传统的"民法调整对象"问题,在本书中变成了"民法对象问题"。因为在我看来,民法的工作不仅有"调整",而且还有"确定",后一工作让民法具有公法性。如果说,过去的所谓"民法调整对象"理论基于民法的私法性假设进行,我的"民法对象"理论就是基于民法的公私法混合法假设进行的了。所幸的是,这样的改变并非无据,德文中有私法的对象(Gegenstand des Privatrechts)或民法的对象(Gegenstand des bürgerliche Rechts)之术语。[1] 法文中亦如是,有民法的对象(objet du droit civil)术语,[2]可能是从德文翻译过来的。此外,罗马尼亚语中有民法典的对象(Obiectul Codului civil)之表达。[3] 最后,俄文中也讲"民法的对象"而非"调整对象"。[4] 在这四个例子中,都只讲民法(典)的对象,不讲民法(典)的调整对象。

苏州大学的方新军教授看了上面关于民法对象的德文表述的文字后或许会大呼:Gegenstand des Privatrechts 不就是私法的标的吗? 方新军教

〔1〕 Vgl. Bernhard Windscheid, Lehrbuch des Pandektenrechts, Düsseldorf, 1862, Seit 36.

〔2〕 Voir Zachariä, Cours de droit civil francais, Tomo I, traduit par Aubry et Rau, F. Lagier, Libraire - Editeur, Strasbourg, 1843, p. 36.

〔3〕 Vedea Codul civil (Legea nr. 287/2009), Editura C. H. Beck, Bucaresti, 2009, p. 55.

〔4〕 参见[俄]E. A. 苏哈诺夫主编:《民法》(第1卷),黄道秀译,中国政法大学出版社2011年版,第23页。

授在其博士论文中花了很多篇幅研究德文词 Gegenstand 的含义,结论是其含义是“客体”,通常被译为“标的”,[5]即人们行为的作用对象。没错!民法的对象就是民法的标的,也就是它要做的事情。它用“确定”的方法做还是用“调整”的方法做,都是可能的。

民法的对象问题分为四个部分:(1)总论;(2)人身关系论;(3)财产关系论;(4)上述两种关系是否具有平等性,所以,本书收录的论文也如此四分。我在本书中论证了人身关系是先在于财产关系的民法对象,并论证了这两类关系都不具有完全的平等性。这些结论都是过去的民法调整对象理论所不曾认识到的。

本书收录的论文不见得具有观点上的一致性,例如,我早期研究民法调整对象的论文具有浓烈的自由主义倾向,强调市民社会与政治国家的区隔,现在我更坚持国家的良性干预优先于个人的意思自治的观点。这些体现我不同时期观点的论文被收录于一本书中,又未被“统稿”,意在让读者从我个人的观点变化中去体察我国民法学界的学术思想史。

本书的主要观点可概述如下:(1)主张人身关系是先在于财产关系的民法对象。(2)认为民法也调整权利与权力之间的关系。(3)民法对象问题实际上就是民法典的结构问题。(4)民法不仅调整横向关系,而且确定或调整纵向关系。纵向关系既有公法性的,也有私法性的,后者如父母与未成年子女的关系。(5)民法调整的社会关系不具有平等性,民法也无意通过调整使这些关系趋向于平等。(6)民法不是纯粹的私法,而是公私混合法。

在定稿本书时,查国家图书馆的目录,发现中文世界目前尚无一本关于民法对象的专著,看来本书是第一本。其中,上文提到的《中国关于民法调整对象的三次讨论综述》属于第一次发表。

在技术性的层面,本书收录的全部文章都删除了彼此重复的部分,它们都根据我现在的认识水平做了校订,尽量改正了已经发现的错误。未发现者,诚望读者不吝指正。

徐国栋

2013 年 9 月 12 日于胡里山炮台之侧

---

[5] 参见方新军:《权利客体论——从历史和逻辑的双重视角》,中国政法大学出版社 2012 年版,第 11 页。

目录

总论

人身关系论

财产关系论

“平等主体”论

总 论

徐国栋

代表作

壹

新人文主义与中国民法理论

新人文主义的民法观是主张民法首先是社会组织法，然后才是资源分配法的学术观点。“社会组织”被理解为民法中的“人”的因素，“资源分配”被理解为“物”的因素，两者相权，“人”的因素先在于并重要于“物”的因素，这是因为“人”是“物”的目的。然而，新人文主义的民法观又不主张把“人”与“物”对立起来，让“人”以掠夺性的态度对待“物”，而是提出“保护环境，节约资源”的原则协调两者的关系，以此区别于人类中心主义的“老”人文主义。“社会组织”通过设定不同人的不同身份，赋予每种身份不同的权利义务完成，分成宏观和微观两个层次。前一层次是社会的，其中的身份如公民和外国人、消费者和生产者、完全权利能力人与失权人；后一层次是家庭的，其中的身份如父母和子女、丈夫和妻子等。宏观与微观综合作用，达成分配、惩戒的秩序目的。资源分配通过物权、知识产权、债权、继承权等制度完成，实现定分止争、物尽其用、社会成员互助、家庭成员互助的目的。

这种民法观是为了完成我国未来民法典的结构设计提出来的。我国正在按“零售”的方式制定民法典，目前已完成全部结构单元，因此，探讨“集零成整”时的民法典的结构安排是学者的任务。为此各家提出了种种方案，我则提出了新人文主义的方案。根据它，我把全部民法的材料分解为人身关系法和财产关系法两个部分，确认它们遵循不同的逻辑，前者中的家庭法部分采取协作和互助主义，后者原则上采取经济人假说。而且，出于目的与手段的关系的考量，我确认人身关系法是财产关系法的基础。

注　本文原载《学习与探索》2006年第6期。

根据这种思路，我设计了人身关系法和财产关系法的两编制的《绿色民法典草案》[1] 的结构，成功地把全部民法内容安置在这个框架中，对它们做了不同于“物文主义”的民法典的结构编排。

“物文主义”是我造的一个新词，[2] 是与新人文主义民法观相反的学术观点。它强调民法的首要功能是调整物的关系即市场经济关系，将民法解释为经济法，主张把与财产无直接关系的内容从民法中排除出去。其最流行的形式是自改革开放以来至近期长期统治我国学界的商品经济的民法观。它采用“三件套”式的民法构成分析：民法由主体（商品的所有人）、所有权（商品所有权）、债（商品的流转）三大制度组成，三者围绕着“商品”的轴心做轨道运动。主张把其他的与此不相容的民法内容，如亲属法、继承法排除出去。按这种观点，人只作为商品的代理人存在，没有其他存在意义。这种理论不能解释亲属法的回归、继承法在民法中的维持、不作为之债等问题，是一种以偏概全的理论，应该淘汰。

新人文主义的民法观并非空穴来风，而是总结我国立法——司法实践得来的。在立法上，改革开放后的中国已接受了婚姻法应该回归民法的观念，这要求我们更新受前苏联影响把婚姻家庭法排除出民法后得出的民法观念。另外，在产品责任法领域，立法者广泛运用消费者与生产者的身份作为调节利益关系的手段；司法者也广泛运用了失权人的消极身份实现赏罚的正义。所谓失权人，就是因一定的过犯行为受法律惩处被有期或无期地剥夺某一方面的权利能力的人，如因不执行法院判决被剥夺高消费的权利能力的人；因违背律师职业操守被禁止再从事此业的人，等等。这些立法和司法实践是我铸造新人文主义的民法理论的材料。

新人文主义的民法观拥有广泛的国际国内理论共鸣者。从国际上看，“尊重人而不是尊重财产，但不要忽视财产在促进人类福祉上的积极作用”被大卫·斯皮兹（David Spitz）概括为自由主义的基本信条之一。[3] 秘鲁法学家费尔南德斯·塞萨雷虢（Fernandez Sessarego）把民法的基本内容概括为主体的存在问题（to be）和主体对资源的拥有问题（to have），强调存在问题优越于拥有问题的地位。[4] 根据我对古罗马、意大利、法国、德国、魁北克、阿根廷、日本、埃及等几十个政治体的民法调整对象理论的研究，它们中除了德国、日本外，都采用“存在”优先于“拥有”的观点，占绝对多数。从国内来看，与新人文主义的民法观之提出相同时，我国政府提出了

“以人为本”的执政理论；学者提出了强调物资生产必须服务于人的福利的绿色 GDP 理论。凡此种种，都是共同的时代精神的产物：我们处在新人文主义的时代。

新人文主义民法观持有如下主要观点：

1. 主张世界是人与物的二元结构，认为这两个世界要素的对立是我们思考一切问题的基础，反对“世界是我的表象”的唯意志论和人是物的特殊形式的唯物质论。由于人是世界的中心为客观的、一时无法摆脱的现实，主张人对于物的优越地位；张扬两者间的目的与手段的关系。

2. 认为人是谦卑的世界中心，因为其认识能力有限；而且因为他们可以利用的资源有限，所以，人必须谦抑地保持与自然和其他生灵的和谐关系，以达到人类的可持续生存——这是比“可持续发展”更审慎，可能更符合现实的表达——为此要采用绿色原则，即维持人与资源关系的平衡的原则，建立生态主义的民法理论，把“节约资源、保护环境”课加为所有权本身的义务。

3. 基于世界的二元性把民法看成二元的：人身关系法和财产关系法，或曰主体法和客体法，基于以人为重的理念，把前一种法看得优先于后一种法。

4. 基于对身份具有社会组织性的认识反对民法是单纯的私法的传统观点，认为民法中的人身关系法可以是立法者实现其治理目的，实施奖惩的工具。例如，就“奖”而言，农民工因为工作出色被奖励城市户口，此等户口可使他们在侵害生命权案件中获得与城市人同样的赔偿额；就“惩”而言，根据《公司法》第 147 条的规定，因经济犯罪受过刑事处罚的人在 5 年内不得担任公司的董事、监事、经理。他们构成所谓的“失权人”，即被剥夺一定领域的权利能力的人。在这些规定中，存在农民、城市人、失权人等身份，它们起着资源分配依据的作用。其中农民与城市人身份划分实际存在但不合理，正在被消除的过程中。尽管如此，它们与失权人的身份一起，仍然证明了民法的相当内容体现的是纵向关系，由此可以说民法是调整纵横交错的关系的法，是所谓的“混合法”，由此必须再思经济法的存在理由。

5. 认为在大陆法系中存在两种民法传统，一种是以德国法及其追随者为代表的物文主义民法传统；另一种是以拉丁法族国家的民法为代表的人文主义民法传统。前者在德国法族的范围内导致了民法的财产关系法化，例如,曾兼用于人身关系法和财产关系法的取得时效制度和权利公示制度就被改造成了单纯的财产关系法制度。我国由于清末继受大陆法系时选择了德国法为母法,导致我们多数民法学者长期对拉丁法族的民法不够了解,难以汲取其人文主义营养,因此,我国民法学界的重要任务之一就是加强与拉丁法族国家的沟通,从独尊德国到兼收并蓄。

以上为新人文主义民法观的宏观方面的要点。由于对人身关系法研究的注重,新人文主义民法学者在这一领域的研究中也取得了推进,形成了如下观点:

1. 对人格与人格权差异的认识。前者是国家赋予的主体资格,表现的是纵向关系;后者是民事主体彼此之间的关系,表现的是横向关系;两者的共处于民法中表明了该法的公私法界限不分的性格;前者按照自然法的观念是天赋权利,按照实证主义的观念是原权;后者按照自然法理论和实证主义的观念都是获得的权利。

2. 建立了新的身份分类理论。把身份分为自然的和人为的两种,前者如男人、女人;成年人、未成年人;后者如外国人、中国公民;完全权利能力人、失权人;以及固着的和临时的身份,前者如父母、子女;后者如生产者、消费者。我认为,法律确定身份的目的在于分配权利义务,因此,身份本身并非单纯的权利,而是取得权利承担义务的依据。使主体享有特权的身份为积极的身份;使主体权利减等的身份为消极的身份。因此,只有积极的身份意味着获得权利,消极的身份——如失权人的身份——恰恰意味着权利的减等。上述理论把身份从狭小的家庭法的范围内解放出来,还原其普遍民法制度的本性。

3. 建立了物的身份理论。认为物的身份划分是对客体进行法律调整的前提。物权立法的开门第一事应为规定物的分类,此等分类具有身份定位的意义,由此可以为它们设定易移转、难移转或不得移转,如把多数人体器官以及毒品、武器设定为不得移转,从而一方面促进交易,另一方面提醒行为人谨慎决策甚至在某些方面实现立法者的家长制关怀,由此从客体的角度达成社会的秩序化。

由于新人文主义民法观要取代的是一种极为陈腐的理论,因此它形成在一个缺少论敌的环境中,遭遇的唯一挑战是物文主义民法学者提出的"无财产即无人格"的观点,其中又分为两支。甲支派的学者把"无财产即无人格”命题中的财产理解为积极财产(property)。此论首先忽略了每个人都有自己的身体财产,因此不存在完全无财产的人的事实;其次否定了除了身体财产无其他财产的穷人在民法上照样享有主体资格(即人格)并享有不受歧视的权利的我国立法现实,因此,他们提出的上述命题不具有严格的学术意义,只有描述穷人窘迫状况的文学用语意义,与葛优所讲的“没有钱是万万不能的”属于同一性质。乙支派的学者把上述命题中的财产理解为财团(patrimony),即积极财产与消极财产之和。但懂得“patrimony”一词含意的人都知道,两种财产的关系有三种可能的形式:积极财产大于消极财产、两者相等、消极财产大于积极财产,在前两种情形,财产尚可勉强被说成是支撑人格的手段;在后一种情形,乙支派的学者证明的恰恰是“无财产或少财产者也有人格”的命题。由于没有吃透关键概念,他们走向了自己不愿走到的反面。因此,对于这种以其昏昏,使人昭昭的说法,不值得批驳。

由于新人文主义民法观在理论上的优越性及其与时代精神的契合,它获得了广泛的认同。现在的民法教科书中、私人的民法典草案中,已日渐减少物文主义的“民法调整财产关系和人身关系”的表达,日渐增多的是人文主义的“民法调整人身关系和财产关系”的表达。这种理论最可心的成就是中国民法学界无人敢于承认自己是物文主义者,哪怕是坚持物文主义的观点的人,也要给自己戴上人文主义的小花帽,真假不论。这种转变见证了“人”的地位在时下中国的提高、我国民法理论与国际主流民法理论的接轨以及对陈旧落后的前苏联民法理论的抛弃。

注释

1 参见徐国栋主编:《绿色民法典草案》,社会科学文献出版社 2004 年版。

2 但到 2013 年 12 月 22 日,在 google 里输入“物文主义”一词,得到 2.49 亿个 Hits,证明该词已流行开来,成为汉语中的一个正常词汇。

3 参见江宜桦:“自由主义哲学传统之回顾”,载刘军宁主编:《公共论丛·自由主义与当代世界》,生活·读书·新知三联书店 2000 年版,第 9 页。

4 Véase Carlos Fernández Sessarego, Breves Comentarios sobre las Enmiendas Propuestas al Libro Primero del Código Civil sobre el Derecho del Concebido y de las Personas Naturales, En Reforma del Codigo Civil Peruano, Gaceta Juridica Editores, Miraflores, 1998, pag. 66.

徐国栋

代表作

贰

市民社会与市民法

——民法的调整对象研究

一、民法还是市民法

“民法”一词来源于罗马法的市民法（Ius civile），为与万民法相对立的体系，后经裁判官的作用，两者融合。大陆法系各国皆沿用了市民法的指称。法语用“droit civil”，德语用“Bürgerliches Recht”，意大利语用“diritto civile”，荷兰语用“Burgerlyk Regt”，直译都是“市民法”。大陆法系国家的市民法，英语一般称私法，但为了翻译大陆法著作，也造了“Civil Law”一词，兼指罗马法和大陆法系。因此我们可以看到，哪怕在现代西方国家，我们所说的民法也是被称为“市民法”的，指作用于市民社会的法。

我国指称“Ius civile”的语词来自日文。日本在倍里叩关之后，为废除领事裁判权，制定西方化的法律，最初通过荷兰（兰学）学习西方，由学者津田真道于1868年从荷兰语译“Burgerlyk Regt”为“民法”（又一说，由学者箕田麟祥从法语译“droit civil”为“民法”）。[1] 我国清末继受大陆法系时，沿用日译，称“Ius civile”为“民法”，使用至今。较之于“市民法”，“民法”去掉了一“市”字，此为不忠实之翻译，当无疑义，指其为误译，也未尝不可。

在西方历史上，自希腊、罗马以降，一直存在城市国家的传统。城市是创造和维持高级文明生活方式的基础。在城市生活的基础上才产生了市民法。由于城市与更高级文明的联系，把市民法叫作文明法，亦不过分。我认为，希腊、意大利文明成为文化史上奇迹的原因，在于这两个地方一直维持着普遍的城市生活方式，两种文明皆是城市文明。以我的阅读范围[2]

注　本文原载《法学研究》1994年第4期。

为根据可以说，在希腊和意大利，似乎不存在单纯的城市人或单纯的农村人，两个地区皆为一城一国、城市林立的状态。在希腊，有雅典、斯巴达、科林斯等数十个城市国家（城邦）；在意大利，有罗马、科里奥里、维爰等数十个城市国家。人民在城市和乡村皆有房屋，在农村从事农业生产，而同时过城市生活。因此，把所有的自由人称为市民，是名副其实的。城市生活使政治（Politica，来源于 Polis 城邦）生活成为现实，希腊人、意大利人皆为过政治生活的民族。城市使市民法与政治发生了密切的联系。

在希腊、意大利的城邦生活中，一个自由人同时具有两种身份。首先，他是特定城市国家的市民，在这个意义上，他属于他自己，是一个私人，谋求自己的利益。其次，他是特定国家的公民，在这个意义上，他不属于自己而属于国家，是一个"公人"，必须在必要时牺牲自己的个人利益去维护公益。伯里克利在阵亡将士葬礼上的演说中已经区分了"公"与"私"。他说："在解决私人争执的时候，每个人在法律上都是平等的"，"但是在公家的事务中，我们遵守法律"。"一个雅典公民是不会因为照顾自己的事务而忽视国家的"。[3] 这篇演说反映了希腊社会区分公私的结构。罗马人也对公私作出了区分，把调整私人利益关系的法律称为私法，把调整公共利益关系的法律称为公法。所谓私人利益关系，就是市民社会；所谓公共利益关系，就是政治国家。由此可见，在西方的古代文明时期，就有了市民社会与政治国家的分野。市民社会的传统，并非在资产阶级革命后形成，而是在西方文明的源头时期就有了。罗马法之所以对市民社会与政治国家作出区分，乃因为"罗马法视私人平等和自治为终极关怀，对于权力猖獗抱高度的怵惕之心，以致试图用公法私法的'楚河汉界'去阻隔"。[4] 因此，市民法就是市民社会与政治国家间的屏障。

在罗马法中，曾存在过市民法和万民法的二元体制，后演变为市民法的一元体制，其原因有二：其一，早期的市民法是僵化、保守、陈腐的代名词，是所谓的祖宗旧制，动它不得。裁判官运用法律技术对之进行潜移默化的改造，吸收实际上是地中海沿岸各国的优良习惯法的万民法入市民法中，逐步实现了市民法与万民法的合流；其二，市民法仅适用于罗马市民之间，罗马市民与外国人的关系适用万民法，这种区分只有在存在多个城邦、多种市民身份的条件下才有意义。在罗马的发展中，通过历次战争，已把拉丁地区的各个城邦变成自己的属国（同盟者）。又通过同盟者战争（格拉古改革之后),各属国人都取得了罗马市民权。[5] 此时,在拉丁地区,已不存在多个城邦、多种市民身份之二元制存在条件。在罗马帝国已扩张成为横跨欧亚非三洲的大帝国之后,212 年,卡拉卡拉敕令把罗马市民权赋予帝国境内所有的自由人,使二元制的存在条件彻底消除。因此,优士丁尼的法典编纂的总成最后也被法国法学家狄奥尼修·虢多弗雷多(Dionisio Gotofreddo,1549 ~ 1622 年,法文名字 Denis Godeffroy)赋予《市民法大全》(Corporis Iuris Civilis,1583 年)的名称。文艺复兴之后,欧洲各国沿袭此称谓。由此可知,我们现在所说的市民法,并非早期罗马法史上的市民法,而是私法之总和。

上文已说明"民法"为误译,并说明了市民法的存在依据及沿革,考虑到把市民法阉割为"民法"的种种后果,有必要为民法正名,使民法回复为市民法。[6] 这种正名有如下意义:第一,将民法正名为市民法,可明确地昭示民法中的人是市民,不是公民。市民即私人,因此,民法主要为私法。第二,将民法正名为市民法,它为市民社会的法之意义不言自明,而市民法和市民社会是与公法和政治国家相对立的存在之意义也就明确了,这有助于我们正确理解民法的调整对象问题。第三,将民法正名为市民法后,被指称者的地位也发生变化。民法所调整的市民社会,为社会整体的二分之一(另一半为政治国家),因此民法是与宪法相并列的存在,高于其他部门法,为根本法之一。[7]

二、市民法调整对象问题的学说史

理解市民法的调整对象问题,有必要回顾一下这一问题的学说史。在回顾罗马法和西方市民法就这一问题的学说史时,我区分它们的法律理论和作为整体的社会科学理论。

在展开讨论之前,我们还必须确定市民法包括哪些内容。依潘得克吞体系,市民法包括总则、债、物权、亲属、继承五个部分。现在还可包括知识产权。对这些庞杂的内容,如何概括出它们的共性从而确定其调整对象呢?

我们已经知道,在罗马人对市民与公民的区分中,已蕴含着市民社会与政治国家的区分,尤其是罗马人对公私法的划分,已明确指出私法(市民法)是调整私人利益关系的。乌尔比安说:"私法是涉及个人利益的法。"[8] 个人利益关系可概括上述六大块的内容。因此,罗马法中的公私法划分理论,实际上包括了其市民法调整对象理论。过去人们认为,罗马法不研究市民法的调整对象问题,或者说"市民法是调整城邦社会生活的规则的总和",[9] 这些提法皆值得推敲,只说明乌尔比安的天才见解尚未得到充分的解释。但是,罗马人尽管已意识到了私人利益与公共利益的分野,并意识到了两者可能的对立,但尚未以法学的语言揭示这种对立的解决,给后人留下了可作的文章。

西方市民法正统理论以市民法为私法,为保护私权的法,[10]实际上是乌尔比安说的翻版。私法、私权是公法、公权的对立物,其中也隐含了市民社会与政治国家的对立。就法学理论而言,西方市民法与罗马法一样,一方面,把市民法调整对象作为一个民法问题来研究;另一方面,其成熟的市民社会理论实际上就是其市民法调整对象理论。

社会主义制度建立之前及之初,人们认为这种制度就是公有制加计划经济,这两项因素抽空了市民社会的两个基础——个人所有权和契约制度。个人所有权为公有制否定或限制;契约制度为计划经济否定或限制。而个人所有权和契约制度无非是对私人利益的肯定。因此,在按上述设想建立的社会主义各国,市民法已失去其存在的大部分基础,市民法名副其实地变成了民法(这里的"民"不是市民,而是公民)。俄文中的民法(Гражданское право)即为"公民法"之意,[11]这正与列宁的民法公法说相合拍。在这种基础上,以私人利益关系来界定民法的调整对象,显然行不通。前苏联学者只得另辟蹊径,将民法的调整对象界定为一定范围的财产关系和人身非财产关系,并以平等把财产关系和人身关系统一起来。平心而论,这种在夹缝中逼出来的民法调整对象理论有其进步意义。第一,前苏联学者率先把民法调整对象单独作为一个问题进行研究,使人们对这一问题的认识深化了;第二,这种理论推进了对民法调整对象的具象分析,把六大块概括为两大块,成为包括中国在内的许多国家于立法时理性地确定民法之外延的基础。

但是,这种理论完全地把市民法阉割为"民法"或"公民法",抹杀了市民社会与政治国家的对立,把民法中的人由私人变成了公民,把经济活动的动力机制由私人利益替换成政治热情,使经济缺乏活力,使民法成为政治国家手中的驯服玩具,后果极为严重。

1964 年,《苏联民事立法纲要》把民法的调整对象又确定为商品货币关系，进一步对财产关系作了界定，而把人身关系淡化了，另立了婚姻家庭与监护法典，追求民法调整对象在商品关系基础上的纯化，弊端一如前一种理论并影响我国。

我国的佟柔教授是民法调整对象问题专家。20 世纪 50 年代即发表这方面的论文。[12] 80 年代初，系统地提出了民法调整商品经济关系的理论，在当时，统一了全国民法学界的思想，成为一面旗帜，作出了重大理论贡献。其一，在商品经济仍为一敏感字眼的背景下，抹去了商品经济的污名，为民法理论进一步向市场经济发展打下了基础；其二，在与经济法的八年论战中，维护了作为民法之存在基础的经济体制以及民法本身，排除了将民法计划经济化的消极力量。但佟柔教授的理论亦难免有不足之处。第一，仍把市民法看作是民法，未能充分揭示民法与市民社会的联系；第二，未能充分把握市民法六大块的共性，把这六大块看成“芜杂”，把这六大块的共性概括为商品经济，坚持把与商品经济无关的传统市民法内容（如亲属）排除出市民法的外延，追求民法体系在商品经济基础上的纯化[13]，未免以偏概全，未能全面地把握市民法六大块的精神；第三，经济决定论，把复杂的市民法现象的演进原因简单地归之于商品经济，忽视了市民法的其他制度价值。

我认为，应综合罗马法、西方市民法、前苏联学者和我国学者对民法调整对象研究的成果，重新探讨民法调整对象问题，创立集大成的新理论。一方面，以民法是市民法为立足点，说明民法调整对象的抽象方面为市民社会与政治国家的关系，换言之，为市民权利与国家权力之间的关系；另一方面，吸收前苏联学者及我国学者的研究成果，说明民法调整对象的具象方面为主要涉及私益的人身关系和财产关系。

三、市民社会与市民法

就什么是市民社会（bürgerliche Gesellschaft，civil society），众说纷纭。1 世纪的西塞罗即指出市民社会“不仅指单个国家，而且指业已发达到出现城市的文明政治共同体的生活状况”。[14]此论以城邦制为背景，说明了市民社会与城市生活的联系，反映了西方古典文明时期的现实。此处之市民社会中的市民，指不存在“农村人”的对应物的“城市人”或市民。以这种概念体系来谈论中国的市民社会问题，会招致市民社会是排斥农村人的社会的误解。

作为在近代社会科学文献中经常出现的概念,市民社会的范畴为黑格尔和马克思使用,被赋予明显不同于西塞罗所赋予的含义。

黑格尔认为,"市民社会是处在家庭和国家之间的差别的阶段"。[15]"在市民社会中,每个人都以自身为目的,其他一切在他看来都是虚无。但是,如果他不同别人发生关系,他就不可能达到他的全部目的,因此,其他人便成为特殊的人达到目的的手段。但是特殊目的通过同他人的关系就取得了普遍性的形式,并且在满足他人福利的同时,满足自己"。[16]实际上,黑格尔所理解的市民社会中的"市民",就是合理地追求自己利益之最大化的"经济人",他们在直接追求自己利益的同时,间接地增进了他人的福利。因此,把黑格尔的市民社会理解成经济人社会,亦无不可。这种市民已脱离城市人的含义,而成为与公民相对应的私人的同义语。"市民社会的市民,就是私人,他们都把本身利益作为自己的目的。"[17]

黑格尔认为,市民社会含有三个环节。第一,通过个人的劳动以及通过其他一切人劳动与需要的满足,使需要得到中介,个人得到满足——即需要的体系;第二,包含在上列体系中的自由这一普遍物的现实性——即通过司法权对所有权的保护;第三,通过警察和同业公会,来预防遗留在上列两体系中的偶然性,并把特殊利益作为共同利益来予以关怀。[18]可见,黑格尔理解的市民社会,实际上是在私有制(个人所有权)和分工的条件下,生产和交换的体系,是在"人人为我、我为人人"的前提下,社会成员(市民)自利和互利的活动过程。

马克思对市民社会作两种理解。[19]作为历史范畴的市民社会指人类社会的一个特定发展时期。在这个时期,存在个人利益发展到阶级利益的过程,此点与市民法无关。作为分析范畴的市民社会是对私人活动领域的抽象,它是与作为对公共领域的抽象的政治社会相对应的。马克思认为,随着社会利益分化为私人利益和公共利益两大相对独立的体系,整个社会就分裂为市民社会和政治社会两个领域。前者是特殊的私人利益关系的总和;后者则是普遍的公共利益关系的总和。因此,社会中的每一个独立的人也就担当着双重角色,他既是市民社会的成员,也是政治国家的成员。依据其行为的不同性质,他分别活动于市民社会与政治国家两个领域之中。因此,人过着双重生活,"在市民社会中,人作为私人进行活动。市民就是私人,他把别人看作工具,把自己也降为工具"。[20]可以看出,马克思秉承公私法划分的西方传统,区分了私人利益和公共利益、市民社会与政治国家。由于私人利益为市民法的作用对象,由此不难得出市民法是私法的结论。把市民法界定为私法,是为了防止按政治社会的人的标准来要求市民社会的人,就是要求把民事活动与政治活动区别开来。不作这种区分,恰恰是既往的民法理论和民事立法常犯的错误。

马克思把市民社会理解为人类的私人物质交往关系,"包括各个个人在生产力发展的一定阶段上的一种物质交往"。[21]这种物质交往,无非是财产关系。由于个人在物质交往中势必要形成一定的组织和制度,因而市民社会"始终标志着直接从生产和交往中发展起来的社会组织",[22]包含着财产、家庭、劳动方式等要素。这些内容统属于经济生活,皆在市民法的调整范围之内。

前文已述,希腊、意大利已有过以城市生活为基础的市民社会。但在以后期罗马帝国为起点的中世纪,城市生活衰落,星罗棋布的城市或湮没于断垣残壁,或退化为大的村庄。"中世纪的起点则是乡村"。[23]由此造成文明的衰落和市民社会的衰落。市民社会为政治国家所吸收,形成专制主义。文艺复兴时代,由于工商业的复兴,城市生活复兴,意大利出现了希腊、罗马时代那样的林立的城邦国家,[24]几乎现代意大利地图上的每一个大城市,都曾经是一个独立的城市国家。此种环境为市民社会的复兴和市民法的复兴提供了土壤。因此,在近代,市民社会与政治国家的第二次分离是在资本主义时代完成的。

这种分离的经济原因为市场经济。市场经济的内在要求是私人的物质生产、交换、消费活动摆脱政府家长式的干预,实行自由放任政策,实现经济自由。这样,财产关系乃至整个经济生活便日益摆脱了政治国家的直接控制,政治关系与经济关系的界限变得明确起来,[25]由此推动了生产力的发展。

这种分离的政治原因为西方把政府当作一种不得不忍受的恶来接受的政治传统[26],因此,必须控制政治国家的活动范围。一方面,一个社会不能没有政府,否则难以维持和平,人们会寻求自力救济,丛林法则会由此成为一个社会的宪法。另一方面,由于政府无非是权力的运用者,而权力是要腐蚀其运用者的,所以任何权力的存在都有其危险性,为了限制这种可能的危险,就必须控制政府的活动范围。宪法即为这样的控制工具,它使政府在人民授权的范围内活动而不得越界。因此,宪法就是市民社会与政治国家间订立的契约,它划定了市民社会与政治国家间的界限,使市民社会保持免受国家任意干预的自治,由此使市民社会与政治国家间保持一种平衡,兼顾社会的和平和市民社会的自治。政治国家的范围越大,市民社会的范围就越小,反之亦然。由于市民社会表现为一种经济的力量——这是最根本的力量,因此,市民社会本身即为对政治国家的一种控制。市民社会越完善发达,政治国家就越无足轻重。市民法无非是市民社会的法律表现形式,它通过设定权利来维持市民社会的秩序。任何权利的设定都有双重的意义:其一,它划定了政治国家不得随意进入的私人空间。此点常为人忽视,因此需着力强调,因为政治国家是最有能力以各种名义进入市民的私人空间(私权)的。其二,它划定了其他市民不得随意进入的空间,这是为大家所熟知的。由上述可知,市民法调整对象的一个重要方面为市民社会与政治国家的关系。

"自由主义"一词的本来意义是对市民社会与政治国家关系的一种描述,它是与无政府主义和专制主义相对应的范畴。对自由主义的分析将有助于理解市民法的精神。

在市民社会与政治国家的对立中,产生了对两者关系的不同说明模式。[27]其一为无政府主义,它否认政府是一种必要的恶,而认为政府是纯粹的恶,不认其有存在的必要,因而主张以市民社会吞没政治国家。其二为专制主义,它认为个人并不能发现自己的利益,只有社会的少数先知先觉者能发现它,这种人将掌握权力,以此指导或强制人们去实现他们不能发现的自己的利益,政治国家因而吞没了市民社会。其三为自由主义。如果说无政府主义与专制主义各为一极端,则自由主义处在这两个极端的中间。此说认为,市民社会与政治国家应各有其存在。市民社会的存在理由在于,一个社会的经济生活是该社会存在的基础,而每个人都是自己利益的判断者,因此应承认市民社会的自治性质。政治国家的存在理由在于,市民社会并非万能,争端的解决、和平的维持、秩序乃至服务的保障,非依赖政治国家不可。尽管如此,应当承认市民社会是目的,政治国家是市民社会的工具。个人在市民社会中应享有广泛的自由权利,尤其是意思自治权。国家必须保护而不得侵犯市民社会的活动自由。自由主义只是主张限制国家权力而不是消灭它,因为国家权力有其存在理由。由于市民法就是市民社会的宪章,它通过设定权利来达到自己的目的,而任何权利的设定都具有双重意义,考虑到市民权利对政治权力的限制作用,说市民法的精神是自由主义就并不奇怪了。它并非完全自由放任，因此有权利不得滥用原则之设；但又不允许过度干预，因此有意思自治与国家干预相结合原则之设。市民法的宗旨，就是维持种有秩序的自由。

由于市民社会主要是经济活动，它与市场经济的联系也就不言自明。市场经济是计划经济的对立物。如果说计划经济是以政治国家取代市民社会，把经济活动当作政治活动，把私人当成公民，则实行市场经济，就是把经济与政治相分离，把民法中的公民回复为市民法中的私人（市民，包括法人），允许牟利，不要求交易行为是政治行为或慈善行为，把民事活动从国家过多过细的干预中解放出来，概言之，就是建立中国的市民社会。对这种格局的最通俗表达是"小政府，大社会"，此语中的"社会"，就是市民社会。要想实现上述格局，就必须建立真正意义上的个人所有权和契约制度，因为它们是市民社会的支柱，是市民法中的市民能成为私人的基础。对于上述说明，我们不妨这样归纳：实行市场经济，就是要建立中国的市民社会，就是要使"民法"还原为市民法或私法。

四、结论

由于已认定市民法的精神为自由主义，是对政治国家的制约，因此，从抽象方面来看，市民法的调整对象首先是市民的权利与国家的权力之间的关系；其次是市民彼此权利之间的关系。[28]

注释

1 参见张俊浩主编：《民法学原理》，中国政法大学出版社 1991 年版，第 1 页。

2 这一阅读范围包括译成中文的几乎所有的希腊史和意大利史著作。

3 参见［古希腊］修昔底德：《伯罗奔尼撒战争史》（上册），谢德风译，商务印书馆 1985 年版，第 130 页。

4 参见张俊浩，前引书，第 2 页。

5 参见［古罗马］阿庇安：《罗马史》（下卷），谢德风译，商务印书馆 1976 年版，第 13 页。

6 市民法的精神、价值及其地位，并非仅把民法改称为市民法即可当然得到承认。因此，这里说的"正名"，自然是从实质上而言。

7 借用刑法学者黄风的话来说："民法是一切部门法的基础，其他部门法可以说都是从不同侧面对民事法律关系和基本原则的保护、充实和发展，或者为它们的完满实现创造必要的法制条件和环境。”参见[意]彭梵得:《罗马法教科书》,黄风译,译后记,中国政法大学出版社1992年版。

8 参见[意]桑德罗·斯奇巴尼选编:《民法大全选译·正义和法》,黄风译,中国政法大学出版社1992年版,第35页。

9 参见佟柔主编:《民法原理》,法律出版社1983年版,第2页。

10 参见[法]勒内·达维德:《当代主要法律体系》,漆竹生译,上海译文出版社1984年版,第74页。

11 查俄汉词典,Гражданское一词有“民事的”、“公民的”等意项,无“市民的”、“文明的”之意项,与所有西方语言中的对应词不同。

12 参见郭寿康、佟柔:“关于民法的调整对象——财产关系的几个问题”,载《政法研究》1957年第1期。

13 参见佟柔主编:《民法原理》,绪论,法律出版社1983年版。

14 参见[美]戴维·米勒、[美]韦农·波格丹诺:《布莱克维尔政治学百科全书》,邓正来等译,中国政法大学出版社1990年版,第125页。

15 参见[德]黑格尔:《法哲学原理》,范扬、张企泰译,商务印书馆1961年版,第197页。

16 参见[德]黑格尔:《法哲学原理》,范扬、张企泰译,商务印书馆1961年版,第197页。

17 参见[德]黑格尔:《法哲学原理》,范扬、张企泰译,商务印书馆1961年版,第201页。

18 参见[德]黑格尔:《法哲学原理》,范扬、张企泰译,商务印书馆1961年版,第203页。

19 参见俞可平:“马克思的市民社会理论及其历史地位”,载《中国社会科学》1993年第4期。

20 参见《马克思恩格斯全集》(第1卷),人民出版社1964年版,第428页。

21 参见《马克思恩格斯全集》(第1卷),人民出版社1964年版,第284页。

22 参见《马克思恩格斯全集》(第3卷),第41页。

23 参见《马克思恩格斯全集》(第3卷),第28页。

24 参见[美]哈罗德·伯尔曼:《法律与革命》,贺卫方等译,中国大百科全书出版社1993年版,第12章。

25 参见俞可平:“马克思的市民社会理论及其历史地位”,载《中国社会科学》1993年第4期。

26 参见俞可平:“马克思的市民社会理论及其历史地位”,载《中国社会科学》1993年第4期。

27 参见俞可平:“马克思的市民社会理论及其历史地位”,载《中国社会科学》1993年第4期。

28 对这一结论的论证,可参见拙文:“成文法三属性:权力与权力的平衡态——兼论现代法律的调整对象”(署名东方玉树),载《法律科学》1993年第5期;“重新认识民法的调整对象和调整方法”,载《法学》1993年第9期。

徐国栋

代表作

叁

民法典与权力控制

一、权力控制与现代基本观念

权力是把一个人的意志强加在他人的行为之上的能力。[1]权力之行使以限制他人意志为特征,但限制他人意志不过是达到权力之目的的手段。权力的目的,无非是实现某种利益。这种利益可以是公共性的,也可以是权力者个人的。国家为公共权力的承担者和行使者,但国家为抽象的存在,具体行使国家权力的并非国家本身,而是代表国家执行国家职能的官员或公务员。他们是以统治者名义行事的代理人、当选的立法人员、法官、官僚以及在限制和规定公民自由的供选择的条件中进行选择的人。[2]布坎南之前的政治理论尽管有性恶论倾向,但未能描述这种"公务人"(public man)的行为模式,只是含蓄地把他们看作"圣人"。公共选择理论的诞生使这一局而改观。这种理论认为,人们必须破除凡是国家政府都会全心全意为公众利益服务的观念,不应视政府为按公众要求提供公共物品的机器,而要看到政府既是由个人选出也是由个人组成的群体,因此,选举规则和个人的多元目标追求是决定政府行为的重要因素。参政者在政策制定过程中的行为受个人利益的推动,以求尽可能多地取得他们个人想要的东西。[3]这一理论无非揭示了权力之不正常行使的极大可能性,证明了对权力加以控制的必要。

权力和权利的目标皆为利益,在利益为常数的前提下,权力的行使就是对权利的限制。在权力行使的两种样态中,正常行使的权力对权利的限制是合理的,不正常行使的权力对权利的限制是不合理的。权力的不正常

注　本文原载《法学研究》1995 年第 1 期。

行使除了侵害其他权力外，更重要的是对权利的侵害。由于权利主体与权力主体在地位上的势差，这种侵害的后果尤为巨大。因此，控制权力，防止其不正常行使，保护人民的权利，成为自国家产生以来的人类社会的根本问题之一。在现代社会，尤其如此。民主、自由、法治等现代基本观念，莫不为解决这一根本问题而设。所谓民主，不过是产生权力的具有合法性的方式。一旦权力产生，民主就成了一种控制权力的方式。所谓自由，不过是对政治统治者暴虐的防御，用约翰·密尔的话来说，对于统治者所施用的权力加以限制就叫做自由。[4]所谓法治，就是政府在一切行动中都受到事前规定并宣布的规章的约束，留给执掌强制权力的执行机构的行为自由，应当尽可能地减少。[5]民主、自由、法治是指导我们行动的基本观念，如何把这些观念转变为制度现实？我认为，成文法和法典法是实现这些观念的有效的制度工具。罗马法史中的《十二表法》颁布事件提供了这方面的论据。

二、从《十二表法》的颁布看成文法的意义

公元前450年，罗马人获得了一部法典，名为《十二表法》。它的诞生，上承希腊的德拉古立法、下启19世纪的法典编纂运动，其意义难以估量。即使是最现代的法治理论，也可在这部法典中找到自己的基本观念。

人类社会早期，适用习惯法是普遍的做法。“这是一种专门为有特权的少数人所知道的法律”。[6]由于它只为特权者所知，执行缺乏监督，对它的滥用就是迟早的事情。“我们所依据的权威使我们深信，这种寄托于寡头政治的信托有时不免要被滥用”。[7]事实上，它的确被滥用了，“贵族们似乎曾经滥用其对于法律知识的独占”。[8]正由于掌握法律的氏族贵族滥用自己的司法特权为其私利服务，引起人民的极大不满和反抗，才由此形成了世界性的要求保障人民权利的成文法运动。就西方世界而言，“每一个国家的平民成分都成功地击溃了寡头政治的垄断，几乎普遍地在‘共和政治’史的初期就获得了一个法典。”[9]《十二表法》即为这样获得的法典。

《十二表法》的先驱者为德拉古立法。在希腊，德拉古立法之前雅典无成文法，调整人们相互关系以及审理案件的唯一依据——习惯法是秘密的、不公开的，氏族贵族常依靠权威随意解释和运用它来庇护贵族、迫害平民，因此广大平民纷纷要求制定成文法以限制氏族贵族的武断专横，后者

被迫让步,遂有执政官德拉古的立法改革和成文法之诞生。[10]德拉古立法使成文法成为平民阶级向贵族阶级主张权利的斗争武器,为要求制定《十二表法》的罗马人提供了启迪。

古罗马成文法之公布经过亦类如希腊。在那里,于成文法之前实行习惯法,习惯法是不成文的、观念性的,因此也就是不确定的、可以伸缩出入的,这种特征在司法落后之时往往导致法律适用的不精确。[11]而习惯法皆为僧侣贵族所垄断,连法学知识的传授亦秘密进行。平民对高级官吏利用他们把持的习惯法滥用立法和司法权十分不满,要求用文字将习惯法记载下来以保护自己的合法权益。公元前 462 年,保民官盖尤斯·阿尔撒"为了一劳永逸地禁绝这种漫无拘束的恣睢放纵",要求制定成文法限制执政官的权力,"绝不允许执政官把自己的放肆和任性当作法律"。引起贵族们的恐慌,导致了平民与贵族之间的数次流血冲突。经过几年的斗争,才迫使贵族作出让步,制定了《十二表法》。[12]

依通说,中国的成文法之公布以郑国的子产作刑书为嚆矢[13],同样伴随着一场激烈的阶级斗争。在此之前,统治者"皆临事制刑,不预设法",这种局面公然怂恿奴隶主贵族以言代法,随心所欲地颠倒罪与非罪。公元前 536 年,郑国子产作刑书,"铸刑书于鼎","以为国之常法"。此举符合新兴地主阶级维护自己已经取得的经济政治权益的愿望,但冲击了奴隶主贵族滥施刑罚的特权,遭到其激烈的非难和反抗,经过激烈的斗争,公布成文法的做法才终于巩固下来,"临事制刑"为"事断于法"所取代。[14]

发生在公元前600 至公元前400 年的德拉古立法、《十二表法》和郑国的刑书,构成了范围广泛的成文法运动,形成了人类有国家以来历史上的第一次法治浪潮。

成文法是公开的、具有普遍性和确定性的法律形式,它为执法者和守法者所共知,守法者在作为执法客体之同时,是监督执法者之行为是否合乎法度的主体。因此,成文法运动的结果,是使法律获得了既约束被统治阶级的不顺从,也约束统治阶级的任性的属性。梅因对此评论道:"罗马法典的价值不在于其分类比较匀称或用词比较简洁明了,而在于它们为众所周知,以及它们能使每个人知道应该做些什么或不应该做些什么。"[15]因而使权利者的行为有了后果的可预见性并制约了权力者上下其手。"《十二表法》以及类似的法典赋予有关社会的好处,主要是保护这些社会,使它们不受有特权的寡头政治的欺诈,使国家制度不致自发地腐化和败坏。”[16]这是极为精当的。总之,成文法运动导致了权力阶层在世界范围内的一次大失败。

以《十二表法》为代表的成文法运动提供了权力控制的经验,为第二次法治浪潮奠定了基础。第二次法治浪潮为在欧洲发生的法典编纂运动。成文法运动完成并度过其成熟期后,历史出现了曲折,人治回归并吞没了法治,权力肆行无忌,权利和人民的安全重新处于毫无防护的地位。法国国王路易十四公开狂叫:“朕即法律”,“朕即国家”。君主口衔天宪,任意以言代法,人类文明大踏步地倒退。这时的法律“不过是君主的意志——这不是法律,不是铁面无私的然而是明智的、准确的、公正的法律——这是不可抗拒的权力,它没有意识地和无规律地给人以打击,这是猛烈发作的暴风雨,它破坏和毁灭它所遇到的一切”。[17]

进入资本主义时代后,权力专横的惨痛记忆使人们把安全价值看得重于一切,偏重安全价值的政治上的三权分立体制和司法上的法典法以及罪刑法定主义便作为这种选择的逻辑结果出现了。三权分立学说以人是不可信任的性恶论命题为基础,把各种权力的握有者都看作是要受权力腐蚀从而要滥用权力的。法典编纂运动时期的思想家罗伯斯比尔就此指出:“要知道,事物的本性就是如此,任何一个有道义的生物,任何一个机关,任何一个人都有自己的意志,当他们握有大权的时候,尤其是当这种权力不服从于一种不断地使它回复到已确立的秩序和法律的更高权力的时候,他们就会不断地力求使自己的意志取得统治地位。”[18]“无论法官怎么样,他们总是人,明智的立法者决不把法官当作抽象的或铁面无私的人物,因为法官作为私人的存在是与他们的社会存在完全混合在一起的。明智的立法者知道,再没有人比法官更需要进行仔细的监督的了,因为权势的自豪感是最容易触发人的弱点的东西”。[19]罗伯斯比尔的这些论述成为法典编纂运动的指导思想。

根据我提出来的权力量守恒定律:立法权与司法权和行政权此消彼长,法律规定的详略与执法者的权力成反比。法律所作规定越多、越详备,法律留给执法者的权力就越小;反之,法律规定越简略,法律留给执法者的权力就越大。[20]基于上述函数关系,为了保障人民权利的安全,最好的办法莫过于由人民的多数制定法律,再由执法者一丝不苟地执法,杜绝他们把自己的私货冒充为法律的可能。在立法与执法之间划一条明确的界线,换言之,在权利与权力之间划一条明确的界线。立法是人民确定自己的权利,执法者不得侵犯这些权利并要保护它们。基于这些条件,包罗万象的法典法遂成为最能保障权利之安全且最能制约权力的立法方式,法典编纂运动由此而发生,19 世纪遂成为法典编纂的世纪。

19 世纪前后的欧洲大陆各国相继制定了一批法典,形成了一场史家所称的法典编纂运动。著名的法典有:《普鲁士普通邦法》(1704 年,19000 多条)、《俄国法律汇编》(1832 年,42000 多条)、《法国民法典》(1804 年,2281 条)及其他拿破仑法典、《德国民法典》(1897 年,2385 条)。上述法典庞大的条文数目旨在限制执法者之权力。学者们对此作了很好的解释:"普鲁士法典打算回答可能出现的每一个问题并且以此来否定那种以解释法律的途径进行法官立法的一切可能性。"[21]庞德亦正确地指出:"19 世纪的法学家曾试图从司法中排除人的因素,在他们看来,在组构和确立这一封闭的法规体系的制度中承认人的创造性因素,是极不恰当的。"[22]《法国民法典》第 5 条更明确规定:"审判员对于其审理的案件,不得用确立一般规则的方式进行判决。"断然否定了法官染指立法的可能,换言之,否定了任何以权力凌迫权利的可能。"法官的形象就是立法者所设计和建造的机器的操作者,法官本身的作用也与机器无异"。[23]这是一幅法典编纂者所愿望的图景。法典法由此成为权力控制的有力工具。[24]

三、成文法与法典法

从两次法治浪潮的历史分析中可以看出,成文法是以文字形式颁布并于生效前予以公布的法律,其根本特点在于共知性和双向约束性。共知性指成文法是为执法者和被执法者所共同看得见的法律。因此,在成文法条件下,执法活动自然地受到被执法者以及社会大众的严格监督,一有偏离成文法的执法行为,被执法者将行使各种救济权(如上诉、请愿、游行示威等),由此形成对执法者权力的有效控制。双向约束性指成文法不仅约束被执法者,而且首先约束执法者本身,不允许执法者把自己的任性当作法律。这就是成文法运动留给我们的启示。

在中国的权威辞书中,尚未对成文法作出恰当的解释。一种错误解释认为成文法就是制定法。[25]事实上,制定法只是成文法之一种而非全部。

凡以文字表现并进行公布，因而符合成文法既约束执法者又约束被执法者的双重约束性的行为规范，皆为成文法。成文法是写在为执法者和被执法者所共见的材料上的法，材料为石柱、“表”（木板）、刑鼎、报纸、法规汇编、判例汇编、学者著作等，在所不问。习惯法、判例法、学者法皆可写在上述材料之上，因而都是我理解的成文法。另一种错误解释认为，英美的判例法是不成文法。[26]事实上，英美的判例皆按年公布于各种汇编上，为执法者与被执法者所共见，因而是成文法。对此，梅因作了极好的说明：“英国的判例法是成文的判例法，它和法典法的唯一不同之处，只在于它是用不同的方式写成的。”梅因是按是否为执法者和被执法所共知的标准界定成文法的。他承认，在有一个时期中，英国的普通法的确是不成文法，因为它为法官所垄断，而人民群众完全不知道。但在威斯特敏斯特法院开始根据档案（年鉴或其他资料）作出判决时，他们所执行的法律已是成文法。[27]因此，只有从共知性和双向约束性的标准出发，才能对一种法是否属于成文法作出正确的界定。“成文”仅仅是形式，双重约束才是实质，“成文”是实现双重约束的手段。写成文字的“内部文件”，尽管它是成文的，但不是成文法，因为它不具有双重约束性这一成文法的根本要件。

成文法是法治的象征和运作的前提条件，一个国家的成文法程度是衡量其法治水平或权力控制水平的重要尺度。这一尺度亦适用于中国。1949 年后的中国有过法律不够成文法化的历史。20 世纪 70 年代，最高法院就各种疑难案件作出的批复并不公布，属于机密文件，只允许执法机关的人员和法科学生知晓，因此，在 20 世纪 70 年代末期，法律专业属于保密专业。政府的许多行政性规范文件的公布范围也十分有限。以“内部文件”治国，在当时是一种普遍的方式。往往造成这样的局面，当事人被要求按对他们秘而不宣的规则行事，只有当他们站在法庭上时，他们才知道怎样做是对的。这种形势为权力的不正常行使提供了方便。

改革开放以来，中国的法治取得了不小的进步，表现为法律的成文法程度明显提高，最高法院的批复定期在《最高人民法院公报》上公布。《国务院公报》也定期公布政府的行政性规范文件。报纸也承担了公布法律的工作。可以容易地买到《法律全书》和《司法解释大全》并从中查阅有关法律。国家十分重视法律知识的普及工作，还开展了两次普法运动。

如果说中国在法律的成文法化方面取得了进步，那么，中国在民法的法典编纂方面，还有更长的一段路要走。成文法只是第一次法治浪潮的成果，成文法的高级形式——现代法典法，则是在第二次法治浪潮中获得的。之所以说法典法是成文法的高级形式，乃因为法典法比一般的成文法具有更强的普遍性、确定性和可接近性。而民法典是立法机关起草和公布的，适用于所有的人。由于立法机关比较超脱于各种行政事务，能消除部门立法的弊端，做到不偏不倚，再加上它制定的法律不区分适用对象地适用，因此，民法典具有更强的普遍性。由于民法典将绝大部分民法规范包容于一部立法文件，条文众多、体系完备、逻辑严密，尽可能地包括了市民生活各方面的行为规则，使人们事事有所遵循，因而极大地加强了法律的确定性，便于民事活动的当事人寻法。法律的公布有两种方式：一是零星的公布，制定各种单行法属此；二是系统化的公布，制定民法典属此。明了以零星方式公布的法律之内容，对于以司法事务为业的执法者并不困难，但对于往往非以司法为业的被执法者，却甚为困难。因此，零星公布的成文法使执法者与被执法者在对法律的可接近性上处于不平等地位，很难确保后者的监督功能之实现。而系统化公布的民法典使执法者与被执行者对法律有同等的可接近性，更能保障后者对前者的执法活动的监督。因此，民法典就是人民权利的大宪章，是控制权力的有力工具，是权利之安全的更可靠保障。“法典就是人民自由的圣经”。[28]“法典是法和成文法的 par excellence（最佳形式）”[29]在中国，没有民法典的法治是难以想象的；而没有法治，现代化也是不可想象的。随着法治思想的逐步深入人心以及国际经济交往的需要，中国终将制定一部民法典，这已成为法学界广大人士的共识并正在为此努力。

四、中国民法典的编纂与中国市民社会之建立

市民法就是规范市民社会中各种社会关系的法。按对社会的二分法，市民社会是一种独立于国家的“私人自治领域”[30]，即不受国家直接干预的领域。[31]市民社会的相对面为政治国家，二者之所以分离，是为了防范不受限制的国家权力对工商业经营和私人领域的侵犯，以满足市场经济的要求。市民社会的原则是权利，政治国家的原则是权力，因此，市民社会与政治国家的关系，就是市民的权利与国家的权力之间的关系。民法是对市民权利的保障，它对私域的保护使其成为私法。行政法、刑法规定了公共权

力的运行方式,因此是公法。公法的目的,在于凭借国家权力去获取公益。但权力的行使有两种样态,不正常行使的国家权力对于市民的权利是一种危险源,必须依靠权力的彼此制约和权利对权力的制约加以防范。因此,民法的调整对象不仅涉及市民间权利的关系,而且涉及到市民权利与国家权力的关系。[32]如果市民社会与政治国家各自保持独立,两者间达到一种平衡,人民就享有自由。如果政治国家完全吞没了市民社会,那就是专制主义。如果市民社会完全吞没了政治国家,那就是无政府主义。

中国有过实行计划经济的历史。计划经济就是国家对社会生活的全面控制,无市民社会可言。1992 年 10 月,中国选择了社会主义市场经济的新路。市场经济就是要使社会成员获得广泛的经济自由,把经济活动从国家过多过细的干预中解放出来,促进生产力的发展。不难看出,实行市场经济,就是要建立中国的市民社会。事实上,在中国的经济特区海南省,已提出了“小政府、大社会”的改革目标模式。这里的“社会”,就是市民社会。这一目标正确地说明了政治国家与市民社会的关系,是中国未来发展的方向。

中国对市民社会的重建,使中国的民法得到复兴。在计划经济条件下,中国没有真正意义上的民法或私法,因为国家的广泛干预使大量的社会关系染上了行政色彩。因此,自 1949 年以来,迟迟不能制定出民法典。实行市场经济要求建立中国的市民社会并要求划定市民社会与政治国家间的界限,使法律具有确定性,由此使市民社会的宪章——民法典成为必要。在市场经济条件下,民事主体在筹划将为的行为时,更加需要预见自己行为后果的充分信息,法律的态度对于他们的计划活动是一种非常重要的信息,只有系统完备的民法典才能使他们获得充分的法律信息,因此,市场经济对民法典提出了远较过去更为迫切的要求。所幸的是,民法典的编纂已提上了中国立法机关的议事日程。这部要经过长期准备才能诞生的、属于 21 世纪的民法典,必将成为中国正在建立的市民社会的宪章,明确地划定市民社会与政治国家的范围,充分地确认和保护市民的权利,有效地控制国家权力的滥用。将来的民法典必须规定意思自治与国家干预相结合原则,使市民社会能抵御国家权力任意进入私域。同时须规定权利不得滥用原则,使国家权力能控制恶性膨胀的私人权利。由此在市民的权利与国家权力间达成一种平衡,形成有秩序的自由。

注释

1 韦伯语,转引自[加]加尔布雷思:《权力的分析》,陶远华、苏世军译,河北人民出版社1988年版,第2页。

2 参见[美]布坎南:《自由、市场和国家》,吴良健、桑伍译,北京经济学院出版社1988年版,第38页。

3 参见[美]丹尼斯·缪勒:《公共选择》,王诚译,商务印书馆1992年版,第ii页。

4 参见[英]密尔:《论自由》,程崇华译,商务印书馆1959年版,第1~2页。

5 参见[英]哈耶克:《通向奴役的道路》,滕维藻、朱宗风译,商务印书馆1962年版,第72页。

6 参见[英]梅因:《古代法》,沈景一译,商务印书馆1959年版,第7页。

7 参见[英]梅因:《古代法》,沈景一译,商务印书馆1959年版,第8页。

8 参见[英]梅因:《古代法》,沈景一译,商务印书馆1959年版,第9页。

9 参见[英]梅因:《古代法》,沈景一译,商务印书馆1959年版,第10页。

10 参见陈盛清主编:《外国法制史》(修订本),北京大学出版社1987年版,第43~45页。

11 参见江平、米健:《罗马法基础》,中国政法大学出版社1987年版,第19页。

12 参见《外国法制史资料选编》,北京大学出版社1982年版,第158~170页。

13 另有人认为周朝即公布成文法。参见杨景凡,俞荣根:《论孔子》,西南政法学院印行(1983年),第110~112页。

14 参见张晋藩主编:《中国法制史》,群众出版社1982年版,第57~61页。

15 参见梅因,前引书,第9页。经史家考证,《十二表法》的"表"并非铜板而为木板,故现已不称"十二铜表法",而称"十二表法"。

16 参见梅因,前引书,第11页。

17 参见[法]罗伯斯比尔:《革命法律和审判》,赵涵舆译,商务印书馆1965年版,第4~5页。

18 参见罗伯斯比尔,前引书,第24、28、30~31页。

19 参见罗伯斯比尔,前引书,第24、28、30~31页。

20 参见徐国栋:"论我国民法典的认识论基础",载《法学研究》1992年第6期。

21 参见[英]J. A. 约洛维奇:"普通法和大陆法的发展",刘慈忠译,载《法学译丛》1983年第1期。

22 参见[美]庞德:《法律史解释》,曹玉堂、杨知二译,华夏出版社1989年版,第123页。

23 参见[美]梅里曼:《大陆法系》,顾培东、禄正平译,西南政法学院印行(1983年),第39页。

24 这种立法方式产生了一定的副作用,在笔者的《民法基本原则解释——成文法局限性之克服》(中国政法大学出版社 1992 年版)一书中对这一问题作了详细分析。但在中国,问题的重心不在于克服法律的局限性,而在于制定能保障安全价值的法典法。

25 参见《法学辞典》(增订版),上海辞书出版社 1984 年版,第 259 页。

26 参见《法学辞典》(增订版),上海辞书出版社 1984 年版,第 86 页。

27 参见梅因,前引书,第 8 页。

28 参见《马克思恩格斯全集》(第 1 卷),人民出版社 1964 年版,第 71 页。

29 参见[美]艾伦·沃森:《民法法系的演变及形成》,李静冰、姚新华译,中国政法大学出版社 1992 年版,第 215 页。

30 参见何增科:"市民社会概念的历史演变",载《中国社会科学》1994 年第 5 期。

31 参见王绍光:"关于'市民社会'的几点思考",载《二十一世纪》1991 年第 8 期。

32 参见徐国栋:"成文法三属性:权利与权力的平衡态——兼论现代法律的调整对象",载《法律科学》1993 年第 5 期。

徐国栋

代表作

肆

中国关于民法调整对象的三次讨论综述

从20世纪50年代到80年代,我国民法学界就民法调整对象中的财产关系问题进行过三次大讨论;自2000年后至今,就民法调整对象中的人身关系问题进行过一场讨论。

一、关于财产关系的讨论

(一)第一次讨论综述

第一次讨论发生在1951~1957年,当时,苏联法学界正在《苏维埃国家和法》杂志上进行关于苏维埃民法调整对象的讨论。同时,全国人大常委会研究室正在从事我国民法典起草的准备工作,因此,这场讨论一方面呼应"老大哥"的动作,另一方面具有服务于立法的目的。它主要聚焦在以下问题上:第一,民法调整的财产关系是属于上层建筑的范畴还是经济基础的范畴,如果为前者,民法所调整者为财产法律关系;如果为后者,则民法所调整者为生产关系;第二,民法是调整关系还是调整行为?第三,民法是调整社会关系还是调整法律关系?第四,民法调整的财产关系的范围为何?

关于第一个问题,第一种观点认为,民法是调整生产关系的。主张者认为,社会关系可分为物质社会关系和思想社会关系两类,前者属于经济基础,后者属于上层建筑,在这样的框架下,问题变成了这样:法律是调整上层建筑范畴的社会关系,还是调整构成经济基础的生产关系?主张者认为,不可一概而论,有的法律调整生产关系,如民法、商法;有的法律则调整上层建筑的社会关系,如各种组织法;还有一些法律,如国家法,则既调整生产关系,也调整上层建筑范畴的社会关系。[1]此种观点为多数讨论者主张。第二种观点认为，民法调整的是一定生产关系决定的思想关系，财产关系不能与生产关系并列，后者是前者的原因，前者是后者的结果。

为了说清这一问题，有必要厘清思想关系和物质关系的含义。所谓思想关系，是经过人们的意识形成的社会关系；相反，物质关系是不经过人们意识形成的社会关系。坚持民法调整思想关系，就是坚持只有在行为人有意志自由的情况下才承担责任的原则。那种主张民法调整生产关系的观点，乃出于对生产关系的不正确理解，把它理解为反映了一定经济内容的关系。[2]对于第一种观点，还有学者批驳道，财产关系不能等同于生产关系，因为前者的外延比后者小。生产关系包括生产资料的所有制形式、由所有制形式决定的各个不同社会集团在生产中的地位以及它们的相互关系，完全依所有制形式为转移的产品分配三个方面。而财产关系不包括生产关系的第二项内容：各个不同社会集团在生产中的地位以及他们的相互关系。此外，生产关系是社会关系，而财产关系是法律关系，两者不可等同。[3]

关于第二个问题，学者认为，民法调整财产关系，实际上也就是调整促成这种关系形成的人的行为。当法律保护某种财产关系时，也就是承认参加该项财产关系的当事人的行为的合法性；当法律否决某项财产关系时，也就是对该项财产关系的当事人的行为的制裁，两者并不矛盾，而是完全一致。[4]这样的说明很有道理，至今仍有价值。

关于第三个问题，有学者主张民法调整法律关系而不调整社会关系的观点。[5]它遭到了反驳：如果认为民法调整的对象就是财产法律关系，就必然得出法律就是调整法律规范，民法就是调整民法本身的荒谬结论。[6]因为法不仅仅是规范本身，而是规范和法律关系的统一体，法律关系是实现中的法律规范。[7]关于这一问题的讨论，也至今有现实意义。在我看来，民法是既调整社会关系，也调整法律关系的。

关于第四个问题，有学者认为，财产关系由行政法、财政法、劳动法、家庭法、集体农庄法、民法共同调整，民法只调整一定范围的财产关系，问题在于这个“一定范围”如何确定？对此有小幅限缩说和大幅限缩说。前者比较尊重民法自古以来的固有领域，对这一领域削减不多，认为民法调整“凡有关占有、使用及处分消费品和其他财物的关系，以及有关依法律行为和继承程序转移各种财物的关系”。[8]此种观点尽管已把人身关系排除在民法之外，但还为之保留了继承关系。大幅限缩说则进一步削减了民法的外延,认为民法只调整"与所有制形式、价值规律和按劳分配规律之作用有关的财产关系"。[9]如此,继承关系也不在民法之内了。这种观点显然取自苏联,它对我国关于民法调整对象问题的第二次讨论发生了更大的影响。

"一定范围"的被"平等主体"取代的问题,至少有两个学者宣称自己这方面的理论贡献。其一是赵万一教授,他在2001年申请博导资格的资料上如此声称,另外,中国政法大学的杨振山教授主张自己这方面的功劳。[10]在2001年在北京召开的"中国物权法国际研讨会"上和2002年在北大召开的"中国民法百年:回顾与前瞻"会议上,我问过两校的老师,他们都坚持自己学校的人的发明权。王利明教授告诉我,还是佟柔先生为了把民法与经济法区分开来而做出的文章。如此加入了第三方。尽管如此,2002年4月14日在人大民商法网站上公布的《民法总则草案》第3条却把这个表达去掉了,耐人寻味。按照起草者的解释,这样的表述与明文规定的平等原则重复,故去掉。但对这种安排,也有人做另外的理解。例如The End在2002年4月22日22:03:11的帖子中说,平等主体的表达与现代民法的以法律情势名义进行的个别调整的努力矛盾。正因为这样,我在《绿色民法典草案》第6条规定"实现当事人在民事活动中的平等是本民法典的重要目的,但本民法典可以通过制造形式不平等的身份制度最终实现平等的立法目的"。

上面讨论的问题,除了第一个问题类似于一个针尖上能站多少天使的问题,令今日之学者好笑外,其他问题都富于学术价值,今天仍有讨论意义。对第一个问题的讨论之所以无稽,乃因为它是从马克思关于财产关系和生产关系可能是随意说过的几句话出发,而不是从活生生的法律现实出发,因此治丝益棼。经过时间的考验,我们可以说,民法调整意志关系的观点已为现代学界普遍接受。

作为这场讨论的结果,1955年10月5日的《中华人民共和国民法总则草案》(简称"55年草案")[11]第2条规定:本法调整社会主义组织间,社会主义组织与私营企业、公民间,及私营企业、公民相互间的财产关系,以加强国民经济计划性,提高社会生产力,逐步改善公民的物质和文化生活的需要。1957年1月15日的《中华人民共和国民法典总则编(第四次草案)》(简称"57年草案")[12]也在第2条规定了民法调整对象:本法调整国家机关、企业、合作社、社会团体、公民间和它们相互间一定范围内的财产关系,及与财产关系有密切联系的人身关系。

此外,55 年草案第 7 条规定:雇佣劳动关系、家庭婚姻关系、或因发明、著作所发生的关系,以特别法典规定。按照当时我国学说上的解释,劳动法、婚姻法等都和民法一样,是独立的部门法,但因发明、著作所发生的关系是人身非财产关系,属民法调整的范围。[13]

(二)第二次讨论综述

第二次讨论发生在 1980 ~ 1986 年,其背景是重新起草民法典和民法学派与经济法学派的论战。相较于 20 世纪 50 年代的讨论,这次讨论的特点在于:

第一,话语体系发生了变化。与 20 世纪 50 年代的讨论者围绕着财产关系和生产关系两个针尖做文章不同,80 年代的讨论者估摸中央领导人想大搞经济建设的心思,提出了经济关系的概念来诠释财产关系。他们承认经济关系是一个很大的范畴,不可能全部由民法调整,作为分工,民法只调整等价有偿的经济关系,其他的财产关系由行政法和经济法调整。[14]此外,学者还提出了 20 世纪 50 年代讨论中未提到过的商品关系的概念,把它当作民法的调整对象。“经济关系”的横空出世,导致了厘清它与财产关系和生产关系的关系的必要,论者将社会关系分为通过物发生的和不通过物发生的两类,前者为经济关系,由于这样的关系中的物必须有一个归属,从物的归属出发,可以把通过物发生的人与人之间的关系称为财产关系,财产关系与经济关系,名异而实同。经济关系又可再分为在生产过程中发生的和在生产过程外发生的(如遗产继承关系)两类,前者为生产关系,因此,生产关系的外延比经济关系小。[15]这一分析终于使问题明晰了,但它是对一个陈旧的框架所做的澄清。

第二,民法学界本身理论分歧很小,以至于难以说得上是一场讨论。例如,有的民法学者认为继承等非商品关系仍应由民法调整,[16]有的学者基于商品经济的民法观,急于把民法中包括继承在内的与商品交换无关的内容排斥出去。[17]有的学者主张民法调整商品经济关系,[18]有的学者主张民法应调整财产关系和人身非财产关系。[19]严格说来,它是民法学者与经济法学者之间就双方各自的活动范围进行的一场地盘争夺战。

中央领导人对经济建设的重视导致民法学者的话语变换,同时也给民法带来了一场危机。在国家中心工作转移到经济建设的浪潮中,经济法也脱壳而出。遗憾的是它是一个迟来者,所有该由法律调整的领域都已各有其部门法,经济法的观念要想变成现实,就必须发动一场理论土改,通过改变各地产的既有界限为自己赢得一块地盘。由于其行政权力与财产关系相交错的性质,它最适合从民法和行政法中去取这样的地盘,至少民法中的合同法可以拿来作为经济法调整横向经济关系的工具。如果这种尝试成功,民法将遭受阉割,因此,这一古老的科学在中国,进入了自己的卫道时期。领导这场卫道运动的是佟柔教授,他使用的卫道工具是民法调整对象理论。

在民法调整对象问题上,佟柔教授堪称专家,他一生专治此问题,因此他的观点特别值得一提。

所幸的是,这一时期的1984年,中共中央发布了《关于经济体制改革的决议》,宣布中国不再实行计划经济,改行有计划的商品经济。这一决策为民法赢得了最肥沃的土壤。佟柔教授遂竭力利用这一体制变换的机遇为民法争取生存空间。他因此把民法界定为"调整商品经济一般条件的法律"。[20]我们不难发现这一说明与1961年《苏联民事立法纲要》的民法调整对象说明的相似。在佟柔教授看来,民法曾经是调整城邦社会生活的法律规范的整体,但民法的本质是商品经济的法律条件。民法的骨干是主体、所有权和债三大制度。它们都与商品经济有关。主体不过是商品交换的主体;所有权是对商品的所有权,债尤其是合同,是商品交换的法律形式。民法的发展史,是非本质的因素不断被分离出去,本质的因素保留下来的历史,这一过程至今仍在继续,因此,亲属法和继承法应该被分离出民法典,成为独立的法律部门。[21]这一论述包含着对部门法运动的认识。那么,为什么民法还调整一定的人身关系呢?佟柔教授认为,资本主义民法也调整人身关系,乃因为这种关系与财产关系一样也是私法关系,而且非财产上的损害可以用金钱赔偿。[22]史际春教授对民法为何把人身关系和财产关系放在一起调整的问题是这样回答的:罗马法调整家,恰如现代民法调整公司,因为当时的商品生产单位不是家长而是家庭。资产阶级民法由于惯性也规定家庭法。尽管史际春教授主张两种关系要一并规定在民法中,首先,他认为有应该预防的消极性:即家庭关系商品化。其次,对人格权的侵害导致金钱赔偿,此时转化为商品关系。总之,民法调整商品经济以外的人身关系,也是由社会的商品经济条件决定的。[23]

佟柔教授利用他在1983年于重庆举行的全国民法师资培训班讲课的机会传播其观点,使之很快辐射全国,形成了延续至今的商品经济的民法观。它的影响是如此巨大,可以说,每一个民法学者都曾经是其信徒,我自己也不例外。我们看到,1961年《苏联民事立法纲要》提出的民法调整对象观点在中国被系统化、全面展开。俄国的星星之火,终于燎原于中国。

但商品经济到底是什么?1996年8月,我以《非常损失规则的价值论基础与中国民法中的无体物问题》的论文参加拉丁美洲第10届罗马法大会,此文中有"商品经济"的用语,无论是修改此文的意大利文稿本的意大利人阿尔多·贝特鲁奇教授还是上述大会的拉丁美洲与会者,都无法理解这一术语。当我念出"商品经济"时,他们都理解成了"市场经济"。他们没有错!回过头来看,商品经济是一个独特的中国表达,是特定时期的中国学者在"上头"还不能接受市场经济的情况下,暗渡陈仓地用以指称当时被与资本主义联系在一起的这种经济的一个词。当对市场经济的认识障碍得到克服后,这一表达就应寿终正寝了。正因如此,1992年10月,中共十四大提出了社会主义市场经济的改革目标模式来取代有计划的商品经济。奇怪的是,许多学者和学生对这一概念恋恋不舍,不时使用,他们置中央的市场经济提法于不顾,继续以商品经济来解释各种民法现象。我认为,这些人并无对抗中央的意思,只是市场经济取代商品经济后,尚未出现像佟柔教授那样的大师根据新的体制条件重新解释民法,大家只好把老皇历再用几年罢了。这种状况令人难堪,因为我们已知道,商品经济的民法观的创造者俄国自己已抛弃了这种理论,我们却抱着它不放,说不过去。

(三)第三次讨论综述

第三次讨论发生在20世纪90年代前后,关系到在民法典已提上立法机关议事日程的情况下,我国未来民法典的结构设计问题,其讨论成果表现为我编的《中国民法典起草思路论战》。

这一时期,我国在意识形态和经济体制上发生了巨大变迁,它们都要求变革商品经济的民法观,建立符合时代精神的新民法理论。

从意识形态而言,我国经历了以下变化:

1. 主体性理论与对唯物主义的重新解释。20世纪90年代前后,我国哲学界开展了对主体性问题的讨论,其宗旨是弘扬主体性原则,这一原则是客观性原则的对立物。客观性原则从主体之外的客体,从客观事物的特性来说明事物和现象,强调主体在客观事物及其规律面前具有受动性、受制约性、受束缚性。显然,强调财产关系而忽视人身关系的民法理论和民事立法贯彻了这一原则;而主体性原则从人、从我出发来说明我们周围的事物,是一种从主体出发,使客体围绕主体旋转的思维方式。[24]

在关于主体性的讨论热潮中,学者们还对唯物主义进行了重新解释。1987 年,陈志良先生发表了《主体性原则与哲学现代化》一文。在此文中,他把唯物主义分为机械唯物主义(或称旧唯物主义)、人本主义唯物主义(以费尔巴哈为代表)、实践唯物主义、辩证唯物主义四个类型,第一种唯物主义以自然界为出发点;第二种唯物主义把从自然界出发上升到了从"人的直观"出发,提高了人的地位,但仍缺乏能动性,因而被马克思的实践唯物主义所取代,这种唯物主义的出发点是实践,是主体,它是从主体和实践的角度考察和理解一切事物的主张,反映了人类已在更高的层次,更大的范围内以自己的内在尺度来把握物的尺度,并在实践中高度统一这两把尺度的现实;它使哲学的出发点从"物质"转移到"实践"。至于以"物质"、"存在"为起点的辩证唯物主义,陈志良先生认为,马克思和恩格斯从未把自己的哲学作这样的命名,将马克思主义哲学称为这种主义,未免忽略了这种哲学中最重要的东西:实践与主体性,所以把马克思主义哲学概括为实践唯物主义更好。[25]

高德良在 2001 年发表的《哲学基本问题的历史考察》一文中主张,哲学的基本问题并非精神与物质的关系问题,而是思维与存在的关系问题。"存在"与单纯的"物质"不同,前者是人与物的互动;后者是物的单纯的自存。以这一观点为基础,作者主张:马克思和恩格斯在思考思维与存在的关系问题时特别强调实践关系。他们不再抽象地谈论物的存在,而是首先考虑人的存在。思维与存在的关系由此变成了人的意识与人的存在的关系。相反,如果再回到抽象物质的立场上,用物质与精神的关系问题代替思维与存在的关系问题作为哲学的基本问题,只能是一种倒退。[26]

显然,陈、高的观点都强调了人的地位,把旧唯物主义对物质的盲目崇拜转化为对反映人与物的互动关系的实践观念的注重。我们知道,旧唯物主义曾经是商品经济的民法观的哲学支柱,现在,前者已不再能为后者提供支撑了。

2. 人文精神的兴起。所谓人文精神，就是强调人是世界的中心的精神，它是对以神为中心的世界观和以物为中心的世界观的否定。可以说，人文精神的提倡是主体性原则的一种表现形式。它要求把人提到更重要的位置上来，清除过去的重物轻人的物文主义思想。

3. 人权理论的勃兴。人权要求把人作为目的而不是手段考虑。江泽民主席最近的“人是世界上最可宝贵的”之语反映了改革开放以来的主旋律。现在，我们已承认人们奋斗所追求的一切都同他们的物质利益有关，生产的目的不是生产本身，而是为了人，因此我们才以 GDP 指标取代了国民生产总值指标，并辅之以人均国民收入的指标。[27]这些现象都反映了时代精神在我国从“重物轻人”到“永远把人当作目的”的转变。

4. 市民社会理论的兴起。20 世纪 80 年代，在邓正来等人的倡导下，我国复兴了对市民社会的理论研究，打破了市民社会的理论禁忌。市民社会问题，首先是市民社会的成员资格问题，这一问题在民法上的表现为重新认识人格关系并把它提到比财产关系更重要的地位上来，为使民法从财产法后退到市民法提供了可能，由此可以重建市民社会与市民法的联系。

5. 拉丁民法学派的兴起。众所周知，我国自清末继受大陆法系以来就选择了德国法作为自己的模仿对象。1949 年以后我国转向苏联法，而苏联法也是德国模式的受影响者，因此，在不同的意识形态背景下，我国都在德国法族的涵盖下。然而，20 世纪 80 年代末，通过与意大利罗马法学界建立起学术联系，进而又通过这一媒介建立起与拉丁美洲国家的法学交流，我国逐渐形成了民法学研究的拉丁学派。[28]如果说德国学派更加重视民法调整财产关系的一面，则拉丁学派更为重视民法也调整人身关系的一面。该派学者通过建立与拉丁法族国家（意大利、秘鲁、墨西哥、阿根廷、波多黎各、巴西）的广泛的学术联系，传播这一法族的精华，弥补德国法族的不足，从此，我国民法学界在德国民法传统之外，还看到了拉丁法族民法的独特的存在，视野变得开阔，而拉丁法族国家是强调人法的。

就经济体制改变革而言，前文已述，1992 年 10 月召开的中共十四大提出了社会主义市场经济的改革目标模式，使我国的经济体制开始转向社会主义市场经济阶段。这就使商品经济的民法观失去了经济体制基础，面临更新的要求。

二、关于人身关系的讨论

2002年年底，在法律思想网上进行了一场关于民法调整对象的网络讨论。主要是针对梁慧星教授主持起草的《民法总则草案》第3条保持的《民法通则》第2条的民法调整对象定义，我挑起了关于人身关系和财产关系何者应为先的讨论。我的主张是：我国学者对人身关系的理解有误，"人"被理解成人格权，"身"被理解成家庭关系。如果把"人"理解成也包括权利能力和行为能力制度等，把"身"理解为保护弱者的一些安排如关于法律能力的规定（如未成年人、精神病人的保护制度等），我们就会看到人身关系的更为重要的地位以及它对于财产关系的前提意义。

与此不同的意见之一是，两种关系的排序不重要，因为财产还是为人服务的，因此，尽管赞成人身关系排前，但不能认为主张把同样关系排后的学者是物文主义者。不同意见之二是，主张先物后人，因为无论在那个时代，物资的纷争和归属都是人类的首要问题。不同意见之三是，否定这个问题的必要，提出民法调整法律情势的主张。不同意见之四是，否定我的论题的基础主客二元论的合时代性，认为二元论反映了征服自然的人类中心主义观念，而现代哲学主张物—人合一。[29]

这场讨论第一次涉及人身关系和财产关系的先后问题，向我国传统的民法财产法理解发动了攻击。回过头来看，这是一个国际问题，我的主张代表了大陆法系普遍存在的民法的非财产法倾向。早在一百多年前，耶林就在其《合同中的利益与前给付的财产价值的所谓的必要性的价值》一文中捍卫了合同法律关系的非财产方面，而合同历来被当作一个经济因素居主导地位的领域。尽管《西班牙民法典》是针对民法的财产方面构建起来的，但现在人们更加考虑人的中心价值，产生了对价值和非经济方面的敏感趋势。[30]

在上述理论成果的基础上，民法学界一些学者深感商品经济的民法观的缺陷，尝试从另外的角度解释民法。1991年，产生了张俊浩教授的民法调整对象定义：民法调整"社会普通成员之间的人身关系和财产关系"。[31]这一定义把调整人身关系界定为民法的优先对象，财产关系是其第二位的对象。它还使用财产关系的概念取代商品关系的概念，扩大了民法的调整范围。最后但最重要的是，这部教材旗帜鲜明地将民法界定为人法，其宗旨在于对物化民法的倾向进行反拨，把民法还原为主体法。

上述理论成就都有利于在民法调整对象问题上正本清源，拨乱反正。因此，我主张，不论在理论上还是在立法上，都应把民法的调整对象界定为主要涉及私益的人身关系和财产关系。为此，我在2001年和2003年发表了《商品经济的民法观源流考》、《两种民法典起草思路：新人文主义对物文主义》、《“人身关系”流变考》、《再论人身关系》4篇文章论证自己的观点，产生了较好的效果。人大的王利明教授、杨立新教授已在各种场合表述民法调整平等主体间的人身关系和财产关系的观点，在肯定商品经济的民法观的同时对其局限性进行了清算。在其起草的民法典草案中，把全部的民法规范分为人身关系法和财产关系法两大规范群，先规定前者，后规定后者，抛弃了有些学者提出的人身关系法规范与财产关系法规范插花规定无所谓的错误观点。作为商品经济的民法观的堡垒的人大学者开始勇于改正其前辈的理论错误，这是令人欣慰的。

新的民法调整对象定义对梁慧星教授也产生了影响。在2001年，他仍然以变形的方式继承商品经济的民法观。他认为，民法是调整民事生活关系的基本法。这里的民事生活分为两个领域，一个是经济生活，另一个是家庭生活，因此民法调整财产关系和家庭关系。[32]首先必须承认，这种观点比商品经济的民法观有所进步，因为它已经承认家庭关系在民法的调整对象范围内。但它否认了人格关系是民法的调整对象，把经济生活强调为民法的第一位的调整对象，仍然是商品经济的民法观的变种。梁老师对这种界说提出的唯一正面论据是：“一个毫无财产、一文不名的人，连生存都难以维持，能算是真正的人吗？”[33]此语表达了“穷汉无人格说”，活脱脱地表现出论者对财产、对商品的崇拜。[34]在2001年7月30日于镜泊湖召开的“苏联俄罗斯法学对中国的影响”会议的发言中，我批判了商品经济的民法观，其中提到梁老师现在的民法观是商品经济的民法观的变种，当时在场的梁老师表示不存在什么商品经济的民法观。然而，随着时间的推移，梁老师的观点在发生改变。首先，在他主编的《中华人民共和国民法典草案》（学者建议稿）中，他已经改变其在《民法典草案大纲》[35]中关于法律关系部分先规定物后规定人的顺序，回归了先规定人后规定物的传统顺序；其次，他在2003年发表的《谢怀栻老师教我怎样做人》（曾发表在“中国法学网”，后被撤下）一文中也以条件式的句法承认了商品经济的民法观的存在及其偏颇性[要说真有什么"商品经济民法观"的话,是先生(指谢怀栻老师——引者按)最先指出这一理论的偏颇],并且证明自己是反商品经济的民法观的传播者之一。梁老师根据我的批评调整了自己的理论,没有用一个注释提及转变的来源,没有一句鸣谢的话,这是非常令人遗憾的,也是不符合学者的惯常做法的。更加令人讨厌的是,起初拒绝人家的正确理论,后来发现自己错了,悄悄地接受此等理论却把其创始人归之于他人的做法。梁老师在这一问题上的如上做法令我想起了洪堡对人性的嫉贤妒能、盗名窃誉之弱点的如下揭示:"公众对待大发现的态度有个三部曲:第一部是怀疑有这件事情;第二步是否认它的重要性,最后一步是相信这件事不是他而是别人干出来的。"[36]此语是哥伦布的传记作者谈到有人把哥伦布对美洲的发现归之于得到了一位先行者留下的地图和其他资料时被引用的。所幸的是,历史最终证明了美洲就是哥伦布发现的。而且即使退一万步,从学术发表的标准来看,我尊敬的谢老师在法学所后院中的散步谈话不构成发表,不足以作为创造性学术之作者身份的证据,更何况只言片语怎么能与四篇长文比分量呢!

应该说,梁老师本人已放弃的上述观点为更多的民法学者所接受,最新出版的民法教材仍然充斥着这种观点,他们构成物文主义的民法学派。当今中国民法学界的基本格局是人文主义与物文主义两个学派的对立。这两个学派各自都准备了一个民法典草案,并就民法典起草的基本思路展开争鸣。[37]在某种意义上可以说,未来中国民法典的基本面目如何,将取决于这场争鸣的结果。如果物文主义学派得胜,那就是商品经济的民法观的胜利,这是我不愿看到的结果,但愿我们能避免之。

尽管如此,包括中国在内的社会主义国家民法理论和民事立法的实际的阐述顺序仍然是人——物的顺序,先规定的是民事主体,然后才规定各种权利的客体以及主体间通过客体发生的关系,由此造成了民法调整对象的理论说明与民法的实际立法体系不一致的混乱状况。

注释

1 参见孙亚明、史怀璧:"关于民法调整对象问题的初步意见",载《政法研究》1951 年第 1 期。

2 参见李奋武:“民法所调整的财产关系是物质关系吗?”,载《政法研究》1956 年第 3 期。

3 参见黄社骥、卓萍:“民法调整对象中的财产关系问题”,载《政法研究》1956 年第 2 期。

4 参见李奋武:“民法所调整的财产关系是物质关系吗?”,载《政法研究》1956 年第 3 期。

5 参见谢怀栻:“谈谈作为民法调整对象的财产关系”,载《教与学》1956 年第 1 期。

6 参见黄社骥、卓萍:“民法调整对象中的财产关系问题”,载《政法研究》1956 年第 2 期。

7 参见陈盛清:“我对于作为民法调整对象的财产关系的看法”,载《教与学》1956 年第 1 期。

8 参见李奋武:“民法所调整的财产关系是物质关系吗?”,载《政法研究》1956 年第 3 期。

9 参见郭寿康、佟柔:“关于民法的调整对象——财产关系的几个问题”,载《政法研究》1957 年第 1 期。

10 参见龙卫球:《民法总论》,中国法制出版社 2001 年版,第 22 页,注 1。

11 该草案(未刊发)分为基本原则、公民与法人、民事权利的客体、法律行为、诉讼期间的效力等 5 章,共 66 条。

12 该草案(未刊发)分为基本原则、民事权利主体、民事权利客体、民事行为、诉讼时效 5 章,共 37 条。

13 参见中央政法干部学校民法教研室编著:《中华人民共和国民法基本问题》,法律出版社 1958 年版,第 19 ~ 20 页。

14 参见王保树:“论民法的调整范围”,载《学习与探索》1980 年第 3 期。

15 参见杨志淮:“生产关系 · 经济关系 · 财产关系——有关民法调整对象的一些问题”,载《法学研究》1983 年第 1 期。

16 参见史际春:“关于民法与商品经济的一般条件的进一步探讨”,载《法学研究》1987 年第 2 期。

17 参见佟柔、赵中孚、郑立主编:《民法概论》,中国人民大学出版社 1982 年版,第 6 页。

18 参见邹瑞安:“试论我国民法调整对象”,载《政治与法律》1982 年第 2 期。

19 参见王镕:“试论民法调整的对象”,载《安徽大学学报》1982 年第 1 期。

20 参见佟柔:“关于经济法几个问题的答问”,载《湖北财经学院学报》1982 年第 1 期。

21 参见佟柔主编:《民法原理》(修订本),法律出版社 1986 年版,第 6 页及以次。

22 参见佟柔、赵中孚、郑立主编:《民法概论》,中国人民大学出版社 1982 年版,第 5 ~ 6 页。

23 参见史际春,前引文。

24 参见郝贵生:“论主体性原则与客观性原则的对立统一”,载《哲学研究》1991 年第 1 期;李临昆:“对主体性问题的几点认识”,载《哲学研究》1991 年第 3 期;刘福森:“主体、主体性及其他”,载《哲学研究》1991 年第 2 期;陈先达:“关于主体和主体性问题”,载《求是》1991 年第 15 期。

25 参见陈志良:“主体性原则和哲学现代化”,载《江海学刊》1987 年第 5 期。

26 参见高德良:“哲学基本问题的历史考察”,载《华侨大学学报》(人文社科版)2001 年第 2 期。

27 GDP 指标相较于国民生产总值指标,增加了对为人服务的第三产业的价值的考虑;国民收入指标考虑了生产活动给人带来的效益,它们都比单纯的国民生产总值指标更重视人的感受。

28 参见徐国栋:“斯奇巴尼:第四个来到中国的重要意大利人”,载《法学家茶座》第 39 辑。

29 参见朱晓喆:“网络公共领域的民法典”,载徐国栋主编:《罗马法与现代民法》(第 4 卷),中国人民大学出版社 2004 年版。

30 Véase Eugenio Liamas Pompo, Orientaciones sobre el Concepto y el Metodo del Derecho Civil, Rubinzal – Culzoni Editores, Buenos Aires, 2002, p. 107.

31 参见张俊浩主编:《民法学原理》,中国政法大学出版社 1991 年版,第 3 页。

32 参见梁慧星:“当前关于民法典编纂的三条思路”,载《中外法学》2001 年第 1 期。

33 参见梁慧星,前引文。

34 对梁老师的这种观点的详细批评,参见徐国栋:“两种民法典起草思路:新人文主义对物文主义”,载梁慧星主编:《民商法论丛》(第 21 卷),金桥文化出版(香港)有限公司 2001 年版。

35 参见梁慧星主编:《民商法论丛》(第 13 卷),法律出版社 2000 年版,第 800 ~ 832 页。

36 参见[美]塞·埃·莫里森:《哥伦布传》(上卷),陈太先、陈里仁译,商务印书馆 1995 年版,第 120 页。

37 参见徐国栋编:《中国民法典起草思路论战》,中国政法大学出版社 2001 年版。

徐国栋代表作

伍

对民法的调整对象和调整方法的再认识

社会主义市场经济的建立,对加强民事权利的保护提出了更高的要求。保护民事权利问题,不可能通过空喊口号解决,必须建立相应的制度依据,才可使民事权利的保护建立在可靠的基础上。重新认识民法的调整对象和调整方法,可提供这样的制度依据。

民法调整社会关系,从这一命题出发,民法的调整对象就跃然于前。社会关系是两方以上当事人之间的关系,社会关系两端的当事人,构成民法的被调整者,他们的关系为权利之间的关系。民法调整他们之间的关系,并限定只调整他们间以私益性为特征的人身关系和财产关系,此为成说,说明此点,并无新意。问题在于成说忽略了民法调整对象的另一重要方面,即调整者与被调整者之间的关系,此为调整者的权力与被调整者的权利之间的关系。徒法不足以自行,民法的调整功能和强制性必定通过握有国家权力的人来实现,而这种人可能依法调整,同时不排除枉法调整的可能,这种借着法律名义进行的枉法调整后果严重。因此,若肯定市场经济是法治经济的命题,调整者与被调整者之间的关系也在民法的调整对象范围之内。在人治条件下,出现的是"你调整,我服从"的景观。但在法治条件下,则出现"你调整,我监督,若合法,我服从,若非法,我抗议"的景观。所谓法治,就是对权力的控制。坚持认为民法只调整私益性的民事关系,换言之,坚持认为民法只调整被调整者之间的关系,而不调整调整者与被调整者之间的关系,就是不知法治为何物!既然承认法律以调整社会关系为使命,"调整"一词本身就隐含

注　本文原载《法学》1993年第9期。

着三方主体(被调整者之间、被调整者与调整者之间)之间的关系,皆在调整的范围之内。

《民法通则》中规定的自愿原则,若以国际通行术语表达,就是“意思自治”。这一原则有两方面的功能:其一,抗御国家权力对民事关系的任性干预;其二,杜绝当事人之间的欺诈、胁迫等妨害市场机制正常发挥作用的行为。这两方面的功能,重在前者。因为只有国家权力才是损害民事关系中所包含权利的最有力的力量,因此,它最有必要得到控制。强调民法调整被调整者与调整者关系的一面,就是主张以民事权利抗御非正当运用的国家权力,就是反对“瞎指挥”、“乱调整”,就是主张民事权利的神圣性,就是宣称:民法不仅要调整权利之间的关系,而且要调整权利与权力之间的关系。当然这种权利与权力之间的关系,不仅有权利制约权力的一面,而且有权力制约权利的一面。民法中的权利不得滥用原则,就是以国家权力限制过度膨胀的民事权利。

“依法调整”之实现,必须使调整者有法可依,在法律残缺不全的条件下,“依法调整”只是一句空话。这对民法的进一步成文化提出了新的要求。成文法并非指写成文字的法律,而是指写成文字、于生效前予以公布的法律。由于公布,成文法就是为被调整者与调整者所共知的法。调整者将如何调整、是否依法调整,被调整者一望可知,成文法由此使被调整者的监督功能成为现实的可能。因此,成文法才是法治社会的法律。法治就是法律既约束调整者又约束被调整者,法律具有双重约束性。成文法是法治运作的前提条件。民法的进一步成文化含义有二:其一,要逐步消除以内部文件这种只为调整者所知,而不为被调整者所知的立法方式。这种内部文件虽以文字表达,但不是成文法,因为它只为调整者所知,无法体现法律的双重约束性。不以内部文件方式确立规则,也是我国加入WTO的前提条件。其二,要使各项民事法律系统化,使法律对于调整者和被调整者具有同样的可接近性。法律的公布有两种方式:一是零星的公布,如制定各项单行法;二是系统化的公布,如制定民法典。明了以前一种方式公布的法律之内容,对于以司法事务为业的调整者不难,但对于往往非以司法为业的被调整者,却甚为困难。因此,零星公布的成文法,使调整者与被调整者在对法律的可接近性处于不平等地位,很难保证后者的监督功能之实现。而系统化公布的民法典,使两者对法律具同等的可接近性。而且,民法典是系统的、全面的,使法律具有体系性,使我国的法律走向现代化。民法典就是人民权利的大宪章,是制约权力的有力工具。

我国的民法理论历来认为,平等自愿是民法的调整方法。这种理论经不起起码的分析。民法是法律之一种,具有法律的强制性。当出现民事违法由司法机关加以处理时,司法机关(调整者)与当事人不可能平等,前者要对后者课以民事责任,此时哪有自愿可言!因此,平等自愿不是民法的调整方法。实际上很难总结出一种抽象的民法调整方法,民法对社会关系的影响,是通过许多具体调整手段实现的,并可分为事前调整与事后调整两个阶段。民法主要是调整正常社会关系的法,通过将社会关系转化为法律关系完成自己的调整任务。这一环节为事前调整。根据法律关系的三要素,民法于事前调整阶段使用的调整方法为:第一,确定法律关系的主体条件,保证符合一定条件的主体才可参加法律关系;第二,确定法律关系的客体之范围,排除一定的客体进入交换之可能;第三,授予法律关系的主体以权利,此主体的权利即为彼主体的义务;第四,提供任意性规定供主体参考选用。在事前调整阶段,民法主要调整权利之间的关系,民法的调整方法是一种引导性的方法,民法的强制性隐含不显,而听任当事人意思自治,循利而行,相信他们是自身利益的判断者,对其活动在规则的范围内不加干预,国家的干预只通过立法途径实现,任何其他形式的干预皆为非法。若实现这些要求,对民事权利的侵害只能来自其他当事人,难以出现国家权力侵害民事权利的情况。多数民事关系在这一阶段发生、变更、消灭,而始终与法院无涉。当民事权利受到侵害和民事关系的运行遇到障碍时,民法调整的第二阶段即事后调整阶段开始了。此时民法使用的调整方法旨在使遇到障碍的民事关系恢复为正常运行,使被破坏的民事权利得到恢复,主要为:第一,提供补充性规定使呈现残缺的民事关系恢复圆满;第二,运用民事责任使被破坏的权利得到恢复。在这一阶段,过去隐而不显的国家权力出场,法律强制的可能性转化为现实性,民法之调整具有更多的权利与权力之间关系的色彩,民法所要处理的调整者与被调整者之间关系的一面凸显出来。必须说明的是,此时出场的国家权力应为司法权,即使是行政处理,也须保留最终通向司法的途径,贯彻司法最终解决原则,因为司法权是最受程序约束、最受控制的权力。

重新认识民法的调整方法,就是要强调民法的调整主要是事前调整,在这一阶段,国家权力不可任性介入,以保障民事权利之安全。此外强调事前调整主要是司法调整,这是出于司法权的安全性大于行政权的评价,目的同样在于加强对民事权利的保护。

徐国栋

代表作

陆

民法典草案的基本结构

——以民法的调整对象理论为中心

一、一般说明

首先，让我们置身于民法典编纂史的长河中考虑我们正在进行的私家民法典草案问题。必须注意两个现象：第一，在世界民法典编纂史上，大多数国家的民法典草案，尤其是拉丁语族国家民法典的草案，都是学者提供的。《瑞士民法典》的草案是由欧根·胡贝尔（Eugène Huber）提供的；《智利民法典》的草案是由安德雷斯·贝略（Andres Bello）提供的；《西班牙民法典》的草案基本上是由加尔恰·哥业那（Garcia Goyena）提供的；《委内瑞拉民法典》的草案是由胡里安·比索（Julian Viso）提供的；《秘鲁民法典》、阿根廷、荷兰、葡萄牙、巴西民法典的草案，都是学者提供的，[1]这样的例子不胜枚举。第二，在制定一部民法典之前，往往先有多个草案，例如《法国民法典》在被制定为法律之前，先有了冈巴塞雷斯的 3 个草案（1793 年、1794 年、1796 年）、雅克米诺（Jaqueminot）的草案、塔尔热（Target）的草案以及包塔利斯的草案；而《德国民法典》是在第一次草案、第二次草案和《德雷斯顿草案》的基础上形成的，[2]因此，在民法典的起草过程中，许多学者在同一时期或不同时期分别提出自己的草案，然后立法机关采用一个学者的草案或将几个学者的草案加以综合，得出自己的民法典草案或民法典，是正常现象。合同法的起草中的学者稿，是由 12 所高校联合产生的一个草案，尽管它在中国，是法学者参与法律草案形成的第一个尝试，但学者的参与度远远不够，因为未做到 12 所高校产生 12 个草案。我认为，中国民法典草案的产生方式应采拉丁语族国家的模式，要鼓励一个法学家或一

注　本文原载《法学研究》2000 年第 1 期。

所高校形成一个草案，最后形成几个或几十个草案，[3]再由立法机关从中选择一个草案或综合许多草案形成民法典。这样可把民法典的制定从行政机关手中解放出来，变成一项纯粹的科学研究活动，如此可大大加快中国民法典的起草过程，提高其质量，并有利于消除行政专横对立法的不良影响。

基于以上认识，我于1997年产生了起草一部民法典草案的想法，希望由此诞生中国的第一部私家民法典草案，以推动我国民法典的制定，表明中国的法学者已经具有自任为立法者的人格意识，并带动其他高校组织起草自己的民法典草案，使立法机关能择优选择，提高未来的中国民法典的质量。这一想法获得了司法部的支持，于1998年批给了我主持的前中南政法学院[4]民商法典研究所一个民法典草案的项目。由于司法部的介入，我们的这个草案已不是纯粹私家性质的了，而具有半官方的性质。

这样，在中国迄今有了两个民法典草案起草班子。一个是由政府委任的、以北京的学者为成员的起草班子；另一个是我组织的、以中南财经政法大学和厦门大学[5]的民法教师为成员的班子。由此发生了两个起草班子、两个民法典草案的竞争。任何竞争都会产生优化竞争结果的效果，因此，两个民法典起草班子间的竞争是件好事，可惜的是竞争的烈度还不够强，如果有十个班子参与竞争，效果将更好。更富有意味的是，两者的竞争是官方的班子与非官方的班子之间的竞争，这意味着民间的智力资源对国家立法活动的介入。过去，官方的法律起草班子成员比较傲慢，常常对学者说：你研究你的，我制定我的，对学者不屑一顾。现在学者不光研究，而且起草了，这肯定会给官员造成压力：如果官方的草案不如民间的，至少会产生自尊心问题。

然而，学者的草案与官方的草案肯定不同，因为前者的自由度比后者大，作为学者有权不考虑实际操作地思考问题，以求得理论的纯粹性和超越性。因此，我们的草案的基本特征将是理想型的，因为一个结果往往由许多合力造成，学者只对事情的进展提供具有其职业特点的一个力，其他力的数目和作用方向难以预料，因此，学者无必要自任为最终的决策者，把自己的草案当作一个马上要通过的法案来考虑，而只能发挥自己的优势，对世界各国民法典中的先进规定，从善如流。在这方面，厦门大学法学院罗马法研究所具有得天独厚的条件，因为它收藏了世界各国的167部民商法典,是中国目前最好的外国民商法典收藏中心,有足够的一流民商法典可资参考。

即将产生的我们的私家民法典草案,除了理想型的特征外,还具有"绿色"的特征和人文主义的特征。在我们的时代,"绿色"成了追求人与资源的关系之平衡的代名词。所有权是民法和一切法的核心。从本质上讲,所有权是人与资源的紧张关系以及由此而来的人与人之间的紧张关系的表现,因此,人与资源的紧张关系是法律的基本课题。在现代生活条件下,人类正倾向于耗尽地球上的资源,从而给人类本身的继续生存带来了危机。发达国家已比较清楚地意识到了这种情况,从而把保护环境、节约资源当作法律的原则。20 世纪 90 年代以来新制定的宪法和民法典,都有把保护环境作为所有权的义务加以规定的趋势。[6]在中国这样的人口大国,人与资源的关系更加紧张,因而以法律维持人与资源的平衡关系的任务更加迫切。因此,我们的民法典草案,将把"节约资源,保护环境"当作基本原则和所有权的义务规定,并在一切其他规定中体现这一原则。因此,我们的民法典草案,也可称为"绿色民法典草案"。

就人文主义而言,本草案的使命在于促使中国民法回到罗马法的人—物结构,把人当作民法的出发点和目的。因此,我们的民法典草案,也可称为"人文主义的民法典草案"。

1998 年 12 月 18 日,我完成了民法典草案的如下结构设计并把各部分分给项目的诸参加者起草:[7]

序　编　小总则
第 1 编　人身关系法
　第一分编　自然人法
　第二分编　法人法
　第三分编　亲属法
　第四分编　继承法
第 2 编　财产关系法
　第五分编　物权法
　第六分编　知识产权法
　第七分编　债法总论
　第八分编　债法各论

附　编　国际私法

二、本草案的理论渊源

本草案的结构设计，是在对罗马法和近现代欧洲、拉丁美洲国家民法典编纂史进行深入研究的基础上完成的。总起来可以这样说，在编的层次上，本草案采用的是法学阶梯体系，其设计反映了我对民法调整对象的理解，因为民法典的结构问题，实际上就是对民法调整对象的认识问题；在分编的层次上，采用的是以《荷兰民法典》和《俄罗斯联邦民法典》为代表的新潘得克吞体系，其设计反映了《德国民法典》创立的潘得克吞体系在本世纪的发展。在序编和附编的设置上，主要参考了拉丁美洲国家的民法典。

在完成上列结构设计后，我才高兴地发现，在编的层次上，我设计的结构与《奥地利普通民法典》的结构[8]是接近的。

（一）编的层次之设计的理论渊源

法学阶梯体系又称三编制体系，由人、物、讼三部分构成。这一体系来自罗马修辞学中的地方论。地方是可以从中取得论据的场所。帝政时期的修辞学家昆体良（Marcus Fabius Quintilianus，约35年～约95年）在其《演说术阶梯》中首先把地方分为关于人的地方和关于物的地方，后者中最重要的地方是行为。[9]在拉丁文中，“行为”与“诉讼”是同一个词，所以，在昆体良的《演说术阶梯》中，已包含人物讼的体系。盖尤斯是一个修辞学校中的法学教师，他把修辞学的套路引入法学，创立三编制，其《法学阶梯》把民法的材料整理成人法、物法和诉讼法。

三编制的最大特点是有一个人法，这是一个为《德国民法典》的总则掩盖了的部分，为包括我国在内的继受德国法的国家所陌生；与人法相对立的是物法，这种对立预示了许多信息。从哲学的角度看，人法与物法的对立以人与物的对立为基础，翻译成哲学语言，是主体与客体的对立或精神与物质的对立[10]，在这样的对立中，三编制认为主体或精神是第一性的；从民法的角度看，这种对立预示着我在上文已特别界定的所有权的概念；由于这样的所有权概念以人与资源的紧张关系为基础，因此，诉讼是这种关系的逻辑结果。从民法调整对象问题的角度看，三编制表示着民法通过司法手段调整人身关系和财产关系，首先调整人身关系。

在许多情况下，结构是比文字说明更大的意义包含者，通过上面的论述，我们不难看出三编制蕴含的哲学观点和其作者对市民法的总理解。

首先，它确立了人的中心地位，反映了古代的人文主义。尽管“人文主义”是一个文艺复兴以后才出现的概念，但不具有“人文主义”名称而具有其实质的世界观，在古代就有了。事实上，文艺复兴不过是复活古代希腊罗马的精神，而“古希腊思想最吸引人的地方之一是，它是以人为中心，而不是以神为中心的。人文主义所不断反复要求的就是，哲学要成为人生的学校，致力于解决人类的共同问题”。[11]罗马人在继受希腊哲学的同时，也接受了这种哲学的人文主义精神。因为从希腊传入罗马，后来又在罗马发展为新的流派的斯多亚哲学，就是以伦理学为中心，换言之，以人的生活准则为中心的哲学。正是在这样的哲学背景下，盖尤斯的三编制体系才把人被放在首要的地位。

其次，它是对世界的一种悲观解释。人与物的关系有两个方面，一方面，是作为欲望主体的人与满足这种欲望的手段物的关系；另一方面，是作为认识主体的人与作为认识对象的物之间的关系。从第一个方面来看，三编制认为人与物的关系的结果是“讼”。这种推理的结果告诉我们，根据这一体系的逻辑，首先，物是不能充分地满足人的，否则不会发生“讼”——即“争”的公力救济形式，这显然是对人——物关系的一种悲观主义看法。其次，尽管物不能充分地满足人，但如果人人毫无利己之心，彼此谦让，也不会发生“讼”。但是，“讼”毕竟发生了，这种推理的结果也包含着对人性的悲观主义看法。上述两个推理结果，代表着典型的毫无理想主义可言的法学家世界观。正因如此，乌尔比安才提出了“毋害他人”的法律的人性标准，[12]他没有要求得更多。

从第二个方面来看，人还与物发生认识关系，这样的关系也存在于“讼”之中。在诉讼中，人是否能认识已发生的案件事实呢？我们可以从罗马法的原始文献中找到对这一问题的回答。在古罗马的诉讼实践中，对于疑案，人们常用宣誓决讼的方法来解决案件事实问题，[13]这实际上是三编制的司法的不可知论观的表现。

三编制体系，是对人类社会产生了最大影响的体系之一。可以说，《法学阶梯》是在《圣经》之后，对人类历史产生了最大影响的一本书，它是世界上所有的民法典的结构的基础，因为潘得克吞体系不过是法学阶梯体系的一个变种。

三编制体系发展到中世纪，法国法学家雨果·多诺（Hugues Doneau，1527～1591年）完成了对"讼"的排除。他在研究《法学阶梯》时，认为民法应该由两部分构成：首先是"法律上归属于每个人的东西是什么"，其次是"获得它的程序性手段"。原先的法律规则总是把"特定的法律救济"与"赋予它们强制力"这两个方面混淆，而现在私法第一次被划分为实体法（设计为一个主观的权利体系）和程序法两部分。由此，多诺开创了现代大陆法系民法区分实体法和程序法的思想。[14]因此，到了《法国民法典》及以后，诉讼法被独立出来，三编制变成了二编制。这种体例为多数拉丁国家所继承，成为现代大陆法系广为流行的民法典模式之一。[15]

我们的民法典草案，在编的层次上采用由三编制发展而来的两编制，目的在于继承这一体系所蕴含的全部思想观念，尤其是民法首先调整人身关系的观念。

（二）分编层次之设计的理论渊源

我们的民法典草案在分编层次的设计上，基本上采用《德国民法典》的潘得克吞体系的现代进化形式，这是为了利用这一体系的优秀的技术性成果。之所以在编的层次上不采用潘得克吞体系，乃因为这一体系包含着一个致命的理论错误：它以总则淹没了三编制中的人法，由此抹杀了人在私法中的中心地位，是后世人们把民法理解为单纯的财产关系法之观念的始作俑者。因此，我们在编的层次上回到罗马法，是为了改正《德国民法典》的上述理论错误。

1. 传统的潘得克吞体系

首先要说明的是，尽管《学说汇纂》具有潘得克吞的别名，但学说汇纂体系与潘得克吞体系没有结构上的明显联系。事实上，《学说汇纂》的体系，按优士丁尼在其为颁布此书而发布的Tanta敕令中的说明，包括七个部分：第一部分为头编（Prota，第1～4卷），第1卷包括法的一般理论、法的渊源、人的身份、物的分类、各种长官的职责等；第2～4卷涉及管辖权、传唤、诉讼期日、和解、诉讼代理、滥诉、诉讼处置等内容。第二部分（第5～11卷）以审判为内容。除了第5卷的第1题和第11卷是关于起诉和应诉地点和关于在法院进行的询问的程序性规定外，从第6～11卷，都是实体法的规定，涉及物件返还、用益权、役权、侵权行为、地界调整等。第三部分

(第12~19卷)以物为内容,涉及借贷、被盗物的返还、针对船舶经营人之诉、特有产、抵销、合伙、买卖、互易等。第四部分(第20~27卷)被称为中心卷,主要以交易为内容,规定了抵押、退货之诉、关于就追夺担保提出来的双倍返还要式口约、借贷、海运借贷、证书、证人、证据、推定、婚约、婚姻、嫁资、监护和保佐等。优士丁尼认为这8卷书是整个《学说汇纂》的一半。第五部分(第28~35卷)以遗嘱为内容,规定了平民的和军人的遗嘱、小遗嘱、遗赠和信托遗产、遗赠的特殊类型、附限制因素的遗嘱等。第六部分(第36~44卷),其内容按现代的观点看,是一个大杂烩,主要涉及继承和侵权行为。规定了所有种类的涉及到生来自由人和解放自由人的遗产占有、关于亲等和姻亲关系的法律、法定继承和遗嘱继承、新施工警告、潜在损害担保、解放奴隶、取得所有权和占有的方式、财产的留置和出售、诈欺债权人之避免、抗辩、时效、债务和诉权等。第七部分(第45~50卷)以要式口约、私犯和犯罪、上诉、各种地方事务的管理为内容。[16]

上述就是所谓的"《学说汇纂》体系"。而《德国民法典》的体系,众所周知,包括总则、债权、物权、亲属和继承五个部分,与上述体系类似之处甚少,因为《学说汇纂》的法律方法与《德国民法典》的相应方法根本不同,前者是地方论(Topica)或决疑法;后者是体系化的方法。《德国民法典》的体系是德国的潘得克吞学派在研究罗马法的过程中对谢沃拉—萨宾体系诉复活,最早由胡果(Gustav Hugo)在1789年出版的《罗马法初阶》(Institutionen des öemischen Recht)一书中采用。他把法学阶梯体系中的物法区分为对物的物法和对人的债法,并且把不涉及家庭关系和继承关系的物上权利与债权完全分开,由此将家庭法从人法中分发出来,将继承法从物法中纯化出来,形成了四编制,但仍缺乏总则。[17]这一体系由海赛(Arnold Heise)在1807年出版的《为了潘得克吞之讲授目的的普通民法体系的基础》(Grundriss eines Systems des gemeinen Civilrecht zum Behuf des von Pandectenvorlesungen)一书中采用,最后由萨维尼在自己的《潘得克吞教程》中采用并发展。[18]潘得克吞体系的构成材料,诚然自《学说汇纂》而来,但就体系而言,它不过是《法学阶梯》体系的一个变种。《法学阶梯》体系由人、物、诉讼三部分构成,诉讼的部分,经过法国学者多诺的努力,已独立于狭义上的市民法了。而且,法国布尔日大学埃圭纳柳斯·巴罗(Equinarius Baro)利用Actio的一词多义把它解释成"行为",创立了这一现代民法中的重要枢纽性概念。[19]德国的立法者在制定自己的民法典时并未舍弃法国人的上述进展，利用“Actio”一词的“诉讼”与“行为”的双重含义把它解释成行为。[20]因此，《德国民法典》中也未规定诉讼。但是，法学阶梯体系中的人法，被分解成了总则和亲属法两个部分，由于对人法—物法结构的破坏，这是一个糟糕的分解；物法部分，被分解成了债权法、物权法和继承法三个部分，由于对物法作了进一步的科学分析，这是一个聪明的分解。

根据《德国民法典》的起草委员之一的温得沙伊得（B. Windscheid）在其《潘得克吞教科书》一书中的说法，潘得克吞法的阐述顺序是这样的：“所有的私法，要做的事情，有两个对象（Gegenstand）：（1）财产关系；（2）家庭关系。因此，私法的主要划分是财产法与亲属法的划分。”显然可以看出，这一分析把人法缩减成了亲属法，[21]并把财产法置于亲属法之前。那么，亲属法以外的人法内容到哪里去了呢？到所谓的总则里去了，上述潘得克吞法的阐述顺序由六个部分构成：第一部分，关于法的一般；第二部分，关于权利的一般；第三部分，物权法，调整对物的法律关系；第四部分，债权法，调整人与人之间的法律关系；第五部分，亲属法，它像物权法和债权法一样，调整活人之间的法律关系；第六部分，继承法，解决死者的财产的目的之问题。在这一结构中，亲属法以外的人法内容被安排到了“关于权利的一般”的部分。

第一部分和第二部分构成总则，其中不仅存在以有特定内容的法为对象的法律原则，而且也存在以作为从具有特别内容的法中抽象出来的法的原则。此外有法本身（即所谓的客观法）的目的之所在的法律原则，法以之为基础的规则。这后一些原则不是私法性质的，而是属于公法的。[22]为什么总则要分为两个部分。从温得沙伊得本人的《潘得克吞教科书》的内容来看，“关于法的一般”论述如下问题：（1）法的渊源；（2）法的解释与科学阐述；（3）法的规范的类型；（4）法的效力范围。“关于权利的一般”论述如下问题：（1）权利的概念和种类；（2）权利主体；（3）权利的产生、消灭和改定，法律行为被包括在这一部分；（4）权利的行使、被侵犯和保护。至此我们可以看出，总则的第一部分内容是关于所有的法的，其适用范围不以民法为限。之所以做这样的处理，乃由于市民法的历史使然。在古代，市民法是法律的整体的意思，是与神法和国际法相对立的概念，换言之，市民法就是世俗法和内国法的意思。[23]在近代,经过莱布尼兹和沃尔夫的哲学努力[24]和路易十四制定一系列分门别类的条例的立法实践,市民法已经被缩减为一个部门法,原先的市民法的许多成分构成了与市民法相并列的法律部门,尽管如此,市民法的所有的世俗法的源头的性质仍部分地得到保留,表现为在民法中对法的一般问题作出规定,作为学说的潘得克吞体系即采用这样的做法。但我们看到,作为立法的潘得克吞体系放弃了这一作法,《德国民法典》的总则部分没有关于法的一般的规定,而是直接从规定自然人开始。相反,在伊比利亚——拉丁美洲[25]诸国民法典中仍然保留了这一做法。

我们还可以看出,总则的第二部分内容是关于权利的基本规定的,这部分内容在《德国民法典》中得到了保留。使我们感到兴味的是,温得沙伊得认为这部分内容是公法而不是私法,对于我们习惯了“民法为私法”的论断的人来说,这是一个新说法,它使我们想到并非所有的民法内容都是私法,总则即是如此。如果我们把公法理解为不能以当事人的协议加以改变的法,总则的规定是应该被称作公法的。

恰恰就是在“关于权利的一般”中,法学阶梯体系中的“人”被“权利主体”所取代,“人”由编的层次的标题下降为章的层次的标题,这一现象本身就强烈地说明了“人”的减等。然而,从哲学上看,人并不是在任何时候、任何情况下都是作为主体存在的,例如婴儿就不是哲学上的主体。要成为主体,必须形成独立的自我意识。另外,有时人是作为主体存在的;有时是作为客体存在的,在这个意义上,人是二重化的,既有主体性;也有客体性。因此,主体的概念有别于人的概念。[26]

但是,德国的潘得克吞学派制造了“人”与“主体”的分裂。在法学史上,从“人”到“权利主体”的变迁,是一个长长的故事。要言之,由于海塞于1807年首次使用“法人”(Juritische Personen)一语,有些人认为产生了设立凌驾于自然人和法人的上位概念之要求,莱布尼兹为此第一次提出了“主体”的范畴;萨维尼在1840年出版的《当代罗马法体系》中又提出了“权利主体”的范畴,用以描述具有自由意志的权利义务的承担者。在我看来,这完全是画蛇添足!因为“人”难道不就是自然人和法人的上位概念?在主体概念创立后,随着国家主义的兴起,无论是自然人还是法人,都成了国家赋予的资格,于是发生了“人之概念的解体”现象,其结果是“不再是共同体为个人，而是个人为共同体"，传统的人、个人等"权利主体"，现在变成了国家这一新的"主体"的客体。[27]可以看出，涵盖自然人和法人的属概念"权利主体"的提出，本来就是不必要的，因为众所周知，在法律上，"人"（Persona）这个词，本身就是主体的意思，而德国的潘得克吞学派在使用这一概念取代"人"的概念时，又产生了并非积极的后果，它导致了国家对"人"的凌迫。

尽管莱布尼兹和沃尔夫的"几何学法学"和潘得克吞学者的辛勤工作使《德国民法典》取得了举世瞩目的科学成就，但这一成就也付出了不小的代价。从哲学的角度来看，法学阶梯体系的人—物体系被破坏了，不可避免的后果是这种二元结构所蕴含的丰富的人文主义信息的丧失，人法被湮没于总则的庞杂规定中，人文精神也被湮没于各种技术性规定之中，人被缩减成了实际上是客体的"主体"。更糟糕的是，潘得克吞学者如温得沙伊得，公开宣称民法的第一位的调整对象是财产关系，这种对民法的认识开启了后世的把民法财产法化的恶劣倾向。

2. 俄国人对潘得克吞体系的发展

俄罗斯是潘得克吞体系的继承者和改进者。1922 年的《苏俄民法典》分为总则、物权、债和继承四编。显然可以看出，这一民法典的体系基本上是德国式的，由此我们说俄罗斯是潘得克吞体系的继承者。唯有三点不同：其一，把物权规定在债之前；其二，把亲属法独立于民法典，于 1918 年另立了《户籍、家庭和监护法典》；其三，把《德国民法典》的民商分立体制改造成了民商合一体制。由于这些不同，我们说俄罗斯是潘得克吞体系的改进者。我们暂且不论这些改进是好是坏，由于这些改进，在《德国民法典》生效 22 年之后，我们已经可以谈论"新潘得克吞体系"了。这样的不断改进的最终结果是形成了"《俄罗斯联邦民法典》的模式"，《苏俄民法典》不过是这一模式发展的第一个阶段。第二个阶段是 1961 年的《苏联民事立法纲要》，其基本结构为总则、所有权、债权、著作权、发现权、发明权、继承权、国际私法规则 8 编。相较于 1922 年的《苏俄民法典》，这一纲要取得了巨大的进步，也作了某些倒退。就前者而言，首先，它把知识产权整合到了民法典之中，在世界范围内首次建立了一种民法典的新结构。知识产权在一些老牌的民法典制定之时尚未发展为成熟的法律制度，因此这些民法典未规定知识产权的说法，对于《法国民法典》是不适用的。在《法国民法典》颁布后,法国的学说和判例讨论过保护知识产权的可能性,但这些讨论没有反映为法律条文,只是《法国民法典》的一个模仿者——1837的《阿尔贝尔蒂诺民法典》(即《撒丁民法典》)作了一项保护知识产权的规定,其第440条宣称,"天才之人的作品是其作者的财产,但必须遵守法律和有关的条例"。[28]这一规定填补了《法国民法典》的一个巨大漏洞,《撒丁民法典》很可能是最早规定知识产权的民法典;上述说法,对于《德国民法典》也是不适用的,因为在这部法典产生之前的100多年以前,康德和黑格尔就在他们各自的《法的形而上学原理》[29]和《法哲学原理》[30]中大谈著作权,两位大师的诸多著作的出版,也是在保障著作权的法律框架下进行的。《德国民法典》却未规定知识产权,可能与《德国民法典》采用有体物主义,不能容纳作为无体物的知识产权有关。无论如何,康德和黑格尔的理论说明和出版实践未反映为《德国民法典》的立法规定,毕竟是这部著名的民法典的一个缺憾。1961年的《苏联民事立法纲要》弥补了这一缺憾,但其具体安排缺乏概括性,换言之,有必要把著作权、发现权和发明权概括在"知识产权"的总的一编中加以规定,而不必把它们分为三编。其次,《苏联民事立法纲要》把《德国民法典》规定在民法施行法中的国际私法规则纳入民法典中规定,这虽然不是一项很大的创新,但毕竟是对其蓝本的一种有意义的改动,中国的《民法通则》也吸收了这一改动。就后者而言,显然可见,这一纲要把1922年《苏俄民法典》中的物权缩减成了所有权。确实,在实行土地的绝对国有制的条件下,用益物权和担保物权没有多少存在的价值,它们反映的是不同所有者之间的关系,而社会主义时期苏联的有生产意义的财产只有一个所有人,那就是国家。1922年的《苏俄民法典》能够容纳物权制度,仅仅是由于当时实行"新经济政策",各种所有制被允许共存而已。

1991年的《苏联民事立法纲要》是"《俄罗斯联邦民法典》的模式"的第三个发展阶段。它的基本结构是总则、物权、债权、著作权、在生产中利用发明和其他创作成果的权利、[31]继承权、国际私法规则7编。显然可见,这一《纲要》力图改正1961年《纲要》的缺点。首先,它把所有权还原为物权,这反映了当时的苏联进行经济体制改革的现实;其次,它力图实现知识产权的概括化规定,关于知识产权的编,由三编减少到两编,发明权和发现权被合并到"在生产中利用发明和其他创作成果的权利"一编中,但没有在这一编与著作权之间再进行进一步的概括，其中的原因，值得研究。总而言之，这一《纲要》相对于30年前的同名《纲要》，是一个很大的进步。

“《俄罗斯联邦民法典》的模式”最终不完整地体现在表现1994～2006年民法典中，其基本结构为总则、物权、债法总则、债法分则、继承权、国际私法规则、著作权和发明权7编，于2006年全部完成之。受俄罗斯影响的《蒙古民法典》以变体的方式几乎完成了这一设计（作出的变动是把非契约责任单独作为一编；没有专编规定知识产权）。显然可以看出，这一结构比1991年的《民事立法纲要》又有进步。其一，考虑到债法的内容过于庞大，把它分为两编规定；其二，把知识产权概括为一编加以规定。[32]这一结构就是所谓的俄罗斯模式，它是苏联和俄罗斯社会主义和后社会主义的民法学家七十多年心血的结晶，目前它已成为独联体国家的“示范民法典”的基本内容，为哈萨克斯坦、白俄罗斯和其他大多数独联体国家所采用[33]，并为独联体以外的一些国家以变通的方式加以采用——如《蒙古民法典》和《越南民法典》（作出的变动为增加了关于土地使用权转让的第5编；把债法的全部内容规定在一编中）——成为后社会主义国家的法典编纂运动的主导性民法典结构。

但这一结构保留了《苏俄民法典》的不包括亲属法的缺点，此点不足效法。

3. 荷兰人对潘得克吞体系的发展

荷兰是新潘得克吞体系的另一开创者。该国本是神圣日耳曼帝国的一部分，19世纪初，由于拿破仑的征服才开始受法国法影响。该国的第一部民法典即1809年民法典是《法国民法典》的翻版；第二部民法典即1811年民法典是《法国民法典》本身，因为此时荷兰已经被并入法兰西帝国的版图；1813年才获得解放，1838年产生了一部本国的新民法典；同年制定了商法典。1838年民法典在很大程度上仍然受《法国民法典》影响，尽管如此，由于罗马法和古荷兰法的影响在此时发挥作用，它在某些方面也偏离了法国法，例如，它分为人、财产、债、证据和时效四编，把财产法与债法作了明确的区分，两者分别构成民法典的第2编和第3编，但是，《荷兰民法典》中的财产法并不能等同于《德国民法典》中的物权法，因为继承法在这一法典中也是财产法的内容；另外，第4编是关于证据和时效的规定，这是《法国民法典》中不专门设编的内容；最后，它在债法之前冠以总则条文,此点也与法国法不同,并预示着现在的《荷兰民法典》的小总则体制。在这一结构中,1976年由于把旧商法典的有关内容移入民法典,在原有的人法和财产法之间夹入了新的第2编:法人法。

19世纪末,荷兰开始受德国法的影响,尤其是受德国的历史法学派的影响,[34]我们知道,该学派的掌门人萨维尼同时也是潘得克吞学派的中坚人物,荷兰由此向潘得克吞体系靠拢。尽管如此,法国的影响并不是可以轻易地消除的,因此,1992年的《荷兰民法典》的结构是德国和法国的影响的杂糅。当然,格老修斯开创的荷兰法体系在这一结构中的影响,也是不可忽视的。

现行的《荷兰民法典》的设计结构由如下十编组成:[35]

1. 自然人法和家庭法(1970年)
2. 法人(1976年)
3. 财产法总则(1992年)
4. 继承法
5. 物和物权(1992年)
6. 债法总则(1992年)
7. 特殊合同(1992年部分完成)
8. 运输法(1991年)
9. 智力成果法(后来把它作为一编的计划由于技术上的困难被取消)
10. 国际私法[36]

与传统的潘得克吞体系相比较,《荷兰民法典》未规定大总则,而将其内容分解到各编中。我们知道,大总则的核心内容为人法和法律行为。就人法而言,新的《荷兰民法典》把这部分内容安排在第1编和第2编中,这是对1838年民法典结构的保留和对商法典有关内容的整合;就法律行为而言,它被安排在第3编中。显然,在这种结构下,法律行为被理解为是只与财产法有关的制度。尽管《荷兰民法典》没有大总则,但小总则有两个:一是财产法总则;二是债法总则。之所以不设大总则,我想是为了坚持罗马法的人—物二分体系,把被大总则淹没的人法凸显出来,并突出人法的特殊性。

我们注意到,相较于1838年民法典,继承法已经从财产法中独立出来,这种处理很难不归因于《德国民法典》的影响。最让人难以理解的是

《荷兰民法典》把运输法独立成编,这种奇怪的作法乃是因为,旧的《荷兰商法典》包括3编,第1编为商业登记、合伙、商业代理、证券交易所、票据、保险等内容;第2编为海商法和内河航运法;[37]第3编为无力清偿债务,它后来被1893年的破产法取代。[38]在1947~1992年的民法典起草过程中,决定了实行民商合一,商法典第1编的内容主要被归纳到新民法典的第2编中;商法典第2编的内容则被整合到新民法典的第8编中,因此,运输法独立成编是荷兰独特的法律史和民商合一的结果,由于其独特性,没有普遍借鉴的价值。第9编智力成果法虽然后来被取消,但它整合知识产权于民法典的思想仍然值得借鉴。

对于《荷兰民法典》的上述各编,我们可以大致地把它们分为人法和物法两个部分(国际私法是同时适用于两者的),没有凌驾于两者之上的大总则,不难看出,荷兰人对潘得克吞体系的最重要的创新,就在于避免了《德国民法典》的大总则的缺陷。

把《俄罗斯联邦民法典》的结构与《荷兰民法典》的结构相比较,我们可以发现,在这两个结构中,知识产权法(《俄罗斯联邦民法典》设计结构中的这一编并不包括全部知识产权的类型)、债法总则、债法分则(《荷兰民法典》用了"特殊合同"的名称)、物权、继承权、国际私法独立成编是基本共同的,因此,知识产权和国际私法被纳入民法典并独立成编,以及把债总与债分分开的处理,代表了世界性的潮流。两者的不同之处在于《荷兰民法典》把自然人法与亲属法合并、把运输法独立成编、没有设立适用于整个法典的总则,把有关内容分散到了自然人法和家庭法、法人和财产法总则三编中;而《俄罗斯联邦民法典》保留了适用于整个法典的总则、没有规定亲属法。总的说来,两者相同的部分多于相异的部分。两个结构产生于大致相同的历史时期,《俄罗斯联邦民法典》的结构产生在1961年至1994年的时期;《荷兰民法典》的结构产生在1947年至1992年的时期,它们反映了同一个时代的精神,殊途而同归。

上述两个民法典的结构是目前世界上最有影响的结构。《俄罗斯联邦民法典》已经成为除波罗的海三小国、乌克兰、格鲁吉亚以外几乎所有前苏联成员国的民法典的范本;《荷兰民法典》正在争取成为将来的欧洲民法典的范本,并已实际对许多国家的民法典制定产生了广泛影响,因此,在思考我们的民法典草案的结构设计时,不能不考虑它们的合理性并有所借鉴。

我认为,《俄罗斯联邦民法典》把亲属法排除在外是不可取的;以总则掩盖人法的做法、把国际私法作为与其他编等量齐观的编的做法亦不可取;《荷兰民法典》把自然人法与亲属法合为一编的做法、把运输法独立成编的做法、国际私法独立成编的做法、为财产法单独制定一个总则的做法亦不可取,因为人身关系和财产关系,毕竟有公分母可供提炼。要言之,我之所以对上述作法作出否定的评价,主要是为了追求人—物结构的纯洁性,并考虑中国继受德国法之后的法律传统。从这样的思路出发,就形成了我们的民法典草案的分编层次的结构。

(三)序编和附编的理论渊源

序编和附编的设置,主要是为了把妨碍人—物结构之纯净的民法内容放在比较次要的部分进行规定,以充分体现我对民法调整对象问题的看法。从理论渊源来看,序编的设置,主要参考了伊比利亚—拉丁美洲民法典的传统做法。在厦门大学法学院罗马法研究所收藏的西班牙语国家和葡萄牙语国家的众多民法典中,我可以随机地指出《西班牙民法典》、《智利民法典》、《尼加拉瓜民法典》、《秘鲁民法典》、《阿根廷民法典》、《巴西民法典》设有序编,其中以《巴西民法典》的序编最为简单,只有从属于总则的一条,它是关于民法调整对象的规定,但该法典设有民法典施行法 19 条,把其他国家在序编中规定的内容放到这一法律中规定了。现行的《葡萄牙民法典》尽管未设序编,但其总则第一题规定的"法律、其解释和适用"的内容,在其他国家是由序编规定的。在伊比利亚—拉丁美洲国家的民法典中,序编或相当于序编的部分规定的内容基本上与学说上的潘得克吞体系的"关于法的一般"的内容同范围,是体现民法是"法律的法律"之性质的规定。从这个角度看,序编是总则的替代物,属于"小总则",其设计者为了维持罗马人对民法的人—物二元关系的哲学理解,没有把"关于权利的一般"的内容放在这样的小总则中规定。正是基于这样的考虑,拉美的法典编纂者往往有设置总则的想法,但都没有成功地实施,如《智利民法典》的作者安德雷斯·贝略(Andres Bello,1871~1865 年)[39]和《巴西民法典草案》的作者奥古斯都·泰赫拉·德·弗雷塔斯(Augusto Teixeira de Freitas,1816~1883 年)[40]就是这样,尽管《巴西民法典》最终规定了总则,但这个总则不过是对人—物的结构的一个缩写,于其中增加了一个行为的环节(包括不法行为),其规模比《德国民法典》的总则要小得多。为了不舍弃法律行为的科学成果,同时保持人—物的结构,1984年的《秘鲁民法典》采用了折衷的做法,该法典分为10编,立法者在第1编人法之后,设第2编专门规定法律行为。最后一编是国际私法。

我认为,大总则对民法的基本结构的破坏是不容置疑的,因此,应放弃这种过时的结构,同时以序编作为小总则保留其积极成分。但在中国,民法还是作为部门法之一被理解的,远远还未达到被作为"法律的法律"理解的程度,因此,在民法典中规定"法的一般"的规则时机不成熟。考虑到如果从大总则中抽去法律行为以及相关的规定,它就只剩下人法了,而法律行为可以作为序编的核心内容规定在这一部分。同时,参照我国的民事立法和民法理论传统以及外国立法例,还可以在序编中规定民法的调整对象和基本原则、民商关系、权利的保护(诉讼时效)等内容。

关于规定国际私法的附编的设置,一方面,是为了追随世界各国在民法典中规定国际私法的潮流(由于国际私法不过是民事关系在涉外领域的投影,在《德国民法典》的起草过程中,也曾经设置过关于国际私法的部分,但后来这部分内容被移入民法典施行法),同时又不影响民法典的人—物的逻辑—哲学结构,因此把它放在正编以外的附编中加以规定;另一方面,是考虑到国际私法的内容涵盖人法和物法两个方面,它要么应该被放在序编、要么应该被放在附编中规定,不能放在人法或物法的任何一编中规定。为了避免混乱,以放在附编中规定为好。

三、基本理论问题

(一)民法调整对象问题

1.财产关系与人身关系的关系问题

前文已述,从根本上说,民法典的结构设计取决于设计人对民法调整对象问题的理解,因此这一问题极为重要。在这一问题上,除了张俊浩主编的《民法学原理》[41]外,我国的民法理论和民事立法都认为民法调整平等主体间的财产关系和人身关系,[42]这种理论把财产关系理解为民法的首要调整对象,人身关系被理解为民法的第二位的调整对象,因此抹杀了人的中心地位,把物置于人之上,是一种极为头足倒置的、不尊重人的理论,具有浓厚的经济决定论色彩。与此相反,法学阶梯体系已经告诉我们，民法是首先调整人身关系，其次才调整财产关系的。我们的民法典草案在结构设计上的最根本考虑，就是体现罗马人对民法调整对象的上述认识。那么，为什么在中国，民法所调整的人身关系和财产关系的位置发生了颠倒？

原因一，我国是继受德国民法的国家。德国的潘得克吞体系（无论是学说上的还是立法上的）都设有大总则，它吞没了人法中的人格法；除此之外，潘得克吞体系还认为财产关系是民法的第一调整对象；从人法中分解出来的家庭关系是第二位的调整对象。这种体系构成了对罗马法的反动，其原因为何？基本与潘得克吞学派同时的马克思和恩格斯的民法理论给出了答案。马克思在《政治经济学批判》序言中指出："法的关系正像国家的形式一样，既不能从它们本身来理解，也不能从所谓人类精神的一般发展来理解，相反，它们根源于物质的生活关系。"[43]这是对黑格尔的倒置的再倒置。他还说："民法不过是所有制发展的一定阶段，即生产发展的一定阶段的表现"；[44]无论是政治的立法或市民的立法，都只是表明和记载经济关系的要求而已。[45]恩格斯说："民法……它几乎只是专门处理财产关系或者至多是专门处理那些以社会的战争状态为前提的关系……"[46]民法的作用，"在本质上就是确认各人与各人之间的现存的，即在一定情况下是正常的经济关系"。[47]尽管马克思认为"大部分的民事法律……是关于财产"[48]的，换言之，财产关系占据民法之大部，而不是全部，但他在对民法下定义时，却把其内容作了大量的缩减，以至于缩减成仅仅是"经济关系"。如果我们考察一下民法观念史，我们就会发现，马克思和恩格斯首次把民法与经济关系联系起来，把前者解释为后者的产物，可以说，他们是后来的法律的经济分析学派的开创者。由此我们可以知道，在潘得克吞学派存在的历史时期，有一种强调民法调整财产关系的一面而忽略其调整人身关系的一面的理论倾向，它引起了人身关系与财产关系位置的颠倒。

原因二，社会主义国家的民法不仅以经济决定论为基础，而且以唯物主义为基础。人—物的二分，从哲学上讲，就是精神与物质的二分。唯物主义认为物质是第一性的，精神是第二性的，相反的观点属于唯心主义，从这个角度看，法学阶梯体系是唯心主义的。在这种主义痛遭批判的情况下，社会主义国家的立法者不会把人身关系放在财产关系前面。

尽管如此，社会主义国家民法实际上的阐述顺序仍然是人—物的顺序，先规定的是民事主体，然后才规定各种权利的客体以及主体间通过客体发生的关系，由此造成了民法调整对象的理论说明与民法的实际立法体系不一致的混乱状况。

苏联解体前发生的意识形态的变迁，使这方面的情况在理论上有所改观。前苏联学者 H. C. 马列英教授在一篇文章中指出："民事法律关系的利益，可以概括为物质的和精神的两类。人身的概念，首先是指精神领域，因为人身利益和权利，说明了个人在社会中的地位，也是个人法律地位极其重要的内容。"他特别强调，随着社会的发展和科学技术的进步，精神利益必须在人们的生活中不断增长。[49]这段引文证明了上文把人身关系和财产关系分别理解为精神和物质两个方面，是符合苏联的实际的。并且证明了在苏联的过去，人们不重视民法调整对象中的精神方面，确有哲学上的原因，而现在人们正日益强调这一方面。不妨把马列英教授的此语理解为对苏联过去不重视民法调整对象中的精神方面的做法的批判，是对提高人法地位的呼唤。作为回应，1994～2001 年的《俄罗斯联邦民法典》第 2 条第 1 款规定："民事立法确定民事流转的参加者的法律地位；所有权和其他物权以及因智力活动产生的专有权利（智力财产）的发生根据和实现的程序；调整合同和其他的债以及其他财产关系和与人身有关的非财产关系，这些关系以其参加者的平等、意思自治和财产自治为基础。"[50]可以看出，这一关于民法调整对象的定义相较于前苏联时期的相应定义已有很大改进。首先，它把民法的第一个调整对象确定为"民事流转的参加者的法律地位"；第二个调整对象才是财产关系和与人身有关的非财产关系。众所周知，民事流转的参加者的法律地位就是人格关系。因此，这一条文以并非张扬的方式抛弃了 1921 年《苏俄民法典》、1961 年《民事立法纲要》的民法调整对象定义，恢复了人法的优先地位。其次，它去掉了 1961 年的《民事立法纲要》的民法调整对象定义给民法调整的财产关系课加的"由于利用商品货币形式而引起的"限制语，从而使民法调整的财产关系的范围更加广阔。

与马列英教授的理论相类似的理论，在我国也出现了。近二十年来，我国有四个哲学上的理论热点。一是主体性理论的提出。20 世纪 90 年代开始，我国哲学界开展了对主体性问题的讨论，其宗旨是弘扬主体性原则，这一原则是客观性原则的对立物。客观性原则从主体之外的客体，从客观事物的特性来说明事物和现象,强调主体在客观事物及其规律面前具有受动性、受制约性、受束缚性。显然,强调财产关系而忽视人身关系的民法理论和民事立法贯彻了这一原则;而主体性原则从人、从我出发来说明我们周围的事物,是一种从主体出发,使客体围绕主体旋转的思维方式,它从主体的目的、需要去理解事物,强调客体对主体的依附性、不可分离性。[51]显然,强调人身关系,同时不忽视财产关系的民法理论体现了这一原则。二是人文精神的兴起。所谓人文精神,就是强调人是世界的中心的精神,它是对以神为中心的世界观和以物为中心的世界观的否定,是对不以人为目的的各种疯狂的物质活动的反动。可以说,人文精神的提倡是主体性原则的一种表现形式,而人权理论的勃兴又是人文精神的表现形式,它要求把人作为目的而不是手段考虑,构成我国近年来的第三个理论热点。它与人文精神一起,也有助于建立以人身关系为先导的民法观。四是市民社会理论的兴起。在这里,我根据西塞罗的阐述,把市民社会理解为各种各样的人的法律的共同体,[52]因此,市民社会问题,首先是市民社会的成员资格问题,这一问题在民法上的表现为重新认识人格关系并提高其地位,由此重建市民社会与市民法的联系。在这种背景下,人格关系必须首先被理解为市民社会的主体资格,市民法对市民社会的一切关系的调整必须以主体资格问题为出发点,相应地,人身关系必须被提到比财产关系更重要的地位上来。

上述理论成就都有利于在民法调整对象问题上正本清源,拨乱反正,因此,我们的民法典草案将以之为依据,把民法的调整对象界定为私益性的人身关系和财产关系。

2. 民法是调整社会关系还是也确定法律地位并调整法律情势?

传统的理论认为民法调整财产关系和人身关系两种社会关系,但新近的一些民法典在这方面有所突破。

首先,一些前苏联集团国家的民法典提出了民法确定当事人的法律地位的问题。如上所述,《俄罗斯联邦民法典》第 2 条第 1 款规定:“民事立法确定民事流转的参加者的法律地位;所有权和其他物权以及因智力活动产生的专有权利(智力财产)的发生根据和实现的程序;调整合同和其他的债以及其他财产关系和与人身有关的非财产关系,这些关系以其参加者的平等、意思自治和财产自治为基础。”[53]

1994年11月1日的《蒙古民法典》第1条规定:“本民法典将确定民事流转的参加者的法律地位,并调整以其参加者的平等、意思与财产的自治为基础的财产关系和与财产关系有关的人身非财产关系。”[54]

1996年7月1日的《越南民法典》第1条第2款规定:“民法典规定个人、法人和其他主体的法律地位和法律准则,规定各民事主体在民事、婚姻家庭、经营、商业贸易以及劳动关系(以下统称为民事关系)中的人身和财产方面的权利和义务。”[55]

上述前苏联集团国家民法典中关于民法调整对象的新型规定,把民法的作用规定为“确定”与“调整”两项,前者的作用对象为“法律地位”;后者的作用对象为“关系”,为了理解它们的创新性质,我们可以将之与老式的民法调整对象规定进行对照。

1993年修订的白俄罗斯1964年民法典第1条第1款规定:“白俄罗斯共和国的民事立法调整以当事人的平等为基础的财产关系和与财产关系有关的人身非财产关系。”[56]

1994年的《哈萨克斯坦民法典》第1条第1款规定:“以参与人的平等为基础的商品货币关系和其他财产关系,以及与财产关系有关的人身非财产关系,由民事立法调整。”[57]

这一类规定仅把民法的作用规定为“调整关系”,不承认民法的“确定”功能。把两种类型的规定加以比较,可以看出,前一类型的规定不仅把民法的调整对象理解为社会关系,而且理解为包括对民事主体的法律地位的规定,《俄罗斯联邦民法典》甚至理解为包括权利的发生根据和实现程序,对民法调整对象的理解更加细致化了。

其次,1984年的《秘鲁民法典》中出现了民法调整法律情势的提法。其第3条规定:“法律适用于已经存在的法律关系和法律情势的结果。没有溯及性的效力和效果,由秘鲁政治宪法规定的特殊情况,除外。”[58]这一条文实际上是《秘鲁民法典》关于法律的调整对象的规定,也可适用于对民法调整对象的解释。按这种思路,包括民法在内的法律,不仅仅调整法律关系,而且调整法律情势。

按意大利法学家彼德罗·雷西略(Pietro Rescigno)的说法,“法律情势的表达被用作证明反对流行的理解规范和主观权利的方式的正当性,这种方式赋予了规范以普遍性和抽象性,而法被紧密地与个人意志的主导地位联系起来。通过'法律情势'的用语,人们希望引起对具体经历的注意,这种经历承认与特定的、旨在尽力完成单个行为的、或在实现确定的期望中的主体有关的具有特殊性和临时性的情势"。[59]按秘鲁法学家费尔南德斯·塞萨雷虢(Fernandez Sessarego)的说法,"主体的法律情势的概念与法主体的概念密切相连,它指法律制度同时赋予给主体的权利和义务的集合的叙述中心"。[60]雷西略的定义提到了主观权利的概念。我们知道,在大陆法系许多国家的法理学中,存在主观权利与客观法的区分。主观权利是法律制度赋予被作为某种权利的持有者认知的主体的权能、特权或权力。[61]客观法是个人在行为时必须遵循的规则。[62]它是主观权利的来源。可以看出,法律情势的概念与这种权利紧密相连。

法律情势的概念的提出,是法主体的概念和主观权利的概念陷入危机的结果。狄骥的义务本位论法学反映了过去的法律概念体系的危机。由此,主体的法律情势的概念超越了主观权利的概念,在这一过程中,存在主义哲学和法律人格主义哲学(Filosofia del personalismo juridico)起了重要作用。存在主义哲学把人类理解为一种共存结构的生灵。它从人类的个体出发,认为人没有类本质,不能将人归结为某一点,如理性。现实中的人总是具体的感性的个体人,"我"应当从"我们"中划分出来。[63]如果说,主观权利的概念的形成,是为了表达一种个人的、自私自利的利益,而主观法律情势的概念则是为了表达人类的团结,表达人类社会的作为一个共存的单位的性质。如果说主观权利的概念只包括权利,那么,主体的法律情势的概念除了包括权利外,还包括了法律制度课加给主体在关系内部承担的义务。因此,主观权利的概念是单向的,主体的法律情势的概念则是双向的,这是一个更加丰富的概念,它代表了一种新的法律观。[64]一种在主体与法律制度的关系中观察主体的法律观,一种不再把主体看作是隔绝的和静止的,而是在与其他主体的动态关系中的存在,通过权利和义务的集合受到约束的法律观。[65]目的在于强调人的社会性,权利与义务的彼此依赖性,权利的限度、行使权利时对他人利益的考虑,反对个人主义和自私自利主义。

法律情势又可分为主动的和被动的两种。在前种情况中,主观权利的拥有者面对的是自己的义务;在后种情况中,主观权利的拥有者面对的是他人的义务。在前种情况中,利益或好处的条件有利于此等拥有者;在后种情况中,义务的因素优先于好处的因素。前一种情况可以称之为权力的法律情势;后一种情况可称之为义务的法律情势。[66]

那么,主体法律情势与法律关系两个概念的关系如何?秘鲁学者理解的法律关系,是"存在于两个或更多法主体间的或两个或更多的主体的法律情势间的各种约束"。[67]意大利学者佩尔林杰里(Pietro Perlingieri)认为,法律情势与法律关系是两个相互交叉的概念,如果存在情势,必然也存在关系,因为不可能在关系之外理解一种权利或一种义务。[68]但阿根廷学者姆歇和佐拉金(Mouchet y Zorraquin)认为,法律情势的概念比法律关系的概念更广泛、更具有综合性,因为它不仅包含,而且整合了对法的实际生活的一种更现实主义的、更合适的解释。[69]

通说认为法律情势与法律关系是两个相互交织而又互相独立的概念。法律情势是法律关系的要素,一个法律关系总是由两个或更多的法律情势组成。没有复数的法律情势之存在,法律关系不可能存在。因此,上述两个概念相互需要。可以说,人有两方面的属性,一是个人性或独立性;二是共存性,法律情势主要反映了人的个人性的一面;而法律关系主要反映了人的共存性的一面,它们的共同基础是人类的社会生活。[70]

法律情势的例子如作为儿子、父亲、买受人、用益权人或胎儿。这些情势是主观权利的概念所不能描述的。为何要以法律情势的概念取代主观权利的概念?因为前者更好地反映了社会现实,说明了主观权利不是绝对的,而是有其自己的限度,在行使这样的权利时,要考虑他人的利益、社会的利益以及人类的共存性。[71]

总之,《俄罗斯联邦民法典》、《蒙古民法典》和《秘鲁民法典》对民法调整对象理论提出了两个问题:第一,民法是否确立主体的法律地位?第二,民法是否不仅调整社会关系,而且调整法律关系?我认为,我们不能仅从横向关系的角度来理解民法的调整对象;而且也不能仅从社会关系的角度来理解同样的问题。就第一个方面而言,民法规定自然人 18 岁成年;规定某些物品为不流通物,这样的规定恐怕难以说建立了当事人之间的什么横向关系,而是国家关于主体和客体的法律地位的规定,体现了主权者的行使者与民事主体之间的纵向关系,此等纵向关系是建立横向关系的基础;就第二个方面而言,民法的调整分为第一次调整和第二次调整两个方面,第一次调整的是社会关系,社会关系经调整后转化为法律关系,当法律关系的运行出现障碍时,民法通过法院的中介对之进行再调整,以克服上述障碍，这时民法调整的就是法律关系了。[72]

（二）身份关系与财产关系的同一性——亲属法的回归问题

在德国法族的民法理论中，身份关系就是家庭关系。把身份关系从民法典中分离出去，是一种由来已久的、顽固的理论和立法倾向。

从理论方面看，最早作出区分家庭关系与一般民事关系之努力的古典作家大概是孟德斯鸠，他把“家法”与民法并列，这里的“家法”，似乎是涉及家庭内部的风纪管理的一种自治规定，不同于我们通常理解的家庭法。他认为，“社会分为许多的家庭，需要特殊的管理”，[73]因此“家法”需要独立。这种观点的本质是主张家庭的自治性质，反映了远古时期罗马法的传统；其次是黑格尔，但其立论依据十分不同。他认为，如果“把婚姻理解为仅仅是民事契约，这种在康德那里也能看到的观念，同样是粗鲁的，因为根据这种观念，双方彼此任意地以个人为订约对象，婚姻也就降格为按照契约而相互利用的形式”。[74]确实，康德把婚姻理解为配偶双方“为了终身相互占有对方的性器官而产生的结合体”。[75]康德的观点尽管具有把被神化的婚姻人化——因为在基督教的理论中，婚姻是配偶双方在神面前订立的不可解除的誓约——的积极意义，反映了当时的人文主义思潮，但黑格尔不能接受这样的观点，在他看来，这样的设定抹杀了婚姻的伦理意义，因为“婚姻是具有法的意义的伦理性的爱”。[76]而所谓的“爱”，是“能够在没有仔细权衡与比较他人和自己需要的情况下满足邻人的需要”。[77]在黑格尔观点的影响下，马克思作出了“资产阶级撕下了笼罩在家庭关系上的温情脉脉的面纱，把一切都变成了金钱交换关系”[78]的为人熟知的评论。尽管黑格尔、马克思的理论相较于康德的理论，是一种更新的观点，但显然，1896 年的《德国民法典》并未反映他们的观点。

在黑格尔之后，仍然存在把家庭法独立于民法的努力，其主张者是 19 世纪的意大利法学家皮萨内利（Giuseppe Pisanelli，1812 ~ 1879 年）。他也主张“把家庭法与私法法典分离开来，后者被理解为只涉及经济关系的法典”。[79]我们可以看出，皮萨内利的主张也未成为意大利的立法实践。皮萨内利主张家庭法的特殊性的论据是家庭法不涉及经济关系，这是一种站不住脚的观点，因为家庭关系同时包括人身关系和财产关系两方面。可能正是因为如此，现行的《意大利民法典》并未接受皮萨内利的主张。

此外还有费希特的家庭法虚无论。他认为，尽管有家庭法的概念，但不必有家庭法律的现实，就夫妻关系而言，“国家根本没有必要制定关于夫妻的相互关系的法律，因为他们的全部关系根本不是法律的关系，而是一种自然的、道德的心灵关系；”[80]就亲子关系而言，他也认为国家没有就这种关系制定法律的必要，因为“在仍然受教育的孩子和父母之间不可能发生法律争端”。[81]显然，费希特理解的家庭法属于道德的范畴，不应由民法调整。

伊斯兰国家也实行身份关系法与财产关系法的分离，但其理论基础不同。在穆斯林国家，身份关系是由教会法“沙里亚”调整的；财产关系则由世俗的民法调整。关于人的法与家庭法一向都被认为是“沙里亚”中最为重要的内容之一。在穆斯林的思想意识中，法中构成“属人法”的这些部分与宗教之间存在特别密切的关系，而在这个问题上《古兰经》本身包括为数最多的具体规定。[82]因此，身份关系属于教会法的内容，与属于世俗法的财产关系法不同。

从立法来看，前苏联建国初期，其领导人基于共产主义理论否认民法的存在必要，但承认对人身关系进行法律调整的必要，于是，于1918年制定了一部《户籍、婚姻、家庭和监护法典》，这是社会主义国家中最早的家庭法摆脱民法，成为一个独立的法律部门的立法例。[83]到了1922年，迫于经济崩溃的压力，才实行新经济政策，制定民法典。此时，民法的两个板块已经制定在两个法典中了，形成了分裂的传统。从此以后，身份法独立于民法典成为苏联民法模式的重要内容，[84]影响了所有的社会主义国家，这种影响即使在东欧剧变后在前苏联集团的多数国家中也未消除，我国目前仍然处在这种影响之下。

在伊斯兰国家，则大都在民法典之外制定所谓的个人身份法典，[85]调整民法中的人身关系；其民法典往往仅仅是财产关系法典。

从深层次的角度看，身份法独立于财产法的立法模式不能说完全与某些古典思想家的理论无关。黑格尔、马克思的家庭法理论无非是“爱”的理论，人们认为，在亲属法中，贯穿着“爱”的原则，即不讲究利益的精确计算的原则；而在市民社会和市民法中，贯穿着经济人假说，在这个领域中，“每个人都以自身为目的，其他一切在他看来都是虚无”。[86]由于实行的原则不同，因此两个领域应该分开。但我们可以发现，两个领域的区别确实是存在的，但它们的区别并没有想象中的那么大。在亲属法中，同样存在经济人假说,不然扶养义务之履行,何以要以权利人有必要、义务人有可能为条件呢?何以要在亲属法中设立那么多的保障配偶双方独立利益的夫妻财产制呢?而且在亲子关系上,还有某些作者把养育子女的行为理解为为将来储蓄财货留着慢慢吃。[87]我们可以这么说,在亲属法中,贯穿着弱度的经济人假说,人们并没有爱得不可开交,而是经常地进行着利害的计算;而在民法的财产法部分,贯穿着强度的经济人假说,尽管强弱不同,两者是可以在经济人假说的基础上统一起来的。

至于把家庭法理解为教会法的一部分或神法规则的做法,已落后于时代潮流,现代民法早已解决了家庭法的世俗性问题,故没有必要对之进行详细的评论。

因此,我们的民法典草案将把亲属法作为一编规定,以实现亲属法对民法的回归。

(三)民事行为与法律行为问题

就其本义而言,法律行为是目的在于设立、变更和终止法律关系的表意行为,其中不仅包括不道德的或违反法律的无效行为,而且也包括行为人有权提出撤销的可撤销的法律行为。但有些学者本着名实相副的原则主张法律行为必须是合法行为,《民法通则》就采纳了这种观点。为了解决无效行为和可撤销行为的调整问题,立法者又创立了民事行为的范畴涵盖合法行为、无效行为和可撤销行为三者。尽管用心良好,但这样的处理并未能消灭三类行为的外延彼此交叉的状况。例如,无效的民事行为如公司的越权行为,在当事人未提出起诉且已相互履行完毕的情况下,法律不加干预,这种无效的民事行为事实上就成了具有合法性的法律行为;可撤销的民事行为,在当事人未行使撤销权之前或在放弃撤销权之后,也是具有合法性的法律行为。因此,把法律行为界定为合法行为、另创民事行为范畴的做法并不成功,由此我曾提出恢复传统意义上的法律行为概念。[88]所以,我们的民法典草案将以法律行为的概念取代《民法通则》采用的民事行为的概念。

(四)继承法的位置问题

潘得克吞学者把继承法理解为财产法的一部分,认为继承法是对死者的财产的目的之问题的解决。[89]这样把继承法理解为单纯的财产关系,我认为是不正确的。继承是基于身份关系发生的财产流转关系,是财产关系与人身关系的交错，不论是放在人身关系部分还是放在财产关系部分，都是不合适的，因此我把它放在人身关系法的末尾，在它之后马上就是财产关系法，以此表现继承法的交错性质。

(五)知识产权与物权的关系问题

潘得克吞体系没有把知识产权整合到民法典中来，其原因不能以知识产权的发展比较晚近来解释，因为潘得克吞学者的著作就是在著作权的保障下出版的。真正的原因可能是《德国民法典》采用有体物主义，不能容纳作为无体物的知识产权。在知识产权日益重要的当代，再让它游离于民法典之外，已经不合时宜，因此，《俄罗斯联邦民法典》和《荷兰民法典》都完成了对知识产权的整合。从理论上看，知识产权作为无体物，应该被纳入物权编规定，1994 年《蒙古民法典》即是如此，其第 87 条第 6 款把知识产权规定为所有权的客体，同时规定这方面的事务由其他法律调整。这实际上是考虑到知识产权具有不同于通常的无体物的特点，例如，一个知识产权可以同时由许多人利用、知识产品可以大量复制、出卖知识产品不移转标的物的知识产权、其法律规则具有很强的技术性等，因此，原则上承认知识产权是所有权的一种，但是一种特殊的所有权。这种立法模式值得借鉴，所以，我们的民法典草案把知识产权放在紧接着物权编的一编规定，把它理解为一种特殊的所有权。这样，既可以昭示知识产权与普通物权的联系，也可以揭示两者的不同。

(六)侵权行为法是否独立的问题

一些学者主张侵权行为法应该从债法中独立出来，单独成为民法典的一编。[90]这种主张可能受到了英美法的影响。确实，侵权行为法与现代工业化过程关系密切，发展最快，法官创法最多，已获得相当的独立性，其庞大的体系也与其他非契约性之债的发生根据的小型体系不协调，因此，我们很理解把侵权行为法独立成编的主张。但是，我们是一个属于大陆法传统的国家，多年积累的传统不应轻易放弃。在大陆法的民法体系中，各制度彼此关联，牵一发动全身，如果草率地接受英美法的影响，可能引起整个体系的混乱。如果将侵权行为法独立，马上就会引起债的制度的动摇。试问，如果侵权行为法从债法中独立出去，那么，传统的债的发生根据就只剩下合同、无因管理和不当得利了。而且我们还要考虑到，债的发生根据是一个开放性的结构，不以传统的四种为限，随着债的制度的发展，债的发生根据增加了先契约义务和后契约义务等形式,一旦破坏债的结构,将发生不可估量的制度损失。即使承认债的发生根据只有四种,一旦把侵权行为独立出去,无因管理和不当得利的篇幅皆小,将与合同不成比例,形成美学上的不均衡。我们必须注意到,美学上的均衡并非不应受到立法者考虑的风月之事,把债法总论与债法各论分成两编,恰恰是基于美学上的考虑。如果侵权行为独立成编,那么它的性质是什么?是债还是民事责任?如果是债,它又不在债编,逻辑上必将产生问题;如果是民事责任,将产生两个弊端。第一,它应该与其他民事责任形式规定在一起,如此,将独立成编的不是侵权行为,而是民事责任;第二,把侵权行为理解为民事责任,具有太强的国家主义色彩,把致害—债—债的不履行—民事责任四个环节缩减成了致害—民事责任两个环节,减少了当事人意思自治的空间,提前了公权力介入的时间。上述分析完全可以适用于世界上两部把侵权行为法独立成编的民法典之一[91]——1994年《蒙古民法典》,它把侵权行为独立的理论依据是侵权行为属于与契约责任相对的非契约责任,[92]因此,从逻辑上说,《蒙古民法典》中存在一个立法者未明示规定的"民事责任编",其下分为契约责任与非契约责任两个分编。我们姑且不考虑这样的设计对于侵权行为法之性质的影响,仅就合同法而言,由于这样的设计,整个的合同法变成了合同责任法,民法的权利法性质被篡改成了责任法,这实在无可效法。因此,我们不拟采纳侵权行为法独立成编的主张,而是把侵权行为法规定在债法各论部分。

(七)典型合同的设计问题

刚刚颁布的《合同法》仅规定了买卖、互易、电、水、气、热供应、赠与、借款、租赁、融资租赁、承揽、建设工程、运输、技术、保管、仓储、委托、行纪、居间16种典型合同,[93]种类偏少,这主要是宜粗不宜细的立法思想的残留以及理论研究不足所致。合同分则长期是我国民法研究中的薄弱环节,是民法研究相对落后于刑法研究的一个方面。没有深厚的理论研究,就没有立法的果敢规定,因此,一些在我国长期存在的交易形式,如承揽运送和特许专营,在这次合同法的法典编纂中没有上升为典型合同,流落在无法可依的状态。与这种状况相反,《俄罗斯联邦民法典》规定了如下典型合同:买卖、互易、赠与、年金和终身扶养、不动产租赁、对作住房之用的不动产之租赁、物的无偿使用、承揽、科学研究、试验设计、技术工作之履行、有报酬地提供劳务、运送、承揽运送(freight forwarding)、借贷和贷款、保理(factoring)、银行存款、银行账户、结算(payment)、寄托、保险、委任、行纪(commission agency)、代办、委托管理财产、[94]特许专营(franchising)、[95]简单合伙、悬赏广告、公开的竞争、射幸合同。1994 年的《阿尔巴尼亚民法典》规定了如下典型合同:买卖、赠与、能源和其他资源的供应、借贷、财产租赁(hire)、公寓租赁、财产融资租赁(lease)、无对价地使用财产、智力成果的使用、工作的履行、建筑工作的履行、设计工作的履行、研究、测试和建筑工作的履行、创造性工作的履行、运送、代理关系、居间、行纪、寄托、扶养、保险、偿付、银行存款、借贷、合作经营、悬赏。1998 年 12 月的《阿根廷民商合一的民法典草案》规定了买卖、互易、定期供应、租赁、融资租赁、劳务与服务、运送、委任、承销(consignacion)、行纪、寄托、保险箱服务、交互计算、通过银行的交互计算、非合伙的结社、代理、租让、特许专营、借贷、使用借贷、赠与、信托、保证、在证券交易所或公开市场订立的合同、有偿终身年金合同、打赌合同、权利移转合同等 27 种典型合同。[96]该国的学说认为有如下的非典型契约值得纳入民法典中。它们是:住宿合同、[97]泊车合同、旅游合同、葬礼服务合同、私人墓地合同、信用卡合同、分销合同、估价合同、专项分期储蓄购物合同、电子信息合同、分时使用度假设施合同、购物中心合同(contrato de shopping center)、广告合同、展览合同。[98]后 3 部民法典或民法典草案之合同分则内容的丰富与我国合同法分则规定的贫乏可以形成鲜明的对照。我们的民法典草案,拟在《合同法》已经规定的 16 种典型合同的基础上,参照较新的《俄罗斯联邦民法典》、《阿尔巴尼亚民法典》以及《阿根廷民商合一的民法典草案》以及该国的学说关于典型合同的规定,结合我国的交易实践,增加年金和终身定期金、储蓄、交互计算、信用卡、保理、监理、估价、信托、证券交易、承销、分销、消费借贷(比借款更加广泛)、合会、和解、使用借贷、住房租赁、租让、泊车、雇佣、邮政、承揽运送、旅游、分时使用度假设施、医疗、人工生殖技术实施、住宿、出版、展览、广告、葬礼服务、私人墓地服务、分销、特许专营、智力成果使用、土地使用权出让和转让、土地承包、射幸、保险等合同,因此,我们的民法典草案将规定的典型合同,将达到 65 种左右。

尽管《俄罗斯联邦民法典》和《阿尔巴尼亚民法典》规定的典型合同比较丰富,但也没有规定预约合同,我们拟借鉴拉丁语系国家民法典的经验补充规定这种合同。必须指出的是,预约合同不能作为典型合同规定在债法分论中,因为所有的典型合同都是人类的类型化的交易形式,而预约合同不具有类型化交易形式的性质,它是与所有的典型合同相关的订约程序。如果这样理解预约合同,那么它必须被规定在债法总论中,拉丁语系国家的立法例都是这样处理的。《秘鲁民法典》把预约合同(西班牙文的原义是"准备性合同"——contrato preparatorio)规定在"合同的一般"部分,在"合同的形式"与"相互给付的合同"之间;[99]《墨西哥民法典》尽管把预约合同规定在"特殊合同"部分,但把它置于所有的具体合同之先。[100]无论是《秘鲁民法典》还是《墨西哥民法典》,都基于对预约合同性质的正确理解把它置于典型合同之外。就我国而言,尽管《合同法》规定了订约程序,相较于以前的三个《合同法》是一个进步,但仍然很不够,必须补充以对订约程序进行进一步的调整的预约合同,并在理论上摆正预约合同的位置,把它放在典型合同之外、订约程序之中规定。

总而言之,我们的民法典草案,拟在借鉴其他国家民法典关于典型合同规定的基础上,就这一方面作出不厌其烦的规定,能规定多少种就规定多少,没有数量限制,力求把所有已在中国存在的交易形式都归纳为典型合同。

注释

1 参见徐国栋:"民法典草案的产生问题",载《法律科学》1998 年第 4 期。

2 Voir Francois Geny, Technique legislatif dans la codification civil moderne, En Le code civil 1804 - 1904 livre du centenaire(Tome seconde), Paris, 1904, p. 1008s, p. 1022s. 也参见[德]霍尔斯特·海因里希·雅科布斯:《十九世纪德国民法科学与立法》,王娜译,法律出版社 2003 年版,第 151 页。

3 在本文发表四年后,我们终于看到了民法典草案的洪流在中国出现。参见本书所收的《〈绿色民法典草案〉人身法二题》一文的引言。

4 该校于 2000 年与中南财经大学合并,现称中南财经政法大学。

5 2000 年 1 月,我调入厦门大学法学院罗马法研究所,由此得以有机会与这所海滨大学的同事们合作。

6 例如《马其顿宪法》第 43 条、《哈萨克斯坦民法典》第 1 条第 3 款、《越南民法典》第 268 条。

7 其中序编、自然人法、法人法、继承法由我起草;亲属法由厦门大学的蒋月起草;物权法由徐涤宇起草;知识产权法由曹新民起草;债法总论由薛军起草;债法各论中的合同分则部分由裴丽萍起草(其中的九种典型合同,诸如承揽运送合同、特许专营合同、保理合同、分时使用度假设施合同、房产管理合同等由方新军起草);麻昌华起草债法各论中的侵权之债部分;附编中的国际私法部分由厦门大学的陈海波起草。

8 该法典的结构为一个序编(关于民法的一般)和三个正编。第一编是人的权利。第二编是财产法。该编又分为两个分编:第一分编:关于财产权的法律;第二分编:对人的财产权(实际上是债)。第三编是与对人的权利共同的规则,规定了权利义务的取得、变更和撤销、消灭时效和取得时效等问题。See Parker School of Foreign and Comparative Law, The General Civil Code of Austria, Revised and Annotated by Paul, L, Baeck, Oceana Publications, Inc. New York, 1972, p. 1ss. 以及上海社会科学院法学研究所编译:《各国宪政制度和民商法要览·欧洲分册(下)·奥地利》,法律出版社1986年版,第35页。

9 Cfr. Rino Faranda e Piero Peccheiura, L' Institutione Oratoria di Marco Fabio Quintiliano, UTET, Vol. I, 1968, p. 591.

10 这种对立为罗马法学家所熟知。西塞罗就说:"为了理解词并为了写作,没有什么比做把词划分为两个属更有用和更令人愉快的练习了:一个属是关于物的,另一个属是关于人的。" Ciceron, De la Invencion, In Nicolas Estevanez edi. Obras Escogidas, Casa Editorial Canier Hermanos, Tomo Primero, Paris, s/a, p. 228.

11 参见[英]阿伦·布洛克:《西方人文主义传统》,董乐山译,三联书店1997年版,第14页。

12 D. 1, 1, 10, 1.

13 参见周枏:《罗马法原论》(下册),商务印书馆1994年版,第871页及以次。

14 参见朱晓喆."现代民法科学的历史起源——以人文主义法学为中心",载http://private11. bjsx23. host. 35. com/Web_P/N_Show/? PID = 7057, 2013年9月12日访问。

15 尽管我对两编制怀有偏爱,但我不得不说,在拉丁美洲的多数典型法典中,一直有一种设立总则的趋势,其结果是把人法淹没在总则中。在这方面,比较便当的例子是1871年《阿根廷民法典》颁布以来的五个修改草案,每一草案无不设有总则。第五个草案为根据1995年的第685号法令指定的由埃克托尔·阿雷格里亚(Hector Alegria)等六位法学家组成的委员会编订的《阿根廷民商合一的民法典草案》,于1998年12月18日完成并提交给司法部,出版于1999年。这一草案凡2532条。其结构为:第一编,法;第二编,总则,包括自然人、法人、财产、法律行为、意思的缺陷和法律行为的缺陷、法律行为效力的限制因素、代理、法律行为的无效、权利之移转等内容;第三编为亲属关系法;第四编为对人权法,实际上就是债法。在这一部分中,最引人注意的是规定了许多新型的合同类型,如特许专营;另外值得注意的是把民事责任作为债的发生根据,取代了把侵权行为作为债的发生根据的做法;第五编是物权法;第六编是权利因死因移转,实际上就是继承法;第七编为关于对人权与对物权的共同规定,包括消灭时效、优先权、留置权等内容。在这一很可能于近期内成为新的阿根廷民法典的草案中,人法被分解为法律关系编的"主体"和亲属关系法。Véase Proyecto de Codigo Civil de la Republica Argentina Unificado con el Codigo de Comercio, Abeledo – Perrot, Buenos Aires, 1999. 2001 年 8 月 8 日,巴西通过了包括总则编的新民法典。上述两例反映了总则的魅力之强。

16 参见 Tanta 敕令,中译文载《民商法论丛》(第 10 卷),法律出版社 1998 年版,第 826 页及以次。另参见"优士丁尼《学说汇纂》总目录",载[意]桑德罗·斯奇巴尼选编:《民法大全选译·法律行为》,徐国栋译,中国政法大学出版社 1998 年版,第 128 ~ 155 页。

17 参见[德]霍尔斯特·海因里希·雅科布斯,前引书,第 180 页及以次。

18 Cfr. Franz Wieacker, Storia del diritto privato moderno (Volume secondo), Giuffrè, Milano, 1980, p. 39.

19 See Peter Stein, Donellus and the Origins of the Modern Civil Law, In Ankun, J. A. et alii (editores), Melanges Felix Wubbe (Fribourg, Suisse, Eitions Universitaires, 1993), p. 444.

20 参见[德]霍尔斯特·海因里希·雅科布斯,前引书,第 179 页。

21 实际上,温得沙伊得是把人格关系当作公法关系在谈论作为私法的民法调整对象问题时忽略它的。对这一问题的详细说明,参见徐国栋:"寻找丢失的人格",载《法律科学》2004 年第 6 期。

22 Cfr. Bernardo Windscheid, Diritto delle pandette (Vol. I), trad. it. di Carlo Fadda e Paolo Emilio Bensa, UTET, Torino, 1925, p. 41.

23 参见《牛津法律指南》中关于 Civil Law 的词条。对该词条的分析,参见王宏林:"谈谈 Civil Law 的涵义",载《中外法学》1992 年第 5 期。

24 莱布尼兹提出了几何学法学(More geometrico)的概念,并建立了法条的语法结构理论,使从一种全新的角度对既有的法律体系进行整理成为可能。用几何学的方法分析法律,其逻辑的结果是总则的诞生。沃尔夫把莱布尼兹开创的思路加以发挥,最终创立了总则。这是哲学、数学与法学相结合产生的一项科学成就。Cfr. Adriano Cavanna, Storia del diritto moderno in Europa, Giuffrè, Milano, 1982, p. 281.

25 伊比利亚是西班牙和葡萄牙所处的半岛,这两个国家的殖民活动使拉丁美洲讲西班牙语和葡萄牙语的国家与它们保持文化上的密切联系,因此,在法系比较中,伊比利亚和拉丁美洲被作为一个统一的单位加以考虑,并被称为伊比利亚—拉丁美洲法系。

26 参见刘福森:“主体、主体性及其他”,载《哲学研究》1991 年第 2 期;李临昆:“对主体性问题的几点认识”,载《哲学研究》1991 年第 3 期。

27 Cfr. Riccardo Orestano, Il Problema delle persone giuridiche in diritto romano, Giappichelli, Torino, 1968, p. 20; pp. 44s.; Adiriano Cavanna, Storia del diritto moderno in Europa, Giuffrè, Milano, 1982, p. 348.

28 参见[意]阿尔多·贝特鲁奇:“意大利统一前诸小国的民法典制定与 1865 年意大利民法典”,徐国栋译,载徐国栋主编:《罗马法与现代民法》(第 1 卷),中国法制出版社 2000 年版。

29 黑格尔在这本书中说,精神技能、科学知识、艺术,甚至宗教方面的东西,以及发明等,都可成为契约的对象。参见[德]黑格尔:《法哲学原理》,范扬、张企泰译,商务印书馆 1961 年版,第 51 页。

30 康德在这本书中说,那些未经授权而印刷和出版书籍的行为,应根据权利的理由加以禁止,因为这是一种冒充的和侵犯版权的行为。参见[德]康德:《法的形而上学原理》,沈叔平译,商务印书馆 1991 年版,第 113 页。

31 包括专利权、工业品型式权、商标和服务标记权、商号权、合理化建议作者的权利以及对生产秘密的保护和对育种成果的保护。参见余先予主编:《俄罗斯民商法与冲突法》,世界图书出版公司 1995 年版,第 124 页。

32 读者可以注意到第 5 编中没有包括专利权和商标权,这可能是因为俄罗斯打算对这两种知识产权以特别法进行调整,事实上,1992 年 9 月,该国已经颁布了《专利法》和《商业标记法》。Cfr. Giamaria Ajani, Diritto dell' Europa Orientale, UTET, Torino, 1996, p. 266.

33 参见黄道秀:“俄罗斯民事立法在向市场经济过渡时期的发展——E. A. 苏哈诺夫教授访谈录”,载《比较法研究》1994 年第 3 ~ 4 期。

34 See Netherlands Comparative Law Association, Introduction to Dutch Law for Foreign Lawyers, Kluwer, 1978, p. 11.

35 参见[荷]亚瑟·S. 哈特坎普:“荷兰民法典的修订:1947 – 1992”,汤欣译,载《外国法译评》1998 年第 1 期。

36 See Jacob Hijma, Introduction: Contract Law in General, In Dutch Contract Law, Beijing, March 1997, pp. 1s.

37 See Netherlands Comparative Law Association, Introduction to Dutch Law for Foreign Lawyers, Kluwer, 1978, p. 176.

38 参见上海社会科学院法学研究所编译室编译:《各国宪政制度和民商法要览·欧洲分册》(下),法律出版社 1986 年版,第 251 页。

39 参见[意]桑德罗·斯奇巴尼:“在智利、厄瓜多尔和哥伦比亚生效的安德雷斯·贝略民法曲”,徐国栋译,载《法商研究》1999 年第 5 期。

40 参见[意]桑德罗·斯奇巴尼:"《意大利民法典》及其中文翻译",黄风译,载《比较法研究》1998 年第 1 期。

41 这本教材将民法的调整对象定义为:"社会普通成员之间的人身关系和财产关系"。参见张俊浩主编:《民法学原理》,中国政法大学出版社 1991 年版,第 3 页。

42 理论上对民法调整对象的错误界定,可以举柳经纬主编的《中国民法》为例,该书说:"我国民法调整的社会关系,包括平等主体之间的财产关系和平等主体之间的人身关系两部分。"参见柳经纬主编:《中国民法》,厦门大学出版社 1994 年版,第 5 页及以次。立法上对民法调整对象的错误界定,可以举《民法通则》第 2 条的规定为例:"中华人民共和国民法调整平等主体的公民之间、法人之间、公民与法人之间的财产关系和人身关系。"

43 载《马克思恩格斯选集》(第 2 卷),第 82 页。

44 马克思:"哲学的贫困",载《马克思恩格斯全集》(第 4 卷),人民出版社 1958 年版,第 87 页。

45 马克思:"哲学的贫困",载前引书,第 121 页及以次。

46 恩格斯:"在北爱北斐特的演说",载《马克思恩格斯全集》(第 2 卷),人民出版社 1957 年版,第 608 页。

47 恩格斯:《费尔巴哈与德国古典哲学的终结》,人民出版社 1959 年版,第 43 页。

48 马克思:"第 179 号《科伦日报》社论",载《马克思恩格斯全集》(第 1 卷),人民出版社 1956 年版,第 125 页。

49 参见[俄]H. C. 马列英:"民法发展的趋势",陈绥摘译,载《外国民法资料选编》,法律出版社 1983 年版,第 170 页。

50 See Civil Code of the Russian Federation (part one), White & Case, London, 1994, pp. 1s.

51 参见郝贵生:"论主体性原则与客观性原则的对立统一",载《哲学研究》1991 年第 1 期。李临昆:"对主体性问题的几点认识",载《哲学研究》1991 年第 3 期;刘福森:"主体、主体性及其他",载《哲学研究》1991 年第 2 期;陈先达:"关于主体和主体性问题",载《求是》1991 年第 15 期。

52 西塞罗把市民社会(Civitas)定义为"市民权、生活在同一法律之下的多种人民的城邦、地区、民族"。Cfr. T. Vallauri e C. Durando, Dizionario Latino Italiano Latino, Edizione Polaris, 1993, p. 112.

53 See Civil Code of the Russian Federation (Part one), White & Case, London, 1994, pp. 1 – 2.

54 参见《蒙古国民法典》,海棠、吴振平译,中国法制出版社、金桥文化出版(香港)有限公司 2002 年版,第 5 页。

55 参见《越南社会主义共和国民法典》(2005 年版),吴远富译,厦门大学出版社 2007

年版,第1页。

56 Civil Code of the Republic of Belarus, See http://www.belarus.net/softinfo/catal_la/100081.htm.

57 Civil Code of the Republic of Kazakhstan of December 27, 1994, in Parker School of Foreign and Comparative Law, Columbia University: Legal Materials, Juris Publishing Inc. USA. p. 23.

58 Véase Nuevo Codigo Civil, Ekgraf Editores, 1996, Lima, Pag. 33.

59 Cfr. Pietro Rescigno, Situazione e Status, In Revista di Diritto Civile, Anno XIX, 1973, p. 211.

60 Véase C. Fernandez Sessarego, Abuso del Derecho, Astrea, Buenos Aires, 1992, pag. 69.

61 Véase C. Fernandez Sessareg. op. cit., pag. 55.

62 Véase Jorge Joaquin Llambias, Tratado de Drecho Civil, parte general, tomo I, Editorial Perrot, Buenos Aires, 1997, pag. 22. 另参见[美]梅利曼:《大陆法系》,顾培东、禄正平译,西南政法学院印行,1983年,第79页。

63 参见朱晓喆:“人本主义、海德格尔与反人本主义”,载徐国栋主编:《罗马法与现代民法》(第4卷),中国人民大学出版社2005年版。

64 Véase C. Fernandez Sessarego, op. cit., pag. 66ss.

65 Véase C. Fernandez Sessarego, op. cit., pag. 69.

66 Véase C. Fernandez Sessarego, op. cit., pag. 71s.

67 Véase C. Fernandez Sessarego, op. cit., pag. 81.

68 Véase C. Fernandez Sessarego, op. cit., pag. 83s.

69 Véase C. Fernandez Sessarego, op. cit., pag. 83.

70 Véase C. Fernandez Sessarego, op. cit., pag. 84ss.

71 Véase C. Fernandez Sessarego, op. cit., pag. 81.

72 参见彭万林主编:《民法学》,中国政法大学出版社1997年版,第11页及以次。

73 参见[法]孟德斯鸠:《论法的精神》(下册),张雁深译,商务印书馆1963年版,第173页。不过,孟德斯鸠又把男女的结合在财产关系上所产生的后果归入民法的范围。

74 参见黑格尔,前引书,第177页。

75 参见康德,前引书,第96页。

76 参见黑格尔,前引书,第177页。

77 参见[美]莱茵霍尔德·尼布尔:《道德的人与不道德的社会》,蒋庆等译,贵州人民出版社1998年版,第46页。

78 参见马克思、恩格斯:“共产党宣言”,载《马克思恩格斯选集》(第1卷),人民出版社1972年版,第254页。他们还说:“资产阶级在它已经取得统治的地方把一切封建的、宗法的和田园诗般的关系都破坏了。它无情地斩断了把人束缚于天然首长的形形色色的封建羁绊,它使人和人之间除了赤裸裸的利害关系,除了冷酷无情的'现金交易',就再也找不到任何别的联系了。"参见"共产党宣言",同上书,第253页。此语同样可以表达马克思的理想主义世界观。

79 参见[意]桑德罗·斯奇巴尼:"意大利民法典前言",黄风译,载《意大利民法典》,中国政法大学出版社1997年版,第1页。

80 参见[德]费希特:"以知识学为原则的自然法权基础",谢地坤、程志民译,载梁志学主编:《费希特著作选集》(第2卷),商务印书馆1994年版,第585页。

81 参见费希特,前引书,第625页。

82 [法]勒内·达维德:《当代主要法系》,漆竹生译,上海译文出版社1984年版,第441页。伊斯兰国家采用把财产关系与人身关系分开的民法立法模式还有两个原因:其一,它们制定民法典,都是出于进行西方式的现代化的需要,财产法由于与西方国家发展模式的密切关系,被认为是可以西化的;而人身关系法被认为是保存传统的伊斯兰文化之价值的基地,不能走西化之路,因此采用独立的格局;其二,两类民法的适用法院也不同,在古代,沙里亚法院对婚姻家庭和继承事务具有专属管辖权,后来这方面的管辖权才被收归普通法院。参见高鸿钧:《伊斯兰法:传统与现代化》,社会科学文献出版社1996年版,第168页。

83 参见余先予,前引书,第5页。

84 在伊斯兰国家,也存在把身份法从民法典中独立出去的极为普遍的趋势,这些国家大都有在民法典之外的所谓的"人身关系法典"(过去通译为"个人身份法典")。前苏联集团与伊斯兰国家对身份法的处理,殊途同归,构成把民法典调整的财产关系和人身关系中的身份关系分开的趋势。

85 关于人身关系法的典型内容,我们可以举伊拉克的例子。伊拉克的《人身关系法》规定了结婚、离婚、收养、监护和继承。参见上海社会科学院法学研究所编译室编译:《各国宪政制度与民商法要览·亚洲分册》,法律出版社1987年版,第259页。

86 参见黑格尔,前引书,第197页。

87 这样的作者有韩非子。参见徐国栋:"论市民法中的市民",载《天津社会科学》1994年第6期。

88 参见彭万林主编,前引书,第124页及以次。

89 Cfr. Bernardo Windscheid, op. cit. ,p. 41.

90 参见王利明:"论中国民法典的制定",载《政法论坛》1998年第5期;魏振瀛:"中国的民事立法与民法法典化",载《中外法学》1995年第3期。

91 另一部是1867年的《葡萄牙民法典》。

92 为了支持下文的分析,我们不妨看一下《蒙古民法典》第四编和第五编的具体内容。第四编,合同责任。第一分编,与财产、智力成果和财产权转让给他人所有相关的合同责任。第二分编,与财产、智力价值转让给他人占有和使用相关的合同责任。第 19 章,买卖合同;第 20 章,商事(规定了商事合同);第 21 章,赠与;第 22 章,能源和其他资源的供应;第 23 章,借贷。第三分编,与财产、智力成果转让给他人占有和使用相关的合同责任。第 24 章,财产租赁(hire);第 25 章,公寓的租赁;第 26 章,财产的融资租赁(lease);第 27 章,无对价地使用财产;第 28 章,智力成果的使用。第四分编,以工作合同为根据的债。第 29 章,工作的履行;第 30 章,建筑工作的履行;第 31 章,设计工作的履行;第 32 章,研究、测试和建筑工作的履行;第 33 章,创造性工作的履行。第五分编,与提供服务相关的合同责任。第 36 章,运送;第 37 章,代理关系;第 38 章,居间;第 39 章,行纪;第 40 章,寄托;第 41 章,扶养;第 42 章,保险。第六分编,赊销和偿付责任。第 43 章,偿付;第 44 章,银行存款;第 45 章,借贷。第七分编,其他合同责任。第 46 章,合作经营(实际上是关于合伙的规定);第 47 章,悬赏。第五编,非契约责任。第 48 章,侵权之债;第 49 章,为拯救他人财产所致损害的恢复;第 50 章,无因取得财产及其占有之债。

93 也许还可以包括互易合同,因为新《合同法》第 175 条规定,关于买卖合同的规定,可以准用于互易。如果这样算,新《合同法》规定的典型合同就有 16 种了。

94 在这种合同中,委托人在一定时期内不移转所有权地把财产交给他人管理,受托人在此期间届满后返还该财产。

95 特许专营合同,是本世纪初在美国产生的一种合同形式,根据这种合同,通常是大型驰名企业的特许专营人授权被特许专营人在一定的期限内使用其经营标志和商标等,提供产品和服务由被特许专营人零售。Cfr. Luisa Vigone, Contratti Atipaci, Giuffrè, Milano, 1998, p. 265.

96 Véase Proyecto de Codigo Civil de la Republica Argentina Unificado con el Codigo de Comercio, Abeledo – Perrot, Buenos Aires, 1999.

97 1988 年的古巴新民法典也把这种合同作为典型合同。Véase Codigo Civil de Republica de Cuba, Ley No. 59, Divulgacion Ministerio de Justicia, s/a.

98 Véase Garrido – Zago, Contratos Civiles y Comerciales, Tomo I, Parte General, Editorial Universidad, Buenos Aires, 1998, pp. 30 – 34.

99 Véase El Codigo Civil de 1984, PUC del Perù, Lima, 1997, p. 13.

100 Véase Codigo Civil & Codigo Procedimientos Civiles, GRECA, Mexico, 1996, pag. 505.

徐国栋代表作

柒

民法调整对象理论比较研究

——兼论《民法通则》第 2 条的理论坐标和修改方向

民法调整对象问题古老、普遍、现实。说它古老,是因为至少自 163 年盖尤斯《法学阶梯》诞生以来它就存在,至今至少已有 1800 多年的历史;说它普遍,是因为它得到大陆法系国家学者的普遍关注,是一个国际性的话题;说它现实,是因为它在中国是三次全国性的大讨论(1951 ~ 1957 年、1980 ~ 1986 年、2000 年)的主题,并对认识民法为何物,从而制定民法的有关规定意义重大。为了主题的这些属性,我广泛收集了 4 大洲、20 个国家和地区的学者提出的 33 种民法调整对象定义加以研究,把它们归纳为平行线说、十字架说和折扇骨说三个主流类型,外加一个杂说类型,指出我国《民法通则》第 2 条的民法调整对象定义所处的类属及其不足,为在我国建立符合时代精神的民法调整对象理论提供意见。

一、平行线说

最早的平行线说是盖尤斯开创的。其《法学阶梯》把民法的材料整理成"人法"、"物法"和"诉讼法"。"人法",就是我们今天所讲的"人身关系法"。它包括两项内容:一是人格法,就是关于民事主体的规定;二是身份法,就是关于家庭法的规定。"物法"就是我们今天所讲的财产关系法,包括物权、债、继承等。可以看出,盖尤斯是以教科书体例设计的方式表达自己对民法调整对象问题的见解的,开创了现代的民法调整人身关系和财产关系的民法内涵描述模式。这种学说在现代以各种变形的形式被重申,有时还被变造。

注　本文原载《厦门大学学报》(哲学社会科学版)2008 年第 1 期。

重申者有如下列：

1. 意大利学者比良齐·杰里（L. Bigliazzi Geri）等人的《民法：主体规范与法律关系》中的民法调整对象定义："所有可以在民法的名号下包括的东西，简言之，包括以下方面：首先是更直接地关系到主体的存在的规则；其次，上述主体参与享用和利用经济资源的一般规则"。[1]这是一个继承盖尤斯学说的定义。其中，"关于主体的存在的规则"无疑是对盖尤斯的"人法"的重申；"上述主体参与享用和利用经济资源的一般规则"是对盖尤斯的"物法"的重申。这一定义用"存在"和"享用"的术语把人法和物法的使命分别简化为存在（to be）的问题和拥有（to have）的问题，也即两个助动词的关系问题。在所有使用助动词的语言中，Be 总是排在 have 的前面，这代表了一种自然的语法。从逻辑上讲，也是要先存在，才能享有。由于它对这种逻辑的尊重，它是一个人文主义的定义。

2. 意大利学者菲德里科·德尔·朱狄奇（Federico del Giudice）的民法调整对象定义。在其《法律辞典》中，他把民法定义为"调整主体际关系的法……包括所有关系到主体的存在、其能力的规范，以及上述主体在参与对经济资源的享有和利用的各个方面的规则……"。[2]这一定义也是先讲民法对主体的调整或确定，然后才讲资源分配，但对两个方面的内容有所列举。

变造分为四种类型。其一为德国式变造；其二为朝鲜式变造；其三为阿根廷式变造；其四为巴西式变造。前者表现为调换民法调整的两大对象的顺序，并缩减人身法为身份法；"其二"表现为完全"割除"身份关系，与德国只"割除"人格关系形成对照。"其三"表现为维持民法调整的两大对象的原来的顺位，但把人身法细化为纵向的和横向的；"其四"表现为从法律关系的客体的角度规定涉人法律关系和涉物法律关系。容分述之。

（一）德国式变造

温得沙伊得（1817～1892 年）认为："所有的私法，要做的事情，有两个对象：其一，财产关系；其二，家庭关系。因此，私法的主要划分是财产法与家庭法的划分"。这是对盖尤斯的民法调整对象公式的变造。变造者一，把人法缩减成了家庭法，排除了人法中的人格法。由于这种缩减，过去的"两条线"已不对称，一长一短，故称不对称平行线式定义，但它还是维持了盖尤斯框架的基本结构。这样的安排很可能出于追求以私法的方式表述民法调整对象定义的考虑，把明显为公法性的人格法排除在这一定义之外，[3]尽管如此，温得沙伊得的这一分析与该分析凭借的潘得克吞体系的结构内容是矛盾的，因为在其总则中已承认了权利主体的存在，而在调整对象说明中，关于权利主体的人格说明却没有了！变造者二，把人法（已被缩减为家庭法）与物法的位置调了一个个，表达了温得沙伊得的物文主义民法观。

在温得沙伊得上述理论的基础上，在继受德国法的日本和中国产生了类似的民法调整对象定义。就日本而言，有平凡社的《世界大百科事典》的“民法”词条给出的民法调整身份关系和财产关系[4]的定义。这一定义基本上是温得沙伊得的民法调整对象定义的翻版，但把身份关系与财产关系的位置又调了一个个。在上述民法调整对象定义中，尽管身份关系被前置于财产关系，但人格问题完全不见了。因此，这一体系的消极方面也是明显的：它把人法缩减成了身份法。

就中国而言，首先有台湾学者刘得宽的不对称平行线式定义。他主张民法调整财产关系和身份关系。[5]其次有大陆学者梁慧星教授的不对称平行线式定义。他持民法调整财产关系和身份关系的观点。[6]不难看出这两人的定义与温得沙伊得定义的一致。

顺便提及，埃及尽管无继受德国法的记录，但该国学者提供的民法调整对象定义具有德国式变造的色彩：

> 民法是一组这样的规则，它关系到个人作为个人的生活和作为家庭成员的生活，不考虑职业和该个人对家庭以外的任何社会团体的从属。
>
> 埃及民法包括两组规则：其一，调整个人的经济活动，它们被称为物的法则（Real statute）；其二，调整个人与其家庭的关系，诸如结婚和离婚，它们被称为人的法则（Personal statute）。[7]

这个定义的第一段把民法界定为调整一切人的生活关系的法，其中提到“不考虑……个人对家庭以外的任何社会团体的从属”，讲的是个人不从属于教会，力图表明对民法规定的事项适用民法而非沙里亚法。第二段展开上述生活关系的内容，遵循的是先物的法则后人的法则的顺序，符合德国式变造的特征，因而埃及采用的本质上还是一个物文主义的民法调整对象定义。

回到德国法族上来。上述的变造基于对财产的重视和对民法的私法纯粹性的追求，当人们发现这种追求不现实之后，就满足于对民法的公私混合性描述了，并开始追求民法调整对象表述与民法的实际内容之间的一致，由此产生了台湾学者施启扬的民法调整对象定义：民法规定的主要内容为权利义务主体（自然人与法人）、财产关系（以所有权、契约及各种交易为中心）、身份关系（以婚姻、家庭制度为中心），以及权利义务的变动。[8]这个定义的最大特色是把德国法族国家排斥的人格关系（权利义务主体）回归于民法调整对象理论中，有进步意义。

（二）朝鲜式变造

1990 年的《朝鲜民法典》第 1 条规定："朝鲜民主主义人民共和国民法，通过对财产关系的民事调整，强化社会主义经济制度与物质技术基础，以有助于保障人民自主性、创造性的生活"。第 2 条规定："朝鲜民主主义人民共和国民法调整机关、企业、团体、公民之间在相互同等地位上形成的财产关系。国家保障机关、企业、团体、公民在民事法律关系中作为当事人的独立地位"。[9]这两个条文显然来自下文要介绍的 1961 年《苏联民事立法纲要》第 1 条规定的民法调整对象定义，不过将其已展开的逻辑进行到底，割除了其残留的"人身关系尾巴"，故无只言片语提到民法调整人身关系，由此全面完成了对民法的物文主义改造。那么，这部民法典中是否无关于权利能力的规定（也就是人格法规定）呢？答曰有的，其第 19 条第 1 款就是关于"公民的权利能力始于出生，终于死亡"的规定。[10]所以，《朝鲜民法典》想排除人格关系却不能如愿。它对身份关系的排除由于制定了独立于民法典的 1990 年《家族法》得以实现，这是一个包含家庭、监护、后见（即成年人监护）、继承诸制度的法典，甚至其第 4 条还涉及到人格尊严的保护问题，[11]由此形成财产关系和身份关系大致上由两个法典分别调整的格局。这两种关系共同构成民事关系，1995 年《朝鲜对外民事关系法》就把民事关系分解为财产关系和家族关系。[12]在民事关系的范畴内，朝鲜回归了德国式变造。

朝鲜式变造离我们并不遥远。20 世纪 80 年代风行中国的商品经济的民法观与它同类。[13]这种民法观比朝鲜式变造发生得更早，不排除后者来自前者的可能。如果这种可能得到证实，我们就不应说朝鲜式变造而说中国式变造了。

（三）阿根廷式变造

前文已述阿根廷式变造的内容。此处提供实例。首先可看霍尔赫·

香比雅斯(Jorge Llambias,1911～1981年)教授的定义。他在其权威民法教材中这样定义民法:“不考虑其业务和职业地调整在其自身关系和与国家的关系中的人,而这些关系以满足人性的需要为目的”。[14]这一定义首先揭示了民法调整对象的两个类型:“人身关系”(“在其自身关系和与国家的关系中的人”)和需要关系(“以满足人的需要为目的”的关系,这种关系比财产关系更广,包括了精神需要关系,完全可以容纳知识产权在民法中的存在和地位),在这一点上遵循了盖尤斯的路线。其次,它采用了人身关系优先于财产关系的立场,故有人文主义倾向。这一定义最引人注目的地方是它不讲调整“人身关系”,而是直接讲调整“人”,因为“关系”容易被理解为横向关系,说调整人,就可以把人格问题的纵向性质凸现出来。最后,它进一步揭示了民法调整的人身关系的两个维度:横向的人身关系(“在其自身关系中的人”)和纵向的人身关系(“在与国家的关系中的人”,换言之,国家对主体资格的赋予)。“不考虑其业务和职业地”的状语意在揭示民法与商法的区别,表明民法调整个人、非商人。

其次可看古列莫·波尔达(Guillermo A. Borda)教授的定义。该教授是现行《阿根廷民法典》的改造者。他的民法调整对象定义与香比亚斯教授的定义相似又不完全相同:“民法调整作为人的人,不考虑其业务或特殊职业,调整他们与其同类的关系,以及与以单纯的法人资格活动的国家的关系,这些关系以满足人类的一般性质的需要为目的”。[15]不同主要在于说明了民法调整的主体与国家的关系并非只有公法关系即人格赋予关系,而且还包括私法关系,即他们与作为私法人的国家之间的关系,例如买卖国库券的关系。在其他方面,这一定义与香比雅斯教授的民法调整对象定义相同。

阿根廷式变造的根本特征在于承认了民法中的人身法的纵横交错性,这点与十字架说相同,故我把对阿根廷式变造的说明安排在紧接着十字架说的地方。

(四)巴西式变造

1916年《巴西民法典》第1条规定:“本法典调整私法范围内的涉及人、财产及两者关系的权利和义务”。[16]这一定义无非讲的是民法调整权利义务,这不过是民法调整法律关系的另一种表达,因为众所周知,权利义务是法律关系的内容。而法律关系是有标的的,这一定义列举了人、财产以及人与财产的互动为这样的标的，但标的只是人的一种可能的属性，更重要的是，人是法律关系的主体，为了避免抹杀这一点，这一定义采取了“涉及人……的权利义务”的两可表达，通过这样的安排，人既可为法律关系的主体，也可为这样的关系的客体。无论如何，这一定义承认民法通过调整法律关系间接地调整人和财产，还是在平行线说的圈子里打转转。

二、十字架说

十字架说是抛开盖尤斯的人身关系和财产关系的平行结构，而采用纵向关系和横向关系的十字结构说明民法调整对象的学说。它由萨维尼草创，由1867年《葡萄牙民法典》立法化，由《魁北克民法典草案》精致化，由《俄罗斯联邦民法典》蔚为大观。如下分述这些十字架说的学说例和立法例。

（一）萨维尼的法律的调整对象定义

萨维尼认为，法律（不光是民法！——作者按）调整人本身和法律关系，后者包括物权关系、债的关系、继承关系和家庭关系。[17]在这一定义中，“人”，就是人格；“法律关系”就是财产关系（这是对物权关系、债的关系、继承关系的总说明）和身份关系。可注意到这一定义的突出特点：不讲人格关系而只讲“人”，并把人提到与全部的财产法与家庭法的总和加起来相提并论的地位。我们不难看出阿根廷式变造与萨维尼的上述论述的关联，萨维尼无疑为阿根廷人提供了启示。萨维尼作出上述安排，是为了避免像法学阶梯体系一样把人看作法律的一个调整对象，力图张扬人的主体地位，在这个意义上，可以说萨维尼是天字第一号的人文主义者。

我们看到，萨维尼的法律的调整对象理论与前述之温得沙伊得的私法的调整对象理论极为类似，唯一的不同是后者未提到对“人本身”的调整。差异的原因不难找到：萨维尼谈的是法律的调整对象，不以私法为限；温得沙伊得谈的是私法的调整对象。逻辑的比较结论是，温得沙伊得把对“人本身”的调整理解为一个公法问题，因为这是国家对自然人和法人的法律能力之授予，故把该问题从私法的调整对象中排除出去了。[18]

（二）1867年《葡萄牙民法典》的民法调整对象定义

其第3条规定：“如果权利和义务限于公民本身之间的相互关系，或在所有权和纯粹个人的权利问题上在公民与国家之间的相互关系，这些权利和义务构成公民的民事能力,被称之为民事权利和义务,并由包含在民法典中的私法调整,由特别法调整的部分除外”。[19]本条承认作为私法的民法调整的关系有纵向和横向的两类,把所有权关系和个人权利(人格问题)看作纵向关系,但又把纵向关系和横向关系都处理成私法关系。把所有权关系看成纵向关系的观点有其中国同道,张里安教授就认为所有权制度的价值和功能不是民法决定的,而是宪法决定的,它是一个国家的根本抉择,具有宪法的意义。[20]把纵向关系处理成私法关系也有其缘由。按现代学者的研究,公法不同于公律(Leges publicae),后者既可以关系到罗马国家的结构,也可以关系到私人利益之保护。[21]所以,调整纵向关系的法律规范如果是为保护私人利益制定的,它们还是私法。显然可见,老《葡萄牙民法典》的作者在民法的范围内采用萨维尼的法律的调整对象理论,为此要面对民法调整的纵向关系的性质问题,他做了此等关系是私法关系的回答,这显然不同于温得沙伊得的认为此等关系属于公法的“潜回答”,正是基于此等回答,温得沙伊得把这一关系驱逐出了民法的调整对象定义,而不顾此等关系仍然存在于民法中的现实。这种鸵鸟战术为老《葡萄牙民法典》的作者不满,他遂直面现实,力图把民法中存在的这一关系反映在民法调整对象理论上,并对之做了私法性的界定。当然,这是可争议的界定。

(三)《魁北克民法典》

其预备性规定曾这样规定民法的调整对象:“《魁北克民法典》根据人权和自由权宪章以及法的一般原则,调整人、人之间的关系和财产”。[22]这一定义中“调整人”的表述显然来自萨维尼,由此可证这种调整的纵向性质。不过,魁北克立法者在萨维尼理论的基础上有所发展,增加了“调整物”的要素,这种调整当然也是纵向性的。由于这种“增加”,我说《魁北克民法典》把萨维尼的理论精致化了。这一定义使用“民法调整人和调整物”的表达,不采用调整人身关系和财产关系的表达,以强调民法从纵向的角度对主体和客体的调整。故这种人——物二元结构形似而神异于盖尤斯的理论。然后它提到了民法调整人之间的关系,这是一个对物权、知识产权、债权、亲属、继承方面的主体际关系的新概括,试图超越人身关系和财产关系的旧概括。显然,这一定义把人放在非常显要的地位,是一个人文主义的定义。

(四)若干独联体国家的规定

独联体国家都是前苏联的加盟共和国,苏联建国后,它们就共享一种民法理论传统。1991年12月苏联解体后,它们成为独立的主权国家,但由于历史的原因,它们在民法调整对象理论上还保持相当的同一性,[23]因此可把它们中的追随俄罗斯模式者作为一个单一的考察对象。

多数独联体国家都有从平行线说转向十字架说的历史。苏联建国后,在民法调整对象理论上采用德国式变造。1961年的《苏联民事立法纲要》第1条规定:"苏维埃民事立法调整在共产主义建设中由于利用商品货币形式而引起的财产关系,以及与财产关系有关的人身非财产关系"。[24]这一定义的简化表述是"民法调整财产关系和一定的人身关系"。所有的前苏联加盟共和国的民法典都采用了这一定义。然而,东欧剧变后制定的《俄罗斯联邦民法典》却转向十字架说。其第2条第1款规定:"民事立法确定民事流转的参加者的法律地位;所有权和其他物权以及因智力活动产生的专有权利(智力财产)的发生根据和实现的程序;调整合同和其他的债以及其他财产关系和与财产有关的人身非财产关系,这些关系以其参加者的平等、意思自治和财产自治为基础"。[25]

这一定义抛弃了对民法调整对象说明的人身关系—财产关系平行线结构,采用确立(绝对权)—调整(相对权)的十字结构,把民法调整对象理论改造为"民法的确立和调整对象理论"。"确立"的对象是民法中的纵向关系,它包括"人"和"物"两者,前者是民事主体的法律地位—人格,这是平行线说置之不理的民法要素;后者是所有的绝对权的发生依据和实现程序。"调整"的对象是民法中的横向关系,包括合同关系和其他相对权关系(例如知识产权中的精神权利关系)。由于此说承认民法既调整纵向关系,又调整横向关系,所以说它是十字架说。在我看来,由于确定的对象的纵向性,上述定义后部的"这些关系以其参加者的平等、意思自治和财产自治为基础"属于矛盾文字,可能是不同意见调和的结果。

从平行线说到十字架说,俄罗斯转了一个急弯。为何有此等转变?不难看出,《俄罗斯联邦民法典》第2条的规定与《魁北克民法典》的上述民法调整对象定义十分类似,考虑到魁北克法学家参与了《俄罗斯联邦民法典》的制定,[26]非常有理由怀疑《俄罗斯联邦民法典》的民法调整对象定义借鉴了魁北克的上述定义。

由于《俄罗斯联邦民法典》是独联体国家的"示范民法典"的基础,所以,其民法调整对象定义对于其他独联体国家的民法典制定者具有指导意义。但富有意味的是,由于《俄罗斯联邦民法典》第2条第1款的规定自相矛盾,独联体国家民法典完全采用它的只有1999年的《塔吉克斯坦民法典》第1条第1款,它完全照抄《俄罗斯联邦民法典》第2条第1款的规定,一字不差。[27]

其他追随俄罗斯模式的独联体国家的民法典都倾向于原则上采用《俄罗斯联邦民法典》第2条第1款的规定,但消除其自相矛盾之处。1997年的《吉尔吉斯斯坦民法典》第1条第1款就是如此,它规定:"民事立法确定民事流转的参加者的法律地位;财产权的发生根据和行使的方式;调整合同之债和其他性质的债以及其他财产关系和与财产有关的人身非财产关系"。但接下来,就不采用其母本关于"这些关系以其参加者的平等、意思自治和财产自治为基础"的规定了。[28]此举表达了《吉尔吉斯斯坦民法典》的制定者关于既承认民法的确立功能或调整纵向关系的功能,就不能说"这些关系以其参加者的平等、意思自治和财产自治为基础"的认识。而被放弃的这句话长期以来是起证明民法是私法的作用的。对它的放弃,是对民法的私法性的放弃,而承认它是一种公私混合法。

1998年的《白俄罗斯民法典》第1条第1款,[29]1999年的《乌兹别克斯坦民法典》第2条第1款,[30]1999年的《土库曼斯坦民法典》第2条第1款,[31]2002年的《摩尔多瓦民法典》第2条第1款[32]以与《吉尔吉斯斯坦民法典》第1条第1款相同的方式继受并修正了《俄罗斯联邦民法典》第2条第1款的规定。这些民法典的数目证明十字架说正日益扩大范围地取代平行线说,进而言之,十字架说内在包含的对民法是公私混合法的肯认由被故意掩盖发展为得到公开承认。

越南不属于独联体国家,但属于前苏联集团国家,由于这种渊源,越南的民法调整对象理论也受到前苏联的有关理论的强烈影响,故值得在独联体国家的项下附带一谈。看看1995年版的《越南民法典》第1条第2款的规定:"民法典规定个人、法人和其他主体的法律地位,规定财产关系中各主体的权利义务,规定民事往来中的人身关系,为参加民事关系的主体确立行为的法律标准",[33]可发现它是对《俄罗斯联邦民法典》第2条第1款规定的简写,但它也删去了其母本关于"这些关系以其参加者的平等、意思自治和财产自治为基础"的规定。2005年版的《越南民法典》第1条第1款规定遵循了同样的路线。一方面,它规定"民法典规定个人、法人及其他主体之民事行为的法律地位和法律准则;规定各民事主体在民事、婚姻家庭、经营、商业贸易以及劳动关系(以下统称为民事关系)中的人身和财产方面的权利和义务",[34]另一方面,它也删去了其母本关于"这些关系以其参加者的平等、意思自治和财产自治为基础"的规定。

看来,对《俄罗斯联邦民法典》第 2 条第 1 款一方面承认民法的确定功能,另一方面又把民法作用的关系限定为私法性的这样的矛盾不满的国家不止一个。它们以删除《俄罗斯联邦民法典》民法调整对象定义中不合理部分的方式表达了对民法私法说的放弃。

三、折扇骨说

折扇骨说避免给民法下内涵概括式定义,而是采用外延描述的方式给民法下定义,被描述的诸外延呈放射状展开,犹如折扇骨,论者不在它们之上进行进一步的属性概括。如果说"老平行线说"是法学阶梯体系的产物,则"折扇骨说"是潘得克吞体系的产物。如果承认民法教科书的结构是作者说明自己的民法调整对象理论的一种方式,则最早的"折扇骨说"是在昆图斯·穆丘斯·谢沃拉(Quintus Mucius Scaevola,公元前 140 年~公元前 82 年)的《论市民法》中提出来的,这是一个包括继承法、人法、物法、债法的四分制体系。[35]它是现代的潘得克吞体系的雏形。将这一结构换算成民法调整对象话语,它无非说的是民法调整继承关系、人法关系(包括主体资格确定法和家庭法)、物法关系和债法关系。但到此为止,不再将继承关系、物法关系和债法关系概括为财产关系,如此一可避免人—物二分法的不周延性,例如,按照优士丁尼罗马法的意见,动物与人分享自然法,因而是这种法的主体而非客体;[36]又如,按照《德国民法典》第 90a 条的意见,动物也是这两个极端之间的中介;二可保持民法调整对象理论对新事物的开放性,例如,知识产权可很容易地为折扇骨说接受,无非多加一骨而已。而由于著作权兼含人身关系和财产关系,"老平行线说"接纳它就要麻烦得多,前苏联话语体系中的"与财产有关的人身非财产关系"的拗口表达就是人—物二分法的包容力不足逼出来的。

1807 年,谢沃拉体系在德国学者阿诺尔德·海赛的《为了潘得克吞之讲授目的的普通民法体系的基础》一书中复活,并被改造为包含一般的学说(相当于总则)、物权、债、物权性的对人权、[37]继承权的五编制体系,这也是对一种折扇骨式的民法调整对象理论的宣示。在海赛之后,潘得克吞体系成为一种流行的民法典和民法教科书编制方式,民法调整对象的定义者们也不得不在潘得克吞体系的框架下进行自己的工作。前文提到的萨维尼的法的调整对象定义就表现出这点:法律调整人本身和法律关系,后者包括物权关系、债的关系、继承关系和家庭关系。[38]其中,“法律关系”的子项目不过是潘得克吞体系的各单元,它们像折扇骨一样呈放射状展开。前文已把萨维尼的这种观点划入“十字架说”,这是考虑到萨维尼把纵向的“人本身”与横向的“法律关系”的并列处理,如果考虑他对法律关系的诸子项目不进行进一步概括、让它们放射展开的安排,说萨维尼的上述定义也包含“折扇骨说”的因子,不算夸张。

“折扇骨说”开启了以量的方式定义民法调整对象的途径,即不采用内涵概括而采用外延列举的方式为民法调整对象下定义的方式。这种途径的运用例一有阿根廷学者卡洛斯·阿尔贝尔托·格尔西(Carlos Alberto Ghersi)的定义:“民法……调整在其相互关系中的人类的各个方面,其范围从法律人格的赋予——把这种人格赋予实体或观念中的人——公司、财团、夫妻生活的规制——婚姻、亲权、扶养、财产关系等——合同、财产权,到法律人格之存在的终结,包括财产的传续形式如继承权等”。[39]二有法国的著名民法教科书作者乔治·希贝尔(Georges Ripert)和让·布兰日(Jean Boulanger)的定义:“民法是普通法,包括涉及到私法制度、行为和法律关系的规则之整体。它调整家庭、财产、合同、继承。民法的原则适用于私法的所有部分”。[40]这两个定义列举民法外延的诸项不尽同于潘得克吞体系的列举,但基本思路与其一致。

四、杂说

除了上述“大宗”性的3类民法调整对象理论外,还有一些“小宗”的民法调整对象理论。说它们是“小宗”,乃因为它们往往为孤立的观点,未形成持论者群落。它们都处于主流之外的共性使我把它们通称为杂说。有如下列:

(一)消极的量的民法调整对象定义

说民法包括哪些外延的,为积极的量的定义,说民法不包括哪些外延(未被排除的都是民法的外延)的,为消极的量的定义。对于积极的量的定义的说明，已见于前述，消极的量的定义有如阿根廷学者桑托斯·西福恩特斯(Santos Cifuentes)所下的："民法包括其他法律部门从其内容完全分离出来后(自罗马市民法以来)留下或剩余的材料，这些法律部门有公法、商法、诉讼法、农业法、矿业法、劳动法等等"。[41]这个定义不说明民法是什么，只说明民法不是什么，不在那些被排除者范围内的东西都属于民法。这是一个符合民法发展史的定义，[42]但缺乏对民法本身的界定。

(二)异类的民法调整对象定义

研究法国民法的德国学者、海德堡大学教授扎恰利亚(C. S. Zachariä von Lingenthal)对法国民法的对象(objet du droit civil)下了一个这样的定义："一般的民法的对象是规定行使每个个人的天然自由要承受的必要限制，以便使它们能与其他人的天然自由兼容"。[43]这显然不是部门法意义上的民法的调整对象定义，它来自卢梭对社会契约的说明，其大意为，根据这个契约，每个人放弃了自己天然的自由获得约定的自由。[44]我们知道，社会契约是自然状态与政治社会之间的过渡环节，过渡的结果是形成了一般的市民法，这个市民法是一切世俗法的总称。因此，扎恰利亚的定义对象不是作为部门法的民法，而是作为世俗法的整体的民法，此民法非彼民法也，故其定义为异类。

五、结论

结论很简单，平行线说已垂垂老矣！即使不放弃它的学者，也有嫌弃它的不全面，从而对它进行种种变造的，他们要么因为它对公法性的人格法的包含影响民法的纯粹私法性，把人身关系缩减为身份关系，从而追求民法的纯粹私法性；要么满足于此说意味的对民法的公私混合法的定位，干脆把过去的公私兼备的人身法分解为公法性的人格法和私法性的身份法，张扬人身法的纵横交错性。但一些学者不满意于这种修修补补，干脆另起炉灶创立十字架说，从而赤裸裸地抛弃对民法的私法定性，把民法的工作一分两半：一部分是公法性的"确定"，一部分是私法性的"调整"；另一些学者则走"折扇骨说"的第三条道路。他们要么与"十字架说"合流，在把民法的工作对象分为纵横两部的前提下对"横"的部分进行折扇骨式的梳理；要么干脆不以"十字架说"为前提，自行以折扇骨的方式罗列民法的内容，放弃对其内涵的概括，因为民法的剩余法性质以及由此而来的极端复杂性，这样的放弃是对人的认识困境的迁就，等等。

说这些与我国何干？干系大得很呢！看看我国体现在《民法通则》第2条中的民法调整对象定义："中华人民共和国民法调整平等主体的公民之间、法人之间、公民和法人之间的财产关系和人身关系，"会发现它属于平行线说中的德国式变造，稍微查查其家谱，就会发现它来自前苏联的民法调整对象理论。它对民法调整的两种关系的"平等主体"限定，表明其制定者还沉醉在民法私法说的迷梦中。然而，德国式变造面临深重的危机。首先，其物文主义倾向已遭到严厉的批判[45]；其次，它对民法处理的纵向的人格关系的鸵鸟式处理已被某些追随者地区的学者放弃，例如被施启扬教授放弃，阿根廷式变造则对这种关系及其纵向性大加张扬；最后，《民法通则》第2条的母国俄罗斯自身已基于德国式变造的不合理性对之放弃，转采旗帜鲜明地承认民法的公法性的十字架说，由此产生了"老师"改换门庭后"学生"是否要跟进的问题。凡此等等，都要求对我国的民法调整对象理论加以变革。接下来的问题是如何变革？

答案是遵循世界大势变革。这种大势首先体现为要承认民法具有公法性的成分，它对于主体和客体的确定都是公法性的，以十字架说取代平行线说势在必行，为此要去掉"平等主体"的限制语，从民法私法论的迷梦中惊醒过来。但在"调整"的维度内，又不宜采取温得沙伊得式的身份关系和财产关系的二分式概括，这不仅因为这种概括缺乏对未来新事物的开放性，而且因为它不能涵盖许多东西，例如服务关系，这种关系的客体不是财产而是行为，因此不是财产关系；而且财产关系的概括忽略了现代民法满足人们的精神需要的功能，故应该采用折扇骨的方式对这一维度内的民法工作对象做出说明，目前它们有亲属关系、继承关系、物权关系、知识产权关系、债的关系等。基此，我把民法调整对象定义为"民法确定人、财产并调整人之间的关系。此等人之间的关系包括亲属关系、继承关系、物权关系、知识产权关系、债权关系"。希望这一定义基于其合理性和时代性被中国立法者和教科书作者们接受。

既如此，我的民法调整对象理论只与"平行线说"、"十字架说"、"折扇骨说"有关，介绍"杂说"岂不是走题？岂不为拼凑文字多得稿费乎？非也！杂说也好，上述三种学说也好，都涉及到对民法的认识问题，它们是论者表达自己对民法为何物之认识的话语。杂说中消极的量的民法调整对象定义表达了其作者的民法难以认识或不可能认识的观念，而扎恰利亚的民法调整对象定义表达的是对与现代部门法意义的民法同名异义的那个民法的认识。这种对认识对象所犯的错误难道不能证明民法难以认识吗!? 可以说，我在本文提出的民法调整对象定义反映了我于此时此地对民法的认识，这种认识是阶段性的，完全有可能为新的认识超越。在如此的认识—超越—再认识的过程中，民法理论得到发展。故超越之发生，实乃民法之福。

注释

1 Cfr. L. Bigliazzi Geri et. al., Diritto Civile, 1, Norme soggetti e rapporto giuridico, UTET, Torino, 1987, p. 13.

2 Federico del Giudice, Nuovo Dizionario Giuridico, Edizione Simone, Napoli, 1998, p. 430.

3 参见徐国栋："再论民法中人格法的公法性 ——兼论物文主义的技术根源"，载《法学》2007 年第 4 期。

4 参见上海社会科学院法学研究所编译：《民法》，知识出版社 1981 年版，第 6 ~ 18 页。

5 参见刘得宽：《民法总则》，五南图书出版股份公司 2004 年版，第 5 页。

6 参见梁慧星：《民法总论》，法律出版社 2001 年版，第 10 页及以次。

7 See Nathalie Bernard – Maugiron and Baudouin Dupret (edit), Egypt and its Laws, Kluwer Law International, London · Hague · New York, 2000, pp. 3s.

8 参见施启扬：《民法总则》，三民书局 2005 年版，第 1 页。

9 参见[韩]崔达昆：《北朝鮮の民法・家族法》，日本加除出版株式会社 2001 年版，第 331 页。感谢浙江大学法学院的周江洪教授为我收集并翻译这一资料。

10 参见[韩]崔达昆：《北朝鮮の民法・家族法》，日本加除出版株式会社 2001 年版，第 332 页。

11 参见[韩]崔达昆：《北朝鮮の民法・家族法》，日本加除出版株式会社 2001 年版，第 351 页。

12 参见[韩]崔达昆：《北朝鮮の民法・家族法》，日本加除出版株式会社 2001 年版，第 389 页。

13 参见徐国栋："商品经济的民法观源流考"，载《法学》2001 年第 10 期。

14 Véase Jorge Joaquin Llambias, Tratado de Drecho Civil, Parte General, Tomo I, Editorial Perrot, Buenos Aires, 1997, pag. 40.

15 Véase Santos Cifuentes, Elementos de Derecho civil, Astrea, Buenos Aires,1999,pag. 3.

16 Ver Codigo civil e legislaçã o civil em vigor, Editora Revista dos Tribunais, S o Paulo, 1991, p. 35.

17 参见[德]萨维尼:《法律冲突与法律规则的地域和时间范围》,李双元等译,法律出版社 1999 年版,第 6 页。

18 温得沙伊得认为民法中,尤其是民法总则中包含许多公法规定。这一观点是对我们习惯的民法私法说的挑战。我认为除在合同法和遗嘱法领域外,民法的多数规范都是公法性的。试问,关于成年年龄的规定,关于物权法定的规定,怎么可能是私法性的呢? Cfr. Bernardo Windscheid, Diritto delle pandette(Vol. I), trad. it. di Carlo Fadda e Paolo Emilio Bensa,UTET,Torino,1925,p. 41.

19 Ver Codigo Civil Portugues,Coimbra,1934,pag. 14.

20 参见张里安:"所有权制度的功能与所有权的立法",载孟勤国、黄莺主编:《中国物权法的理论探索》,武汉大学出版社 2004 年版,第 170 页。

21 Cfr. Antonio Guarino,Diritto privato romano, Jovene,Napoli,1994, p. 156.

22 See Civil Code of Quebec, Baudouin · Renaud,2002 – 2003,p. 21.

23 有些独联体国家如乌克兰并不追随俄罗斯的模式,例如,2003 年新《乌克兰民法典》第 1 条规定:民事立法调整基于其参与人的法律上的平等、自由意思表示和财产独立的人身非财产关系和财产关系(民事关系)。

24 参见中国人民大学苏联东欧研究所编译:《苏联和各加盟共和国立法纲要汇编》,法律出版社 1982 年版,第 4 页。

25 See Civil Code of the Russian Federation (part one), White & Case, London, 1994, pp. 1s.

26 参见长孙子筱:"法国民法典两百周年记",载 http://www. civillaw. com. cn/weizhang/default. asp? id = 15898,2004 年 11 月 4 日访问。

27 Гражданский Кодекс Республики Таджикист ан, On http://www. cis – legal – reform. org/civil – code/tajikistan/ civ – taj – 1 – rus. htm,2007 年 12 月 20 日访问。

28 Кыргызская Республика Гражданский Кодекс, On http://www. cis – legal – reform. org/civil – code /tajikistan/civ – t aj – 1 – rus. htm,2007 年 12 月 20 日访问。

29 See Civil Code of the Republic of Belarus,Edited and Translated by William E. Butler, Simonds & Hill Publishing LTD. Kluwer Law International, The Hague · London · Boston,2000,p. 1.

30 See Civil Code of The Republic Uzbekistan,Third Edition, Trans. By W. E. Butler, Simmonds & Hill Publishing LTD. Kluwer Law International,Hague, London, Boston, 1999,p. 3.

31 See Civil Code of Turkmenistan Sapurmurat Turkmenbashi, On http://www. cis –

legal - reform. org /civil - code /tajikistan/civ - taj - 1 - rus. htm,2007 年 12 月 20 日访问。

32 Vedea Codul Civil al Republicii Moldova, Tiparit la comanda S. C. 2003, Chisinau, p. 3.

33 参见《越南社会主义共和国民法典》,吴尚芝译,中国法制出版社 · 金桥文化出版(香港)有限公司 2002 年版,第 7 页。

34 参见《越南社会主义共和国民法典》(2005 年版),吴远富译,厦门大学出版社 2007 年版,第 1 页。

35 Cfr. Fritz Schulz, Storia della giurisprudenza romana, traduzione italiana di Guglielmo Nocera, Sansoni, Firenze, 1968, pp. 172s.

36 参见[古罗马]优士丁尼:《法学阶梯》(第二版),徐国栋译,中国政法大学出版社 2005 年版,第 13 页。

37 相当于亲属法。按父权主义的家庭观,物权性的对人权"是像占有一个物一样地占有一个人,但不把他当作物来使用的权利"。参见[德]康德:《法的形而上学原理——权利的科学》,沈叔平译,商务印书馆 1991 年版,第 73 页。

38 参见[德]萨维尼:《法律冲突与法律规则的地域和时间范围》,李双元等译,法律出版社 1999 年版,第 6 页。

39 Véase Carlos Alberto Ghersi, Derecho civil, Parte General, Astrea, Buenos Aires, 2002, pag. 31.

40 Véase Georges Ripert, Jean Boulanger, Tratado de Derecho Civil, Tomo I, Parte General, Traducion de delia Garcia Daireaux, La Ley, Buenos Aires, 1988, pag. 48.

41 Véase Santos Cifuentes, Elementos de Derecho civil, Astrea, Buenos Aires, 1999, pag. 3.

42 参见徐国栋:"民法的名称和历史沿革考",载《中国政法大学学报》2007 年第 2 期。

43 Voir Zachariä, Cours de droit civil francais, Tomo I, traduit par Aubry et Rau, F. Lagier, Libraire - Editeur, Strasbourg, 1843, p. 36.

44 参见[法]卢梭:《社会契约论》,何兆武译,商务印书馆 1980 年版,第 23 页。

45 参见徐国栋:"两种民法典起草思路:新人文主义对物文主义",载徐国栋:《民法典与民法哲学》,中国人民大学出版社 2007 年版,第 226 页及以次。

徐国栋代表作

捌

苏式民法调整对象定义在苏—俄本身及其密切联系国的流变

——兼论对《俄罗斯联邦民法典》第2条第1款的理解分歧

本文力图做一项民法考古学研究，致力于苏式民法调整对象定义在苏—俄本身及其密切联系国的流变。我用"前苏联密切联系国"的术语指称三类国家。第一类是14个前苏联加盟共和国，它们是乌克兰、白俄罗斯、摩尔多瓦、格鲁吉亚、亚美尼亚、阿塞拜疆、立陶宛、爱沙尼亚、拉脱维亚、哈萨克斯坦、吉尔吉斯斯坦、土库曼斯坦、塔吉克斯坦、乌兹别克斯坦。第二类是所有的《华沙条约》成员国，它们是捷克斯洛伐克（后来分裂为捷克和斯洛伐克）、匈牙利、波兰、罗马尼亚、阿尔巴尼亚、保加利亚、东德。第三类是苏联的传统意识形态同盟者，它们是越南、朝鲜、古巴、中国、塞尔维亚。[1]这一国别清单告诉我们，我是在前社会主义国家和现行的社会主义国家的范围内考察民法调整对象定义的流变问题，这一必然的工作进路暗示了主题与意识形态、冷战的关联。在常人看来为技术性的民法调整对象问题，本身确实沾染了意识形态和冷战的色彩。由于东欧剧变，许多现行的社会主义国家转化为前社会主义国家，加入欧盟、北约，从而从属于另外类型的意识形态，这一变故为我们观察民法调整对象理论是否随意识形态的演变而演变留下了广阔的空间。

本文是一项微观的大视野研究。"微观"，是相对于我的《东欧剧变后前苏联集团国家的民商法典和民商立法——法律史、民商法典的结构、土地所有权和国有企业问题》[2]一文而言的，它以12万字的篇幅力图展示前苏联密切联系国民法典及其有关背景的方方面面，本文仅涉及这些国家民

注　本文原载《中国法学》2008年第5期。

法典中的一个问题;“大视野”,指它涉及的国家众多,达到 27 个。为何追求大视野,尤其在我不懂俄文的前提下?我的回答是,只有尽可能多地穷尽选言枝,才越有可能把握问题的全景,从而作出科学的判断。但对穷尽选言枝的追求将遭遇资料、语言掌握不足等障碍,但在国内俄语人士和国外友人的帮助下,它们都被超越了,不妨说本文是一个团队的合作结晶。

本文不是一项纯粹的外国法研究,因为中国在前苏联密切联系国的行列中,在民法调整对象问题上直接取法苏联。所以,本文对具有社会主义背景的外国法的有关问题的研究直接服务于改进中国的有关立法和学说的目的,采用的是“他山之石,可以攻玉”;“邻山之石,特别可以攻玉”的理路。所以,不妨把本文理解为为未来民法典的操作者在选择是否规定民法调整对象问题以及在做积极选择后决定如何规定这一问题时据以参考的半个比较法研究报告。[3]

一、苏联—俄罗斯自身民法调整对象理论的变迁

在谈论从 1917 年十月革命至今的俄罗斯民法调整对象理论史之前,谈谈革命前时期的这方面状况是有用的,因为两者之间有关联。沙皇尼古拉一世(1825 ~1855 年)在位时期,诞生了 1832 年《俄国法律汇编》,其中的第 10 卷就是相当于民法典的民法汇编,它包括亲族之权利义务、一切财产上权利取得及保守之顺序、取得并保全财产上权利之顺序、契约书上之义务四编。[4]第一编只是一个干干净净的家庭法,该草案无主体制度之设,这样的原因有二:其一,起草者受萨维尼的影响,[5]把这一制度看作公法性的,不愿把它放在一部完全的私法典中;其二,在这一《汇编》的公法部分,可以找到主体制度的地盘。

十月革命后至今,苏联—俄罗斯共产生过三个民法调整对象理论。

第一是不对称平行线说。苏联民法调整对象理论的历史开始于 1922 年《苏俄民法典》,但它无关于民法调整对象的正面规定,其第 3 条仅从反面规定民法调整对象,声言“土地关系、由雇佣劳动所产生的关系、家庭关系,都由专门法典调整”,换言之,形式意义上的民法不调整土地关系、劳动关系和家庭关系。[6]这是一个对盖尤斯在其《法学阶梯》中创立的民法调整人身关系和财产关系的平行线说的重大改造,[7]因为平行线说认为上述三种关系都由民法调整,土地关系和劳动关系属于财产关系,家庭关系属

于人身关系，《苏俄民法典》把财产关系斩去两截，把人身关系斩去一截，导致这两种关系长短不一，由此把传统的平行线说改造为不对称平行线说。

《苏俄民法典》为何排除三种关系？就土地关系而言，1917 年十月革命胜利后苏维埃政权就颁布了《土地法令》，宣布土地国有。[8]此后，土地使用采用行政划拨制，土地不再是商品，因此，它的法律调整问题从民法转归行政法。就劳动关系而言，它被排除出民法的理由差不多：劳动力在社会主义条件下不再被认为是商品。[9]就家庭关系而言，首先要说的是，十月革命后的俄国人否定婚姻制度，认为它是对妇女进行私人占有的形式，要予以废除，1917 年萨拉托夫州苏维埃人民委员会发布法令，宣布“自 1918 年 1 月 1 日起 17～30 岁未婚的妇女都是人民财富”，所有的无产阶级的男子都可以在交纳一定的人民教育基金后每周不超过四次获得对妇女的“使用权”。在弗拉基米尔州也有类似法令，宣布未婚的 18 岁以上妇女都是国家财富，且必须到自由爱情局登记，19～50 岁的男子都可以不依赖于妇女的意愿为自己挑选女性。在维特州也有类似的法律，宣布“所有拒绝承认和执行本法令的人都是人民公敌和反革命分子”。[10]必须注意，杯水主义的主张就是在那时候出现的。但到了 20 世纪 50 年代，苏联人对婚姻的看法由否定转为神圣化。按布拉都西的说法，家庭关系被排除于民法调整对象之外是因为它相对于资产阶级民法的特殊性，这种民法把婚姻家庭关系从属于金钱，把婚姻看作交易，把子女看作家长权的客体，而苏维埃家庭关系不光不具有这些属性，而且它还贯彻国家巩固家庭、保护母性及儿童的政策。[11]因此，把家庭法单立之后，它就免受民法的铜臭味之害了。总之，三大关系的共性是非商品关系。排除它们后，《苏俄民法典》就只调整涉及商品的关系了。确实，这一法典就是放弃战时共产主义政策，实行新经济政策的结果。所谓的新经济政策，就是搞市场经济的政策。而战时共产主义是排斥任何法律的，不独民法。

到了 20 世纪 50 年代，苏联民法学界开始正面讨论民法调整对象问题，得出的结论体现为布拉都西和坚金分别主编的《苏维埃民法》的典型表述，前者谓：“苏维埃民法调整社会主义社会中一定范围的财产关系和与此相关系着的人身非财产关系”。[12]后者谓：“苏维埃民法的对象是社会主义社会的财产关系”，不过也“调整某些人身的、非财产的关系”。此说有两个特点。其一，在盖尤斯学说的基础上把人身关系与财产关系掉位，"财"前"人"后；其二，把人身关系"小化"和"转化"。"小化"，指去掉人格法和身份法，只包括人格权和创作权。坚金的定义甚至把人身关系排除在民法调整对象定义的正式表述之外；"转化"，指把人身关系改叫"与财产关系有关的人身非财产关系"，这种改名具有实质的意义，因为盖尤斯所言人法或人身关系法指主体法和家庭法，而人身非财产关系法不包括主体法和家庭法，只包括两个人格权法。就不包括主体法而言，俄国有其传统，1832 年的《俄国法律汇编》第 10 卷就是如此。这样的安排把人身关系又斩去一截，使两条平行线更不对称。就该定义承认的两个人格权而言，第一个人格权是自然人对其自身精神要素享有的权利，例如姓名权；第二个人格权是所谓的作者人格权，这两者与盖尤斯所言人法风马牛不相及。非独此也，这两种人格权还要以与财产关系相关为条件才能作为民法的调整对象。何谓与"与财产关系相关"？创作权的行使会引起财产收益是也！从逻辑上推演，其行使不导致财产问题的人身非财产关系是不归民法调整的，由此进一步限缩了人身关系的范围。通过上述种种举措，苏联完成了对平行线说的本土变造。[13]

第二是商品经济说。1961 年的《苏联民事立法纲要》第 1 条规定："苏维埃民事立法调整在共产主义建设中由于利用商品货币形式而引起的财产关系，以及与财产关系有关的人身非财产关系"。[14]相较于以前的民法调整对象理论，这一定义不过是把不对称平行线说中涉及的财产关系加上了"利用商品货币形式而引起的"的定语。实际上，这个定语无甚新意，因为《苏俄民法典》排除三种关系的理由无非它们并非商品货币关系，反言之，被民法调整的都是商品货币关系。尽管如此，"利用商品货币形式而引起的"之定语的添加还是有意义的，按苏联学者的说法，它强调的是民法调整的财产关系受到价值规律的影响，表现为交换的有偿性。[15]这一定义产生在赫鲁晓夫执政时期，没有史料告诉我们当时的苏联想取消计划经济进入商品经济，而且，"利用商品货币形式而引起的"的定语与"在共产主义建设中"的另一定语矛盾，因为共产主义的实现意味着消灭商品货币。所以，这个定语颇为费解。按中国的话语体系，商品经济是计划经济的对立物，这种经济的核心理念就是按价值规律办事。事实上，后来的中国学者正是接受《苏联民事立法纲要》第 1 条的启示，把民法的调整对象解释成商品经济，清算了计划经济性质的民法理论，为市场经济的民法理论开辟了道路。[16]但从技术上说，给财产关系加上"利用商品货币形式而引起的"之定语是一个退步，因为这样限缩了财产关系的范围——不加这一定语的财产关系当然大于加了这一定语的财产关系——矮化了民法。

第三是"十字架说"。所谓"十字架说"，是相对于用人身关系和财产关系的二分式结构说明民法调整对象的做法，采用纵向关系和横向关系的二分式结构说明民法调整对象的做法。它体现在现行的《俄罗斯联邦民法典》第2条第1款和第3款中："1.民事立法确定民事流转的参加者的法律地位；所有权和其他物权以及因智力活动产生的专有权利（智力财产）的发生根据和实现的程序；调整合同和其他的债以及其他财产关系和与财产有关的人身非财产关系，这些关系以其参加者的平等、意思自治和财产自治为基础"；"3.人的不可转让的权利和自由及其他非物质性利益，除非从这些非物质利益的实质中得出不同结论，均受民事立法的保护"。[17]这一定义的第1款首先把传统的民法调整对象理论改造为"民法的确定和调整对象理论"。"确定"适用于静态的民法事项，即民事主体的法律地位——人格，以及所有的绝对权的发生依据和实现程序，所有这些都属于纵向关系。"调整"适用于民法的动态事项，即合同关系和其他相对权关系。其次，它把确定主体的法律地位作为民法首要的工作任务，这是不对称平行线说不管不顾的内容，因此，这一成分在民法调整对象理论中的出现不仅改变了苏式民法调整对象理论的"财"前"人"后的格局，而且也部分地改变了同一理论的"财"大"人"小的格局。第3款涉及的是前苏联民法理论讲的不由民法调整的与财产无关的人身非财产关系，现在《俄罗斯联邦民法典》承认民法调整这一方面，这进一步改变了"财"大"人"小的格局，过去不对称的两条平行线，现在变得比较对称了。但还没有完全对称，因为基于民法典与家庭法分立的当代俄罗斯立法现实，[18]上述定义在列举民法的内容时没有举家庭关系，所以，在这个定义中，"财"与"人"两个要素的比例仍未达到均衡的状态。

这一定义的创新性不容置疑，[19]但它也有缺陷，那就是给"调整"的关系加上了"以其参加者的平等、意思自治和财产自治为基础"的定语。首先，在我看来，"调整"的所有关系并不见得都是横向的，例如债，合同之债当然涉及的是横向关系，而侵权之债、无因管理之债和不当得利之债（三者可通称为责任之债)涉及的都是国家对被扭曲的社会关系的恢复,因此,承认责任之债归属于民法,就是承认了民法调整纵向关系,[20]所以,上述定义后部的"这些关系以其参加者的平等、意思自治和财产自治为基础"不能作为所有的被"调整"的关系的修饰语。其次,《俄罗斯联邦民法典》第1条第1款已作为民事立法的基本原则规定"确认民事立法所调整的关系的参加者一律平等,财产不受侵犯,合同自由……",[21]这些内容与"以其参加者的平等、意思自治和财产自治为基础"的定语同义,在基本原则和调整对象中规定同样的内容,未免不美。《俄罗斯联邦民法典》第2条第1款的继受者多数放弃了"以其参加者的平等、意思自治和财产自治为基础"的定语,有的可能出于对第一个缺陷的认知,作出放弃以承认民法的公私混合法性质;有的可能出于对第二个缺陷的认知,去掉重复的文字以追求立法的简洁。

十字架说对前苏联时期的民法调整对象理论突破很大,在"调整"系列之前平添了一个"确定"的系列,原因者何?我国的俄罗斯民法专家鄢一美教授认为,在"确定"的系列中,就涉及到所有权的部分而言,表达了起草者对土地在新时期的俄罗斯已被作为商品、人们从而认为土地关系应回归民法的认识,这些被纳入的部分具有公法性。[22]至于"确定"系列中涉及主体资格的部分的来源,似乎应到外国寻找。

追溯过远将导致本文偏离主题,[23]《俄罗斯联邦民法典》第2条第1款的最近蓝本可追溯到1994年《魁北克民法典》。其预备性规定这样谈民法的调整对象:"《魁北克民法典》根据《人权和自由权宪章》以及法的一般原则,调整人、人之间的关系和财产"。[24]这一定义使用"民法调整人和调整财产"的表达,不采用调整人身关系和财产关系的表达,以强调民法从纵向的角度对主体和客体的确定。它又规定民法调整人之间的关系,这是一个对物权、知识产权、债权、亲属、继承方面的主体际关系的新概括,试图超越人身关系和财产关系的旧概括。显然,《俄罗斯联邦民法典》第2条第1款的规定与《魁北克民法典》的上述民法调整对象定义十分类似,不过把对人和物的调整改为对人和物的确定,把人之间的关系具体化为债的关系、其他财产关系和与财产有关的人身非财产关系而已。考虑到魁北克法学家参与了《俄罗斯联邦民法典》的制定,[25]我非常有理由相信《俄罗斯联邦民法典》的民法调整对象定义借鉴了《魁北克民法典》的上述定义。[26]

总之，作为蓝本的苏—俄民法调整对象定义经历了从重“财”轻“人”到“人”“财”并重，从仅承认调整横向关系到承认兼调整纵向关系和横向关系的过程，两种转化都体现了俄国人对民法认识的进步。到现在，俄罗斯立法中所言的人身关系尽管仍不包括家庭关系，已包括了人格关系和人格权关系，从而跟大陆法系民法意义上的人身关系已基本一致了。

由于俄罗斯在其密切联系国中所处的范式提供者的地位，它在各阶段的民法调整对象定义都对依赖其民法思想的国家产生了影响。特别值得指出的是，在冷战时期，不对称平行线说以强制或自愿的方式传播到所有的前苏联的密切联系国，成为社会主义意识形态的一部分。《苏俄民法典》对三种关系的排除还开创了尔后前苏联密切联系国的民法调整对象的定义者大多谈民法是否包括这三大关系的话语传统。

二、前苏联密切联系国在东欧剧变前后关于民法调整对象的规定

1989 年东欧剧变，1991 年 12 月苏联解体，分裂为 15 个独立主权国家。同年，华沙条约组织解散，过去的成员国甚至加入欧盟和北约，例如波兰、保加利亚、罗马尼亚、克罗地亚等国。这两大事件使过去在民法调整对象理论上有义务追随苏联的国家获得了建立自己的民法理论的自由。然后，它们建立新的理论却必不可免地要以苏联及其政治继承人俄罗斯联邦留下的相应理论遗产为基础。因此，它们中的许多由于各种原因放弃这种自由，而选择在小修的基础上继受苏—俄留下的三种民法调整对象理论的一种。当然，也有一些国家选择了另外的途径。以下分别说明之。在东欧剧变稍前，一些国家已继受了不对称平行线说并加以改造，这里一并论述它们的有关情况。

（一）继受“十字架说”并加以改造的国家

“十字架说”作为苏—俄民法调整对象理论传统中的最新成果受到了最多的前苏联密切联系国的仿效。1994 年，它被独联体成员国议会际大会通过为《独联体国家示范民法典》的第 1 条。但由于这一定义存在缺陷，这些国家除了少有的例外，在继受新平行线时都消除了其不合理部分。以下按时间顺序介绍这些国家的作为。

蒙古：1994 年的新《蒙古民法典》第 1 条第 1 款规定：“本民法典确定民事活动参加者的法律地位，并根据平等、意思与财产的自治原则调整他

们之间的财产关系和与之有关的人身非财产关系"。[27]这一定义把"平等、意思与财产的自治原则"的修饰对象适用于所有被调整的财产关系和人身关系,具有《俄罗斯联邦民法典》第2条第1款相同的缺陷。

越南:1995年版的《越南民法典》第1条第2款规定:"民法典规定个人、法人和其他主体的法律地位,规定财产关系中各主体的权利义务,规定民事往来中的人身关系,为参加民事关系的主体确立行为的法律标准"。[28]此条删去了其母本关于"这些关系以其参加者的平等、意思自治和财产自治为基础"的规定。2005年版的《越南民法典》第1条第1款规定:"民法典规定个人、法人及其他主体之民事行为的法律地位和法律准则;规定各民事主体在民事、婚姻家庭、经营、商业贸易以及劳动关系(以下统称为民事关系)中的人身和财产方面的权利和义务"。[29]此条也对其母本的不良规定做了同样的删除,并颠倒了母本中"财"与"人"两个要素的顺序。

吉尔吉斯斯坦:1997年的《吉尔吉斯斯坦民法典》第1条第1款规定:"民事立法确定民事流转的参加者的法律地位;财产权的发生根据和行使的方式;调整合同之债和其他性质的债以及其他财产关系和与财产有关的人身非财产关系"。[30]此条也删去了其母本关于"这些关系以其参加者的平等、意思自治和财产自治为基础"的规定。

白俄罗斯:1998年的《白俄罗斯民法典》第1条第1款[31]同上。

乌兹别克斯坦:1999年的《乌兹别克斯坦民法典》第2条第1款[32]同上。

土库曼斯坦:1999年的《土库曼斯坦民法典》第2条第1款[33]同上。

阿塞拜疆:2000年的《阿塞拜疆民法典》第2条第2款基本同上,不过删去了母本中的"以及因智力活动产生的专有权利(智力财产)"的一语。[34]

摩尔多瓦:2002年的《摩尔多瓦民法典》第2条第1款[35]同上。

保加利亚:该国在社会主义时期就不搞民法典,采用《家庭法典》(1950年,1992年最后修订)、《债与合同法》(1950年,1996年最后修订)、《所有权法》(1951年,1996年最后修订)、《社会主义组织间合同法》、《公民财产法》(1973年)等几个大的民事法律分别调整人、财产、继承、债与合同。在这样的框架下,很难指望该国的某个法律会给民法调整对象下一个定义。2007年1月1日,保加利亚加入欧盟。在此之前,为了入盟,保加利亚应对自己的法律进行诸多调整以达到欧盟的要求，保加利亚的民法理论发生了较大变化，表现为两种民法调整对象观点的对立以及新观点对旧观点的取代。按照旧观点，民法调整民事主体间的财产关系以及有关的人身非财产关系，这显然是一个前苏联式的民法调整对象定义。按照新观点，民法确定民事主体的法律地位并调整他们之间的平等关系。[36]这显然是对《俄罗斯联邦民法典》的民法调整对象定义的继受。

塞尔维亚：诺维萨德大学法律系的杜尚·尼可立奇教授在2004年于诺维萨德出版的《民法体系导论》一书中说："民法规范调整（1）自然人和法人的法律地位；（2）财产关系和非财产关系"。[37]这一定义属于新派的塞尔维亚民法学者，不难看出这一定义与《俄罗斯联邦民法典》第2条第1款的承续关系。不过，老派的南斯拉夫民法学者采用更老旧的苏联式民法调整对象定义，认为民法调整商品关系。[38]显然这一观点已被超越。塞尔维亚的案例告诉我们，南斯拉夫尽管与苏联在政治上保持距离，但在民法学说上却相当依赖苏联—俄罗斯。

看来，对《俄罗斯联邦民法典》第2条第1款把民法的调整对象设定为平等主体之间的做法不满的国家不止一个，它们以删除《俄罗斯联邦民法典》民法调整对象定义中不合理部分的方式表达了对民法私法说的放弃，比较接近我对民法的公私混合法性质的看法。[39]

但也有个别国家未做这样的删除，它是塔吉克斯坦。1999年的《塔吉克斯坦民法典》第1条第1款[40]完全照抄《俄罗斯联邦民法典》第2条第1款的规定，一字不差。这样安排的原因可能是立法者未看出蓝本的错误。

（二）维持并修正不对称平行线说的国家

东欧剧变前后，意识形态发生沧海桑田之变，故前苏联密切联系国在自己的民事立法中完全保持不对称平行线说的没有，它们在没有力量创立新的民法调整对象理论的情况下也对前苏联的这方面遗产做了或大或小的修整。以下按时间顺序分述各国的情况。

中国：1986年的《民法通则》第2条规定："中华人民共和国民法调整平等主体的公民之间、法人之间、公民和法人之间的财产关系和人身关系"。这一定义采用不对称平行线说的基本格局，但把人身非财产关系的拗口表达变更为人身关系的表达，并且不要求民法调整的人身关系与财产关系有关，从而极大地扩展了民法调整的人身关系的范围。尽管如此，该定义尚未完成对人身关系与财产关系之顺序的颠倒的再颠倒。

古巴:1987 年新《古巴民法典》第 1 条规定:"民法典调整平等的人之间的财产关系和与财产关系相关的非财产关系,目的在于满足人的物质和精神需要"。[41]这一定义脱胎于苏式民法调整对象定义,但增加了财产关系的目的是满足人的物质和精神需要的界定,并把人身非财产关系的拗口表达变更为非财产关系的表达。但这样的非财产关系仍不包括家庭关系,因为该国于 1975 年制定了独立的《家庭法典》。

东德:1976 年的《德意志民主共和国民法典》第 1 条第 2 款对民法调整对象做了在前苏联密切联系国中鹤立鸡群的规定:"民法调整公民与企业之间及公民相互之间为满足物质和文化需要而发生的关系,保护社会主义财产,保护公民的人身权利和个人财产"。[42]其优点首先在于不仅承认民法与人民的物质需要的关联,而且承认它与人民的文化需要的关联;其次在于在保护公民民事权利的范围内,把人身权安排得优先于财产权,具有难得的人文主义色彩;最后,它没有在民法调整的关系前设置"平等主体之间的"之类的定语,承认了民事法律关系的参与者之间地位的不平等性。由于这些优点,上述定义是我见到的社会主义性质的民法调整对象定义中最优的。但东德于 1990 年合并于西德,它应该转采德国式的民法调整对象理论。该理论认为民法调整身份关系和财产关系。[43]这种理论是不对称平行线说的滥觞,后来演变成苏联的相应民法调整对象理论。

朝鲜:1990 年的《朝鲜民法典》第 2 条规定:"朝鲜民主主义人民共和国民法调整机关、企业、团体、公民之间在相互同等地位上形成的财产关系。国家保障机关、企业、团体、公民在民事法律关系中作为当事人的独立地位"。[44]这个定义去掉了苏联定义中"与财产相关的人身非财产关系"的成分,但它说到的"国家保障机关、企业、团体、公民在民事法律关系中作为当事人的独立地位"应指关于人格的规定,所以,这个定义中"人"的成分还是有的,"身"的成分则体现在 1990 年的《家族法》中,这是一个包含家庭、监护、后见(即成年人监护)、继承诸制度的法典。[45]

亚美尼亚:1998 年《亚美尼亚民法典》第 1 条第 3 款规定:"民事立法和其他立法文件调整从事或参与企业活动的人之间的关系"。第 4 款规定:"家庭和劳动关系,因使用自然资源发生的关系,因保护环境发生的关系,除了家庭法、劳动法、土地法、自然保护法或其他特别法有不同规定的情形外,也由民事立法和其他立法文件调整”。第5款规定:“与人的不可转让的自由权和其他非物质价值的行使和保护有关的关系,除非有违这些关系的事理之性质,由民事立法和其他立法文件调整”。[46]

这一规定的特点有三:第一,把苏联式的财产关系改写为人之间的关系,又通过“从事或参与企业活动的”定语把它还原为财产关系。第二,对1922年《苏俄民法典》提出的三大被排除的关系(外加了自然资源的利用和环保关系)做了折中处理,一方面,把这三种关系仍然留给民法典外的特别法调整,另一方面,又承认民法对它们的统摄作用。所以,尽管亚美尼亚的家庭法仍在民法典之外,但已不再认为把这个法的分支看作民法的一部分会使它受铜臭污染。第三,明确了对人格权的保护,放弃了人身非财产关系的拗口表达。尽管如此,这一定义还是遗漏了对人格的规定,加之该国另立了单独的家庭法典,必然的结果是“财”大“人”小,所以,其基本的格局还是“财”前“人”后。

立陶宛:2000年的新《立陶宛民法典》第1条第1款规定:“立陶宛共和国民法典调整财产关系和与财产关系有关的人身非财产关系,以及家庭关系。在法律有规定的情形,其他人身非财产关系也由本法典调整”。[47]相较于苏—俄的定义,这一定义首先没有在民法调整的社会关系前加“以其参加者的平等、意思自治和财产自治为基础”的定语,这意味着承认了民法的公私混合法的性质;其次,增加了对家庭关系的调整,事实上,立陶宛实现了民法典与家庭法典的合一,其民法典的第三编就是家庭法,这说明,在新的千年,把家庭法纳入民法典不意味着撕下笼罩在家庭关系上的温情脉脉的面纱了。最后,增加了在法律有规定的情形对其他人身非财产关系的调整,这是一个机动条款,为特别法调整其他人身非财产关系留下了余地,以图拓展民法调整的人身关系的范围。由于这两项增加,人身关系的比重大大增加了,但立陶宛立法者仍然没有感到有必要把人身关系列为民法的首要调整对象,把被苏联人颠倒过的两者的关系颠倒回来,这是令人遗憾的。

格鲁吉亚:2001年的《格鲁吉亚民法典》第1条规定:“民法基于人之间的平等调整私法性的财产、家庭和人格关系”。[48]这一定义采用“财”前“人”后的格局,从而在精神上跟与它形似的《魁北克民法典》预备性规定完全相反,而与布拉都西的定义相同,不过,它将人身关系分解为身份关系

(家庭关系)和人格关系,并抛弃了人身非财产关系的拗口苏联式用语,所以有进步。

罗马尼亚:2009年的《罗马尼亚新民法典》第1条规定:本法典的规定调整财产关系以及作为民法主体的人与人之间的非财产关系。[49]这一规定具有物文主义倾向,但未要求民法调整的社会关系具有平等性。

波兰:该国1964年民法典第1条第1款规定:"本法典调整社会主义化的经济单位之间、自然人之间、社会主义化的经济单位与自然人之间的民事法律关系"。[50]该定义用"民事法律关系"的用语涵摄人身关系和财产关系,但考虑到它只允许经济单位作为法人类的民事主体,以及它在苏联的政治压力下对家庭法的割除——1964年《波兰民法典》本来是包括家庭编的,后来迫于苏联强大的政治压力,愣是把其中的家庭法编剥离出来单独搞了一个法典[51]——这种"民事法律关系"主要为财产关系,当无疑问。东欧剧变后,波兰民法学界的民法调整对象定义仍相当苏式:民法调整民事主体之间基于平等地位的财产权(诸如所有权、永久用益权和有限所有权)和其他权利(包括家庭法和知识产权法)。[52]唯一不那么苏式的内容是包括了家庭法。看来,尽管波兰的身体挣脱了前苏联的束缚,但其头脑并未完全做到这样,尤其要考虑到波兰目前已作为欧盟、北约、《申根条约》成员国的现状。这一说明也适用于排在稍前的罗马尼亚。

匈牙利:1959年《匈牙利民法典》第1条第1款规定了一个不对称平行线式的民法调整对象定义:"本法调整公民、国家、地方政府、经济和社会组织与其他人之间的金融关系和某些人身关系"。[53]1998年,匈牙利开始起草一部新民法典,于2013年2月11日完成这一工作,以是年第5号法律的形式颁布。其第1条给民法调整对象下的定义没有什么革新:"民法调整基本平等和独立原则的当事人间的财产关系和人身关系"。[54]新民法典第一编为序编;第二编为自然人;第三编为法人;第四编为家庭;第五编为物权;第六编为合同法;第七编为继承法;第八编为尾编,其中的家庭编不为1959年民法典所包括,家庭法的这一回归增加了新民法典调整的人身关系的比重。

(三)颠覆不对称平行线说的国家

"颠覆不对称平行线说"是把被苏联学者颠倒了的人身关系和财产关系的顺序颠倒回来的学说,为以下国家所持。

捷克:2001 年修订的《捷克民法典》第 1 条规定:“(1)民事法律关系的调整应有助于实现民事权利和自由,尤其是保护人格和所有权的不可侵犯。(2)民法典调整个人间和法人间的财产关系,这些人与国家间的财产关系,以及由于保护人产生的关系,这些关系由特别法调整的除外”。[55]在该定义中,第 1 款采取“人”头“财”身的安排,颠倒了布拉都西的“财”头“人”身的安排。第 2 款采取相反的安排,沿袭了布拉都西定义的先“财”后“人”的格局,显得矛盾。但从总体上讲,《捷克民法典》的上述规定是对苏联过去的民法调整对象理论的物文主义立场的反拨,第 1 款和第 2 款的不同立场反映了立法者调和新旧的愿望。沿着这一路线,2012 年的《新捷克民法典》第 9 条规定:“1. 民法典调整人的人法身份(Personal status);2. 人身和财产性质的私权和义务在它们不归其他法律调整的范围内由民法典调整……”。[56]如果说,2001 年的规定的颠覆性质还不明显,那么,2012 年的规定的这一性质就极为明显了。它回到了平行线说,但把人身关系纵横二分,第 1 款规定纵向的人格关系,第 2 款中的“人”是横向性的。这样安排的理路与《俄罗斯联邦民法典》第 2 条的理论一致。

斯洛伐克:该国与捷克曾是一个国家,1992 年独立。独立后长期适用社会主义的 1964 年《捷克斯洛伐克社会主义共和国民法典》。就民法调整对象,该法典的前言规定:“民法典的各项规定旨在巩固社会主义的经济关系和其他社会关系……”。[57]这是一个典型的物文主义定义。斯洛伐克于 1998 年制定出了新民法典草案,后来发生了重新起草,2005 年 8 月该国司法部提交了一个草案,至今未完成立法程序。[58]草案中这样定义民法调整对象:民法典调整私法中相互的精神、人身和财产上的权利和义务,此等权利和义务不受民法典调整的除外。[59]相较于 1964 年民法典的民法调整对象定义,这个定义完全以“人”为先,以“人”为重,并且强调另有一种独立于人身关系的精神关系归民法典调整,这是一个新的说法。斯洛伐克民法典草案的结构为:第一编是总则;第二编是家庭法;第三编是物权法;第四编是继承法;第五编是债法;第六编是过渡性的、最终的、废除性的规定。[60]这个结构中包含家庭法和继承法,这构成该国新的民法调整对象定义中增加人身关系的比重的理由。

乌克兰:2003 年的新《乌克兰民法典》第 1 条规定:“民事立法调整基于其参与人的法律上的平等、意思自治和财产独立的人身非财产关系和财产关系(民事关系)”。[61]这一定义先讲人身非财产关系,后讲财产关系,把苏联式的“财”前“人”后改成了现在的“人”前“财”后。这种改变与在中国发生的相应改变差不多,[62]我有理由相信它受到了中国的影响。因为1996年8月的《乌克兰民法典草案》第1条仍规定:“民事关系是基于其参与人的法律上的平等、意思自治和财产独立的财产关系和人身非财产关系,包括在企业领域确立的关系”。[63]这是一个物文主义的定义,但在2003年的民法典定稿中,该定义转化为人文主义的,这期间发生了中国的介入。在2000年10月于海参崴召开的《第八届中东欧国家和意大利罗马法学者研讨会》上,我提交了题为《〈中南政法学院民法典草案〉的基本结构与盖尤斯〈法学阶梯〉》的论文,[64]反对“财”前“人”后的民法调整对象定义,该会有乌克兰学者V.朱巴尔(Vladimir Zubar,属奥德萨科学院)出席,他与我有密切接触,不排除他把我的观点传播到了乌克兰并使人接受的可能。

尽管如此,《乌克兰民法典》中的“人身非财产关系”并不能等同于我们理解的“人身关系”。“人身非财产关系”就是人格权关系。由此可见,《乌克兰民法典》尽管将人身关系前置,但拒绝把人格包括在这样的人身关系的内涵中。而且,《乌克兰民法典》在前苏联影响的惯性作用下不包括家庭法典,该国于2002年制定了单独的《家庭法典》。[65]因此,在乌克兰,不对称平行线说尽管被颠倒了,但产生的还是另一种形式的不对称平行线说。

(四)维持并修正商品经济说的国家

前文已述,南斯拉夫曾经如此,目前只有哈萨克斯坦如此,其1994年民法典第1条规定:“1. 民事立法调整以参与人的平等为基础的商品货币关系,以及其他与财产关系有关的人身非财产关系。……2. 与财产关系无关的人身非财产关系,在立法文件未作相反规定的范围内,或不能从此等人身非财产关系的实质产生出相反规定的范围内,由民事立法调整”。[66]这一规定把1961年的《苏联民事立法纲要》第1条中的“利用商品货币形式而引起的”由形容词转化为中心词,把这一定语修饰的财产关系改为商品货币关系,这是它对蓝本的修正一,前文已述,这是一个退步;修正二为增加了对与财产关系无关的人身非财产关系的调整,由此扩大了1961年的《苏联民事立法纲要》第1条所指的人身关系的范围,这是一个进步。《哈萨克斯坦民法典》关于民法调整对象的定义与前苏联时期的定义差别不大,可能因为这一民法典制定得离苏联解体太近,哈萨克斯坦尚未得到充分的时间酝酿自己的新理论的缘故。

(五)用外延列举法谈民法调整对象的国家

拉脱维亚:1992 年复活的 1937 年《拉脱维亚民法典》第 2 条第 1 款规定:"本法适用于其文本或解释涉及到的所有法律问题"。[67]它涉及到哪些法律问题呢?《拉脱维亚民法典》分为家庭、继承、物权、债权四编,它们显然都是这一民法典的调整对象。因此,不妨认为拉脱维亚是用外延展示法说明民法调整对象问题。

爱沙尼亚:1996 年的新《爱沙尼亚民法典》第 1 条则用外延列举法给民法调整对象下定义:"本法规定民法的一般原则。本法作为一般原则适用于家庭法、继承法、债法、财产法和商法典"。[68]此条申明了对家庭、继承、债、财产和商事适用民法,这些事项都是民法的外延。把家庭列入这一外延,是对苏式民法调整对象定义的反拨。

(六)根本不谈民法调整对象问题的国家

阿尔巴尼亚:1994 年新《阿尔巴尼亚民法典》第 1 条劈头规定自然人的权利能力,[69]不规定民法的调整对象。这样的安排的可能的原因一:它由意大利人简玛利亚·阿雅尼(Gianmaria Ajani)起草,其作者不受苏式民法话语传统约束;可能的原因二:遵循把教科书的给教科书,把民法典的给民法典的原则,因为在有些人看来,民法调整对象规定既非行为规范,亦非裁判规范,是一个教科书的问题。[70]

三、结论与献疑

苏联和俄罗斯作为一个文化连续体贡献了三个民法调整对象理论,即不对称平行线说、商品经济说和十字架说。前两者都或明或暗地证成商品经济与民法的关联,这显得与多数时期都实行高度集中的计划经济的苏联现实矛盾。3 个民法调整对象理论都对前苏联密切联系国产生了影响。

在本文考察的 27 个前苏联密切联系国中,有 11 个国家继受了"十字架说",约占总数的 40.7%,它们是蒙古、越南、吉尔吉斯斯坦、白俄罗斯、乌兹别克斯坦、土库曼斯坦、阿塞拜疆、摩尔多瓦、塔吉克斯坦、保加利亚和塞尔维亚;有 10 个维持并修正了不对称平行线说,约占总数的 37%,它们是中国、古巴、东德、朝鲜、亚美尼亚、立陶宛、格鲁吉亚、罗马尼亚、波兰和匈牙利。

这一不小的比例说明苏联的解体并不意味着其意识形态的同时解体,尽管作为一个政治体的苏联已死亡,但其意识形态还从坟墓里统治着不少的国家,包括一些已加入北约和欧盟的国家;有3个推翻了不对称平行线说,它们是捷克、斯洛伐克和乌克兰,占总数的11%;有一个维持了商品经济说,它是哈萨克斯坦,占总数的0.37%。东欧剧变导致该国实行市场经济,它却维持一个计划经济时代的民法调整对象定义,这一事实本身就证明了这个定义是属于市场经济的,尽管它付出了忽视人身关系的代价;有两个国家以外延列举法规定民法调整对象问题,它们是拉脱维亚和爱沙尼亚;有一个国家不谈民法或没有条件再谈调整对象问题,它是阿尔巴尼亚。

由此基本上可以说,在前苏联密切联系国的范围内,民法调整对象原则上是绝大多数民法典都要以这样或那样的方式规定的,外延列举式的规定不如内涵概括式的规定好,因此,未来我国民法典仍有必要以内涵概括的方式规定这一问题,这还因为规定民法调整对象问题已成了我国的立法传统,"不规定论"可以休矣![71]

接下来的问题是如何规定?显然可见,尽管不对称平行线说的采用国仍有9个(东德已消亡,故不占数),但考虑到模式输出国已放弃了这一学说,我们可以说不对称平行线说是夕阳理论,十字架说是朝阳理论。其中最朝气蓬勃的是"颠覆论",它的持论者虽暂时还少,但由于路线正确,可以指望会不断增多。我国《民法通则》第2条追随的是夕阳理论,似乎有理由劝说未来中国民法典的起草者放弃它,转采朝阳理论,尤其吸收颠倒论的合理成分,以反映新时代的人们对民法认识的改变。商品经济说曾统治我国民法学界十几年,我国目前已放弃之,所以没有必要考虑此说。

最后要说到的是作为本文基石之一的我对《俄罗斯联邦民法典》第2条第1款的理解是否正确的问题。如前所述,我认为它确立了"十字架说",反映了人们对民法是公私混合法的新认识。按这种理解,"确定"的纵向关系属于公法,"调整"的部分关系也有属于公法的,因而民法已不像人们过去想象的那样是全然的私法。但不幸的是,俄罗斯来源的文献多持不同的看法。首先,俄罗斯学者对《俄罗斯联邦民法典》第2条第1款的评注把它说成是对民法调整事项的外延式列举,简化的定义还是可表述为"民法的调整对象为财产关系和与财产关系有关的人身非财产关系。"[72]其次,《俄罗斯联邦民法典》的主要起草人之一E. A. 苏哈诺夫主编的2003

年版的《民法》(第1卷)中仍对民法作不对称平行线式的定义:民法调整基于平等、意思自治和财产独立的财产关系和与财产关系有关或无关的人身非财产关系,所谓财产关系,是人与人之间因财产——具有商品货币形式的物质利益和其他利益——而产生的关系。人身非财产关系因与其持有人的人身密切联系在一起的非财产(非物质)利益而产生。它们的标的是作者和发明人的人身非财产权、公民和组织的名誉、人格和商业信誉的保护、公民的姓名权、个人和身体不受侵害权、私生活秘密权。[73]如此,"十字架说"不过是对"不对称平行线说"的不同表述,两者并无不同,我对《俄罗斯联邦民法典》第2条第1款的长期看法不过是对文本的误读。最后,我国的俄罗斯法专家鄢一美教授认为《俄罗斯联邦民法典》的起草者一直力图背离列宁开创的民法公法说,把自己手里的立法作品打造成纯粹的私法。[74]按这种逻辑,我的《俄罗斯联邦民法典》第2条第1款体现了俄罗斯人的民法公私混合法观念的意见行不通。以上三个方面的反证严重挑战本文的基石,但我仍然难以怀疑自己的观点的正确性,兹提出三个反证自我辩护之。

第一,解释者有可能比作者更好地解释文本。头两个俄罗斯来源的文献代表了作者的观点,我的则是解释者的观点。在我看来,把《俄罗斯联邦民法典》第2条第1款的民法调整对象表述与1961年《苏联民事立法纲要》第1条的相应表述划等号是不可思议的,因为若把前者"调整合同和其他的债以及其他财产关系和与财产有关的人身非财产关系"一句中的"合同和其他的债以及其"短语去掉,它就回复为《苏联民事立法纲要》第1条的定义,如此,《俄罗斯联邦民法典》第2条第1款在"调整合同……"文句之前增加的那么多的描述难道仅仅起把静态的"确定"与动态的"调整"区分开来的作用?当然,这样的作用是有的,但不是全部,也许俄罗斯学者自身也未理解静态的"确定"的都是纵向事项。至少他们的前辈们理解了此点。所以,1832年的《俄国法律汇编》第10卷的作者们不规定属于静态"确定"性质的人格关系以维持该卷的私法性质。事实上,把民法的"确定"事项与"调整"事项分开是萨维尼开创、《魁北克民法典》传承的理论传统,在这一大的国际——历史背景下,根本解释不出《俄罗斯联邦民法典》第2条第1款的私法取向。况且,"十字架说"的多数追随者对《俄罗斯联邦民法典》第2条第1款中包含的"这些关系以其参加者的平等、意思自治和财产自治为基础”的定语的删除,也可证明他们对“确定”事项的公法性质的看法。

第二,在前苏联密切联系国的民法思想史上,早就有《德意志民主共和国民法典》和《捷克斯洛伐克民法典》不把民事法律关系看作平权的主体之间的关系,[75]因此,《俄罗斯联邦民法典》第2条第1款很可能同时是对在集团内早就存在的一种观点的展开。

第三,从我的俄国罗马法同事烈昂尼德·科凡诺夫(Leonid Kofanov)的学术活动来看,俄国存在一种否定公私法的明确区分的思潮。在2007年5月他在厦大发表的《罗马公法和现代俄罗斯法中的国家承包合同》[76]讲座中,他否定了合同是一种私人自治的工具的观点,提出了公法合同的可能性;在同年10月在保加利亚索菲亚和博罗维兹举行的《第五届“罗马法与现代性”国际研讨会》上,他提交了分析莫特斯丁被收录在D.44,7,52中的主张公法是引起债发生的依据之一的片段的论文,服务于证明自古以来公私法就无明确区分的目的。他的这两个作品,都力图破坏民法为纯粹私法的传统信念,证明民法打一开始就是公私混合法。我相信,科凡诺夫的观点是《俄罗斯联邦民法典》第2条第1款的理论基础。

注释

1 南斯拉夫在解体后分裂为塞尔维亚、克罗地亚、斯洛文尼亚、马其顿、波黑、黑山、科索沃等国家,对它们的有关状况进行一一考察超越了我的能力。我把塞尔维亚当作它们的代表,只考察这个国家的有关情况。

2 载梁慧星主编:《民商法论丛》(第14卷),法律出版社2000年版。

3 另半个比较法研究报告是我的“民法调整对象理论比较研究——兼论《民法通则》第2条的理论坐标和修改方向”,载《厦门大学学报》(哲学社会科学版)2008年第1期。

4 参见耿匡补译:《俄罗斯民法》,外国法典丛书第8种,司法部参事厅1921年6月印行。感谢西南政法大学的张建文博士为我提供这一珍贵资料。

5 关于德国学说对沙俄的影响,Cfr. M. Avenarius, Savigny ed i suoi allievi russi. Transferimento scientific - giuridico nella prima metà dell'1800, In Ius Antiquum, 1 (15),2005, pp. 108ss.

6 事实上,苏联于1922年颁布了《土地法典》;同年颁布了《劳动法典》;1926年颁布了《婚姻家庭和监护法典》。

7 盖尤斯说:“我们使用的一切法,或者涉及人,或者涉及物……”(Gai. 1,9)。参见[古罗马]盖尤斯:《法学阶梯》,黄风译,中国政法大学出版社1996年版,第4页。

8 参见曹玉霞:“所有权的否定之否定——纵论制度变迁中的俄罗斯土地制度”,载《农业经济问题》2004 年第 5 期。

9 参见[苏]B. T. 斯米尔诺夫等:《苏联民法》,黄良平、丁文琪译,中国人民大学出版社 1987 年版,第 19 页。

10 根据张建文博士在 2008 年 3 月 4 日给我的电子邮件中提供的资料。

11 参见[苏]斯·恩·布拉都西主编:《苏维埃民法》(上),中国人民大学民法教研室译,中国人民大学出版社 1954 年版,第 7 页及以次。

12 参见[苏]斯·恩·布拉都西主编:《苏维埃民法》(上),中国人民大学民法教研室译,中国人民大学出版社 1954 年版,第 3 页。

13 关于对平行线说的德国式变造和阿根廷式变造,参见徐国栋:“民法调整对象理论比较研究——兼论《民法通则》第 2 条的理论坐标和修改方向”,载《厦门大学学报》(哲学社会科学版)2008 年第 1 期。

14 中国人民大学苏联东欧研究所编译:《苏联和各加盟共和国立法纲要汇编》,法律出版社 1982 年版,第 4 页。

15 参见[苏]格里巴诺夫等主编:《苏联民法》(上册),中国社会科学院民法经济法室译,法律出版社 1984 年版,第 8 页及以次。

16 参见徐国栋:“商品经济的民法观源流考”,载《法学》2001 年第 10 期。

17 See Civil Code of the Russian Federation (part one), White & Case, London, 1994, pp. 1s. 并参见《俄罗斯联邦民法典》,黄道秀译,北京大学出版社 2007 年版,第 35 页。

18 与民法典并立,1995 年诞生了《俄罗斯联邦家庭法典》。

19 令我万分惊诧的是,据说曾参加《俄罗斯联邦民法典》起草的苏哈诺夫在其主编的最新的民法教材中对当代俄罗斯民法调整对象的说明仍完全保留苏联风格。谓:民法调整财产关系和人身非财产关系,两种关系的共同点是参加者的平等、意思自治和财产独立。全然不顾俄罗斯新的立法现实。此人真的是身子进入了俄罗斯时代,脑袋还留在苏联时代。参见[俄] E. A. 苏哈诺夫主编:《民法》(第 1 卷),黄道秀译,中国政法大学出版社 2011 年版,第 23 页及以次。

20 参见徐国栋:《民法总论》,高等教育出版社 2007 年版,第 72 页及以次。

21 参见黄道秀译:《俄罗斯联邦民法典》,北京大学出版社 2007 年版,第 35 页。

22 参见鄢一美:“俄罗斯民法第三次民法法典化——写在《俄罗斯联邦新民法典》中译本出版之际”,载《比较法研究》2000 年第 1 期。

23 这方面较远的追溯,参见徐国栋:“民法调整对象理论比较研究——兼论《民法通则》第 2 条的理论坐标和修改方向”,载《厦门大学学报》(哲学社会科学版)2008 年第 1 期。

24 See Civil Code of Quebec, Baudouin · Renaud, 2002 – 2003, p. 21.

25 参见长孙子筱:“法国民法典两百周年记”,载 http://www.civillaw.com.cn/

weizhang/default. asp? id = 15898,2004 年 11 月 4 日访问。

26 目前,《魁北克民法典》只有两个外文译本,首先是俄文本,其次是中文本。

27 参见《蒙古国民法典》,海棠,吴振平译,中国法制出版社·金桥文化出版(香港)有限公司 2002 年版,第 5 页。

28 参见《越南社会主义共和国民法典》,吴尚芝译,中国法制出版社·金桥文化出版(香港)有限公司 2002 年版,第 7 页。

29 参见《越南社会主义共和国民法典》(2005 年版),吴远富译,厦门大学出版社 2007 年版,第 1 页。

30 Кыргызская Республика Гражданский Кодекс, 载 http://www. cis – legal – reform. org/civil – code/ tajikistan/ civ – taj – 1 – rus. htm,2007 年 12 月 20 日访问。

31 See the Civil Code of the Republic of Belarus, Edited and Translated by William E. Butler, Simonds & Hill Publishing LTD. Kluwer Law International, The Hague · London · Boston,2000,p. 1.

32 See the Civil Code of The Republic Uzbekistan, Third Edition, Trans. By W. E. Butler, Simmonds & Hill Publishing LTD. Kluwer Law International, Hague, London, Boston,1999,p. 3.

33 See Civil Code of Turkmenistan Sapurmurat Turkmenbashi, 载 http://www. cis – legal – reform. org /civil – code/ tajikistan/civ – taj – 1 – rus. htm,2007 年 12 月 20 日访问。

34 Гражданский кодекс Азербайджанской Республики, 载 http://www. cis – legal – reform. org/civil – code /azerbaijan /civil – code – azerbaijan – index. ru. html,2008 年 3 月 5 日访问。感谢北京师范大学法学院的赵一潞、西南政法大学的张建文、厦门大学法学院的魏磊杰为翻译这一俄文条文提供的帮助。

35 Vedea Codul Civil al Republicii Moldova, Tiparit la comanda S. C. 2003, Chisinau, p. 3.

36 Вж. Понят ие за Гражданско право. Сист ема на Гражданскот о право. Предмет и сист ема на общат а част . НА http://www. lawsbg. com/lectures/74 – grajdansko – pravo/362 – predmet – sistema. html,2013 年 8 月 22 日访问。

37 Dušan Nikolić, Uvod u sistem građ anskog prava, Novi Sad,2004,p. 60.

38 Andrija Gams, Uvod u građ ansko pravo, Opšti deo, Beograd,1974,p. 34. 感谢诺维萨德大学法律系的安东·马雷尼察教授提供并翻译前述关于塞尔维亚的民法调整对象定义的资料。

39 参见徐国栋:《民法总论》,高等教育出版社 2007 年版,第 88 页及以次。

40 Гражданский Кодекс Республики Таджикист ан, 载 http://www. cis – legal – reform. org/civil – code/tajikistan/civ – taj – 1 – rus. htm,2007 年 12 月 20 日访问。

41 Véase Codigo Civil de Republica de Cuba, Ley No. 59, Divulgacion Ministerio de Justicia, s/a. , Sobre http://www. gacetaoficial. cu/codigo_civil. htm, 2008 年 3 月 12 日访问。

42 参见《德意志民主共和国民法典》,费宗祎译,法律出版社 1982 年版,第 3 页。

43 参见徐国栋:《民法总论》,高等教育出版社 2007 年版,第 57 页。

44 参见[韩]崔达昆:《北朝鲜の民法・家族法》,日本加除出版株式会社 2001 年版,第 331 页。感谢浙江大学法学院的周江洪教授为我收集并翻译这一资料。

45 参见[韩]崔达昆:《北朝鲜の民法・家族法》,日本加除出版株式会社 2001 年版,第 351 页。

46 See the Civil Code of the Republic of Armenia, p. 1, 载 http://www. parliament. am/law_docs/050504HO239eng. doc? lang = eng, 2008 年 3 月 5 日访问。

47 See the Civil Code of the Republic of Lithuania, p. 1, 载 http://www. tm. lt/getfile. aspx? dokid = d9ee4535 – 0e1f – 4f99 – a3ed – a0f0e832a47c, 2008 年 3 月 4 日访问。

48 See The Civil code of Georgia, IRIS, Georgia, 2001, p. 9.

49 Vedea Codul civil (Legea nr. 287/2009), Editura C. H. Beck, Bucaresti, 2009, p. 55.

50 See D. Lasok (edited by), Polish Civil Code, Translated by Z. Negbi, A. W. SIJTHOFF – LEYDEN, 1975, p3.

51 See Zbigniew Radwanski (Edited by): Green Paper, An Optimal Vision of Civil Code of Republic of Poland, Warsaw, 2006, p. 21. 载 http://www. ejcl. org/112/greenbookfinal – 2. pdf, 2008 年 3 月 5 日访问。

52 See E. Skowrońska – Bocian, Prawo cywilne. Częć ogólna. Zarys wykladu, Warszawa 2005; A. Wolter, J. Ignatowicz, K. Stefaniuk, Prawo cywilne. Zarys cze̜sci ogólnej, Warszawa 1996. 感谢波兰斯特凡・维辛斯基红衣主教大学的杨・扎布洛斯基教授提供并翻译这一定义为英文。

53 See Act IV of 1959 on the Civil Code of the Republic of Hungary, 载 http://www. angelfire. com /mn2 /reformclub /hunc1. html, 2008 年 3 月 5 日访问。

54 See a Polgári Törvénykönyvröl, 载 http://ptk2013. hu/wp – content/uploads/2013/03/uj_ptk_szov. html, 2013 年 8 月 22 日访问。

55 See ACT of the Czech Republic No. 40/1964 Sb. Civil Code, 载 http://mujweb. cz/www/vaske/obcan1. htm, 2008 年 3 月 5 日访问。

56 Vidět Nový oběanský zákoník, Na http://obcanskyzakonik. justice. cz/fileadmin/NOZ_interaktiv. pdf, 2013 年 9 月 12 日访问。

57 参见《捷克斯洛伐克社会主义共和国民法典》,陈汉章译,法律出版社 1981 年版,第 6 页。

58 感谢布拉格查尔斯大学法律系的戴维・法拉达教授以电子邮件为我提供的关于斯

洛伐克民法典草案的信息。

59 See Ján Lazar, Legislatívny zámer Obcianskeho zákonníka,载 www. justice. gov. sk, 2013 年 8 月 22 日访问。

60 See Ján Lazar, Legislatívny zámer Obcianskeho zákonníka,载 www. justice. gov. sk, 2013 年 8 月 22 日访问。

61 See Abstract: Civil Code of Ucraine, 载 http://zakon. rada. gov. ua/cgi - bin/laws/anot. cgi? nreg = 435 - 15,2008 年 3 月 5 日访问。

62 在 20 世纪 90 年代初期的中国,我力倡"人"前"财"后的人文主义民法调整对象理论,引起了普遍的讨论和接受,越来越多的民法教材和民法典草案都将《民法通则》第 2 条设定的财产关系和人身关系的先后顺序调整了。

63 根据朱巴尔教授 2000 年于海参崴会议后通过电子邮件发给我的该草案的电子文本。

64 关于这一报告的主要内容,参见徐国栋:"民法典草案的基本结构——以民法的调整对象理论为中心",载《法学研究》2000 年第 1 期。

65 该法典的英文本可在 http://www. mfa. gov. ua/data/upload/publication/usa/en/7148/family_kideks_engl. pdf 找到,2008 年 3 月 7 日访问。

66 See Civil Code of the Republic of Kazakhstan of December 27, 1994, In Parker School of Foreign and Comparative Law, Columbia University: Legal Materials, Juris Publishing Inc. USA. ,p. 23.

67 See the Civil Code of Latvia, Translation and Terminology Centre, 2001, p. 39.

68 See General Principles of the Civil Code Act, 载 http://www. legaltext. ee/text/en/X0015. htm,2008 年 3 月 5 日访问。

69 See the Civil Code of the Republic of Albania, 载 http://unpan1. un. org/intradoc/groups/public/ documents/ UNTC/UNPAN014893. pdf,2008 年 3 月 5 日访问。

70 Voir P. – A. Crepeau, Reflexions sur la Codification du Droit Prive, In Osgoode Hall Law Journal, 38, 2000.

71 关于"不规定论",可参见厦门大学法学院民商法教研室:《民法典草案修改意见稿》(上),2003 年 6 月 27 日打印稿,第 4 页及以次。

72 Вж. Коммент арий к Гражданскому кодексу Российской Федерации. Част ь первая (пост ат ейнный) А. К. Тубаева и др; под ред Н. Д. Егоров, А. П. Сергеева. – М: ТК Велби. Изд – во Проспект ,2005. с. 8 – 11. 感谢张建文博士提供文本及译文。

73 参见[俄] E. A. 苏哈诺夫主编:《民法》(第 1 卷),黄道秀译,中国政法大学出版社 2011 年版,第 23 页及以次。

74 参见鄢一美:"俄罗斯民法第三次民法法典化——写在《俄罗斯联邦新民法典》中译本出版之际",载《比较法研究》2000 年第 1 期。

75 参见[苏]格里巴诺夫等主编:《苏联民法》(上册),中国社会科学院民法经济法室译,法律出版社 1984 年版,第 61 页。不过,格里巴诺夫可能搞错了捷克斯洛伐克立法者的立场,该国民法典第 2 条第 2 款明确规定民事法律关系的参加者地位平等。参见《捷克斯洛伐克社会主义共和国民法典》,陈汉章译,法律出版社 1981 年版,第 8 页。

76 参见[俄]烈昂尼德·科凡诺夫:"罗马公法和现代俄罗斯法中的国家承包合同",曾健龙译,载徐国栋主编:《罗马法与现代民法》(第 7 卷),厦门大学出版社 2010 年版,第 265 页及以次。。

徐国栋

代表作

玖

论“确定”与“调整”相结合的折扇骨式的民法对象理论

在“民法调整对象理论比较研究——兼论《民法通则》第2条的理论坐标和修改方向”一文中,根据对萨维尼有关著作、《魁北克民法典》、《俄罗斯联邦民法典》以及追随者的研究和立法成果,我把民法对象定义为“民法确定人、财产并调整人之间的关系。此等人之间的关系包括亲属关系、继承关系、物权关系、知识产权关系、债权关系”,这是一个“确定”与“调整”相结合的折扇骨式的民法对象定义,以下对它展开论述。

一、民法的确定对象论

民法的确定针对主体和客体两者。容分述之。

(一)民法对主体的确定

民法对主体的确定分为赋予人格和确定身份两个途径。容分述之。

1. 人格之赋予

(1)人格的定义

人格即国家赋予自然人、社会组织或目的性财产充当民事主体的资格。所以,人格有自然人人格、社团法人人格、财团法人人格三种形态。尽管都是国家赋予的,但古今人格很不同。在罗马法中,人格制度是生物人与法律人之间的分拣机,只有同时具备自由、市民、家父、名誉、宗教等身份的生物人才能成为法律人,拥有人格,因此,当时的人格是制造不平等的工具。

注　本文原载徐国栋:《民法总论》,高等教育出版社2007年版,第60~68页。

在现代，只有少数国家或地区的民法继续使用人格的概念，如葡萄牙、魁北克和澳门。[1]人格在这些地方与权利能力的概念并用，前者是每个国民都有的、平等的、不可剥夺的，后者也是每个国民都有的，但由于可以被剥夺或限制，受剥夺或限制者的权利能力就不可能与未受此等剥夺或限制者的权利能力相同。所以，人格在现代具有了其古代对应物完全不同的形象，成了平等的象征。

承受人格之授予的民事主体有自然人和法人。由于人格为自然人社会化生存的必要，法律从他们出生时起自动授予他们人格。这样的自动授予容易让人想到人格是天赋的，从而产生对人格来源的自然法解释，但古代法提供的人格有条件授予的例子为我们揭示了人格的法律实证主义来源。法人的人格授予程序也有同样的揭示作用。法人没有“出生”，通过国家的核准登记程序就是它们的“出生”，国家在它们完成设立程序之时授予其人格。

在社会经济生活中，合伙企业、企业分支机构、个人独资企业等非法人团体，对外签订合同、参与民事活动，享有权利和承担义务的情况越来越普遍。法律也授予它们一定的人格，承认它们属于民事主体。

人们经常说国家是特殊的民事主体，这等于说国家授予自身人格，这是不合逻辑的，也是危险的，因此，国家应设立一些独立于自己人格的机构从事民事活动，以避免这样的不合逻辑和矛盾。代表国家进行民事活动的主要是国库，我认为把国库说成是民事主体比说国家是特殊的民事主体要科学。

(2)人格的性质

其一，由于人格是国家授予的，这一概念表达的是纵向关系，因此，人格是民法的确定事项而非调整事项；其二，人格属于基础权利，这是与具体权利相对立的概念，也就是作为行使权利之条件的权利。基础权利和具体权利的二分来自康德的天赋权利与获得的权利的两分法，但天赋权利显然不符合人格的纵向赋予性质，所以我改称基础权利。那么，基础权利与具体权利有何区别呢？在于前者是不可放弃的、不可转让的、不可交易的、不因时效消灭的，而后者可以。[2]

(3)相关概念

第一，权利能力。与人格相似的概念有权利能力，它指人适合于充当权利和义务的拥有者的状态。除了少数国家和地区的民法典同时规定人格和权利能力外,多数国家的民法典只规定权利能力,把它当作人格的同义词,我国就是这样的。所以,上面关于人格的说明,都可适用于这些国家的权利能力制度。不过,权利能力的一元制留下了缺乏平等标示的缺憾,尽管人们尝试以"权利能力人人平等"的口号来弥补,但失权制度——即剥夺和限制权利能力制度——的存在明确证明了这一口号的虚假性。

第二,主体资格(Soggettività)。许多学者认为主体资格与权利能力同义,也有学者把权利能力看作像人格一样不可剥夺或限制,但认为可对主体资格施加这样的剥夺和限制。[3]

第三,人格权。人格权是自然人、法人对其自身精神要素享有的权利。自然人的生命健康权、姓名权、肖像权、名誉权、荣誉权,法人的名称权、名誉权、荣誉权等,是这两种民事主体拥有的基本人格权。人格与人格权不同。人格本身也是一种权利,是一种前提性的权利,其他权利都要以它为依据取得,所以是派生的权利,人格权即为这些派生的权利的一种。人格是国家赋予的资格,表现了国家与民事主体之间的纵向关系;而人格权主要体现了民事主体之间自由空间的划分,属于横向关系。因此,在阿根廷西班牙语中,把前者叫做 derecho personale 或 personalidad,把后者叫做 Derecho personalismo,[4]以图区别两者。

(4)人格的财产基础问题

人格与财产两个要素的关系是引起广泛讨论的问题。在国内,梁慧星教授提出了"穷汉无人格说",[5]大意是没有财产的人没有法律人格;在国外,法国学者夏尔·奥布里和夏尔·劳提出了"财团是人格的流露"(le patrimoine est une emanation de la personnalité)的反向理论。[6]前者认为积极财产是法律人格的基础;后者认为包括积极财产和消极财产的财团是法律人格的基础。两者有所不同,共性是把民事主体看作单纯的财产活动的从事者,代表了物文主义的民法观,是错误的。

"穷汉无人格说"的错误首先在于它不适用于自然人,例如,《德国民法典》第1条规定:"人的权利能力始于出生,终于死亡"。该条中的"权利能力"就是人格。它告诉我们此等人格由自然人当然获得,并未附加一定财产的条件。如果附加这样的条件,会破坏平等原则,造成穷人无人格,富人有人格;在富人中,财产多的人人格大,财产少的人人格小的不幸局面。

“穷汉无人格说”中的“汉”字就说明持论者的考虑范围没有超出自然人,但“穷汉无人格说”适用于企业法人却是可行的,因为这类法人有最低资本额要求。就企业法人的设立而言,确实是无财产即无人格,但它们一经设立,也不能对它们适用“财产多者人格大”的衍生命题。而且对于事业法人,由于无设立最低资本额的要求,“穷汉无人格说”不能适用。

“财团是人格的流露说”的错误在于把人理解成了单纯的经济动物,同时把民法理解成了单纯的财产法。它与“穷汉无人格说”的关系依财团中积极财产与消极财产的比例不同而不同。当积极财产大于消极财产时,两种物文主义观点形成共振;当消极财产大于积极财产或为零时,法国人的上述学说可转化为“无财产亦有人格”的与“穷汉无人格说”对立的命题。一种理论具有如此对立的解释空间,这本身就说明它极为糟糕。

2. 身份之确定

(1)身份的定义

身份是影响主体人格和其他权利或客体的移转自由度的立法者安排。身份是一个兼用于主体和客体的概念。就主体的身份而言,它具有对偶性和分配性,换言之,身份总是成对地设置的,其中一个给主体带来利益,谓之正身份;另一个给主体带来不利益,谓之负身份,立法者正是通过确定这正负两种因素的归属来实现身份的分配性。因此,身份对人格的影响分为积极的和消极的。起前种作用的身份如国民,反之,起后种作用的身份就是外国人了。在所有的国家,外国人在民事方面可以受到合法的歧视,因为民法的事理之性质还是一国国民的法,尚不存在一种以所有国家的国民为主体的民法。

(2)主体的身份的功能

主体的身份是立法者在主体开展民事活动前对他们的定位,以实现社会组织。自由人与奴隶、市民与外国人、家父与家子是三对古老的身份。前两者关系到社会的宏观组织,表征阶级关系和内外关系,后者关系到社会的微观组织,表征家庭关系。两类身份的存在表明了身份一词含义的混杂:公法因素和私法因素兼有,宏观因素和微观因素兼有。到了近代,自由身份随奴隶制的消灭而不具有法律意义;市民的身份随着部门法运动的完成逐渐主要成为国籍法的内容,只有家族的身份保留下来并经受了部分的平等化改造,于是,家族的身份一度成为近代民法中唯一的一种身份,潘得克吞学者谈论的作为民法调整对象之一的身份关系就是家庭关系。实际上,在家庭法之外的民法内容中也存在身份,例如未成年人的身份和消费者的身份,这两种身份的对立身份是成年人身份和生产者身份,它们都是强者的身份,与它们对立的都是弱者的身份。对于未成年人,立法者赋予他们"不倒翁"地位,交易对他们有利则有效,不利则无效,对于消费者也是如此,在生产者起草的合同条款存在多种解释可能时,做有利于消费者的解释。总之,在当代,亲属法外的身份正日益频繁地成为立法者运用的调整社会关系的工具。

(3)身份的分类

《法国民法典》的奠定者之一让·多马认为,身份有自然资格(Qualità)与民事资格之分。前者如性别、出生、年龄、家父或家子的地位、婚生子女和非婚生子女的地位等;后者如拥有自由权的状态、受奴役的状态、诸种社会和职业的身份等级、臣民的地位、外国人的地位等。自然资格与私法有关;人为的或武断的资格与公法有关。[7]这样的技术选择把涉及人的人为资格的规范从自然的私法中排除出去,表达了对罗马法中公私混杂的身份制度安排的不满,把部门法运动推进到人法领域,导致现代民法中的身份基本上就是自然的资格。

例如,年龄的自然身份在现代民法中运用频繁,正确的运用如设定劳动能力的门槛,以此禁止童工,保护儿童的身心健康。错误的运用如在一些金融事项上歧视老人,其一,银行业有不许60岁或更高龄者取得信用卡的做法。中兴、光大、兴业、中信、农行规定申请人的年龄上限是60岁,工行、交行规定的上限为65岁。建行设定的上限是70岁。[8]其二,银行业还有不贷款给70周岁以上的市民,对于60周岁以上的市民,只能与子女共同借款的做法。[9]这些规定都不考虑申请人的还款能力,也就是说,并不完全考虑发卡风险,而只考虑申请人的年龄,因而具有歧视性。

3. 人格与身份的关系

关于这一问题,有如下学说:

(1)身份为人格要素说。此说为优士丁尼罗马法所持。在这种法中,主要有自由人、市民、家族三种身份,自由人身份把生物人区分为自由人和奴隶;市民的身份把生物人区分为市民、拉丁人、外邦人;家族的身份把人区分为家父和家子。自由人身份和市民身份的丧失导致人格大减等,即主体资格的完全丧失;市民身份的丧失导致人格中减等,引起前市民被拟制为外邦人的后果,换言之,变成有限的权利能力拥有者;自权人被出养或养子被解放,造成人格小减等,它使过去的完全权利能力者变成无能力者或相反。由此可见,同时具有上述三种身份者,才具有人格,即完全的主体资格或法律能力。丧失三种身份的任意一种,都引起主体资格的完全或部分丧失。故身份是人格的基础,人格的大小以身份是否完全为转移。[10]

(2)同一说。著名德国法学家林根塔尔·冯·扎恰利亚就持此种观点,在其《法国民法教程》(1843年)中,他给身份下了这样的定义:"身份由一个生物人的人格构成"。"身份是未受民事死亡的人享有的权利能力。"[11]"身份是一种权利能力,个人依此可约束他人服从自己并约束自己服从他人。"[12]他的前一个定义声明了身份与人格的同一性,后一个定义声明了身份与其现代形式权利能力的同一性。之所以这样,乃因为扎恰利亚理解的身份就是我们理解的人格。这种对身份的独特理解不具有普遍性,以之为基础建构的理论意义不大。

(3)互相独立说。该说认为身份是在人格之外的对人格进行限定的因素。在这里,身份被理解为给主体带来高出或低于社会平均水平的待遇的地位,它与人格的关系是这样的:人格反映着普通的权利能力;而身份反映着权利能力的超出(特权)或受到贬损(受歧视)的状态。因此,"身份只是人格本身受到限制的领域。"[13]英国法学家维斯特雷克(John Westlake,1828－1913年)把身份定义为:"人的特别的状况,由此法律把赋予普通公民的权力不赋予该人。"[14]这种学说实际上只有在把身份限缩为负身份时才能成立。

(4)基本无关说。这是身份为人格要素说的改良版。认为人格与身份在现代法中已基本没有关系。这是我的私见。人格之所以与身份基本已无关,乃因为在现代民法中它已经被虚化,变成一个人人都有的东西,外国人除外,其过去的功能被权利能力制度取代,因此,现代的身份只影响权利能力,不影响人格。由于权利能力是人格的现代衍生物,它仍然受到身份的影响,尤其受到公民身份的影响,因此说人格只是基本与身份无关。

(二)民法对客体的确定

1.物的身份概述

民法对客体的确定是通过赋予不同的物不同的身份来实现的。对于我国学者来说,物的身份是个崭新的表达,实际上,这个概念十分古老,因为产生于530年的优士丁尼《学说汇纂》第1卷第8题的标题“物的分类和身份(de divisione rerum et qualitate)”,如题所示,其中规定了各种物的分类及其身份。该题昭示了物的分类与对它们的身份赋予的同步性,至少就人法物和神法物的分类而言,这本身就是意味着不同处遇的身份划分,侵犯神法物中的神护物(城墙和城门等)的,要遭到死刑的制裁。而且,我国立法者一直利用物的身份划分来达到自己的调控目的,所以,从实质来看,我在这里提出来的物的身份的概念不过是对现实的总结。

像人的身份划分是对主体进行法律调整的前提一样。物的身份划分是对客体进行法律调整的前提。物的分类都具有身份划分的意义,例如动产与不动产的身份划分就在于重要性不同,根据这种不同设定难易不同的移转程序。这样的身份划分太普通,这里只讲五种常见的物的身份划分。

2. 主要的物的身份

(1)国家财产、集体财产和私人财产。这种物的身份划分从主体的角度看就是全民所有制企业法人、集体所有制企业法人、私有制企业法人的区分。这个例子让我们看到了客体的身份划分与主体的身份划分之间的关联。在我国的历史中,是优待国家财产,平待集体财产,歧视私人财产。当然,这种情况目前改善了不少。上述区别对待雄辩地说明了立法者做出身份划分并非出于体育锻炼的目的,而具有切实的分配目的。

(2)国库财产与一般财产。前者受特殊保护,后者受普通保护。故优士丁尼《法学阶梯》2,6,9规定,国库的物不能以时效取得。这一片段说明优先保护国家财产的原则自古有之,并非苏联法的创造。特权的赋予是任何立法者都可运用的调整手段。这种做法无可厚非,问题在于利益与不利益的分配是否合理。

(3)赃物和一般物。《十二表法》第八表第17条规定,盗窃物不能以时效取得。立法者把赃物设定为一种劣后的财产,以此打击盗窃犯罪。这种做法为现代法所承袭,我国法无取得时效制度,但有诚信取得制度,该制度不适用于赃物。

(4)奴隶劳动产品与自由劳动产品。在国际贸易中,出于维护人权的目的,前种产品遭到抵制,后种产品则可自由流通。

(5)适用财产规则的物、适用责任规则的物和适用不可转让规则的物。耶鲁大学教授圭多·加拉布雷西(Guido Calabresi)和道格拉斯·梅拉梅德(A. Douglas Melamed)律师提出了这种物的划分。适用于不同财产的规则的差异在于对财产的国家干预的程度和转让财产时的价格确定方式。财产规则是要求相对人获得财产必须向所有人偿付其主观评定的价值的规则,在财产规则运作的情形,国家只限于确定所有人对财产的初始所有权,对转让财产的价格不作干预;责任规则是在所有人不愿出售的情况下也可以通过偿付某些外在确定的价金(所谓的市场价)取得财产的规则,在责任规则运作的情形,国家不仅可以决定财产的归属,而且也可以决定其价格。[15]适用财产规则的是重要的财产,适用责任规则的是相对次要的财产;不可转让规则涉及的可以是重要文物或武器、毒品。所以,三种规则针对具有不同身份的物适用,以身份定保护的方法和保护力度。

3. 立法者对客体身份的赋予根据时代的条件而改变

自由的财货与财产是客体身份中重要的一对。在资源——环境状况较好的时期,立法者可以把更多的客体留在自由的财货的范畴中,在相反的条件下,就会把一些过去的自由的财货纳入财产的范畴。最近十年来,在美国发生了“自由的财货的财产化”运动,把一些过去看来不能被拥有的有体世界中的弥漫资源或公共物变成了财产。从1990年起,美国把空气本身作为国家财产,以控制污染性地使用空气。[16]澳大利亚和新西兰则把海洋渔业资源确定为国民财产,捕鱼者必须购买配额。[17]这些都是立法者对客体身份的赋予根据时代的条件而改变的例子,从侧面印证了客体的身份关系的纵向性。

二、民法的调整对象

如前所述,民法的调整对象是“人之间的关系”,主要包括亲属关系、继承关系、物权关系、知识产权关系、债权关系。对这五类关系,基本上可以分为身份关系和财产关系。亲属关系是公认的身份关系;物权关系、知识产权关系、债权关系是公认的财产关系;继承关系的地位比较复杂。如果把继承看作主要在亲属之间进行的,则可以把继承关系看作是身份关系与财产关系的交错,即基于身份关系发生的财产关系;如果把继承看作可以超出亲属关系的范围广泛进行的,则可能倾向于把继承关系看作纯粹的财产关系。由于继承关系兼备身份关系和财产关系的属性,讲清楚了什么是身份关系和财产关系，继承关系就清楚了，故本文对它存而不论，只论身份关系和财产关系。

(一)身份关系

1.身份关系概述

(1)身份关系的定义

此处所讲的身份关系指人类因组织家庭、繁衍子孙发生的社会关系，包括夫妻关系、血亲关系和姻亲关系。是为狭义的身份关系，属于横向关系。广义的身份关系指国家因对主体和客体进行确定而与他们或它们发生的关系，属于纵向关系，不属于本文的研究对象。

2.身份关系的特点

身份关系具有如下特点：(1)保护性。在一家之内，男性和女性、长者和幼者存在着事实上的力量差距，强者要保护弱者是当然之理。通常男主人是家庭中的强者，但有的家庭是女主人居强。而且强弱在变动之中。盛年的男主人在衰老后就从强者变成了弱者，软弱的儿童在成年后就从弱者变成了强者，无论哪种情况，强者都要尽到自己的职责。(2)与财产关系的关联性。纯粹的身份关系是人对人的支配关系，不包含财产内容，但既然身份关系存在于组织家庭和繁衍后代的人类活动中，而家庭是人口再生产的单位，这种生产需要一定的物质条件的支持，所以，身份关系与财产关系密切关联。在夫妻关系中有夫妻财产制问题，在家庭关系中有家庭财产制问题。

3.身份关系的类型

身份关系的类型如下：(1)夫妻关系。即丈夫与妻子之间彼此的支配和请求关系。一旦结婚，配偶双方即丧失婚前的性的自由而对对方负同居义务、贞操义务。当然，夫妻之间为了维持家庭生活的需要也彼此发生财产关系，但它属于夫妻关系的附属关系而非夫妻关系本身的内容。(2)血亲关系。即彼此具有血缘关系的亲属之间的关系，包括直系血亲关系、旁系血亲关系以及收养关系(准血亲关系)。前者是己身所从出和从己身所出的人之间的关系；中者是具有同源直系血亲的亲属间的关系；后者是通过拟制的方式形成的亲属关系，被收养人与养亲及其家人发生直系的或旁系的亲属关系，这种亲属关系具有与自然的血亲关系完全同样的效力。直系血亲关系课加给关系人的义务重于旁系血亲关系课加给其关系人的。

直系和旁系血亲关系不可解除，但收养关系可以解除。(3)姻亲关系。即因结婚配偶一方与对方配偶的亲属间发生的关系。姻亲关系因导致此等关系发生的配偶的离婚而解除。一定亲等的姻亲间也存在扶养义务。

2. 身份权

(1)身份权的定义

身份权是身份关系中的核心内容，它是自然人由法律确认的对其亲属人身的控制权。

(2)控制权

控制权具体表现为亲责和配偶权，其内容为父母对子女人身的占有(如子女通常必须以其父母的住所为自己的住所)、配偶相互对对方人身的占有(如夫妻互负同居义务、一方捐肾给自己的亲人[18]或陌生人要取得他方[19]的同意，因为这会影响到家庭成员的健康和财务状况)。诱拐他人子女为对前一种身份权的侵犯；引诱配偶一方与自己或他人发生性关系为对后一种身份权的侵犯，这些侵权行为都导致权利人的损害赔偿请求权。由于身份权的这种支配性，它曾被康德称为物权性的对人权。[20]

对身份权有别解。指自然人对属于其自身的身份信息和资料拥有的权利。对此等权利的典型侵害形式是冒用他人的身份资料上学。例如齐玉玲案中的情形。[21]胡玉鸿教授也大致持这种观点，认为姓名权是身份权。[22]

(二)财产关系

1. 财产关系概述

(1)财产关系的定义

财产关系是以财产、行为和知识产品为客体的，具有相互性的主体际关系、主体与客体的关系。这是一个创新但写实的财产关系定义。“创新”，说的是它与以前的财产关系定义都不同，例如与“以财产为媒介发生的社会关系”[23]的定义不同；“写实”，说的是它描述了当今我国的有关社会经济现实，并反映了次级理论(如物权法理论)的现实。

财产不是物而是一束权利。从本质上说，财产权是一种自由权：财产权在每个私人和组织的活动旁边画了一个圈。在圈内，所有人拥有较之在没有这个圈的情况下更大的自由。在圈外，他必须解释或证明其行为的正当性，并证明其权威。在圈内，他是主人，国家必须解释并证明干涉的正当性。因此，财产……创造了一个在其内多数人必须服从所有人的空间。[24]财产权的这些属性都为私生活权分享，但两者有所不同。像有关的财产概念一样，私生活确定了一个他人未经本人同意或没有其他充足的正当理由不得侵入的个人主权的领域。但不同于财产的传统形式，它不是对物件的主权——个人在其上至少享有排除权的身体空间——而是对自身的主权。它确定了一个自我控制的空间，一个对自身事项的决策权领域，在该空间内个人当然能排除他人干涉。[25]

(2)财产关系的特征

第一，财产关系的客体不以财产为限。在上述定义中，不仅财产，而且行为和知识产品都是财产关系的客体，这一客体描述符合现代的社会经济现实。由于客体的多元性，财产关系的提法本身似乎就需要改变，应该叫客体关系。在美国学说中存在这一概念，指以商业目的为内容的关系。[26]不过，俄国学者以物质利益性来涵摄财产、服务和知识产品，解决了财产关系的客体不以财产为限的矛盾。[27]第二，以财产为媒介产生的关系不见得是财产关系。上述定义为财产关系的构成设定了相互性的要求。相互性指法律行为的当事人相互提供利益的状态，只有一方当事人提供利益，他方单纯承受此等利益的法律行为，不具有相互性。按这一标准，有些关系尽管涉及财产，但不见得是财产关系，例如赠与、借用、无偿委任、保证(普通保证是提供服务，是情谊行为，专业保证例外)等。这就导致了在身份关系和财产关系之外存在第三类民事关系的可能。为了避免民法的这种“分裂”，俄国学者提出了“价值性”的解决，认为它是无偿关系与商品关系的共性，民法基于这种共性一并调整它们，但是，应把财产关系改称财产—价值关系。[28]第三，财产关系也是人与物之间的关系。上述定义不仅把财产关系理解为人与人之间的关系，而且理解为人与物的关系。财产关系的这一特性在物权关系和知识产权关系中表现得最为明显。

(3)财产关系的类型

财产关系包括物权关系、知识产权关系和债权关系。下面分别论述它们。

A. 物权关系

a. 物权关系的定义

物权关系是民事主体为了占有、使用、收益和处分财产在彼此间以及在他们与有关的财产之间发生的关系。物权关系分为对人关系和对物关系两个方面。前者是绝对权关系。物权人可不经他人协助行使自己的物权,其他人只负不加干预的消极义务。后者是物权人对物权客体直接进行支配的关系。

b. 物权关系中的对物关系

第一,关于物权关系是否存在对物关系问题的学说史。在这一方面,最先出现的是“对物关系说”,为法国学者雨果·多诺(Hugues Doneau,1527~1591 年)提出,后为德国学者邓伯格(Heinrich Dernburg,1829~1907 年)倡导并完善。此说认为,债权是人与人的关系,而物权是人与物的关系。据此,物权被定义为“人们直接就物享受其利益的财产权”,亦即人对物的直接支配权。此说承认物权关系中的对物关系,但不承认其中有对人关系。作为对多诺和邓伯格学说的反拨,德国学者萨维尼与温得沙伊得提出物权关系的“对人关系说”。他们首先主张,法律规定的各种权利,无论其性质如何,涉及的均为人与人之间的关系。然后进一步得出物权与债权均属人与人的关系之结论。萨维尼指出:一切法律关系均为人与人之关系,故物权也为人与人之关系。温得沙伊得则称:权利,系存于人与人之间,而非存于人与物之间。按照这种理论,物权、债权当然均为人与人的关系。二者不同之处仅在于债权作为对人权仅可对抗特定的人,而物权作为对世权可对抗一般人。据此,物权的定义即应是:物权为具有禁止任何人侵害的消极作用的财产权。上述关于物权本质的“对物关系说”与“对人关系说”,一直被作为两种相互对立的学说。以后又有学者倡导所谓“折中说”,认为物权的本质实际包括对物关系及对人关系两个方面。物权人对物的支配,不仅为事实问题同时也包含有法律关系。但仅有此对物之关系,尚难确保权利之安全,故需使他人对物负担一种不作为的消极义务。二者相辅相成,方可确保物权之效用。民国时期的民法学者刘志扬即采折中说,其《民法物权》上卷第 2 章第 1 节写道:“盖物权之成立,具有两种要素,一为权利人对于物上具有之支配力(学者谓之积极要素),二为权利人对于社会得对抗一切人之权能(学者谓之消极要素),甲乙两派因之观点不同,甲说遂偏重于物权之积极要素,乙说则反是,然在余辈观之,两者同为物权之内容,固毋庸取舍于其间。”按照折中说,物权应定义为:对物得直接支配,且得对抗一般人之财产权。台湾学者谢在全认为,“折中说”是现今的通说。[29]

第二,我国学者对“对物关系说”的接受。20 世纪 80 ~ 90 年代初的中国学者支持“对人关系说”而批判“对物关系说”,原因在于马克思在批判普鲁东的财产权理论时说过这样的话:“经济学所研究的不是物,而是人和人之间的关系,归根到底是阶级和阶级之间的关系。”这段话常常被用来作为批判“对物关系说”及论证物权是一种人与人之间的关系的最有力的论据。但在近几年的学术著作中,内地学者的观点多与台湾学者的观点接轨,倡导“折中说”似为主流。[30]所以,我国的物权定义是“对物直接支配并排除他人干涉的权利”[31]。在这一定义中,“对物直接支配”讲的是物权关系中的对物关系内容;“排除他人干涉”讲的是物权关系中的对人关系内容。值得注意的是,这一定义还把对物关系当作物权关系的首要内容。

第三,环境法学者的旁证。物权法包含对物关系的问题不仅关系到民法调整对象理论的重整,而且关系到作为整体的法的调整对象理论的重整,因为萨维尼和温得沙伊得主张一切权利都只涉及人与人的关系。众所周知,环境法不仅调整人与人之间的关系,而且调整人与环境的关系[32]。为了给环境法的调整对象理论寻找合法性根据,证明“吾道不孤”,环境法学者也积极证明民法调整人与物的关系。蔡守秋教授认为,“肯定民法调整人与人的关系,并没有明确否定民法能够调整人与物(或自然)的关系”。[33]“民法不是不能调整人与物的关系,而是采取与调整人与人的关系截然不同的方式调整人与物的关系”。[34]环境法学者的这些论述旁证了物权关系包括对物关系的现实。

第四,物权关系中的物—物关系。物权法也调整物与物之间的关系。对此有如下的例子:其一,地役权关系就是调整不动产之间的关系,其定义就表现了这一点。在罗马人看来,地役权就是为需役地的利益设立的,因此,地役权的主体是供役地,它为了需役地的利益服务,[35]对此可以一些原始文献为证。首先是 D. 8,4,12(乌尔比安:《萨宾评注》第 15 卷):“如果一块土地为另一块土地的利益受制于役权,两者之一被出售时,地役权随所有权转移。如果建筑物为一块土地的利益受制于地役权或相反,适用同样的规则”。此语中明确把土地、建筑物当作地役权的主体;其次是 D. 8,5,6,2(乌尔比安:《告示评注》第 17 卷):“我们对支柱役权享有诉权,以便迫使供役地所有人维持支撑,并把其建筑物修复得符合设定役权时规定的状态。”嘎鲁斯认为，不能设立要求对方做某事的役权，只能设立不让他禁止我做某事的役权：事实上，在所有的役权中，维修由役权人承担，而非由役权客体的所有人承担。在此情形中，塞尔维尤斯时期的主导观点是，一个人有权利要求对方修复墙壁，因为这面墙可以支撑他的建筑物的重量。拉贝奥写道，应当负担这个役权的不是人，而是物，因此所有人抛弃此物是合法的。[36]可能是在萨维尼创立法律关系理论，把一切法律关系都“人化”以后，地役权才被理解为是为需役地人的利益设立的。[37]但正是萨维尼，把地役权的真正主体看作一块土地而非一个人，[38]由此表现出他的矛盾。由于罗马人对地役权的理解更正确，《绿色民法典草案》第5.401条规定：“地役权是为一不动产的利益在另一不动产上设立的物权，依此，权利人可使用供役不动产或行使特定的处分权，或者可阻止供役地所有人行使所有权中的某些权利”。[39]这一定义讲到了地役权是为一个不动产的利益课加给另一不动产的负担，法定地役权尤其如此，在这一基础上才有人与人之间的关系。在地役权关系中，一个不动产的合理功用之发挥取决于另一不动产的配合的事实，要求两个不动产的所有人的变动不影响地役权的内容。另外，从地役权的名称来看，它是与人役权相对立的概念，前者是不动产间的关系，为了不动产的利益设定；后者是人与物的关系，为了人的利益设定。其二，所有权保留条款也调整的是物—物关系，它表达的原理为：某物因牺牲他物增益自己的，在被牺牲的物得到报偿前自身的处分受到限制。其三，某些优先权也调整的是物—物关系，如《意大利民法典》第2762条第1款和第4款规定：“以超过15.49欧元的价格销售设备的人，即使这些财产被并入或者混入购买者或第三人享有所有权的不动产，但是，销售设备的人，对已售出并交付的设备就未支付的价款有优先权”；“被授权以设备抵押进行贷款业务，预付给购买者购置设备价金的银行亦享有本条规定的优先权”。[40]《法国民法典》第2102条第3款也规定：“为保存物件支出的费用，就该物件有优先权”。[41]这两条的法理同于所有权保留担保的法理。

B. 知识产权关系

a. 知识产权关系的定义

知识产权关系是权利人为了占有、使用、收益和处分知识产品与世界上的其他人发生的权利义务关系。知识产权是对世权，义务人承担不加侵害的消极义务。像物权关系一样,知识产权关系包括对人关系和对物关系两个方面。其对物关系的一面体现为权利人占有、使用、收益和处分知识产品的权利。这里的权利人可以是创造人本人,也可以是从创造人受让知识产品的其他人。

b. 知识产权关系的特点

第一,与物权关系的类似性。知识产品是一种特殊的物,主要特性在于其可被同时分享。一个知识产品可以由许多人同时使用。在其他方面,知识产品与物并无本质的区别,因此,适用于物权关系的原理可类推适用于知识产权关系。第二,纵横交错性。知识产权是国家按照法定程序授予的,所以,知识产权首先是民法的确定对象。只有知识产权的享有、流通等问题才是民法的调整对象,所以知识产权关系具有混合性。第三,物质与精神的混合性。众所周知,知识产权中,尤其是其中的著作权中,不仅包括财产权利,而且包括精神权利;知识产品不仅满足人们的物质需要,而且满足人们的精神文化需要,因而知识产权关系具有另种意义上的混合性。在这个意义上,把知识产权关系归入财产关系是牵强的。事实已多次证明,人身关系与财产关系的简单二分法具有极大的主观性,它面对生活事实的复杂性经常表现出解释力不足,所以,如同前文已指出的,阿根廷学者香比亚斯宁愿把财产关系的表达代之以需要关系的表达。第四,特别性。知识产权关系中的权利人与物权关系中的权利人不同,后者人人都是,前者只是进行并完成了创造活动的人,他们占一国之总人口中的少数,故物权法在这个意义上是普通法,知识产权法是特别法。许多国家不在自己的民法典中设知识产权编,而把这一民法的分支作为特别法保持在民法典之外,很大程度上是由于知识产权关系的这一特性。

c. 知识产权关系的重要地位

现在是知识经济的时代,知识产品在财富的创造和流通中占有很大的比重,故 TRIPS 协议(即《与贸易有关的知识产权协议》)把财产、服务和知识产权列为国际贸易的三大客体。这种三分式说明传统的以财产为客体的国际贸易格局已经改变,知识产品成为一种与传统的财产相并列的一种交易对象,逻辑的结果是在民法的调整对象中除传统的财产关系外,还发展出知识产权关系和服务关系,所以,本文把知识产权关系作为财产关系的子项目不仅是牵强的,而且还是贬低性的。做出这样的安排,还是由于难以一时摆脱的人身关系和财产关系的民法调整对象的二分法的影响。

C. 债权关系

a. 债权关系的定义

债权关系是就支配他人的意志进而支配他人的行为发生的权利义务关系。债权一度采取对人权的名称,就是为了强调债权的针对他人意志而非人身的属性。对人身的支配为奴隶制。在奴隶制被禁止后,才需要强调以对意志的支配取代对人身的支配,反推过来,现代意义上的债在废除奴隶制后才得到繁荣,因为在奴隶制的时代,许多现代需要通过控制意志办的事情通过控制人身就解决了。当然,控制他人意志只是手段,目的是控制由此等意志引导的行为。在这个意义上,债权符合韦伯的统治定义:"将一个人的意志设置于其他人行为的可能性"。[42]不妨可以把债理解为一人对他人在其同意的情况下进行的局部的、临时的统治。无论如何,债权关系还是以行为为客体。行为包括积极行为和消极行为,两者都是债的客体,尽管以消极行为作客体的债比较少。

在债权关系中,支配他人意志的可以是私人,例如在多数合同之债的情形;也可以是国家,例如在侵权之债、无因管理和不当得利之债的情形。前者可大致称为交换之债,后者可称为责任之债。在前种情形,支配他人意志的目的是利益,而且往往是财产性利益;在后种情形,支配他人意志的目的是秩序,以求贯彻毋害他人的原则,让被扭曲的利益关系恢复原状。这种债不是私人实现自己目的的工具,而是国家治理的手段。

把债看作一个兼具公私法性质的制度是罗马法系的传统。在这方面,罗马法学家莫特斯丁(约 193 年 ~ 约 235 年)为我们留下了如下遭受忽视的证据:

《学说汇纂》44,7,52pr.。莫特斯丁:《规则集》第 2 编:我们要么以要物方式、要么以口头方式、要么以要物和口头的混合方式、要么以合意方式、或基于法律、或基于荣誉法、或因必然、或因私犯承担债务。5:当我们根据法律的规定做某事;或违反法律的规定做某事时,就是依法承担债务。6:当我们依据永久性告示或裁判官告示的命令或禁令去做某事时,就是基于荣誉法承担债务。[43]

《学说汇纂》44,7,52pr. 把债的发生根据大致分为两类:其一,合同,又分为私法性的和公法性的,根据订立的方式(要物、口头、要物与口头混合、合意)分类的合同都是私法性的。根据规范性文件订立的合同是公法性的,它们可根据规范性文件的制定主体的不同细分为基于法律的债和基于荣誉法的债两类。《学说汇纂》44,7,52,5 和《学说汇纂》44,7,52,6 对它们做了具体说明。其二,非合同,分为必然和私法。“必然”,指法定义务,例如当然继承人奉命继承遗产的情形;私法,例如因为侵犯他人权利要支付一笔款项的情形。实际上,私法产生债也出于法律的规定,是为了纠正扭曲了的社会关系。

莫特斯丁的上述论述并非孤立。盖尤斯在其《论日常事务》(D. 44,7,1pr.)中,认为债有三大发生根据,首先是契约,其次是不法行为,最后是开放性的“根据某个特别法规定的各种各样的原因”。[44]俄国学者科凡诺夫认为,第三类原因中的“根据某个特别法”的表达与莫特斯丁的“基于法律”的表达一致。[45]

保罗在 D. 447,41 中也说:“每当一项法律采用一种债……”。[46]此语揭示了法律是债的发生依据。

我们聚焦于莫特斯丁所言,根据法律订立的债寻找实例以寻求进一步的说服力。实例一,不分遗产的共同体。这是一种合伙,但罗马法把它与其他合伙区别对待,要求它根据裁判官的决定订立,而对其他合伙无此要求,因此,不分遗产的共同体是一种裁判官法上的合同。[47]实例二,包税人合伙也与普通合伙区别对待,在共和时期,要由人民的法律确定,在帝政时期,要由元老院决议或皇帝敕令确定。实例三,商人行会(Mercatorum collegium)于公元前 495 年也是根据人民的命令设立的。实例四,包税合同(Contractus fiscalia)由包税人的头头与罗马人民订立,前者向后者允诺保障国库的利益,并以全体合伙成员的财产作为担保手段[48]。实例五,监察官合同(Leges censoriae)。监察官负责罗马国有财产的利用和公共工程的发包。著名的罗马大道就是以这种发包的形式或军队修建的方式建成的。每条大道原则上以负责工程的监察官的姓命名。承包人与监察官订立的买卖国有财产的合同和发包公共工程的合同就是监察官合同。在这个时候,国家不会作为一个纯粹的私主体出现。

总之,莫特斯丁的上述片段表现了一种公私法混合的债的观念(甚至有债法与继承法不分的观念),与现代的《埃塞俄比亚民法典》[49]规定行政合同的做法的理路一致。从技术的角度讲,莫特斯丁的债的发生根据理论是多分论,与较前的盖尤斯(161 年发表其著名的《法学阶梯》)的合同、私犯的二分论形成对照。但盖尤斯的债的发生根据理论影响更大(被后世的优士丁尼发展为合同、私犯、准合同、准私犯的四分法)且较容易被解释为两种发生根据都是私法性的——例如,没有出现法律本身就是债的发生根据的表达,尽管对私犯的控制实际上包含证明债法具有部分的公法内容的因子——所以后世的人们采用了私法的债法观。但从反映罗马的活法的角度看,莫特斯丁的债的发生根据理论是对的,相反,盖尤斯的相应理论是错误的。[50]

b. 债权关系的特点

第一,不充分的财产性。债权关系通常被看作典型的财产关系,这是无视不作为之债的存在的结果。不作为之债通常无财产内容,如一个要求邻居不得在深夜弹钢琴的不作为之债就是如此。这种债是私人贯彻自己的意志,进而追求自己的利益的工具。所以,如果把这种债考虑进来谈债权关系是否为财产关系,必然得出债权关系多是,但并不总是财产关系的结论。在这里,我们又看到了人身关系和财产关系的二分法的窘境。为了增加理论的解释力,确实必须认真地考虑民法调整的第三类关系问题。第二,公私混合性。这种属性是债不仅是私人支配他人意志的工具,而且是国家支配行为不端者意志的工具的二元性的结果。不妨说前一种支配是私的支配——严格说来还是公的支配,因为如果谋求支配他人意志者的目的不法,国家不予支持,他还能顺当地支配他人意志吗?后一种支配是公的支配,在这种情形,债是矫正某些被扭曲的社会关系的工具。

c. 服务之债的重要地位

前文已述,TRIPS 协议把财产、服务和知识产权定为国际贸易的三大客体,摆脱了过去单纯把财产作为国际贸易客体的陈旧观念。近十年来,对服务的调整成为现代社会中的重要法律现象。首先,新型合同的主要部分就是提供服务的。根据学者的研究,新近制定的民法典比传统民法典中包括的合同种类要多得多,以服务为客体的合同群成为新型合同的增长点,它可以分为以休闲服务为中心的合同群和以金融服务为中心的合同群两个子类。前者包括旅游合同、分时使用度假设施合同、旅馆住宿合同等,后者包括保险合同、融资租赁合同、信用卡合同等。[51]其次,以服务业为内容的第三产业成为支柱产业,合同类型中服务合同的增长不过是对这一现实的反映。基于上述改变，财产关系的提法本身就发生了问题，服务绝不可以称为财产，服务是服务方对被服务方实施某种行为使后者得到满足的活动。服务可能涉及财产，如把某一财产作为实施服务的工具，但在服务关系中，该财产不是给付的内容，只有行为才是给付的内容。因此，传统的财产关系的表达遗漏了服务。

服务之所以被遗漏，乃因为由于无体物的体系建构作用，债法成了物法的一部分。服务当然不是有体物，盖尤斯列举的三种无体物也不包括服务。而在罗马法中，债分为给之债、为之债和供之债。只有给之债的客体是物；为之债的客体是债务人的行为，[52]服务包括其中；供之债的客体是不履行前两类债导致的责任。[53]显然，在三种类型的债中，为之债是服务的“母体”。服务不能被包括在上述法律意义上的物的概念之内，因为罗马法是通过把债法当作物法的一部分，从而把为之债间接地纳入物法的，这样勉强达到了逻辑上的自洽。然而，这样的安排在层次上是混乱的：物权的客体是物，债权本身就是物（无体物），然而，债权本身的客体是什么？罗马法的答案是：有的是物（给之债），有的是行为或行为与物的混合（为之债和供之债），于是，就出现了债权本身是物，某些债权自己的客体也是物这样的逻辑混乱。

上述问题已被一些国家的学者和立法者认识并谋求解决。就学者而言，让·多马的 1722 年和 1739 年的《在其自然秩序中的民法》以债（Engagement）作为立论的基础。把债分为两种：第一种是亲属之间的债，它们是通过结婚或出生形成的；第二种是以协议形成的债，人们用它交换财货和服务。[54]这是较早确立服务在民法调整对象理论中地位的尝试。就立法者而言，《俄罗斯联邦民法典》第 1 条第 3 款规定商品、服务和资金可以在俄罗斯联邦全境内自由流通，[55]由此把服务增列为了财产关系的客体。在起草新的《波多黎各民法典》的过程中，该法域的学者路易斯·穆尼斯·阿尔格叶斯主张在债的分类中增加“个人之债”的类别。所谓个人之债，就是取决于特定人的个人属性的债，这种增加是为了反映现代合同法从传统的以经济交换为中心到同时以经济交换和服务提供为中心的转变。[56]最后，在日本，以有体物和传统买卖方式为基础的民法也面临着服务合同关系扩张的冲击，立法者采取了于民法典外制定有关特别法的方法回应这一挑战。[57]

注释

1 《葡萄牙民法典》第66条第1款规定:"人格始于完全出生且有生命之时"。《魁北克民法典》第1条规定:"任何人均拥有法律人格,充分享有民事权利"。《澳门民法典》第63条第1条款规定:"人格始于完全出生且有生命之时"。

2 Cfr. Diritto Civile, Istituzioni di Diritto Privato, Edizione Simone, 1993, p. 39.

3 Cfr. L. Bigliazzi Geri et. al., Diritto Civile, 1, Norme soggetti e rapporto giuridico, UTET, Torino, 1987, p. 102.

4 Véase Carlos Alberto Ghersi, Derecho civil, Parte General, Astrea, Buenos Aires, 2002. Véase tambien Santos Cifuentes, Elementos de Derecho civil, Astrea, Buenos Aires, 1999. Véase tambien Julio Cesar Rivera, Los derechos personalismos en el Proyecto de reformas al codigo civil, En Juan Martin Alterini et al. (Coordinadores), Instituciones de derecho privado moderno: problemas y propuestas, Abeledo – Perrot, Buenos Aires, 2001, pag. 109ss.

5 参见梁慧星:"当前关于民法典编纂的三条思路",载《中外法学》2001年第1期。

6 参见[法]雅克·盖斯旦等:《法国民法总论》,陈鹏等译,法律出版社2004年版,第152页。

7 Cfr. Adriano Cavanna, Storia del diritto moderno in Europa, Giuffrè, Milano, 1982, p. 363.

8 参见郭舒晨:"银行不爱银发族,老人难办信用卡",载《厦门晚报》2013年1月9日。

9 参见郭舒晨:"年满60岁,不能独自按揭",载《厦门晚报》2013年1月9日。

10 参见[古罗马]优士丁尼:《法学阶梯》,徐国栋译,中国政法大学出版社1999年版,第71~73页。

11 Voir Zachariä, Cours de droit civil français, traduit par Aubry et Rau, F. Lagier, Libraire – Editeur, Strasbourg, 1843, p. 129.

12 Voir Zachariä, Cours de droit civil français, Tomo I, traduit par Aubry et Rau, F. Lagier, Libraire – Editeur, Strasbourg, 1843, pp. 128s.

13 Cfr. Guido Alpa, Status e Capacità, Laterza, Bari – Roma, 1993, p. 138.

14 See T. E. Holland, Jurisprudence, Eleven Edition, Oxford University Press, 1910, p. 135.

15 See Guido Calabresi and A. Douglas Melamed, Property Rules, Liability Rules, and Inalienability: One View of the Cathedral, In Harvard Law Review, 85, 1972. See also Michael I. Krauss, Property Rules vs. Liability Rules. 载 http://encyclo. findlaw.

com/3800book. pdf,2005 年 4 月 21 日访问。

16 See Carol M. Rose, The Public Domain: Romans, Roads, and Romantic Creators: Traditions of Public Property in the Information Age, In Law and Contemporary Problems,66,2003.

17 See Carol M. Rose, The Public Domain: Romans, Roads, and Romantic Creators: Traditions of Public Property in the Information Age, In Law and Contemporary Problems,66,2003.

18 参见王宜墨:“妻子瞒丈夫捐肾救兄,丈夫告医院侵犯知情权”,载 http://gongyi.sohu. com/20090106 /n261593746. shtml,2009 年 2 月 2 日访问。

19 参见 2008 年 11 月 19 日的《今日说法》节目“一肾两命”关于妻子因为丈夫捐肾给朋友责骂后者的报道。

20 参见[德]康德:《法的形而上学原理——权利的科学》,沈叔平译,商务印书馆 1991 年版,第 73 页。

21 参见杨康乐:“试论身份权的立法保护”,载《法治研究》2008 年第 8 期。

22 参见胡玉鸿:《“个人”的法哲学叙述》,山东人民出版社 2008 年版,第 377 页。

23 参见徐国栋:“公平与价格——价值理论”,载《中国社会科学》1993 年第 6 期。

24 See Charles A. Reich, The New Property, In 73(1964) Yale L. J. p. 733.

25 See Daniel R. Ortiz, Privacy, Autonomy, and Consent, In 12 Harvard. Journal Law. & Public. Policy, p. 92.

26 See Radhika Rao, Property, Privacy, and the Human Body, In Boston University Law Review, 80, 2000.

27 Коммент арий к Гражданскому кодексу Российской Федерации. Част ь первая (пост ат ейнный) А. К. Тубаева и др; под ред Н. Д. Егоров, А. П. Сергеева. - М: ТК Велби. Изд - во Проспект ,2005. с. 8 - 11.

28 Коммент арий к Гражданскому кодексу Российской Федерации. Част ь первая (пост ат ейнный) А. К. Тубаева и др; под ред Н. Д. Егоров, А. П. Сергеева. - М: ТК Велби. Изд - во Проспект ,2005. с. 8 - 11.

29 参见梁慧星:“是制定‘物权法’还是制定‘财产法’?——郑成思教授的建议引发的思考”,载 http://www. civillaw. com. cn/weizhang/default. asp? id = 7696,2007 年 5 月 5 日访问。

30 参见梁慧星:“是制定‘物权法’还是制定‘财产法’?——郑成思教授的建议引发的思考”,载 http://www. civillaw. com. cn/weizhang/default. asp? id = 7696,2007 年 5 月 5 日访问。

31 参见徐开墅主编:《民商法辞典》(增订版),上海人民出版社 2004 年版,第 408 页。

32 参见蔡守秋:《调整论——对主流法理学的反思和补充》,高等教育出版社 2003 年版,第 28 页。

33 参见蔡守秋:《调整论——对主流法理学的反思和补充》,高等教育出版社 2003 年版,第 599 页。

34 参见蔡守秋:《调整论——对主流法理学的反思和补充》,高等教育出版社 2003 年版,第 601 页。

35 Cfr. Leonid Kofanov, Il fas come il fondimento del ius naturale classico, manuscritto ineditto, p. 2.

36 参见[意]桑德罗·斯奇巴尼选编:《民法大全选译·物与物权》,范怀俊译,中国政法大学出版社 1993 年版,第 183 页及以次。

37 参见张鹏:"究竟什么是地役权——评《物权法(草案)》中的地役权的概念",载《法律科学》2007 年第 1 期。

38 参见[德]萨维尼:《债》(第一卷),1912 年,第 296 页。转引自齐云:"不可分之债研究",厦门大学 2009 年博士学位论文,第 78 页。

39 参见徐国栋主编:《绿色民法典草案》,社会科学文献出版社 2004 年版,第 360 页。

40 参见《意大利民法典》(2004 年),费安玲等译,中国政法大学出版社 2004 年版,第 753 页。

41 参见《法国民法典》(下册),罗结珍译,法律出版社 2005 年版,第 1522 页。

42 参见[德]马克斯·韦伯:《论经济社会中的法律》,张乃根译,中国大百科全书出版社 1998 年版,第 327 页。

43 参见[意]桑德罗·斯奇巴尼选编:《契约之债与准契约之债》,丁玫译,中国政法大学出版社 1998 年版,第 5 页及以次。译文有变动。

44 参见[意]桑德罗·斯奇巴尼选编:《契约之债与准契约之债》,丁玫译,中国政法大学出版社 1998 年版,第 3 页。译文有变动。

45 Cfr. Leonid Kofanov, Secondo libro dei "Regolae" di Modesitino (D. 44, 7, 52) e le fonti delle obbligazioni sui contratti statali della Repubblica romana, Manoscritto ineditto, p. 3.

46 参见[意]桑德罗·斯奇巴尼选编:《契约之债与准契约之债》,丁玫译,中国政法大学出版社 1998 年版,第 7 页。译文有变动。

47 Cfr. Leonid Kofanov, Secondo libro dei "Regolae" di Modesitino (D. 44, 7, 52) e le fonti delle obbligazioni sui contratti statali della Repubblica romana, Manoscritto ineditto, p. 5.

48 Cfr. Leonid Kofanov, Secondo libro dei "Regolae" di Modesitino (D. 44, 7, 52) e le fonti delle obbligazioni sui contratti statali della Repubblica romana, Manoscritto ineditto, p. 6.

49 参见《埃塞俄比亚民法典》,薛军译,中国法制出版社 2002 年版,第 572 页及以次。

50 这一观点受到了荷兰阿姆斯特丹大学教授 Hans Ancum 在 2007 年 10 月 25 ~ 30 日在保加利亚索菲亚和博罗维兹举行的第五届“罗马法与现代性”国际研讨会上对我的“罗马合同法一般理论的形成:4 个法学家的 4 个努力”一文的评论的启发。

51 参见方新军:《现代社会中的新合同研究》,中国人民大学出版社 2005 年版,第 22 页。

52 参见周枏:《罗马法原论》(下),商务印书馆 1994 年版,第 679 页。

53 Cfr. Ricardo Cardilli, L' Obligazione di “praestare” e la responsabilità contrattuale in diritto romano(II SEC. A. C – II SEC. D. C), Giuffrè, Milano, 1995, pp. 2s..

54 See Jean Domat, Civil Laws in Their Natural Order, Vol. I (Trans. By William Strahan), Fred B. Rothman & Co. Colorado, 1980, p. 11.

55 参见《俄罗斯联邦民法典》,黄道秀、李永军、鄢一美译,中国大百科全书出版社 1999 年版,第 2 页。

56 Véase Luis Muniz Arguelles, Teoría general de las obligaciónes: Anteproyecto y memorial explicativo; Teoría general de los contratos: Anteproyecto y memorial explicativo, Manuscrito inedito.

57 参见周江洪:“日本民法的历史发展及其最新动向简介”,载徐国栋主编:《罗马法与现代民法》(第 5 卷),中国人民大学出版社 2006 年版,第 168 页。

人身关系论

徐国栋

代表作

拾

“人身关系”流变考

一、序言

人文主义和物文主义的两派民法学者都承认民法调整人身关系和财产关系，两者的差别在于对这两类关系的重要性的理解不同。比较两类调整对象、权衡其轻重的前提是比较者对这两者都完全了解，在此基础上作出合乎理性的选择。但什么是“人身”关系？到现在对大家还不是一个非常清楚的问题，对物文主义者尤其如此，因为他们沉醉于财产关系，对人身关系关注少或不关注。

民法调整人身关系和财产关系的正式表述是《民法通则》第 2 条提供的：“中华人民共和国民法调整平等主体的公民之间、法人之间、公民和法人之间的财产关系和人身关系。”请看该条的英译文：“The Civil Law of the People’s Republic of China shall adjust property relationships and personal relationships between civil subjects with equal status, that is, between citizens, between legal persons and between citizens and legal persons”。[1]把中文的法条与其英译比较，我们可以发现，译者把“人身关系”译成“personal relationship”。如果我们承认该词是“人身关系”的恰当对译[2]，我们实在在这一词组中找不出“身份”的词素[3]，这个英文词组的意思可以是“人格关系”、“人的关系”，甚至也可以是“人身关系”，但它是另外意义上的“人身关系”。这种另类的“人身关系”中的“身”有两种用法。其一，作为一个没有多少实际意义的衬词，置于“人”之后陪衬“人”，并不增加词义，如“人身尊严”（Personal dignity）、“人身自由”（Personal freedom）等法律术语中的

注　本文原载《法学》2002 年第 6～7 期。

"身"就是这样的,把它们翻成"人的尊严"、"人的自由"亦无不可;其二,在"人"后面加"身",有把特定语境中人的精神和肉体两方面的属性限定在肉体方面的作用,例如,"人身保险"(Personal insurance)就是针对人的生命和身体伤害保的险;"人身不可侵犯"(Personal inviolability)是对不得伤害他人身体之告诫。[4]而作为民法调整对象的"人身关系",指"人们基于彼此的人格和身份而形成的相互关系,是人格关系和身份关系的合称"。[5]此处的"身",并非衬词或指"身体",而是指"身份",它要么被理解为"亲属关系"[6],甚至除此之外还包括继承关系[7];要么被理解为"自然人在团体或者社会体系所形成的稳定关系中所处的地位"[8];要么被理解为"一个人或团体被置放的相较于其他人或团体的有利的或不利的地位"[9],但这样的"身"的词素并不存在于 Personal relationships 的表达中。

由此产生的问题是:第一,民法到底是调整人格关系还是人身关系?因为 personal relationship 的直译应该是"人格关系"或"人的关系",而不是"人身关系";第二,如果民法确实如我们所说的那样调整"人身关系",那么,"身"的因素是如何进入的?它与"人格"的因素的关系如何?第三,在"人身关系"的表达中,"人"是什么?"身"又是什么?

如果这是一个真问题,它的存在可是有年头了。此时此地探讨它有特别的意义,在《大清民律草案》颁布 100 周年之际,中国正在起草民法典,由于法典编纂的重新开始的性质,中国民法理论正处在清理期。挖掘这一问题的来龙去脉,有助于正确认识民法的构成和功能,从而影响我们对民法典的设计。

二、"人身关系"I 考

(一)人法与社会组织

人身关系与财产关系的对立起源于古罗马的修辞理论和法的分类理论。从修辞的角度言,为了使论述脉络清楚,有必要对方方面面的事物进行分类,最简单的分类就是主体与客体的分类,因此,公元前 1 世纪的西塞罗说:"为了理解词并为了写作,没有什么比做把词划分为两个属更有用和更令人愉快的练习了:一个属是关于物的,另一个属是关于人的。"[10]很遗憾西塞罗对世界的这两个基本要素作了物文主义的排列,但他提供的这种认识框架确实影响了法学家对论述材料的整理,公元 2 世纪的法学家盖尤斯就把所有的实体法简单地划分为人法和物法。[11]人法主要包括如下内容:根据是否享有自由权对人进行的分类;根据是否享有市民权对人进行的分类;根据是否享有家父权对人进行的分类。在概述了这三种身份后,盖尤斯继续展开论述人法的内容,证明其包括收养、夫权、他权人、解放、监护、保佐、人格减等。[12]

显然,这些内容分为两部分:一是关于三种身份的规定;二是以家父权为轴心作出的关于家庭法的规定。前者解决的是人格问题或城邦的秩序问题。众所周知,在罗马法中,一个人必须同时具备自由、家父和市民等身份,才能拥有 Caput,即在市民名册中拥有一个条目的资格,才是罗马共同体的正式成员。或缺其一者,要么是奴隶,要么是从属者,要么是外邦人。这三种人的共同点是其权利受到贬抑,在法律生活中处于劣后的地位。后者解决的是家庭的秩序问题,法律赋予家父以权威,但也课加他责任,并提供在他不能履行其保护从属者的责任时的替代补救(监护和保佐)。我们看到,前者涉及罗马城邦内的所有居民,是宏观的;后者涉及到任一家庭的内部组织,是微观的;前者是公法性的;后者是私法性的。两者共同作用,造成这样一种局面:阶级分明(奴隶与主人的划分)、长幼有序(家父和他权人的划分)、内外有别(外邦人与市民的划分)、幼(小孩)弱(女子)有所恃(家父的保护功能)、幼弱有所养(监护和保佐)。这是一幅多么和谐的社会图景啊!尽管我们的价值观念要排斥其中的某些画面,但它是当时的统治者认为的理想秩序。它是通过人法得到的!人法通过对人进行分类,赋予不同的人以不同的身份达到如此效果。面对这样的图景,我们不能不说人法是组织一个社会的工具。

经过组织的东西不可能再是自然的,因为“自然”就是“本性使然的”意思,与“人为约定的”相对立,[13]“组织”肯定是以人为的约定改造“自然”。那么,什么是人的生活的自然?

由于任何人都是两性关系的产物,人的生活的自然是家庭。家庭是自然的人群;最初的村庄是家庭的扩大形式。[14]而城邦是“人为的人群”。“自然人群”与“人为人群”的不同,在于前者以血缘关系为联系的依据;后者以非血缘关系或陌生性为联系的依据。

而按照西方世界的自然状态—社会契约—市民社会的主流历史解释模式,曾经存在一种自然状态。在这种状态中,没有公权力,它造成了人们生活的不安定，损害了人们的生活质量，诱发了人们终结它的愿望。于是，人们通过订立一个社会契约，让渡部分权利给自己信任的人，形成公权力，于是市民社会形成了。人们不再仅以家庭为自己生活的共同体，而是把自己的合作伙伴的范围扩大到了全体社会契约的缔结者。由此社会的规模大为扩大，过去人们靠亲情维系家庭，现在则要靠法律组织市民社会，由此形成了市民法。它是“市民”的法，首先表现为调整主体际关系的工具，是人法。它仍然按照上述历史解释模式的轨迹分为人格法和亲属法，前者反映了人际关系的陌生性和人为性；后者反映了自然的人际关系即家庭关系。假设没有以社会契约完成的市民社会对自然状态的取代，整个社会以一部家庭法调整就够了。总之，人法的两大基本内容反映了人为的社会组织方式与自然的社会组织方式的兼容。

作为组织一个市民社会的工具，市民法的第一个任务是处理人格问题。人格是以陌生人际关系为基础的某个市民社会的成员资格。基于其成立的基础，这一问题包括对外和对内两个方面。就对外方面而言，人格关系涉及一个市民社会与其他市民社会的成员的关系。在这个问题上，古典世界的每个民族像现代世界的诸民族一样都是我族中心主义者，正犹如现代诸民族在自己出版的世界地图中都把自己设定为这个世界的中心，古典世界的诸民族都把自己的市民身份设定为特权，限制或禁止其他城邦的成员染指。非独此也，它们还把自己设定为数个同心圆的圆心，把自己确定为最文明，把离自己越远的文明圈的民族设定为越野蛮，因而被赋予越劣后的法律地位。例如，在非市民的笼而统之的范畴下，还可细分为拉丁人（含古拉丁人、殖民地拉丁人、优尼亚拉丁人）、外邦人（Peregrini）、敌国人和野蛮人等类型，其地位依次递降。[15]实际上的区分可能还要细一些，《十二表法》第一表第 5 条就规定：福尔特斯人、萨那特斯人，同样享有要式现金借贷权或要式买卖权。所谓的福尔特斯人，指从未背叛过罗马的罗马近郊的无市民权的居民；所谓的萨那特斯人，是在罗马以北和以南的一个民族，被罗马人征服后为罗马地主耕种土地，他们曾反叛罗马人，但很快又归顺，如同精神病人一时失常，但又恢复理智，因此被罗马人以“萨那特斯”[16]蔑称之。这两种人是外邦人的更细的类别。

当然，由于各城邦人民相互交往的增长，出于互利的目的，罗马法也把自己的法律部分地对外邦人开放，它们是万民法，因此，万民法不是什么所有的人民共有的法，而是允许外邦人分享的那部分罗马法。[17]在这种法的映衬下，市民法成了专门适用于罗马市民的法律，根据现代意大利学者的研究，这样的市民法只包括宗亲关系、家父权、夫权和对妇女的监护、20岁以上的人可以把自己出卖为奴、人格减等、被共有之奴隶由共有人之一解放时其他共有人的增加权、对市民法的所有权和万民法的所有权之承认、要式买卖、拟诉弃权、取得时效、遗嘱的形式、外国人不能接受遗产或遗赠、采用“我允诺”之形式的口头债务、不分遗产的共同体等。[18]在罗马私法中，除了上述14项制度的规则外，都是万民法，因此，万民法的范围相当广泛。而市民法相当于后世的属人法。从内容上看，万民法多是关于财产关系的。[19]

就对内方面而言，一个城邦的居民并不见得都被承认为是其主体，他们的身份总是被分成常态、特权和受歧视三种，只有前两种身份的拥有者才是主体，具有人格。因此，不妨把人格理解为各市民社会在其内部组织自己之人口的工具。如此把人分为各种阶级和具有不同权利能力的集团，达成一个社会的分层化作为分配资源的依据。正是根据这样的逻辑，罗马的第一任王罗慕鲁斯制定的第一批王法[20]就是关于社会的分层的：“罗慕鲁斯把优等人与下等人划分开，随即制定了一个法律，其中规定，贵族、祭司和长官要设立起来并发挥领导作用，平民耕种土地、饲养牲畜并充当雇工……”（第奥尼修斯：《罗马古事记》2，9）；[21]“后来这样对恩主的权力作了规定：恩主应该决定门客的权利，为他们解决争议。如果他们受到了侵辱，应起诉；门客应该帮助其恩主及其子女……”（第奥尼修斯：《罗马古事记》2，10）；[22]“罗慕鲁斯命令设立了顾问团，他与他们管理公务（Res publica），从贵族中选了100人担任此职……”（第奥尼修斯：《罗马古事记》2，12，14）。[23]如此，最初的罗马人口被分为贵族和平民两个法律地位优劣不等的阶级，他们共同受祭司、长官和顾问团（即元老院）的统治。同时，罗慕鲁斯制定的其他法律之大部，都是关于人法的另一个方面——家庭的组织：“他强制所有的市民抚养每个男孩和头生的女孩，禁止杀死任何3岁以下的小孩，生来瘸腿或畸形的除外。尊亲在遗弃这样的儿童前，先要把小孩给5个近邻看并得到他们的认可。违背此令者，要被没收一半财产并处其他刑罚”。[24]“罗慕鲁斯专门就妇女制定了一个法律：以共食婚与丈夫结合的妇女将享受后者的全部占有物以及他的圣礼”（第奥尼修斯:《罗马古事记》2,25,1);[25]“血亲与丈夫共同审理妻子的通奸事件;如果发现妻子喝了酒,罗慕鲁斯允许为这两个罪判处她死刑”(第奥尼修斯:《罗马古事记》2,25,6);[26]“他还制定了某些法律,其中一个很严厉,也就是说,他不许妻子与其丈夫离异,但允许丈夫因为妻子用药物或魔术避孕或流产、偷配钥匙或通奸的原由与之离异。该法规定,如果他为任何其他原由离异妻子,他的部分财产要归妻子,另一部分要献给谷神。任何出卖妻子的人都要作地下世界之神的牺牲”;[27]“如果媳妇殴打其公公,她要被奉献给公公祖先的神作为牺牲”。[28]罗慕鲁斯唯一的一条其他的法律虽然关于杀人,但还是与亲属法密切相连:“奇怪的是,他未就杀亲规定任何刑罚,他把所有的杀人都叫作杀亲”。[29]显然,他的杀人罪也被从亲属法的角度加以规定。

当然,一个组织起来的社会要通过消耗资源来维持自己,因此,市民法还有其物法部分,它被用来分配各种稀缺的资源。但在市民法的体系中,物法并不处在头等重要的地位,因为最早组织起来的市民社会在根本的生产资料如土地上实行公有制,私人只占有相对次要的财产。因此,尽管罗慕鲁斯在建城之初就分给每个罗马家父两尤格的私有土地作建房和园圃之用,但直到相当晚近的时候才有物法的出现。尽管在罗慕鲁斯与图留斯之间的其他四个王都制定了不少关于宗教、军事和家庭关系的法律,到了罗马的第六个王图留斯,才颁布关于合同的法律和关于私犯的法律50条(第奥尼修斯:《罗马古事记》4,13),[30]这是罗马法史上最早的物法。

(二)“人”与“身”在罗马法中的关系

前一小节提到了人法有两个部分:组织一个社会的部分和组织一个家庭的部分,前者由自由人的身份、市民的身份和家父的身份构成;后者是对家父的身份的展开,它以家父权为轴心规定了具有不同身份的家庭成员(家父、主母、家子、家女、被视同家女的媳妇等)之间的相互关系,由此形成国——家的两极社会结构:国由众多的家组成,个人被遮蔽在家中,“国”对个人的治理在很大程度上通过“家”进行。这样的“家”与我们现代民法上被理解为人口生产单位和有时是物质资料生产单位的“家”不同,它除了具有现代家庭的属性外,还具有治理单位的属性。[31]由于国家的治理通过家庭的治理进行的形势,家父作为一个私的团体的首脑的身份与他作为城邦的正式成员的身份重合。以现代的眼光看,前一种身份属于私法，后一种身份属于公法。我们在前文中已看出，包括王泽鉴先生在内的许多现代作者恰恰把前一种身份理解为现代民法调整的人身关系中的身份关系，而在古罗马，它不过是家父人格的构件之一，法律关注的更加是家父人格构件的公的方面：自由人的身份和市民的身份。因此，罗马人理解的身份概念比现代人理解的要广泛得多。尽管如此，假设罗马市民法像现代民法一样也是调整人身关系和财产关系的，并且以人法和物法的二分法表达了立法者对市民法调整对象的这种理解，但为什么直到优士丁尼的法典编纂，罗马法中也未出现“身份法”的范畴对应现代民法调整的“身份关系”，而只存在简单的“人法”？

这就涉及人格与身份的关系问题，为了解决这一问题，首先必须弄清什么是身份。

“身份”在拉丁语中为 Status，该词是动词 Stare 的被动态过去分词。Stare 的基本含义为“站”、“直立”、“戳立”。作为 Stare 的被动态过去分词，Status 仍保留“站立”、“直立”的意思。[32]任何事物都存在于一定的时间和空间中，如果某物被置放于某一空间，它马上与周围的物品发生一种位置关系，我们可以用透视图把这样的关系表示出来。对于这样的一物与其周围的物的关系，我们可以用“形势”、“状况”的术语表示。如果被置放的是人，他也马上与周围的人发生一定的位置关系：他要么比周围的人高一些，要么与他们平等，要么比他们低一些，他与周围人的关系的总和，可以用“社会地位”或“身份”的术语表示。

根据上述词素分析，我们可以给身份下一个这样的定义：身份是人或物相较于其他人或物被置放的有利的或不利的状态。

这个定义包括三项要素。一是身份的比较性。身份都不是独立存在的，一种身份的存在必然对应于或依赖于另一种身份，这种现象可叫作身份的对偶性。我们知道身份的法律意义在于区分，区分的基础在于对象之间的比较，比如城市人与农村人总是相比较而存在。我们可以把比较中的好的身份叫作正身份；坏的身份叫作负身份。二是身份的区分性，这是从身份的比较性派生出的属性。既然身份的意义在于区分，区分的结果就有两种：一种叫有利的状态，我们把它叫做特权；另一种是不利的状态，我们把它叫做受歧视。三是身份的被动性。身份原则上不是个人自由为自己安排的，而是被他人安排的。

显然,任何身份安排的目的都在于区别对待,都意味着赋予特权或课加受歧视状态,这样做的目的在于对社会进行组织,使一部分人受到特别的保护;另一部分人受到遏制,如此使社会能按一定的目的存在下去。在这个意义上,身份制度是组织社会的一种工具。任何社会都需要组织,否则将陷入无政府状态。如果承认这一点,我们就不会认为身份是完全消极的东西。

罗马法就是以自由人、市民、家族等身份把城邦组织起来,自由人身份把生物学意义上的人区分为自由人、奴隶和准奴隶(即所谓的“债奴”——Nexum 和 Mancipium);市民的身份把生物学意义上的人区分为市民、拉丁人、外邦人等;家族的身份把人区分为自权人和他权人。被这三种身份带来利益的自由人、市民和自权人,我们称他们为正身份的拥有者;被这三种身份带来不利益的奴隶、外邦人和他权人,我们称他们为负身份的拥有者。正身份与负身份的区分,意味着其拥有者在可供罗马城邦利用的资源(政治资源和自然资源)分配中的不同地位。正身份的拥有者居优,如可以担任公职,可以分得公地;负身份的拥有者居劣,不能分享上述资源。由此我们可以看到承担这种身份分派任务的人法何以在罗马法中居于优先地位:“定分”是“分”的前提,不“定分”何以进行分配?[33]

现在让我们回到人格与身份关系的主题。对此问题,优士丁尼《法学阶梯》1,16pr. 一语破的:“人格减等就是改变先前的身份”(Est autem capitis deminutio prioris status commutatio),[34]它告诉我们,身份是人格的要素或基础,人格由身份构成,复数的身份构成了单一的人格,诸项身份之一的缺失将导致人格的减少,丧失殆尽的结果是人格消灭。例如,自由人身份和市民身份的丧失导致人格大减等,即主体资格的完全丧失;市民身份的丧失导致人格中减等,引起前市民被拟制为外邦人的后果,换言之,变成有限的权利能力拥有者;自权人被出养或养子被解放造成人格小减等,使过去的完全权利能力者变成无能力者或相反。相反,同时具有上述三种身份者就具有人格,即完全的主体资格或权利能力。

由此,我解开了长期困惑我的罗马法中的人格关系与身份关系的关系之谜:过去我之所以困惑,乃因为我习惯性地把身份关系理解为亲属关系,不能把它与作为公法概念的人格链接起来,一旦把身份的含义扩张到家族身份以外的自由人身份和市民身份,一旦把身份的概念作公法的理解,罗马法中人格与身份的关系就豁然开朗了。原来,在作为罗马法调整对象的人身关系中,"身"是"人"的要素啊! 人格关系内在地包括了身份关系。

从罗马法出发得出的人格与身份的关系的这种理解流传于当代作家。意大利法学家保罗·埃米略·奔萨(Paolo Emilio Bensa)像如上分析的优士丁尼《法学阶梯》1,16pr. 一样,把身份定义为决定人的各种权能之集合的条件的集合。[35]此说能比较科学地说明人身关系中"人"与"身"两个要素的关系,可堪采用。

但也存在人格与身份同一说。著名德国法学家卡尔·扎恰利亚(Karl. S. Zachariä)在其《法国民法手册》(1808 年)中给身份下了这样的定义:"身份是未受民事死亡的人享有的权利能力。"[36]我们知道,权利能力是人格的同义语,扎恰利亚首先把身份与权利能力等同起来,实际上是把人格与身份等同起来。在这一问题上,我国学者张俊浩教授持同样的见解,他把身份当作人格的同义词,有"身份平等,即法律资格平等"之表述。[37]

但也有人主张身份的独立性,认为"身份只是人格本身受到限制的领域。"[38]这种理解过于偏狭,只看到了负身份,未看到正身份。

(三)"人身关系"横空出世

在 1811 年的《奥地利民法典》之前,民法调整的身份关系都是作为人格关系的隐含因素存在的,是《奥地利民法典》把身份问题凸显出来并将之完全私法化,把罗马法中的公法性的身份驱逐于民法之外。

在身份的私法化问题上,《奥地利民法典》必须感谢法国人让·多马(Jean Domat, 1625 ~ 1696 年)的理论劳动。在其于 1694 年出版的《在其自然顺序中的民法》(Civil Laws in Their Natural Order)一书中,多马对身份的概念进行了清理。他把"资格"(Qualità)当作身份的同义词。认为,身份有自然资格与民事资格(英译者将民事资格译作"非自然资格或武断的资格")之分。前者如性别、出生、年龄、家父或家子的地位、婚生子女和非婚生子女的地位等;后者如拥有自由权的状态、受奴役的状态、诸种社会和职业的身份等级、臣民的地位、外国人的地位等。自然资格与私法有关;人为的或武断的资格与公法有关。这样的技术选择把涉及人的人为资格的规范从自然的私法中排除出去,由此完成了身份概念的私法化,并且把在罗马法中实际存在,但未被归入身份范畴的男女、胎儿、未成年人等家庭法外的身份吸纳到了私法性的身份中。[39]

《奥地利民法典》完全遵守盖尤斯《法学阶梯》的进路，把全部的市民法作三分处理，其第14条规定，包含在本民法典中的规定确立了人法和物法，以及适用于两者的程序法。

那么，其人法的内容如何？其第15条规定：人法部分地关系到人的身份（persönliche Eigenschaft——尽管德文中有"Status"一词，但《奥地利民法典》宁愿使用Eigenschaft，这是一个相当于"Qualità"的词，由此可见多马的理论的影响）和人的关系；部分地建立在家庭关系的基础上。此条所属的第1编第1章的标题就是"关于人的身份和人的关系的法"。[40]我们知道，persönliche Eigenschaft可以简译为"人身"，后世关于民法调整人身关系的提法，很可能就是从persönliche Eigenschaft的术语中衍生出来的。自罗马法以降，市民法终于得到了一项发展：在传统的"人格"（Persona）的表达之旁，有了"人的身份法"的表达，"身"的要素浮出水面。然而，这样的"身"是什么？第15条以后的有关条文马上回答了这个问题。

第16条规定了天赋的权利：每个生物学意义上的人（Mensch）都享有与生俱来因而被看作法律意义上的人（Person）的权利。奴隶制、奴役以及以奴隶制和奴役为依据的权力行使，禁止之。

第18条规定了获得的权利：任何人都可根据法律规定的条件获得权利。

第21条规定，由于未成年、心神耗弱或其他原因不能适当照管自己事务的人享有法律的特别保护。属于这类人的有：不到7岁的儿童、不满14岁的人、不满21岁的人，完全被剥夺理性或至少不能理解其行为后果的精神病人、精神错乱人和低能儿；被判处为浪费人并被禁止再管理其财产的人，以及失踪人和市团体。要说明的是，《奥地利民法典》制定时，尚无法人实在说，法人被理解为一个财产集，没有主体资格，因此需要他人照管。

第22条规定，胎儿从其受孕开始受法律保护。在涉及其个人权利而不涉及第三人权利的范围内他们被视为已经出生，但死产儿在就其如果出生就会享有的权利的范围内被视为从未受孕。

第33条规定了外国人的权利：外国人通常像公民一样平等地享有权利和承担义务，但以法律不明示地要求有公民权才能享有此等权利为限。在有疑问的情形，为了享有与公民相同的权利，外国人必须证明其国家就有关的权利授予了奥地利公民同样的待遇。

第 39 条规定了基于宗教关系的 Persönenrechte（对人权），强调除非有法律的特别规定，宗教的差异不影响私权。

第 40 条规定了血亲和姻亲。[41]

这些条文的整体含义，我们把它们与格雷弗森（R. H. Graveson）的和荷兰德（G. Holland）的身份分类比较一下就清楚了。前者认为，在普通法中，身份是与其所属的团体相联系的主体的法律地位（Legal standing）。他认为，只有负身份才是真正意义上的身份，因此，身份只是一个涉及人格减等的主体的概念。他认为普通法中有如下身份：（1）农奴；（2）异教徒；（3）犹太人；（4）未成年人；（5）已婚妇女；（6）外国人；（7）奴隶、流浪者、穷人；（8）土匪；（9）商人等类别。后者在其《法理学》（Jurisprudence）中把身份分为 17 类：性别、未成年人、家父权和夫权、有夫之妇（coverture）、单身状态、精神失常、身体缺陷、等级和种姓、官职、种族和肤色、奴隶状态、职业、民事死亡、非婚生子女、异教徒、国籍、敌对状态。[42]

对照上述身份分类，我们可把《奥地利民法典》第 16 条及以下的规定概括为如下的身份划分：自由人和根本不允许存在的奴隶（第 16 条）；未成年人（包括幼童、适婚人、受保佐人三类）、心神耗弱人、精神病人、精神错乱人和低能儿、禁治产人、失踪人（第 23 条）；胎儿与已出生的人（第 22 条）；公民和外国人（第 33 条）、基督徒和异教徒（第 39 条）、血亲、姻亲和家外人、自然人和法人（第 23 条规定的“市团体”具有法人的身份）。

我们看到，与罗马法的身份规定相比，在《奥地利民法典》中，自由人的身份已经取消，因为大家都已是自由人。我们当记得，在《奥地利民法典》颁布的自然法时代，欧洲人甚至已尝试在非洲取消自己亲自播种的奴隶制，携带奴隶来欧洲旅行的奴隶主要冒自己的仆人被当场解放的危险。[43]市民的身份虽然存在，但外国人的身份已没有多少歧视的意义，第 33 条赋予了外国人以互惠为条件的国民待遇制；家族的身份这种我们现代最多地叫作“身份”的东西被保留下来并按现代人的观念被分解为血亲和姻亲等身份。同时，在罗马法中虽然存在，但隐而不显的一些身份被《奥地利民法典》凸显出来，如精神病人、胎儿、失踪人、异教徒和法人。前三项是弱者的身份，后两项是时代变迁造就的新身份。我们看到，《奥地利民法典》中的身份划分来自罗马法而又超越罗马法。罗马法中的三种身份是公开地加强强者的权威;《奥地利民法典》中的身份划分却关注弱者的待遇问题。这可能是现代的身份法与古代身份法的根本不同。

这些现代身份的功能如何？格雷弗森对身份的社会功能的分析会给我们很多启发。他认为,身份在现代社会主要有如下功能:(1)身份包含着由国家授予人格(即权利能力)的意思;(2)身份是一个法律概念,不是一个事实问题,它是国家根据社会团结的法原则课加的状况;(3)身份之授予关系到公共利益和社会利益,换言之,身份是保护弱者、保存或强化社会的工具;(4)身份也可以授予法人;(5)身份被用来保护某些社会关系和某些个人的状况,从而对社会进行法律意义上的组织;(6)身份是解决管辖权冲突的标准。[44]

把身份的上述功能用于分析《奥地利民法典》的相关规定,显然可见,在《奥地利民法典》的时代,跟在罗马法的时代一样,身份仍然是人格的要素。第16条是关于所有的人的权利能力平等的原则性规定,与《法国民法典》著名的第8条如出一辙(所有法国人都享有民事权利),已经昭示了生物学意义上的人(Homo,Mensch)与法律意义上的人(Caput,Persona)的同一性。换言之,所有的人类,不论为未成年人、精神病人或外国人,等等,都享有平等的权利能力。所以,第18条是关于权利能力的普遍性的规定。第21条及以下数条是对行为能力的限制因素的分析,说明只有未成年、精神病状况才限制人的行为能力。我们看到,在古罗马,身份是从生物学意义上的人迈入法律意义上的人的障碍,它涉及的是主体的权利能力的减等,横亘在这两种人间的身份障碍是意志性的、人为的(自由、市民),其价值取向在于歧视,在两种"人"之间建立屏障。而在《奥地利民法典》,其价值取向在于追求平等,在于拆除这两种"人"之间的屏障,身份只是从有权利能力的人过渡到有行为能力的人之间的障碍,这样的障碍很少,而且它们是自然的、无可选择的。

更有甚者,这种新身份安排的目的在于保护未成年人和精神病人。我们知道,无论哪个国家的市民法,都把上述两种无行为能力人置于"不倒翁"的地位:交易对他们有利则有效、不利则无效。显然,这样的身份是保护弱者的工具。

当然,由于法人在近代的普遍化,它也成了身份的一种载体。另外,外国人的身份确实是解决管辖权冲突的标准。

至此我可以说，在人格与身份的关系问题上，《奥地利民法典》与罗马法大同小异，基本上都持“身份为人格要素说”，两者人格的含义有所不同而已。请注意！上面分析的《奥地利民法典》对人的身份分类，除基督徒与异教徒的分类外，在我国《民法通则》中无不具备，但少有人把它们明确界定为身份，身份关系多被理解为家庭关系。[45]只有张俊浩教授是一个例外，他理解了这样的身份，把它与“法律资格相等同”（参见前文）。此外，也少有人把这种身份理解为人格的要素，因为人格被理解为包括生命、姓名、名誉等在内的主体性要素[46]，即我们惯言的各种具体人格权，这种“人格”与被当作权利能力理解的“人格”当然不同，上面谈到的身份不能成为前者的基础。于是，我国民法学界对“身份”和“人格”的理解都出现了一定的偏差，导致身份的社会组织功能被忽视，人身关系的地位远远劣后于财产关系。

让我们回到《奥地利民法典》。其第 15 条第 1 句除了规定了“人的身份”外，还规定了“人的关系”（德文 persönliche Verhältniss，英文 Personal relations），前文已述，该条所属的第 1 编第 1 章（其内容从第 15 条到第 43 条）的标题就是“关于人的身份和人的关系的法”，persönliche Verhältniss 是一个非常容易被译成“人身关系”的词汇。那么，什么是《奥地利民法典》中的“人的关系”？

事实上，关于“人的关系”的条文只有第 24 条、第 25 条（两者都关于因失踪产生的关系）、第 28 条（因公民权产生的关系）、第 40 ~ 第 42 条（家庭关系，亲属，血亲和姻亲）。看来，“人的关系”是“人的身份”的延伸，可以确定无疑地说，它们是因失踪人、外国人、亲属这些身份产生的关系，并且不排除其他身份也被理解为能引起这样的关系。至此，我终于找到了我国民法理论中的“人身关系”的术语的西文来源：一位俄国的或中国的不知名的前辈，在一个我们不知的时间，把《奥地利民法典》式的“关于人的身份和人的关系的法”概括成民法调整的“人身关系”，如此，“人”与“身”兼备矣！

具有讽刺意味的是，《奥地利民法典》在规定“关于人的身份和人的关系的法”的第 1 编第 1 章的最后一条（第 43 条）规定了“姓名的保护”，它既不在“人的身份”的标题下，也不在“人的关系”的标题下，而是自立门户。当时它大概是一个法律史上的新生事物（比《奥地利民法典》早 7 年的《法国民法典》没有规定任何种类的人格权),不能被归入传统的概念框架中,因此只能在一个尴尬的地方自立门户,显得不伦不类。但有谁会想到,它在不久的将来会膨胀成“人格权”的类目,以至于遮蔽了比它早得多、传统得多的“人格”呢?

三、“人身关系”Ⅱ考

“人身关系Ⅱ”是一个出于好奇心的问题,与中国的立法和理论现状无关,它发生于阅读外国文献的译文或原文的过程中。

在康德的《法的形而上学原理——权利的科学》第88页中,有“对人权的原则”、“对人权(或人身权)的性质和取得”的标题。所谓对人权,指“占有另一人积极的自由意志,即通过我的意志,去规定另一个人的自由意志去做某种行为的力量”。[47]不难看出,这样的对人权实际上就是债权,它肯定存在于一种叫作 personal relations 的关系中,这种关系当然不是前节考察的 personal relations,因此我把它称之为“人身关系Ⅱ”。

1871年《阿根廷民法典》的作者达尔马修·萨尔斯菲尔德(Dalmacio Sarsfield,1800~1875年)在其民法典的第497条中规定:“所有的对人权(Derecho personale)都与人身义务相对应。没有与物权(Derechos reales)相对应的债”。在这一条文中,萨尔斯菲尔德把对人权设定为与物权相对立的权利,显然就是债权。在对该条的注释中,他提到夏尔·奥布里(Charles Aubry,1803~1883年)和夏尔·劳(Charles Rau,1803~1877年)在其《法国民法教程》[48](债)的第296节中把这种区分追溯到《法国民法典》。称:“《法国民法典》在将权利区分为对人权和对物权的同时,也将义务区分为对人义务和对物义务。”[49]我未在《法国民法典》中找到作这种区分的明确条文,学者们很可能是在注释该法典第1101条关于契约的定义[50]时根据当时的学说演绎出了这样的区分。

在同一注释中,萨尔斯菲尔德还援引了奥托兰(M. Ortolan,1802~1873年)在其《优士丁尼〈法学阶梯〉分析》(Analysis of M. Ortolan's Institutes of Justinian: Including the History and Generalization of Roman Law)第67节中的话说明对人权和对物权各自的特征:“一个人单个地成为权利的消极主体时,该权利为对人权。任何人均非单个地成为权利的消极主体时,该权利为对物权。或更简单地说,一项权利赋予的权能乃是个别地约束某人供、给、提供某物或对某事的作为、不作为时，为对人权。一项权利赋予的权能乃是或多或少地从某物中取得利益时，为对物权。”[51]此语无非是说，相对于对物权，对人权有一个特征：其义务主体是特定的而非不特定的，因此它是对人权而非对世权。这一特征与现代债的特征完全相合。

由于阿根廷具有使用“对人权”概念的传统，1998 年 12 月 18 日完成并提交给司法部的《阿根廷民商合一的民法典草案》仍保留了这一概念。这一草案的第 4 编为对人法（De los Derechos personales），实际上就是债法；第 5 编是物权法。[52]看来，时至今日，还有把“对人权”理解为债权的多诺信徒存在。

由于债权被称为“对人权”，债的关系当然是 Relaciones personales（“人身关系”或“人的关系”），但这种关系还有别的名称，按照意大利学者布尔兑兹（Alberto Burdese）的说明，人法根据关涉的对象分为两个方面：其一，家庭关系，这是非财产关系，包括夫妻关系、亲子关系以及监护和保佐关系；其二，狭义的民事关系（Relazioni civili in senso stretto），它就是债的关系，具有财产内容，换言之，它是对人的具有财产内容的关系。[53]

现在的问题是，这样的“人身关系”是如何来的？

在我的阅读范围内，最早论述这一问题的作家是法国法学家雨果·多诺（Hugues Doneau，1527～1591 年），他把权利分为对物的权利、对他人的权利和对我们自己的权利三类，[54]“对他人的权利”就是对人权或债权；“对我们自己的权利”就是人身权。多诺由于信仰胡格诺教在天主教的法国遭到迫害，被迫移居德国的海德堡大学任教，将其权利分类理论带到德国，为康德（1724～1804 年）接受。他把权利分为天赋的和获得的两类。获得的权利分为三种：其一，物权；其二，对人权；其三，物权性的对人权。[55]对人权依附的关系实际上就是债，严格说来，是合同之债，因为康德在论述这种债时只谈到了合同。多诺的影响是如此巨大，以至于他的时代的其他法典如《法国民法典》和《阿根廷民法典》，乃至于现代的《阿根廷民商合一的民法典草案》，都或暗或明地把债处理成对人关系。这种二分法安排可能反映了这样的观念：物权关系是单纯的人与物的关系，债的关系是人与人的关系。

进一步的问题是，多诺的这种权利分类理论又是如何来的？我认为也是从罗马法来的！像为人身关系Ⅰ提供过理论来源一样，作为一个无尽的宝库，罗马法也为人身关系Ⅱ提供了理论来源。人身关系Ⅰ来自罗马法中的人法；人身关系Ⅱ则来自罗马法中的诉讼法。令人意想不到的是，这两个来源的“人身关系”经过若干年后会采取同样的语词形式，以至于需要很多的理论劳动才能把它们分开。

在罗马法中，诉讼首先被分为对人之诉（Actio in personam）和对物之诉（Actio in rem）两种，因契约或因非行产生的诉讼为对人诉讼，其中原告可要求相对人对他为给付，给付可能涉及物（给），也可能不涉及物（做）；就物的归属提出争议的诉讼是对物诉讼，其中原告可要求被告返还物或原告估定的价金。可以看出，对人之诉不过是保护相对权的方式；对物之诉不过是保护绝对权的方式。罗马法中尚无相对权与绝对权的范畴，但已包含其萌芽，相信雨果·多诺的追随者就是根据对人之诉和对物之诉的划分铸造出相对绝对这对权利的范畴的。

这两种诉讼的名称包含着一个极为有趣的语言现象。Actio in personam的名称意味着在盖尤斯体系第1编人法中作为主体的persona在第3编诉讼中成了受他人诉权作用的客体，这无非表明了社会成员间互为主客体的共存关系（通俗的表达是“人人为我，我为人人”），由此发生了“消极主体”（Sujeto pasivo）的表达，与之对应的是“积极主体”（Sujeto positivo）。事实上，只有积极主体才是主体，消极主体就是客体的意思。尽管如此，在Persona作为客体的场合，它仍然保持了Persona的名头，没有变成Res（物）。然而，不可思议的是，Actio in rem所保护的，除了名副其实的Res外，还包括身份权和家庭权。[56]前者如它包括调查某人是生来自由人还是解放自由人的诉讼；后者如它包括关于认领子女的诉讼[57]，两者分别关系到自由和家父两个支撑人格的身份，它们完全应在“人”的范畴之内，在这里却进入了“物”的范畴。之所以如此，乃因为从义务人的数目和履行义务的方式看，这两种身份与物权并无区别。由此看来，在罗马法中，Persona、Res与In persona和In rem不同，前者表示主体、客体；后者已脱离其字面含义，表示相对、绝对而已。

在以上分析的基础上，我们就不难理解为何多诺及其追随者要用对人权的术语来表征债权了：他们无非力图以对人权的术语揭示债权的相对性。作为额外的收获，我们还可以理解康德为何要把现代家庭法范围内的身份权[58]叫作“物权性的对人权”(德文 persönlichen Sachrechten,英文 personal rights in property)。按照康德的解说,它是像占有一个物一样地占有一个人,但不把他当作物来使用的权利。[59]这种权利既不是产生于专横的个人行为,也不是来自单纯的契约,而是来自法律。它高于一切单纯的物权和对人权。[60]康德认为对这种权利的界定是他在法学上的发现,这一自我评价有一定道理。之所以说它只有“一定的”道理,乃因为这种权利在罗马法中就以家父权的形式存在,在康德强调它是一种对人的占有的时候,尤其如此,因此,康德并非凭空打造出一种新权利。之所以说它“有道理”,首先因为康德已有意识地把这种权利与家父权区别开来,因此强调前者的并非产生于个人的专横行为的性质,由此揭示了现代身份权的一定的平等性和作为平等性之表现的相互性。其次因为康德给罗马法中人法的第二个部分取了一个现代名称,该名称显然是对对物之诉和对人之诉的名称进行反思后得出的。康德不满意罗马人把一个人法的主题放在对物诉讼中处理,于是加上“对人”的定语阐明其与人法的联系;同时,他又基于身份权与物权共有的绝对性给这种权利加上了“物权性”的定语。这种亦“物”亦“人”的权利前所未闻,当然属于“发现”,好坏不论。

为了把人身关系 I 与人身关系 II 区别开来,我们用中文中的一个“对”字表征了人从主体到客体的转化。事实上,这个“对”只存在于拉丁文中(是对 In 的对译),而在现代诸语言中,无论是人法部分的人身权还是物法部分的对人权,恐怕写出来都是 Persönenrechte,这当然因缺乏区别性而造成不便,因此,《奥地利民法典》宁愿把债权表述为“对人的物权”。这一法典的第 2 编物法(Sachenrechtes)下设两个分编。其一,对物权(dinglich Rechten),包括占有、所有权、抵押、役权和继承;其二,对人的物权(德文 persönlichen Sachrechten,英文 personal rights in property),实际上是关于债的规定,包括合同和侵权赔偿。这一更有区别性的表达或许包含了黑格尔的劳动。

黑格尔(1770~1831 年)在其于 1821 年出版的《法哲学原理》中,批判了康德的“Persönenrechte 就是债权”的观点,他认为:“从客观上说,根据契约产生的权利并不是对人的权利,而只是对在他的外部的某种东西或者他可以转让的某种东西的权利,即始终是对物的权利。”[61]这无非是说,债权的客体不是债务人而是债的标的物,债务人不过是债权人与标的物之间的中介。如果说物权关系是一个单宾语句，那么债权关系是一个双宾语句，除了有债务人作为间接宾语，直接宾语是标的物。相较于康德的观点，黑格尔的这种认识无疑更具有分析性的眼光。如果我们忽视年代错误的可能，我们看到《奥地利民法典》关于债的“对人的物权”的表达就是一个黑格尔式的双宾语表达。因此，康德的破绽一旦被黑格尔瞧破，除了阿根廷人，就再也无人以康德的方式把债的关系表述为“人身关系”了。至少在德国法中，并不存在这种意义的“人身关系”。由此，人身关系才变成单一的、仅在主体法中存在的民法调整对象。

无论对康德还是对阿根廷人，我都难以理解他们为何要放弃罗马法中现成的债的概念而舍简就繁，采用一个无比费解的“人身关系”的概念，我想他们是为了维持人法—物法两分的理论结构或立法结构，一旦采用债的概念，物法就将分解为若干部分，不能与人法形成整齐对仗的二元结构。

四、“人身关系”Ⅲ考

前文中关于市民法和万民法区分的说明已为本节埋下了伏笔。本文第 2 节第 1 小节已提到，罗马人民为了满足对外交往的需要，把自己的一些独特制度界定为市民法，只能由罗马市民适用；把其他具有普遍性的制度界定为万民法，让它们对外邦人开放。这样的市民法包括前文已列举的 14 项制度，它们是：(1)宗亲关系；(2)家父权；(3)夫权和对妇女的监护；(4)20 岁以上的人可以把自己出卖为奴；(5)人格减等；(6)被共有之奴隶由共有人之一解放时其他共有人的增加权；(7)对市民法的所有权和万民法的所有权之区分的承认；(8)要式买卖；(9)拟诉弃权；(10)取得时效；(11)遗嘱的形式；(12)外国人不能接受遗产或遗赠；(13)采用“我允诺”之形式的口头债务；(14)不分遗产的共同体。舍此之外的其他罗马私法都是万民法，它们多是关于财产关系的。

我们看到，被当作具有“罗马特色”的法理解的市民法的内容部分是调整“人身关系”的(第 1 ~5 项市民法的制度直接如此，第 6、7、12 项间接如此)，部分是关于法律行为的形式的(第 8、9、11、13、14 项)。由此我们似乎可以说：一定意义上的市民法实际上是调整人身关系和法律行为形式的规范；一定意义上的万民法实际上是调整财产关系的规范。罗马人在法律冲突中奉行的原则是：涉及人身关系的事项适用当事人的属人法；涉及财产关系的事项适用属地法。

这样的法律冲突处理产生在多个城邦并存的环境中,当罗马扩张成一个横跨欧亚非三洲的大帝国后,此等环境的存在空间已经不多了。476 年日耳曼人攻陷西罗马帝国后,新来的日耳曼人与旧居民罗马人各有各的法律,前者的文明程度远远不如后者,前者消受不了后者的文明的法律;后者承受不了前者野蛮的法律,于是,出于"同一法律制度的主体可以生活在根据不同的法律调整的私法关系中"[62]的信念,日耳曼人和罗马人各自适用自己的法律,并不区分人身关系和财产关系而有不同的法律适用。这种状况被称为"种族法"时代,其中的"种族法"又被称为"属人法"(Personal Law)。[63]必须注意的是,这个术语十分容易被误解,一不小心就会把它理解为专门调整人身关系的"人身法"。

在多民族频繁交往的情况下依人身关系和财产关系的不同而分别适用法律的局面直到 14 世纪才恢复,其时,巴托鲁斯(Bartolus de Saxoferrato,1314~1357 年)提出了法则区别说。他把某个城市共和国的特别法称为"法则"(Statuta),再把这些法则主要分为"人的法则"(Statuta personalia)和"物的法则"(Statuta realia)。人的法则是属人的,用来解决人的权利能力和行为能力、人的身份关系等问题;物的法则是属地的,用来解决物权、法律行为的方式等问题。[64]我们看到,在巴托鲁斯的法则区别说中,人的法则就是调整主体资格和家庭关系的市民法分支;物的法则就是调整财产关系的市民法的分支。前者与"市民法"的范围暗合;后者与"万民法"的范围暗合。巴托鲁斯在创立其法则区别说时,肯定考虑到了罗马人以市民法和万民法的划分处理多民族交往关系的经验并用来解决面临的现实问题。饶有兴味的是,按照其法则区别说,出于主权者的相互尊重,具有较小普遍性的"市民法"反而具有域外效力;具有较大普遍性的"万民法"却只有域内效力。这是从法律冲突的角度作出的规定,相反,罗马法中的市民法和万民法更多的是从比较法角度作出的区分,让人感不到罗马的裁判官有接受外邦的人身关系规则的域外效力之问题,因此,外邦人的婚姻在罗马始终是事实而不是法律。[65]这样的人身关系法的霸权性与法则区别说中的"人的法则"的相互性适成对照。

多民族的和平贸易交往造就了巴托鲁斯的分裂人身关系和财产关系的法则区别说,文明际的战争和征服这种特殊形式的交往则造就了伊斯兰国家对人身关系和财产关系的另一种区分。我们知道，伊斯兰国家的民法典多为单纯的财产关系法典[66]，它们是在西方殖民者的压力下追求现代化的产物。这些国家在这一财产法典之外往往另立调整人身关系的"Personal status law"（通常译为"个人身份法"，实际上以译成"人身法"为佳）或"Legge sullo statuto personale"（关于人的法则的法律），以图保留自己传统的社会组织方式。立法者认为，人身关系是"道"；财产关系是"器"，"器"可随西方变而"道"不可更易，因此，人身关系必须由固有法调整，而财产关系可以由继受法调整。在这两种法的对立中，我们又看到了罗马法中的市民法与万民法的对立的痕迹。尤其令我感到欣慰的是，在伊斯兰国家的"人身法"的名称中，有了地道的"身"的词素（Status）。

"身"的词素是否意味着身份关系？我们看一下使用了 Personal status 之表达的《伊朗民法典》即可知晓这一问题的答案。其序言第 6 条规定，关于人身（Personal status）的事项，诸如结婚、离婚、能力和继承的法律，伊朗臣民必须遵守，即使居住于国外也不例外。第 7 条规定，居住在伊朗领土内的外国国民，在条约规定的范围内，受他们臣属的政府就其人身（Personal status）事项和能力颁布的法律以及就继承权的类似事项颁布的法律的约束。毫无疑问，这两个条文涉及的"能力"属于"人格法"，结婚、离婚属于"身份法"。因此可以说，在伊斯兰法中，"身"的词素的确与身份关系相对应，不过，这种身份关系的范围与传统的理解不同。至少在巴托鲁斯的法则区别说中，继承是属于物法的（无遗嘱的继承依物之所在地法[67]），在罗马法中，[68]在潘得克吞法中，[69]也是如此，[70]而在前述《奥地利民法典》中，已把继承处理成物法的内容。

再看一部"人身法"的内容，如何？索马里的《关于人的法则的法律》分为 4 编：第 1 编是结婚和离婚；第 2 编是子女和扶养；第 3 编是监护、保佐和代理，其中除标题所示内容外，还规定了收养问题；第 4 编是遗产继承。这些内容与《伊朗民法典》的相应内容同多异少。异者，是增加了监护、保佐以及由此而来的代理，外加收养，这些也属于传统的"人身关系"的内容。最值得强调的相同之处是索马里把"继承"也规定进"人身法"。由此看来，伊斯兰国家的"人身关系"具有自己的特色：继承由于涉及太多的教义因素被增加到这类关系的名目下，[71]于是，人身关系 III 除了有"人"、"身"的因素外，还有了"物"（遗产）的因素。按照突尼斯和摩洛哥的经验，财产关系由债与合同法调整，人身关系或属人关系由另外的法调整。这样的人身关系包括家内关系（与家庭关系的不同在于包括了主仆关系）、继承和财产权。[72]正因为有这样的添加，人身关系 III 才把自己与人身关系 I、II 区别开来。但我们也可看到，这样的“人”、“身”、“物”具有把它们统一起来的共同的精神：伊斯兰的精神。因此，如果说人身关系 I、II 仅仅反映了人与人之间的关系，而人身关系 III 则是交织着人与神的关系的人与人的关系。

最后让我们看 1994 年《魁北克民法典》对同样问题的处理。在其第 10 编国际私法中，作者把所有的冲突规则分为“人的法则”（Personal Status）、“物的法则”（Status of Property）、“债的法则”（Status of Obligation）和“程序的法则”（Status of Procedure）四个部分，这是对巴托鲁斯的区分人的法则（Statuta personalia）与物的法则（Statuta realia）的两分理论[73]的发展，Personal Status 的表达也帮助我搞清了长期困扰我的伊斯兰国家的所谓“个人身份法”的正确译法问题。可以看出，所谓的“个人身份法”不过是在把民法的全部内容分为人身关系法和财产关系法，确认它们有各自的价值取向的条件下用来指称民法的前一部分内容的名词，应该翻译为“人法”或“人的法则法”。

五、结论

在考察三种人身关系的基础上，现在可以得出一些结论了。

首先回答序言中提出的问题：民法确实既调整人格关系，又调整身份关系。在早期，身份关系作为人格关系的要素存在，从《奥地利民法典》开始直到伊斯兰国家的“人身法”，身份关系开始取得了与人格关系相并列的存在。

在我考察的诸立法例与学说的范围内，人身关系 I 反映为主体法和家庭法的规制对象，人身关系 II 反映为债法的规制对象，人身关系 III 反映为家庭法和继承法规制的对象，它虽然来自人身关系 I 但又不同于其母本。

人身关系是什么？首先，在基本的意义上，它表示不通过物、服务或知识产品等客体发生的人与人之间的社会组织关系，以及虽通过上述客体，但不体现直接相互性原则的人与人之间的关系，与通过上述客体发生且贯彻直接相互性原则的人与人之间的关系形成对立。其次，人身关系涉及民族的文化宗教传统较多，表示一个民族的生活中较多个性的部分，正犹如财产关系或客体关系表示一个民族生活中较多共性的部分，因此，一个国家的市民法，其财产法直接从外国引进或请外国人起草都是可以容忍的，但对人身法却不能这样做。因此，在交往的环境中，人身关系法往往是固有法，财产关系法，尤其是其中的债法，往往是继受法。最后，与上一点相联系，人身关系往往是一个民族需要属人法之适用的那部分生活关系；而财产关系则可以听任属地法之适用。

人身关系可以分解为“人格关系”和“身份关系”两个部分。在我考察的选言枝的范围内，人格关系中的“人格”从来不是，到现在也不应是“人格权”的意思，而是某个市民社会的主体的意思或权利能力的拥有者的意思。“人格”应该是“人格权”的基础，基础与建立在基础上的事物不可混同。所幸的是，近年来我国有越来越多的学者看到了“人格”与“人格权”的这种关系，抛弃了多年来关于“人格”的谬见。

在身份关系问题上我们犯的错误更多，我们已把它缩减为“亲属关系”。从本研究中我们可以看出，在现代民法中，亲属不失为一类身份，但更重要的是在它的旁边还存在另类的身份，一是外国人等影响权利能力的身份。二是弱者的身份，未成年人、精神病人属于这一类型，在消费者运动的冲击下，这类中还出现了“消费者”这样的身份，所有这些身份都是代表弱势群体的符号，法律也基于这一现实给其拥有者特殊的保护。从“契约到身份”的运动，就是对这种身份的崛起的描述，民法就是在调整这种身份的过程中得到其在20世纪的发展的。三是失权者的身份，这是罗马法中的人格减等制度在现代的复活，表明现代立法者已经把权利能力的增减作为控制社会的手段。例如，我主持的《绿色民法典草案》第1分编第21条参照我国既有民事立法作出的关于破产企业的法定代表人在破产程序终结后的3年内丧失从事企业活动的权利能力的规定。不道德经营活动的从事者，受到过工商行政管理机关和其他国家机关的正式抄没的，在自此以后的5年内丧失从事经营活动的权利能力的规定。被开除公职、吊销执业资格或因故意犯罪受过刑事处罚的专业技术人员，在5年内不得从事其原专业技术活动规定。[74]同一分编第66条关于父母因法院判决被褫夺亲权，或因管理财产不善被法院解除对子女的保护时，丧失以遗嘱为子女指定保护人的权利的规定，都涉及这种身份，即主体的“人格”的减等状态。遗憾的是，这样的立法和司法现实在我国并未在理论上得到充分的反映，因此，身份仍只被理解为“亲属关系”。现在已到了把两类身份关系统一到民法调整的身份关系上来的时候了。从此我们可以宣称，民法不仅调整亲属法上的身份关系，而且还调整亲属法外的身份关系。后一类身份除了其涉及保护弱者的部分外，都构成影响权利能力和行为能力的要素，影响前种能力的有外国人、失权人等身份；影响后种能力的有未成年人、精神病人等身份。

由人格关系和身份关系合成的人身关系的功能如何？我的回答是：组织一个不能离开财产的市民社会。这一表达的中心词是市民社会，其限定语表明了它不能离开财产而存在。那么，什么是人身关系法组织的市民社会？从字面来看，市民社会首先是一个人的社会（即使所有的人都是商品生产者，它也是一个商品生产者的社会，而不是商品本身的社会），其组织包括两个环节。第一个环节是对人进行分类：首先，人格法通过国民与外国人的身份划分把“我们”（本市民社会成员）与“他们”（其他市民社会的成员）分开，赋予全部的“我们”和一定的“他们”以权利能力，这是人法的对外方面，因为人类不是一个共同体，而是共同体的总和，中国只是其中的一个，内外应有所区别；其次，它运用身份在某个共同体内把人分为不同的类别作为法律适用的基准。第二个环节是分别给予不同身份的人不同的待遇；或赋予完全的权利能力，或限制其这方面的能力，所以我们说权利能力制度也是身份法的一个内容，其本质在于它是组织一个社会的工具。通过以上作出的身份分类，立法者力图做到“老有所养、幼有所育、壮有所用”。市民的生老病死皆有所靠，依靠的就是和自己一样的市民，按照我的理解，市民社会就是一个尽量自足、有问题尽量靠自己解决、尤其不求助于国家的社会，行为能力制度、监护和保佐制度、扶养制度等，都是市民社会完成自己的组织功能的工具。理解了这一点，就可以理解如下的民法调整对象定义：

“所有可以在民法的名号下包括的东西，包括以下方面：首先是更直接地关系到主体的存在的规则；其次是上述主体参与享用和利用经济资源的一般规则”。[75]

民法是“调整主体际关系的法，这些主体可以是个人，也可以是私人团体，甚至在实现单个的规范时，这些关系也并不托付给公共机构的照料，而是留诸个人的主动性。因此，这一法的部门包括所有关系到主体的存在、其能力的规范，以及上述主体参与对经济资源的享有和利用的各个方面的规则。它尤其包括对物权和债的关系的规制。最后，它还包括在其遭受法律——财产领域的偶然或现实的侵害时保护主体的规范”。[76]

民法“不考虑其业务和职业地调整在其自身关系和与国家的关系中的人，而这些关系以满足人性的需要为目的”。[77]

这些拉丁法族国家的民法调整对象定义都强调民法的首要功能是社会组织法，其次才是解决同一社会对经济资源的享有和利用问题的法。这与德国法族国家的学说把民法理解为单纯的财产法附加亲属法的倾向适成对照，与在我国长期流行的《民法通则》第 2 条的民法调整对象理解适成对照。

谁对、谁错、跟谁走？中国民法学处在十字路口！我想，认识两个向导从中选择其一者的处境，肯定比只认识一个向导、无可选择者的处境要好得多。同事们，现在我把另一个向导交给你们了，你们选择吧！也许，你们会综合两个向导的意见走第三条道路，这种结果当然会比跟随无可选择的一个向导好得多！

注释

1 See Laws and Regulations of the People’s Republic of China：Contents，中国法制出版社 2001 年版，第 2 页。

2 这里隐含的前提是：我们的先辈在继受西方法时把西文中的 personal relationship 翻译成了“人身关系”。现在，我们把中文的法律译成西文时，再把“人身关系”回译成“personal relationship”。

3 事实上，我们可以在“personal relationship”的后面马上可以找到这样的要素。中文的“平等主体” 被译成了“subject with equal status”，回译过来是“具有同等身份的主体”。

4 就所有这些包含“personal”的词素的术语的英文形式以及汉译，参见彭金瑞等编译：《简明英汉法律辞典》，商务印书馆 1990 年版，第 626 页。

5 参见张俊浩主编：《民法学原理》，中国政法大学出版社 1991 年版，第 5 页。

6 参见王泽鉴：《民法总则》，中国政法大学出版社 2001 年版，第 136 页。

7 参见梁慧星:《民法总论》,法律出版社 2001 年版,第 11 页。

8 参见张俊浩主编,前引书,第 5 页。

9 参见彭万林主编:《民法学》(修订第 3 版),中国政法大学出版社 2002 年版,第 13 页。

10 Véase Ciceron, De la Invencion, En Nicolas Estevanez edi. Obras Escogidas, Casa Editorial Canier Hermanos, Tomo Primero, Paris, s/a, p. 228.

11 参见[古罗马]盖尤斯《法学阶梯》1,8:我们所使用的一切法,或者涉及人,或者涉及物……参见黄风的中译本,中国政法大学出版社 1996 年版,第 4 页。

12 在[意]桑德罗·斯奇巴尼选编的《民法大全选译·人法》(中国政法大学出版社 1995 年版,黄风译)一书中,人法的范围除了包括上述外,还有胎儿和出生、年龄、死亡、性别、聋人、哑人、精神病人、浪费人、姓名、籍贯和住所、失踪、元老、法人。

13 参见汪子嵩等:《希腊哲学史》(第 2 卷),人民出版社 1993 年版,第 203 页。

14 参见[古希腊]亚里士多德:《政治学》,吴寿彭译,商务印书馆 1965 年版,第 5 页及以下。

15 参见周枏:《罗马法原论》(上),商务印书馆 1994 年版,第 103 页及以下。

16 在拉丁文中,Sanates 是“刚刚治愈”的意思。

17 Cfr. Francesco De Martino, Variazioni Postclassiche del Concetto Romano di Ius Gentium, In Diritto privato e società romana, Editori Riuniti, Roma, 1981, p. 515.

18 Cfr. Enzo Nardi, Istituzioni di diritto Romano(Guida ai Testi), Giuffrè, Milano, 1986, p. 12.

19 I. 2,2:“……从这一万民法也采用了几乎所有的契约,如买卖、租赁、合伙、寄托、消费借贷以及其他不可胜数的契约。”但万民法还有关于冲突规则的内容。关于“万民法”一词的多种含义,参见徐国栋:“万民法诸含义的展开——古典时期罗马帝国的现实与理想”,载《社会科学》2005 年第 9 期。

20 关于王法的真伪,是个复杂的问题,因为这些法都出现在公元前 578 年左右的著名的图留斯改革之前,按照恩格斯奠定的通说,这场改革标志着罗马国家的形成,有了国家才有罗马的立法史。承认这些王法的存在,意味着罗马国家建立得更早,因此有些学者不认为这些王法是真实的,但我认为不可能那么多距这些法较近的古代作者异口同声地就它们撒谎。

21 Cfr. Salvatore Riccobono, Fontes Iuris Romani Anteiustiniani, Florentiae, 1941, p. 4.

22 Cfr. Salvatore Riccobono, Fontes Iuris Romani Anteiustiniani, Florentiae, 1941, p. 4.

23 Cfr. Salvatore Riccobono, Fontes Iuris Romani Anteiustiniani, Florentiae, 1941, p. 5.

24 Cfr. Salvatore Riccobono, Fontes Iuris Romani Anteiustiniani, Florentiae, 1941, p. 7.

25 Cfr. Salvatore Riccobono, Fontes Iuris Romani Anteiustiniani, Florentiae, 1941, p. 7.

26 Cfr. Salvatore Riccobono, Fontes Iuris Romani Anteiustiniani, Florentiae, 1941, p. 7.

27 参见[古罗马]普鲁塔克著,黄宏熙主编:《希腊罗马名人传·罗慕洛传》(上册),吴彭鹏译,商务印书馆1990年版,第69页。

28 Cfr. Luigi Capuano, Dottrina e storia del diritto romano, Stabilimento Tipografico di Salvatore Marchese, Napoli, 1878, pp. 297s.

29 参见[古罗马]普鲁塔克著,黄宏熙主编:《希腊罗马名人传·罗慕洛传》(上册),吴彭鹏译,商务印书馆1990年版,第69页。

30 Cfr. Salvatore Riccobono, op. cit., pp. 16s.

31 彭梵得对罗马法研究的杰出贡献之一是证明了罗马的家庭是政治组织。参见[意]彭梵得:《罗马法教科书》,黄风译,中国政法大学出版社1992年版,桑德罗·斯奇巴尼的前言,第2页。

32 参见谢大任主编:《拉丁语汉语词典》,商务印书馆1988年版,第517页。

33 这种理路非常接近于马克思主义政治经济学中关于生产关系的定义的理路。这种关系包含3个要素,但生产者在生产中的地位这一要素居于首位。

34 参见[古罗马]优士丁尼:《法学阶梯》,徐国栋译,中国政法大学出版社1999年版,第71页及以次。

35 Cfr. Guido Alpa, Status e Capacità, Laterza, Roma – Bari, 1993, p. 110.

36 Cfr. Guido Alpa, op. cit., p. 103.

37 参见张俊浩主编,前引书,第20页。

38 Cfr. Guido Alpa, op. cit., p. 138.

39 Cfr. Adriano Cavanna, Storia del diritto moderno in Europa, Giuffrè, Milano, 1982, p. 363.

40 Walter List, Zivilrecht, Von ABGB bis WuchG, Stand: 1. 5. 1997, 6. Auflage, Manz · Wien, Seite 13.

41 See Parker School of Foreign and Comparative Law, The General Civil Code of Austria, Revised and Annotated by Paul, L. Baeck, Oceana Publications, Inc., New York, 1972, p. 6ss.

42 See Wolfgang Friedmann, Law in Changing Society, Penguin, Harmondsworth, 1972.

43 参见徐国栋:“非洲各国法律演变过程中的外来法与本土法——固有法、伊斯兰法和西方法的双重或三重变奏”,载何勤华主编:《法的移植与法的本土化》,法律出版社2001年版。

44 See R. H. Graveson, Status in Common Law, University of London, Athlone Press, London, 1953.

45 参见梁慧星,前引书,第11页。

46 参见张俊浩主编,前引书,第5页。

47 参见[德]康德:《法的形而上学原理——权利的科学》,沈叔平译,商务印书馆1991

年版,第 88 页。黑格尔为了反驳康德关于这一问题的观点,也使用了"康德所说的人格权,是根据契约产生的权利"的表达。参见[德]黑格尔:《法哲学原理》,范扬、张企泰译,商务印书馆 1961 年版,第 49 页。

48 夏尔·奥布里是 1857 年左右的斯特拉斯堡大学法律系的主任,夏尔·劳是其同事。拿破仑把《法国民法典》强加于莱茵河地区,萨克逊人卡尔·撒拉蒙·扎恰利亚(Karl Salamon Zachariä)于 1807 年取得海德堡大学的教席,次年就写作了《法国民法典手册》(Handbuch des französischen Civilrechts),其论述并不根据该民法典的体系,而是根据潘得克吞体系,该书首先由马西(G. Massy)和维尔日(C. Vergé)翻译成法文(斯特拉斯堡,1834~1846 年),译者抛弃了扎恰利亚的体系安排。第二次由奥布里和劳译成法文(巴黎,1839~1846 年,第 6 卷),这个译本保留了潘得克吞体系的架构并进行了增补。到 1856~1858 年出第三版时,奥布里和劳停止了翻译性质的工作,改为写作,出版了《根据扎恰利亚的德文作品的法国民法教程》(Cours de droit français d'après l'ouvrage allemand de C. S. Zachariä)。到 1897 年出第五版时,把书名改为《根据扎恰利亚方法的法国民法教程》(Cours de droit civil français d'après la méthode de Zachariä)。该书是 19 世纪法国在司法和大学教学中最有影响的著作,对海外也产生了巨大影响。它本身就是国际学术交流成果的一段佳话。Véase Jorge Joaquin Llambias, Tratado de Drecho Civil, parte general, Tomo I, Editorial Perrot, Buenos Aires, 1997, p. 92. See also A. Watson, Legal Transplants and European Private Law, Vol. 4. 4 Electronic Journal of Comparative Law, (December 2000), On http://www.ejcl.org/ejcl/44/44-2.html, 2013 年 9 月 12 日访问。

49 Véase Codigo Civil, Republica Argentina, Zavalia, Buenos Aires, 1990, pag. 161.

50 谓:"契约,为一人或数人对另一人或另数人承担给付某物,做或不做某事的义务的合意"。

51 Véase Codigo Civil, Republica Argentina, op. cit., pag. 161.

52 Véase Proyecto de Codigo Civil de la Republica Argentina Unificado con el Codigo de Comercio, Abeledo - Perrot, Buenos Aires, 1999.

53 Cfr. A. Burdese, Il sistema del codice civile Argentino e la distinzione tra diritti personali e reali (Dal pensiero di Teixeira de Freitas a Quello di Velez Sarsfield), In Sandro Schipani (a cura di), Dalmacio Velez Sarsfield e il Diritto Latinoamericano, CEDAM, Padova, 1991, p. 152.

54 Voir Jean - Louis Gazzaniga, Hugues Doneau et les fondements de la codification moderno, En Denis Alland et Stephane Rials (Directeur), Droit, PUF, Paris, 1998, p. 88.

55 参见康德,前引书,第 74 页。

56 参见彭梵得,前引书,第 87 页。

57 参见优士丁尼,前引书,第 463 页。

58 事实上,康德所说的这种权利与现代人说的家庭成员法意义上的身份权略有不同:这种权利还包括主人与家庭的仆人之间的关系。参见康德,前引书,第 95 页,第 102 页及以下。

59 参见康德,前引书,第 74 页。

60 参见康德,前引书,第 94 页。

61 参见黑格尔,前引书,第 49 页。

62 Cfr. Francesco Calasso, Medioevo del diritto, I, Giuffrè, Milano, 1954, p. 110.

63 参见韩德培主编:《国际私法新论》,武汉大学出版社 1997 年版,第 51 页。

64 参见韩德培主编,前引书,第 54 页;另参见章尚锦主编:《国际私法》,中国人民大学出版社 2000 年版,第 30 页及以次。

65 优士丁尼《法学阶梯》1,10pr. 规定的合法婚姻的第一个要件是当事人都是罗马市民。前引书,第 39 页。

66 1928 ~ 1936 年制定的《伊朗民法典》是一个例外,它对人法和物法都作了规定,但颠倒了两者的位置,是一部物头人尾的民法典。第 1 编是财产;第 2 编是人;第 3 编是证实请求权的证据。其作者是留学瑞士的阿里 · 阿克巴尔 · 达瓦尔(Ali Akbar Davar),据说他很多地参照了《法国民法典》。这一结构是对《民法通则》第 2 条关于民法调整对象之定义的忠实贯彻。See S. H. Amin, Introduction, In the Civil Code of Iran, General Editor Dr. Eftikhar, 1928.

67 参见韩德培主编,前引书,第 54 页。

68 参见盖尤斯,前引书,目录,第 4 页及以次。

69 Cfr. Bernardo Windscheid, Diritto delle pandette (Vol. I), trad. it. di Carlo Fadda e Paolo Emilio Bensa, UTET, Torino, 1925, p. 41.

70 但在我国,梁慧星教授把继承法明确列为身份法,其本在日本。参见梁慧星,前引书,第 11 页。关于日本把继承列入身份关系的做法,参见[日]山本敬三:《民法讲义 · I · 总则》,解亘译,北京大学出版社 2004 年版,第 8 页。

71 关于伊斯兰继承法中的教义因素,参见吴云贵:《伊斯兰教法概略》,中国社会科学出版社 1993 年版,第 124 页。这部分法是阿拉伯部落惯例与《古兰经》律例相结合的产物。

72 See George N. Sfeir, Modernization of the Law in Arab States, An Investigation into Current Civil Criminal and Costitutional Law in the Arab World, Austin & Winfield, Publishers, San Francisco – London – Bethesda, 1998, p. 41.

73 参见韩德培主编,前引书,第 54 页;另参见章尚锦主编:《国际私法》,中国人民大学出版社 2000 年版,第 30 页及以次。

74 参见徐国栋主编:《绿色民法典草案》,社会科学文献出版社 2004 年版,第 47 页。

75 Cfr. L. Bigliazzi Geri et al. , Diritto Civile, 1, Norme soggetti e rapporto giuridico, UTET, Torino,1987,p. 13.

76 Cfr. Federico del Giudice, Nuovo Dizionario Giuridico, Edizione Simone, Napoli, 1998,p. 430.

77 Véase Jorge Joaquin Llambias, Tratado de Drecho Civil, parte general, Tomo I, Editorial Perrot, Buenos Aires, 1997,pag. 40.

徐国栋

代表作

拾壹

再论人身关系

——兼评民法总则条文建议稿第3条

我在《“人身关系”流变考》一文中着重研究了人身关系在西方国家和伊斯兰国家民法中的存在形态，强调了人身关系法是市民社会的组织法，揭示了人格与人格权的区别，证明了前者是关于法律主体的权利能力的规定，后者为晚近产生的关于主体的具体人格利益的规定，由此为人身关系无论在重要性上还是逻辑上都先于财产关系的结论提供了前提。完成此文后，我又对人身关系在我国民法史中的存在形态进行了研究，得到的基本认识是：我国绝大多数民法学者对人身关系的理解不同于西方主要国家学界对此种关系的理解，前者把这种关系理解为人格权关系、亲属关系和知识产权中的身份关系，后者将之理解为关于主体的权利能力的规定、人格权关系和亲属关系，后一种理解的外延远远大于前一种理解的。我国在对人身关系的理解上对主体资格问题的遗漏导致了这种关系的重要性的降低，从而导致了它在立法相关条文中位置的后置。为了尽一切可能防止把一个错误的认识转化为我国正在制定的民法典的核心条文，特作此文展开论述上述结论。

一、苏联模式

首先必须承认，我国民法学界对人身关系的研究十分薄弱，表现为在两部民法研究综述[1]中都无关于对人身关系研究的综述，这可能是因为在

注　本文原载《中国法学》2002年第4期。重新发表时根据李中原在“人身关系六题——与徐国栋先生商榷”（载《法学》2003年第1期）一文中对我提出的批评做了修改。在此特向李中原致谢。

过去的几十年中，我国民法学界已经为搞清楚什么是财产关系耗尽了全部精力，无余力专门写作关于这一问题的论文。[2]

但我国的民法教材无一不谈到人身关系问题，其观点都来自苏联，因此，让我从苏联的学说说起。

1961年的《苏联民事立法纲要》第1条规定："苏维埃民事立法调整在共产主义建设中由于利用商品货币形式而引起的财产关系，以及与财产关系有关的人身非财产关系"。[3]显然，该纲要用"与财产关系有关的人身非财产关系"的术语指称我们现在谈论的人身关系。从逻辑上看，它隐含着"人身财产关系"与"人身非财产关系"的区分，苏联民法宣称自己只调整后者。

那么，什么是"人身财产关系"和"人身非财产关系"？按照20世纪50年代的民法教科书作者的分析，前者是以人身财产权为内容的关系；后者是以人身非财产权为内容的关系。所谓的"人身财产权"（采用了"人身财富权"的表达）就是具体人格权，包括人身不可侵犯、荣誉、人格、姓名等权利；所谓的人身非财产权也包括两个类别：一为"作者、发明人的人身权"；二为"因家庭关系而产生的人身权。"[4]不难看出，"人身财产权"的表达带有雨果·多诺的"人们对自己享有的权利"的表达的痕迹，遗憾的是，《苏联民事立法纲要》明确宣布自己不调整这种权利依托的关系，它把自己的调整对象限于人身非财产关系（其中包括家庭关系）。然而，"人身非财产关系"还可二分：一是与财产关系有关的人身非财产关系；二是与财产关系完全无关的人身非财产关系。[5]家庭关系大概就在这个"其二"中。民事立法纲要第1条的文句明示地排除了第二类人身非财产关系是民法的调整对象，如果考虑到该条使财产关系和人身非财产关系都受制于"由于利用商品货币形式而引起的"的定语，这是一种逻辑的结果，它代表了把民法财产关系法化的倾向。但学者们似乎不甘心于这种结果，遂对第1条作扩张解释，认后一种人身非财产关系亦为民法的调整对象。为了支撑这种对立法的曲解，法学家要么为第二类关系受民法调整的可能性设定了在这些关系中包含的利益被侵犯的条件，此时，由于损害赔偿的成立，这种关系转化为财产关系；[6]要么把这种关系受民法调整的可能性设定为以法律有明文规定为条件。[7]

我们看到，前苏联的民法调整对象理论不明确区分人格关系和身份关系，明确排除了权利能力问题和亲属关系归民法调整，把人身关系理解为知识产权拥有者的身份关系以及法学家勉强加上去的具体人格权关系，这种安排反映了前苏联使亲属法独立并在民法典中整合知识产权的立法实践。这样的人身关系当然次要，因为一个人每天都要与财产打交道，而只有在偶然的情况下才成为知识产权的拥有者。人格权受侵害也是偶然的。所以，财产关系作为一种发生频率更高的社会关系在前苏联取得凌驾于人身关系的地位，就不是什么偶然的事情了。

二、中国的改造

20 世纪 50 年代，我国完全继受苏联关于民法调整对象的理论。1958 年出版的我国的第一部民法教科书如此定义这一事项："民法除了主要调整财产关系以外，还附带[8]调整一定的人身非财产关系"。[9]人身非财产关系是否归民法调整，取决于是否与财产关系有"密切联系"。哪些人身非财产关系符合这一条件？答曰"因发明、著作发生的关系"。[10]看来我国的民法调整对象理论与前苏联基本一致，不同在于无人主张具体人格权关系归民法调整。

星移斗转，前苏联学者把与财产关系无关的人身非财产关系包括于民法调整对象内的尝试影响了中国学者，因而，佟柔教授在改革开放后的第一部统编民法教材《民法原理》中把人身关系定义为"没有财产内容而具有人身属性的社会关系"。这一定义与前苏联的定义略有不同，佟教授似乎觉得"人身非财产关系"的苏联式表达费解，因此把苏联的定义加以改造，如此，新生的"没有财产内容的人身关系"就不能与"人身财产关系"形成对仗了。佟教授把这种人身关系的内容描述为生命、健康、姓名、荣誉等权利，以及著作权、发现权、发明权等与人的姓名、荣誉直接联系、不可转让的权利。并发挥道：人身关系虽然没有财产内容，但可以成为财产关系的前提，如知识产权的拥有者可以获得报酬。[11]这样，我国的新人身关系定义已经比苏联的定义进步了：在苏联被排在第二位、被学者勉强塞进去的具体人格权关系在我国成了人身关系的第一项内容，过去居第一位的知识产权拥有者的身份关系被挤到了第二位。无论根据保护人权的思想还是根据两种关系的发生频率，这种安排都比前苏联的合理。具体人格权关系在人身关系中的"位居正宫"还破坏了过去曾有过的人身关系与财产关系在

“商品货币形式引起的”定语下的统一性，为摆脱商品经济的民法观创造了条件。

我国学者继续把新的因素添加到人身关系中来。西北政法学院 1982 年出版的民法教材把身份关系解释为血缘、婚姻、亲属关系以及知识产权中的身份关系，由此第一次把亲属关系解释为身份关系。[12]这是对身份关系的传统民法含义的恢复，背离了分离民法与家庭法的苏联立法模式，强化了背离商品经济的民法观的趋势。

尽管如此，仍有一些作者追求“正宗的”苏联理论。例如，王溶教授就把人身关系基本说成是知识产权拥有者的身份关系，只有姓名权除外，以此强调人身关系与财产关系以财产为基础的同质性。[13]

在佟柔教授创立的新人身关系定义的基础上，1986 年诞生的《民法通则》第 2 条规定：中华人民共和国民法调整平等主体的公民之间、法人之间、公民和法人之间的财产关系和人身关系。这一定义切断了民法调整的财产关系和人身关系与“商品货币”的经济形式的联系（尽管在解释上人们仍主张民法调整商品关系），去掉了“人身非财产关系”的拗口表达，改称“人身关系”，而且背离苏联模式规定了婚姻家庭关系！尽管有将财产关系前置于人身关系的不足以及过高估计平等在民法中的普遍性的不足，此条仍开创了我国人身关系立法的新局面，为后来这方面的理论研究提供了良好的立法前提。

以《民法通则》的规定为基础，我国法学者不断把新的因素添加到既有的民法调整对象定义上。1987 年出版的吉林大学的民法教材开始明确把人身关系分解为人格关系和身份关系，这是一个苏联的民法理论未充分做过的区分。作者称前者为与人们作为民事主体的资格有关的社会关系；后者主要为知识产权中的身份关系，但也包括监护关系。[14]用现在的眼光看，这一表述中把人格等于民事主体资格的命题是对的，但作者把这一命题的内容归结为生命权、姓名权、肖像、名誉、婚姻自主等具体人格权，是错的，因为根据下面要讲到的理由，人格与人格权并非同一。这本教材还第一次背离苏联模式把监护关系理解为身份关系。这些进步的根本原因是我国立法的进步，《民法通则》突破了苏联模式，开始规定婚姻家庭和监护关系并强调具体人格权之保护，这促使我国作者重新思考和界定人身关系的内容，脱离苏联模式的结果是回归传统民法的人身关系理解。

三、与西方理论的接轨

改革开放后，尤其是《民法通则》颁布后，我国转以西方国家为民法理论的主要输入源，由此造成了我国人身关系理论的不小变革。

首先是人格概念的“出土”。在人身关系被我国作者分解为人格关系和身份关系的条件下，产生了应如何理解“人格”的含义问题。我们知道，在上面介绍的苏联和我国关于人身关系的学说史上，都把“人格”理解为具体人格权（姓名、名誉、肖像等）。但公司法在我国的兴起，导致有必要在另外的意义上使用“人格”一词，因为在对股东与公司的关系的描述中很难避免用主体资格意义上的“人格”一词。记得是江平教授首先在对我们授课时如此谈，可惜现在找不到书面的依据。更可惜的是，江平教授尽管是最早正确使用“人格”一词的作者之一，但在他主编的非常晚近的教材《民法学》中，仍然把人格关系解释为“人与人之间基于彼此的人格而形成的以主体的人格利益为内容的社会关系”。[15]一方面，该教材承认人格是主体资格的意思，相当于权利能力；另一方面，又认为人格关系中包含的人格权指人作为自然之存在的社会的主体，其自身包含的，并且在现代之社会生活条件下受法律保护的各种自然的和社会的因素，也就是诸项具体人格权。[16]因此，人格关系归根结底还是具体人格权关系。显然，同一作者研究具体问题的成果未被上升到基本理论的高度。

江平教授是通过研究公司法得到对人格的正确理解的，王利明教授则是通过研究具体人格权达到了对人格的正确理解。他对人格作三种理解：其一，具有独立法律地位的权利主体；其二，主体的权利能力；其三，受法律保护的某些利益。[17]我认为第一种理解不确，因为它与第二种理解矛盾：一个是主体本身的东西不可能同时又是主体的某种属性。第二种理解是正宗的人格；[18]第三种理解是具体人格权。我们终于看到，我国学者除了把人格理解为人格权外，终于还把它理解为权利能力。遗憾的是，王利明教授主编的人民大学最新版民法教材并未按第二种理解界说人格关系，仍然把人格关系等同于具体人格权关系。[19]对具体问题的研究成果仍未被上升为基础理论。

在新时期，涉及人身关系的西方作品的译本出现于中国不少，它们对我国的人身关系理论产生了深远的影响。

这方面最专业的作品当推 1997 年翻译出版的星野英一的文章:《私法中的人》。此文完全区分了法律人格与人格权,确认前者为自古就有的法律现象,1794 年的《普鲁士普通邦法》第 1 编第 1 题第 1 条以最经典的方式给出了其定义:"人在市民社会中只要享有一定的权利,便被称为法律人格";[20]后者是一种较晚近的法律现象。近代法国法学家雨果 · 多诺创立了主观权利的概念作为法律体系的枢纽并以之整理所有的法律材料,为此他把权利分为对物的权利、对他人的权利和对我们自己的权利三类,"对我们自己的权利"就是人格权(Iura sua in persona),包括身体完整权、自由权、荣誉权等类型。[21]而古罗马就有了人格的概念,[22]所以,从历史来看,人格与人格权的产生时间迥异。人格权只有在自然法思想导致人格平等后才有可能建立起来。而人格在古代屡屡被用作制造不平等的工具,把奴隶、外邦人、家子排除在法律主体的范围之外。

这方面的比较顺带的作品当推 1999 年翻译出版的萨维尼的《法律冲突与法律规则的地域和时间范围》。按照作者的观点,法律(不仅是民法!)调整人本身和法律关系,后者包括物权关系、债的关系、继承关系和家庭关系。[23]这里的"人",就是人格关系;这里的"法律关系",就是财产关系和身份关系。我们应注意到,这一定义的特点有三:其一,不讲人格关系而只讲"人"。其二,把人身关系的"人"与"身"两个要素分割开,安排在体系的相隔遥远的不同部分。我们知道,后一点正是潘得克吞体系的特点。其三,不像我国一样把民法的调整对象认知为社会关系,而是法律关系。

值得讨论的是第一个特点。必须把萨维尼的法律调整对象理论与其他作者的相应理论进行比较才能理解它。

《德国民法典》的起草者之一、潘得克吞学派的主要代表温得沙伊得认为:"所有的私法,要做的事情,有两个对象:(1)财产关系;(2)家庭关系。因此,私法的主要划分是财产法与家庭法的划分。财产法有如下客体:其一,对物的法律关系;其二,人与人之间的法律关系:债权法或债的关系法。但财产法应解决进一步的死者的财产的目的之问题,就这一问题的相关原则的总体构成继承法"。[24]我们看到,萨维尼的法律的调整对象理论与温得沙伊得的私法的调整对象理论极为类似,唯一的不同是后者未提到对"人本身"的调整。差异的原因不难找到:萨维尼谈的是法律的调整对象,不以私法为限;温得沙伊得谈的是私法的调整对象。逻辑的比较结论是,温得沙伊得把对"人本身"的调整理解为一个公法问题,因为这是国家对自然人和法人的权利能力之授予,故把该问题从私法的调整对象中排除出去了。[25]

了解了这一背景,我们就能理解阿根廷法学家荷尔赫·香比雅斯的民法调整对象定义了:"不考虑其业务和职业地调整在其自身关系和与国家的关系中的人,而这些关系以满足人性的需要为目的"。[26]这一定义首先揭示了民法调整对象的两个维度:横向关系("在其自身关系中的人")和纵向关系("在与国家的关系中的人",换言之,国家对主体资格的赋予),此外还揭示了民法调整对象的两个类型:人身关系("在其自身关系和与国家的关系中的人")和财产关系("以满足人的需要为目的"的关系)。最后我们可以看出,这一定义采用了人身关系优先于财产关系的立场。萨维尼定义和香比雅斯定义的最引人注目的地方是它不讲调整"人身关系",而是直接讲调整"人",因为"关系"容易被理解为横向关系,说调整人,就把人格问题的纵向性质凸显出来了。

既然人格问题在很大程度上是纵向问题,它就极大地体现了国家意志,在描述国家在这方面的动作时,再用通常的"调整"一词就显得不合适了,因此,1995 年的《俄罗斯联邦民法典》第 2 条第 1 款规定:"民事立法确定民事流转的参加者的法律地位;所有权和其他物权以及因智力活动产生的专有权利(智力财产)的发生根据和实现的程序;调整合同和其他的债以及其他财产关系和与人身有关的非财产关系,这些关系以其参加者的平等、意思自治和财产自治为基础"。[27]这一定义把民法调整对象理论改造为"民法的确定和调整对象理论"。其中,民事主体的法律地位——人格,以及物权和知识产权,换言之,所有的绝对权的发生依据和实现程序,都是被"确定"的。合同关系和其他债的关系,换言之,所有的相对权关系,都是被"调整"的。显然,这一条文抛弃了 1961 年《民事立法纲要》的民法调整对象定义,恢复了人格在民法中的地位,同时也未抛弃过去规定过的人格权,该条的后部规定的"与人身有关的非财产关系"就是这种权利的载体。此外,它去掉了上述"纲要"的民法调整对象定义给民法调整的财产关系和人身非财产关系课加的"由于利用商品货币形式而引起的"限制语,从而使民法调整的财产关系的范围更加广阔,抛弃了商品经济的民法观。

考虑到《俄罗斯联邦民法典》的上述民法调整对象定义与该国的传统

定义差别很大,又考虑到起草这一民法典的专家起草中参考了魁北克的经验,非常有理由怀疑如上民法调整对象定义来自魁北克关于这一事项的定义。《魁北克民法典》的预备性规定中这样规定:"《魁北克民法典》根据人权和自由权宪章以及法的一般原则,调整人与人之间的关系和财产。"[28]这一定义提到了民法调整人和调整物,然后才提民法调整人之间的关系,与《俄罗斯联邦民法典》的相应规定十分类似。

我们看到,在萨维尼和温得沙伊得的时代,已经形成了正确的民法调整人格—财产—身份关系的理论,温得沙伊得考虑到私法调整对象的特殊性,把被理解为公法问题的人格关系排除在民法调整对象之外。此等德国学说传之于日本,产生了这样的学说:民法是"把身份和财产的关系作为私人之间的关系来规定的法律"。[29]所谓的"身份",指夫妻、父母子女、亲属、继承、遗嘱等事项。[30]这一定义把人身关系中的身份关系前置于财产关系加以说明,不同于温得沙伊得的定义,但它把人格关系遗漏掉了,换言之,它作为民法调整对象的定义却不能周延地囊括民法的外延,尽管它承认民法要规定权利主体(自然人和法人)。[31]

梁慧星教授的民法调整对象理论显然受日本学说影响很大,他认为"民法是调整民事生活的法律"。民事生活又可分为"经济生活"和"家庭生活"。[32]所谓经济生活,就是财产关系;所谓家庭生活,就是身份关系。这一定义对其日本原型的唯一改变是把财产关系的地位进一步提高,与温得沙伊得的定义更加一致,但梁老师忽略了温得沙伊得谈论民法调整对象问题时把人格关系理解为公法问题的话语背景,遗漏了人格关系的民法调整问题,造成了"标签"(民法调整对象的理论说明)与"货色"(民法体系包括的实际内容)的不一致。

幸运的是,梁老师起草的我国民法典总则编条文建议稿的第3条并未完全采用他自己的观点,而是规定:"本法调整自然人、法人和非法人团体之间的财产关系和人身关系"。[33]此条把"身份关系"扩张成了"人身关系",由此提供了光复"人格关系"的地位的机会。现在的问题是"人"的词素应理解成"人格关系"还是"人格权关系"了。如果众人都作后一种理解,将导致"人"的地位降低,因为人格权关系被理解为要服从"人要吃饱了肚子才能有尊严"的逻辑。

事实上,对"身"如何理解,也关系到"标签"与"货色"的同一性问题。

按照前文引述的梁老师的论述,我们知道,“身”仅指家庭关系。而按照我国长期沿袭的苏联话语体系,这种对“身”的理解是狭隘的,因为它不包括著作权中的“身份关系”,而正在起草的我国民法典已计划包括知识产权编。更有甚者,梁老师对现代民法的特征作了深入的研究,其中之一是像“消费者”这样的新身份的崛起(即“从契约到身份”的运动),[34]我国未来民法典是否调整这样的“身份关系”呢?我们必须看到,《意大利民法典》乃至于所有欧盟国家的民法典,都已在调整这样的身份关系了。[35]看来,我国未来民法典是否调整这样的身份关系,将决定它的现代性程度。

让我们回到西方作品对我国的人身关系理论影响之问题。应该说,我是星野英一文章的受影响者,它促使我完成了对人格关系的陈旧理解到新理解的转变。在1994年版的我参编的民法教材中,我还这样写:“人身关系指与人身密切相联而不可分割的社会关系。”人格指人格权,即具体人格权,身份指身份权。[36]该教材1999年的修订本就改成了这样:人身关系,是就人格和身份发生的社会关系。人格,指生物学意义上的人被承认为法律意义上的人的状态。身份,是一个人或团体被置放的相较于其他人或团体的有利的或不利的地位,有亲属法上的身份和亲属法外的身份两种。[37]在厦门大学法学院民商法学系列的《民法总论》的2005年修订本中,我又对身份和身份权作了这样的区分:“前者是影响主体人格的立法者安排,表现的是国家与民事主体之间的纵向关系;后者是身份权人对他人干扰或侵害家庭关系之排除,属于民事主体之间的横向关系。”[38]必须承认,这些是中国目前关于人格关系和身份关系的最接近真理的说明。因为在大陆法系国家,人格和人格权都是分开的。以《德国民法典》为例,其人格问题规定于主体法,具体人格权则规定于债法中的侵权法,只有关于姓名权的第12条作为一个例外被规定在关于主体的部分,两者差异甚大。

四、结论和问题

至此的研究表明,人身关系(用了“人身非财产关系”的表达)在前苏联单纯被理解为知识产权中的身份关系以及法人就其商号形成的关系,它能与财产关系联系起来并作为后者的基础,主体资格问题、具体人格权问题和亲属关系统统被排除在人身关系的范畴之外,经过学者的拯救性解释,具体人格权问题才勉强被塞进这个范畴中。20世纪50年代,我国完全继受了苏联的这种人身关系理论。20世纪80年代后，我国学者颠倒了苏联学者的安排，把具体人格权关系解释为人身关系的主要内容，把知识产权中的身份关系解释为这种关系的次要内容，这是对苏联蓝本的极有进步意义的变更，表达了我国学者"人化"民法的良好愿望，构成至今我国人身关系理论的主要解释模式。《民法通则》颁布后，与立法上的确立人格权和回收亲属法相对应，我国民法学界开启了把人身关系分解为人格关系和身份关系的趋向。人格关系被解释成具体人格权关系；身份关系被一分为二，首先是亲属法中的身份关系；其次是知识产权法中的身份关系，由此实现了我国人身关系理论对苏联的相应理论的超越。但美中不足的是，其一，主体资格意义上的人格关系始终没有与具体人格权意义上的人格关系区别开来，这是人身关系的顺序在立法和学说上都被排在财产关系之后的根本原因，因为一旦人格关系被理解成赋予主体权利能力的问题，则无论是按照重要性的标准还是按照逻辑性的标准，它作为财产关系的发生前提必须在财产关系之前得到确立。幸运的是，通过20世纪90年代广泛译介西方直接间接研究人身关系的著作，我国已有少数学者知晓了大陆法系传统中人格关系的真正含义，并正在为消除我国多数学者对人身关系理论描述与民法体系的实际内容的不一致而努力。其二，我国学者尽管在研究民法的近代变迁的过程中对亲属法外的身份关系作了有意义的研究，但缺乏把这种身份整合进民法调整的身份关系中的尝试。其三，在接受西方式的身份关系理论的同时，包括我在内的我国学者有放弃苏联模式下的知识产权意义上的身份关系，把这种关系解释成单纯的亲属关系的倾向。

本研究一方面使我看到了我国学者对人身关系的研究的令人欣慰的进步历程；另一方面也使我充分看到了我国在这方面研究的严重不足[39]，以这样重大的问题的这样的研究水平做底子起草民法典，让人提心吊胆。但我仍选择做民法典的促进派，只不过希望起草的过程能放得长一些，边起草边研究，让起草推动研究，让研究完善起草，形成良性互动。为了这个目的，我尝试提出自己的如下人身关系理解，以为我国民法典有关条文的起草者参考：

人身可分解为"人"和"身"两个要素。所谓的"人"，包括人格关系和人格权关系，前者是赋予主体权利能力的规定；后者是关于主体对其自身享有的权利的规定。所谓的"身"，包括四类身份关系：其一，传统的亲属关系；其二，以消费者身份为代表的特权性身份关系；其三，以外国人身份为代表的歧视性身份关系——在内国，外国人受到一定歧视是正常现象，例如，许多国家都不允许外国人在本国购买土地；其四，失权者的身份关系，这是现代日益频繁发生的身份关系。如此解释我国民法典总则编草案第3条中的“人身关系”，庶几可以无有遗漏。

由此产生了人格与人格权、身份权和财产权三者的关系问题。我认为人格是后三者的基础。按照康德的基于自然法思想的权利分类理论，人格属于“天赋的权利”，人格权、身份权和财产权属于“获得的权利”。[40]按照萨维尼的基于实证主义的权利分类理论，人格谓之原权（Urrecht），后三种权利是后天从他人获得的，前者是后者的前提。[41]无论根据何种权利分类理论，这两类法律现象都处于不同的层次：一个是前提；另一个是结果。事实上，现今我们使用的权利能力概念正是从康德的“天赋的权利”脱胎而来的。但第一层次的人格与第二层次的某些权利也有联系，调整人格、人格权和身份权的法是关于主体的存在的规则，它是主体进行其他活动的前提，当然要先于财产关系法得到规定或宣示。因此，建议把民法总则草案的第3条改为“本法调整自然人、法人和非法人团体之间的人身关系和财产关系”。人身关系的后置是苏联民法理论对这种关系的狭义化解释（排除人格关系）造成的，一旦它得到全面的解释，它光复其在罗马法中的地位乃至于在萨维尼的法律调整对象理论中的地位，就是必然的了。

以上对人身关系的解释只可谓全面，难谓完善。它不过把苏联、中国和西方学者关于人身关系之学说的方方面面整合到一起而已，还谈不上在理论上贯通了它们。例如，《俄罗斯联邦民法典》已把民法的调整对象问题改变成了“确定与调整”的对象问题，骨子里是把我们说的“人格关系”乃至于物权关系中的某些方面说成纵向关系，只承认“调整”涉及横向关系。我们看到，无论是萨维尼的法律调整对象定义还是香比雅斯的民法调整对象定义，都有类似的意图。在我看来，“调整”与“确定”确实存在区别：前者是在存在社会关系的条件下法律对之规制；后者为在无社会关系的条件下法律直接催生出法律关系。这一问题涉及民法是否包括大量的公法规范的复杂问题，现在不是讨论的时候，只能存而不论，但我们必须意识到这一问题的存在。再如，民法学界和相邻学科谈到了三种身份关系，但它们的共同属性是什么？如何形成一个统一的身份定义？等等，这些都是我没有解决而只是意识到了的问题，希望提出来引起讨论，以提高作为我国未来民法典的“文眼”的条文的质量。

毋庸讳言，眼下的民法总则草案第3条脱胎于苏联民法的相关规定。现在，我们的知识条件已经有了很大的变化，一方面，我们已经比较全面地了解了潘得克吞学派的诸多作者，有意大利的、阿根廷的、魁北克的乃至于更多国家或地区的民法调整对象定义；另一方面，曾作为我们的民法调整对象理论蓝本的俄国人的这种理论也发生了只能说是大的变化，如果我们在这个起“纲”作用的条文中不反映我们获得的新知，仍然围绕20世纪60年代的苏联规定做小幅修改，我们是不是会损失一次超越的机会？各国民法典的内容大同小异，能有表现各自精神之空间的条文没有几条，凑巧关于民法调整对象的条文就是其中之一，难道我们有理由不珍惜这一表现我们中国人对这个世界的观念、对民法的基本看法的机会吗？当然，上面我只是在维持民法总则草案第3条的基本结构的前提下提了一些修补建议，如果我们因为珍惜这个机会而重构该条，那将需要更多艰辛的理论劳动。同事们，让我们共同努力吧！

注释

1 读者若不相信这一判断，可自看如下两书：《法学研究》编辑部编著：《新中国民法学研究综述》，中国社会科学出版社1990年版；刘心稳主编：《中国民法学研究述评》，中国政法大学出版社1996年版。

2 事实上，我国关于民法调整对象的大讨论至少发生过3次（1951～1957年；1980～1986年；20世纪90年代前后），每次讨论都与制定民法典有关，但每次讨论的内容都只涉及财产关系。这真是一件非常奇怪的事情。所幸的是，这次制定民法典终于有可能催生出关于人身关系的讨论，本文算是开头。

3 中国人民大学苏联东欧研究所编译：《苏联和各加盟共和国立法纲要汇编》，法律出版社1982年版，第4页。

4 参见［苏］C. H. 布拉都西主编：《苏维埃民法》（上），中国人民大学民法教研室译，中国人民大学出版社1954年版，第63页。另参见［苏］坚金主编：《苏维埃民法》（第一册），李光谟等译，法律出版社1956年版，第148页。转引自李中原：“人身关系六题——与徐国栋先生商榷”，载《法学》2003年第1期。

5 参见［苏］格里巴诺夫等主编：《苏联民法》（上册），中国社科院民法经济法室译，法律出版社1984年版，第10页。

6 参见格里巴诺夫等主编,前引书,第 10 页及以次。

7 参见[苏]斯米尔诺夫等:《苏联民法》(上卷),黄良平、丁文琪译,中国人民大学出版社 1987 年版,第 4 页。

8 这一"还"字,这一"附带"的短语,把人身关系在中国民法中的低下地位活脱脱地勾画出来了。

9 参见中央政法干部学校民法教研室编:《中华人民共和国民法基本问题》,法律出版社 1958 年版,第 20 页。

10 参见中央政法干部学校民法教研室编,前引书,第 19 页及以次。

11 参见佟柔主编:《民法原理》,法律出版社 1983 年版,第 13 页。

12 参见西北政法学院科研处:《民法原理讲义》,内部教材,第 16 页。

13 参见王溶:"试论民法调整的对象",载安徽大学法学院编:《安徽大学知名教授论文选》,安徽大学出版社 1999 年版,第 285 页。

14 参见程国柱主编:《民法学》,吉林大学出版社 1987 年版,第 3 页。

15 参见江平主编:《民法学》,中国政法大学出版社 2000 年版,第 37 页。

16 江平主编,前引书,第 38 页。

17 参见王利明主编:《人格权新论》,吉林人民出版社 1994 年版,第 4 页及以次。

18 但也有学者主张人格与权利能力不可完全等同。意大利法学家巴尔贝罗认为,前者是简单的"谁"的问题,解决能否存在问题;前者是"多少"的问题,其性质允许由于身份因素受到限制。此等身份因素包括种族、性别、外国人、精神病状态以及由于某些非行被法律判定的失权。Cfr. L. Bigliazzi Geri et. al. ,Diritto Civile,I,Norme Soggettie ropportogiuridico,UTET,Torino,1987, p. 102.

19 谓:"人格关系,是指因民事主体的人格利益而发生的社会关系。人格关系在法律上表现为人格权关系,包括生命权、健康权、名称权、肖像权、名誉权等关系"。王利明主编:《民法》,中国人民大学出版社 2000 年版,第 9 页。

20 转引自[日]星野英一:《私法中的人》,王闯译,载梁慧星主编:《民商法论丛》(第 8 卷),法律出版社 1997 年版,第 156 页注 1。

21 Voir Jean – Louis Gazzaniga, Hugues Doneau et les fondements de la codification moderno,En Denis Alland et Stephane Rials(Directeur),Droit,PUF,Paris,1998,p. 88.

22 参见[古罗马]优士丁尼:《法学阶梯》,徐国栋译,中国政法大学出版社 1999 年版,第 71 页及以次。

23 参见[德]萨维尼:《法律冲突与法律规则的地域和时间范围》,李双元等译,法律出版社 1999 年版,第 6 页。

24 Cfr. Bernardo Windscheid, Diritto delle pandette(Vol. I), trad. it. di Carlo Fadda e Paolo Emilio Bensa,UTET,Torino,1925,p. 41.

25 温得沙伊得认为民法中,尤其是民法总则中包含许多公法规定。这一观点是对我们习惯的民法私法说的挑战。我认为除在合同法和遗嘱法领域外,民法的多数规范都是公法性的。试问,关于成年年龄的规定,关于物权法定的规定,怎么可能是私法性的呢? Cfr. Bernardo Windscheid, Diritto delle pandette(Vol. I), trad. it. di Carlo Fadda e Paolo Emilio Bensa, UTET, Torino, 1925, p. 41.

26 Véase Jorge Joaquin Llambias, Tratado de Drecho Civil, parte general, Tomo I, Editorial Perrot, Buenos Aires, 1997, pag. 40.

27 See Civil Code of the Russian Federation (part one), White & Case, London, 1994, pp. 1s.

28 Voir P. – A. Crepeau, Reflexions sur la Codification du Droit Prive, In Osgoode Hall Law Journal, 38, 2000.

29 日本平凡社:《世界大百科事典》(第29卷)所给的定义。载上海社会科学院法学研究所编译:《民法》,知识出版社1981年版,第16页。

30 参见上海社会科学院法学研究所编译,前引书,第6页。

31 参见上海社会科学院法学研究所编译,前引书,第7页。

32 参见梁慧星:"当前关于民法典编纂的三条思路",载《中外法学》2001年第1期。

33 参见梁慧星主编:《中国民法典草案建议稿》,法律出版社2003年版,第1页。

34 参见梁慧星:"从近代民法到现代民法——20世纪民法回顾",载《中外法学》1997年第2期。

35 参见《意大利民法典》第1469条附加条关于消费契约的规定。

36 参见彭万林主编:《民法学》,中国政法大学出版社1994年修订版,第5页。

37 参见彭万林主编,前引书,第17页。

38 参见柳经纬主编:《民法总论》,厦门大学出版社2005年版,第3页。

39 例如,龙卫球先生在其影响广大的《民法总论》中援引了萨维尼关于法律的调整对象的正确观点。然而,在谈到自己这方面的观点时,他还是回到了老路:"人身关系,指与人身相连而形成的人们之间的相互关系,包括人格关系和身份关系。人格是主体性要素(生命、健康、身体、自由、隐私等),身份是家庭成员地位、婚姻配偶地位等"。如此,主体资格问题还是被遗漏了,人格关系还是被理解为人格权关系。参见龙卫球:《民法总论》,中国法制出版社2001年版,第21页,第23页。坊间流行的民法教材,莫不仍然把人格关系等同于人格权关系。马俊驹教授和余延满教授如是说:"所谓人格关系,是指因民事主体的人格利益发生的社会关系。人格利益是指生命、健康、姓名……"。参见马俊驹、余延满:《民法原论》(上),法律出版社1998年版,第13页。魏振瀛教授(魏振瀛主编:《民法》,北京大学出版社、高等教育出版社2000年版,第4页)、王作堂教授主编的民法教材也是如此描述人格关系。由此看来,我国多数民法学者对人身关系的认识水平还未达到正确的程度,基于这一认识基础谈论人身关系与财产关系孰轻孰重,难免给人无的放矢之感,错误定位似乎必然。

40 参见康德:《法的形而上学原理——权利的科学》,沈叔平译,商务印书馆 1991 年版,第 49 页及以次。此处康德采用了毫不含糊的自然法表达:“不依赖于经验中的一切法律条例”的权利。但康德的法律思想存在矛盾,他在别的地方批判了自然法理论。参见[德]Franz Wieacker:《近代私法史——以德意志的发展为观察重点》,陈爱娥、黄建辉合译,五南图书出版公司 2004 年版,第 350 页。

41 参见何勤华:《西方法学史》,中国政法大学出版社 1996 年版,第 248 页。

徐国栋

代表作

拾贰

寻找丢失的人格

——从罗马、德国、拉丁法族国家、前苏联、俄罗斯到中国

一、中国关于人格的学说的现状

关于民法调整对象，我的民法调整人身关系和财产关系的见解为当代中国在这一领域的第一种观点，其中，人身关系中的“人”既指人格，即法律主体资格，又指人格权；“身”指影响主体人格或其他权利的立法者处置；[1]作为对立面的梁慧星教授的观点是：“民法所调整的社会关系分为两大类，即经济生活关系和家庭生活关系。与此相应，民法规范也分为两大类，即财产法和身份法”。[2]两者的区别一在于我把人身关系看成民法的第一位调整对象，梁慧星教授把它看作第二位的调整对象；区别之二在于我认为民法调整人身关系；他认为民法只调整身份关系，由此丢掉了一个“人格”。第三种观点为《民法通则》第2条所持：“中华人民共和国民法调整平等主体的公民之间、法人之间、公民和法人之间的财产关系和人身关系。”这一观点相较于梁慧星教授的观点，并未丢失“人格”（“人身关系”中的“人”就是这样的人格），但在通说的解释中，此“人”非彼“人”，它并非指权利主体意义上的人格，而是指保护主体性要素意义上的“人格权”外加知识产权法中创造人（实际上，主要是著作权人和专利权人）的人格权。[3]因此，尽管我与《民法通则》第2条都谈论“人身关系”，但两个“人身关系”的含义并不一样，第2条也丢掉了法律主体意义上的人格。由此可见，在民法文献中，人格概念分别在主体资格、具体人格权和创造者人格权

注　本文是提交给2004年1月10~11日在由《法学研究》编辑部与黑龙江大学法学院联合在哈尔滨举办的“俄罗斯法制与法学”国际研讨会的论文。感谢会议举办者的良好会议组织，我因此得到就本文中的一些关键论据询问国内国外一流专家的机会。

三种意义上被使用。此外,在民法以外,还存在日常用语意义上的人格概念,它指个人的行为、心理的特征的总和。本文打算研究的是,在历史上,这四个"人格"是如何先后出现的?另外,附带研究人格权是如何取代人格成为民法调整对象的?由此探讨在人格被找回的情况下它与已经存在于民法中的人格权的关系问题,理顺四种"人格"的关系。通过这些研究,为我国现下的民法典起草者起草有关条文时提供参考。

二、罗马法:公私混杂的人格——身份

在罗马法中,身份是构成人格的要素。此等身份有自由、市民、家族等。同时拥有这三种身份者就拥有完全的人格。任一身份的减少都导致人格的减少直至消灭。自由人的身份把人分为自由人和奴隶,前者是主体,后者是客体;罗马法把自由人分为生来自由人和解放自由人,其差别在于前者享有某些特权,例如可以当官,后者承受一些歧视。这种身份是公法性的,因为它是政治国家赋予的;市民的身份是公私混合的,它包括投票权、担任官职权、申诉权、婚姻权(Ius conubii)和交易权(Ius commercii)、遗嘱能力、诉讼权、氏族成员权、宗教权,其中只有婚姻权、交易权、遗嘱能力和诉讼权是私法性的,[4]它们演变为后世的民事权利能力。家族的身份是私法性的,因为它是自然形成的。自由人的身份和市民的身份完成社会的宏观组织的功能;家族的身份通过社会的微观组织完成人类种的延续,由此形成国与家对立的格局。身份是组织社会的工具,组织社会的目的是分配各种稀缺的资源。罗马立法者之所以要设定各种身份并以之为依据分配利益或不利益,乃因为资源是稀缺的,在不能充分地供给一切人的情况下,立法者不得不利用身份的工具保证自己认为有用的人得到分配,正身份就是表征这种受优先分配权的符号,为此要牺牲那些被认为无用的人(即负身份的承载者)得到分配的机会,这种机会的丧失表现为不赋予或剥夺身份。

罗马法中的身份都是纵向性的。自由人、市民的身份表现的是主体与国家间的宏观纵向关系,国家通过这两种身份赋予承受者特权。一个奴隶如果为国家作了某种贡献,国家可以给予他自由,使他解放成为自由人,这种特殊情况特别表明了人格的国家赋予性。某人生下来之所以能成为自由人,因为他有自由人的父母,他能成为自由人,也是由于国家设置了这个

前提。市民的身份尤其如此,我们稍微了解一下罗马史就知道,在罗马共和国的历史上有一场大规模的为争夺罗马市民权而发生的同盟者战争。罗马人以台伯河入海口的小根据地为原点往外扩张,离他们最近的部族叫作拉丁人,他们经常与罗马人共同作战,建立了拉丁同盟,打战时要他们出力,分利益时就没有他们了。罗马人征服敌人土地后就没收其三分之一的土地作为罗马的公地。[5]罗马市民有资格参加此等利益的分配,作为拉丁的同盟人没有如此资格,所以就爆发了同盟者战争,这是罗马完成对内整合后遭遇的第一次大的战争。后来经过反复的镇压,平息了同盟者的反抗,但是同盟者也获得了一个回报,他们获得了市民权。这一实例很典型地表明了市民资格的国家授予性。家族的身份表现的是微观纵向关系,因为罗马的家庭相当于一个主权单位,家父对于其属员享有生杀予夺权。总之,罗马法中的人格是公私法因素的混合物。三种性质不同的身份决定一个人格的现实,证明了罗马人公私不分[6]、诸法合一的意识形态。尽管公私法的区分是从罗马人开始的,但他们对法的这两个分支的理解与我们的不同。我们对公私法的理解有多种学说。第一种是利益说。根据保护利益的不同来确定公私法的范围,保护公共利益的法叫作公法,保护私人利益的法叫作私法。第二种是运用说。在行使权利过程中允许抛弃自己权利的法叫作私法,不允许抛弃自己权利的法叫作公法。第三种学说是主体说。凡是调整公主体之间、公主体与私主体之间关系的法律叫作公法。调整私主体之间关系的法律叫作私法。大致可以这样概括这种观点:调整纵向关系的法叫作公法,调整横向关系的法叫作私法。这是对公私法划分的三种最通常的理解。

罗马人对公私法的划分是怎么理解的呢?D.1,1,1,2 说:法的"……研究的对象有两个:公法和私法。公法是有关罗马宪法的法律;私法是涉及个人利益的法律:事实上,有的事情涉及公共利益;有的事情涉及私人利益。公法见之于宗教事务、宗教机构和长官的设立。"简单来讲,公法包括礼拜、祭司、设立长官。长官的设立严格说来是行政法中的职官法。这个定义采用列举式说明公法的内容,不在列举范围内的应该都是私法,因此,我们现在被认为是公法问题的自由权问题(换一句话讲就是解放奴隶问题,它是私人处分自己财产的行为,尽管要影响到罗马国家的人口构成)、市民权问题,很有可能被罗马人理解为私法或公私混合的问题;我们现在认为是公法性的盗窃和抢劫、诉讼法问题，罗马人却认为是私法问题。因此，在我们现代人的眼光看来是公私不分的罗马人的人格—身份立法，当时人却认为具有私法的同一性。

罗马人的公私不分的人格—身份观念还不时地在现代人的头脑中返祖，例如，近世德国学者埃利希认为的权利能力包括4种，其中第一种是"享有和行使各种政治权利的能力"。[7]另外，在"二战"后的法国民法典改革委员会的第一秘书长高斯特·福楼海(Coste - Floret)主张把民法典分为4编，第一编，家庭；第二编，职业；[8]第三编，国家与个人间的直接关系；第四编，个人免受国家直接控制的事项。[9]这显然是一种认为民法也调整国家与个人之间的纵向关系的观点。

三、人格的公私成分的近代析分

15世纪末、16世纪初，西欧封建制度开始解体。商业经济的发展促进了地区间的联系。领土兼并战争造成了一些较强大的政治中心，出现了西班牙、法兰西和英格兰等独立的民族国家。在这些民族中，君权得到了强化，中央权力加强，使具有主权的民族国家成为可能。[10]与此相应，一切治国的重要手段，如税收、军备、法律等，都有大幅度的改变：人头税变成了永久的税项；建立了常备军；中央性的法院也在频频建立中，所有这些改革，其基本精神都是使一个共同体更趋于集中、统一、有组织性，要求更多的公法、政权与教权分离。民族国家的兴起催生了法典编纂运动，它要求在公私法分立、诸法分离的观念基础上实施，所以，它必然也是一场部门法运动。在这种背景下，17世纪的法国法学家让·多马完成了对这两类身份的区分的发现。在其于1694年出版的《在其自然顺序中的民法》一书中，他对身份的概念进行了清理。他把"资格"(Qualità)当作身份的同义词。认为，身份有自然资格与民事资格(英译者将民事资格译作"非自然资格或武断的资格")之分。前者如性别、年龄、家父或家子的地位、婚生子女和非婚生子女的地位等；后者如拥有自由权的状态、受奴役的状态、诸种社会的和职业的身份等级、臣民的地位、外国人的地位等。自然资格与私法有关；人为的或武断的资格与公法有关，应该从私法中排除，由此完成了身份概念的私法化，并且把在罗马法中实际存在，但未被归入身份范畴的男女、胎儿、未成年人等家庭法外的身份吸纳到了私法性的身份中。[11]

公私法分离的现代观念很快渗透到了民法调整对象理论中。《德国民法典》的起草者之一温得沙伊得(1817～1892 年)说:“所有的私法,要做的事情,有两个对象:(1)财产关系;(2)家庭关系。因此,私法的主要划分是财产法与家庭法的划分”。[12]这一民法对象的德国定义与上引梁慧星教授的相应定义惊人的一致,也与日本百科全书上的相应定义惊人的一致,该定义认为民法调整身份关系和财产关系。亲属编从横的方面规定身份关系;继承编从纵的方面规定身份关系。[13]它们的共同点是人格的丢失。

然而同样是德国人的萨维尼(1779～1861 年)有时做这样的丢失,有时又不做这样的丢失。他在丢失人格时这样说:“民法包括 3 个大的部门:亲族法、物权法和债权法。”[14]这一说法除了把温得沙伊得话语中的“家庭关系”提前并把财产关系分解为物权法和债权法外,与之并无实质的区别。他在不丢失人格时是这样说的:法律调整人本身和法律关系,后者包括物权关系、债的关系、继承关系和家庭关系。[15]这一说法相较于其前一个说法,多出了一个“人”,就是人格。显然,萨维尼讲法律的调整对象时讲这个“人”;讲民法的调整对象时不讲这个“人”。前引温得沙伊得的话讲的是私法的调整对象,因此也不讲这个“人”。至此,萨维尼的两个调整对象定义的差异以及他的第二个定义与温得沙伊得的定义的差异就不难发现了:无论是萨维尼还是温得沙伊得,都把人格问题理解为公法问题,故把它从私法的调整对象中排除出去。我认为,在萨维尼的法律调整对象定义中不讲人格关系而只讲“调整人本身”,就是为了强调人格问题的公法性质,因为对人本身的调整就是国家对自然人和法人的权利能力之授予,按现代人的理解,是一个“公”的行为。事实上,温得沙伊得已明确意识到民法中的内容既有公的,也有私的。他说:“以客观法本身为对象的原则,即法建基于其上的规则,不具有私的属性,属于公法,在对私法的完全阐述中,也谈到它们,不失为妥当”。[16]此语确定民法的原则属于公法,在关于私法的阐述中提到它们,是可以的。当然,不提到它们也可以。所以,从技术上来看,温得沙伊得的私法定义贯彻了在民法与宪法间分工的欲望,试图把人格问题从民法中排除,纳入宪法。这可以解释梅迪库斯对《德国民法典》人法规定薄弱的承认。[17]在古罗马诸法合体的条件下,这是做不到的。在 1756 年的《巴伐利亚民法典》之后,部门法运动完成,所有的世俗法被分为宪法、民法、商法、刑法、民事诉讼法和刑事诉讼法(即所谓的“六法”），它们又分为公法（宪法、刑法、民事诉讼法和刑事诉讼法）和私法（民法和商法），在这样的意识形态背景下，罗马人留下的公私不分的人格—身份规则必须按照新的分类规则整理，于是，人格的公法性被发现，它也就被认为是一个宪法问题，在民法中处于可谈可不谈的地位了。萨维尼和温得沙伊得都选择了在私法的场合不谈它。

德国学者关于民法的人格规定是公法而非私法的观点具有普遍性，因此，在1942年《意大利民法典》的起草中，一些起草委员如朱塞佩·皮萨内利（Giuseppe Pisanelli，1812～1879年）主张人格的赋予严格说来不属于现代意义上的民法规范，是一个公法问题，因而认为不应在民法典中包括它们。[18]这一说法比德国人的观点更加激进。温得沙伊得还允许公法规范存在于民法典中，此说是要把它们清除出去，把民法典变成纯粹的私法。当然这种做法未取得成功，1942年《意大利民法典》第1条就是关于自然人的权利能力即人格的规定。尽管如此，也许由于意识到人格问题的公法性，意大利学者的民法调整对象定义也避免使用“调整”的动词，而是采用如下的表达：“所有可以在民法的名号下包括的东西，包括以下方面：首先是更直接地关系到主体的存在的规则；其次是上述主体参与享用和利用经济资源的一般规则。”[19]“关系到主体的存在的规则”一词，就把人格问题的公私性质问题含糊过去了。

在同样的话语背景下，阿根廷民法学家香比雅斯这样给民法调整对象下定义：“不考虑其业务和职业地调整在其自身关系和与国家的关系中的人，而这些关系以满足人性的需要为目的。”[20]这一定义的前部关于人身关系；后部关于财产关系。在前部中，它揭示了人身关系的两个维度：横向关系（“在其自身关系中的人”）和纵向关系（“在与国家的关系中的人”，换言之，国家对主体资格的赋予），最后以“不考虑其业务和职业”[21]的用语揭示了调整方法的普遍性。前一种关系可以是家庭关系、人格权关系；后一种关系必定是人格关系。这一定义的最引人注目的地方是它像萨维尼在其著名的《当代罗马法体系·法律冲突与法律规则的地域和时间范围》一书中所做的一样，不讲调整“人身关系”，而是直接讲调整“人”，因为“关系”容易被理解为横向关系，说调整人，就可以把人格问题的纵向性质凸显出来。

比较起来，在德国民法理论中不谈的人格，在拉丁语系国家并未遭遇同样命运,它被维持在这些国家的民法调整对象定义中,并且被明确说明为一种纵向关系。人们同时使用人格和权利能力两者(如《澳门民法典》和《魁北克民法典》)并且在观念上把它们区分开来。前者是简单的“谁”的问题,解决能否存在问题;后者是“多少”的问题,其性质允许由于身份因素受到限制。[22]此等身份因素包括种族、性别、外国人、精神病状态[23]以及由于某些非行被法律判定的失权、[24]还有人主张年龄和健康状况也可以导致限制一个人的权利能力。[25]为何它们与德国学说有如此差别?我认为是因为:第一,德国人首先创造了权利能力的概念取代人格,拉丁语族国家却在很长的一段时间内未做这种取代,后来受德国影响采用了权利能力概念,但仍把它与人格概念并用;第二,德国人力图完成民法的私法化,而拉丁语族国家学者承认民法的公私混杂性,在相当长的时间内没有把民法完全私法化的冲动。例如,1804 年的《法国民法典》仍然规定了国籍问题,此后才把它理解为一个公法问题。到了 1927 年,人们才把市民身份的公法性的认识体现为立法,于是年制定了国籍方面的特别法,到 1945 年,专门的国籍法典才问世。[26]与此相类,1865 年的《意大利民法典》仍然规定国籍问题,1867 年的《葡萄牙民法典》也规定国籍问题,1942 年的《意大利民法典》就不规定这一方面了。

四、从人格到权利能力:人格的私法化

罗马人的公私合璧的人格概念不符合近代国家中的诸法分立的现实,公的身份要么因为废除奴隶制被取消,[27]要么被纳入了宪法或国籍法,因此,人格的私法化是一个不可避免的问题,于是,权利能力概念便作为问题的解决方案出现了。

根据意大利法学家安杰罗·法尔泽阿(Angelo Falzea)的研究,最早提出权利能力的学者是蒂堡(Anton Friedrich Justus Thibaut, 1772 ~ 1840 年),他在 1803 年于耶拿出版的《潘得克吞法体系》一书中说:“希望自然地被看作能拥有权利的主体的人,应该拥有理性和意志。”[28]此语中的“能”字,被看作权利能力制度的萌芽。这一概念不再把人格问题与可能主体的自由、国籍状况和家族中的地位联系起来,而是与他们的心智状况联系起来。如果说先前的主体标准取决于被评判者外在的从属关系,现在的主体标准则取决于被评判者内在的状况,这必定是一个趋势的结果,因为权利

能力的概念以权利的概念为基础,[29]尤其以把权利作为整个法律体系的枢纽概念的实践为基础(因为权利能力是“原权”),只有权利概念得到确立并成为法律体系的核心后,权利能力制度才会产生。陈弘毅教授认为“权利”一词具有其现代的意思只是在14～15世纪的欧洲才发生。[30]夏勇教授也认为,罗马法中的ius兼指权利与义务,且义务成分重于权利,直到14世纪,奥康的威廉(William of Ockham,1290～1349年)才在现代的意义上使用“Ius”一词,[31]权利概念的确立至此完成。这一概念的枢纽地位的确立,则是由法国法学家雨果·多诺(Hugues Doneau,1527～1591年)完成的。他赋予罗马法中的“Ius”一词以“按愿望的方式生活和行动的权能”的现代含义。从1565年开始,他在《市民法评注》(Commentaires du droit civil)一书中以这种意义上的权利概念为枢纽整理混乱不堪的优士丁尼《学说汇纂》,完成了法律体系从客观到主观、从法到权的转变,形成了新的法律材料阐述体系。[32]正是基于这一理论成就,莱布尼兹(Gottfried Wilhelm Leibniz,1646～1716年)才会说“法学即权利之学”;[33]康德(1724～1804年)才会以权利统帅其法哲学理论并做出天赋权利和获得的权利的划分,[34]1810年的《奥地利民法典》第16条就把前一种权利作为权利能力规定下来。[35]1863～1865年的《萨克逊民法典》进一步明确提出了权利能力的概念,其第32条规定:“权利能力起于出生,胎儿就所有有利于他的事项视为自其受孕之时起已出生。死产的新生儿视为从未受孕”;第36条规定:“权利能力终于死亡”。[36]这些是现代民法中最早关于权利能力的规定。《德国民法典》也把权利能力作为人格的替代物加以规定。[37]由此,权利能力概念基本结束了人格的社会组织功能,承担起确定法律行为主体的功能。这样的权利能力概念力图脱去公法色彩。在蒂堡提出权利能力的同一著作中,他就说到:“由于某种理由被称为权利主体的人称为人,尤其被考虑为民法的主体”。[38]此语力图把过去的全方位的人转变为民法上的人。1867年《葡萄牙民法典》第3条规定:如果权利和义务限制在作为纯粹个体的公民们的相互关系上,或在公民与国家的关系上,以所有权或纯粹个人的权利为客体,这些权利和义务构成公民的民事能力,由包含在本民法典中的私法调整,特别法另有规定的除外。此条把权利能力横向化,对于纵向的这种事项,也以客体的私权性将之横向化。为了实现这一意图,它干脆把这种能力冠上“民事”的定语。[39]日本学者林大、山田卓也说,权利能力指人在私法上作为权利义务主体的地位和资格。[40]而权利能力的承载者——人,也被尤其考虑为民法的主体了,[41]换言之,不被考虑为公法的主体了。

权利能力概念的形成并不意味着行为能力概念的形成,因为前者从属于主体制度,后者从属于法律行为制度。前者关系到主体资格的静态——被动方面,涉及权利、义务和法律情势的主体;后者关系到主体资格的动态—积极方面,涉及主体完成其取得、丧失、变更其权利和法律关系的可能性。[42]这种不同造成不同时代的人们对两者的关注程度不同。萨维尼说,罗马人更关注的是权利能力即人格问题,而现代法更加关注行为能力问题。[43]由于两者间的差异,可以说,并非在产生权利能力制度后再以之为基础产生行为能力制度,两种能力制度是彼此独立产生的。权利能力制度尚且可以把罗马法中的人格当作自己的先祖,而行为能力制度在罗马法中找不到这样一个完全的制度对应物,而只有一些零碎的对应物,因为罗马法中尽管不乏零碎的行为能力规定,如成年年龄的规定、适婚能力的规定、代理诉讼能力的规定等,但并无统一的行为能力制度。严格说来,行为能力制度首先必须建立在把人理解为理性的载体的理性主义的哲学基础上,而当时并不具有这一哲学基础。众所周知,理性主义是在 18 世纪的欧洲形成的。行为能力制度的理性主义基础是康德提供的。他在《习俗的形而上学基础》第四章中这样说:“人是可以对其行为承担责任的主体”,康德由此把人对自己的行为承担责任的能力确定成了人的概念的基础,只有把人设定为理性的承载者才能得出这一结论;[44]其次,必须建立在法律行为制度的基础上,在这一问题上完全可以适用同源词的解释方法,行为能力无非是实施法律行为的能力,因此,法律行为制度的产生是行为能力制度的基础,直到 1805 年,海赛(Georg Arnold Heise,1778 ~ 1851 年)才在《日耳曼的普通法》一书中创立了这一概念。至于具体由谁创立了行为能力这个概念,正在考证中,意大利学者阿尔多·贝特鲁奇认为是一个教会法学者创立的。无论如何,温得沙伊得于 1862 年出版的《潘得克吞法》已谈论行为能力问题,[45]萨维尼的《当代罗马法体系》也是如此。[46]

从国家实证主义的角度看,不论是权利能力还是行为能力,仍然是国家授予的,表现的是私的主体与国家的垂直关系,尽管自然法学说认为这些能力是天赋的,与生俱来的,因此,权利能力以及与其平行的行为能力制度在民法典中的存在证明把人格全部驱逐到公法的尝试不成功，它顶多把作为政治活动前提条件的那部分人格驱逐掉了，却没有驱逐掉作为私的活动的前提条件的那部分人格。而且作为人格概念替代物的权利能力只是基本结束了人格的社会组织功能，并未完全取消这一功能，因为不是任何人都能作为特定法域的民事主体，乃是不争的事实，此乃因为现代国家仍然面临资源稀缺的现实，所以不能让外国人与本国人得到同样的分配。《法国民法典》第 8 条关于“所有的法国人均享有民事权利”的规定自然包含外国人不能在法国享有民事权利的反面解释。事实上，法国人不过在这一解释上附加了外交互惠的条件而已。[47]甚至在我国《民法通则》第 8 条第 2 款中，外国人仍然是一种影响权利能力的身份。由于权利能力的国家赋予性，尽管人们已把拥有这样的能力视为当然，但不排除哪一天奴隶制复辟时国家剥夺某些人的这些能力的可能，我们必不得忘记古罗马曾经对奴隶做过的这种剥夺，纳粹对犹太人做过的类似剥夺、墨索里尼在 1942 年《意大利民法典》中对犹太人做过的同样剥夺，[48]民主国家美国在日本发动珍珠港事件后对旅美日侨的此等剥夺，以及我国《拍卖法》第 15 条对违规的拍卖师的职业权利能力的有期剥夺。民法调整对象定义必须反映民法的这部分工作内容。为此，阿根廷民法学家香比雅斯不得不以“调整人”这样的拗口表达揭示这部分内容及其纵向性。尤其是人格的赋予或剥夺是民法的调整手段之一，不承认此将破坏其功能的发挥。

五、从人格到人格权和作者人格权

苏联建国后，基于共产主义理论否定民法存在的必要，但不否定婚姻、家庭和监护法的存在必要，因此，1918 年就后者制定了法典。尔后被迫实行新经济政策，于 1922 年制定了民法典，这时，民法的两个部分已经是两个法典了，由此形成传统。[49]因此，1922 年的《苏俄民法典》第 3 条规定：土地关系、由雇佣劳动所产生的关系、家庭关系，都由专门法典调整。形成了排斥身份关系于民法典之外的立场。当然，《苏俄民法典》中包括关于主体权利能力等的规定属于人格，但它们没有机会反映到前苏联的民法调整对象理论中。这种理论在 20 世纪 50 年代形成，它认为：民法调整一定范围的财产关系和与财产关系有关的人身非财产关系。这里的“与财产关系有关的人身非财产关系”并不包括人格，而是指知识产权中的身份关系和法人就其商号形成的关系。[50]如此,传统的人格被排除出民法了,苏联民法几乎变成了财产法。但苏联学者们不甘心这种结果,遂对1964年的《苏联民事立法纲要》第1条"苏维埃民事立法调整在共产主义建设中由于利用商品货币形式而引起的财产关系,以及与财产关系有关的人身非财产关系"[51]的规定做目的性扩张解释,认为苏联民法还调整与财产关系完全无关的人身非财产关系,也就是就名誉、尊严、肖像、通讯自由等人格利益发生的关系,因为对这些权利的侵害要导致财产赔偿。[52]至此,传统的人格和身份在前苏联得到了完全的改造,主体资格意义上的"人格"变成了主体性要素之法律保护意义上的人格权、知识产权法中的人格权(采用了人身非财产权的表达)以及法人的人格权,正所谓"换了人间"。

变化原因在于时代发展造成的新法律现象进入了前苏联民法调整对象理论中。此等新现象有三:其一,人格权概念的产生;其二,创造人人格权概念的产生;其三,法人人格权概念的产生。容分述之。

很可能是16世纪的法国人雨果·多诺(Hugues Doneau,1527~1591年)最早提出了人格权的概念。他把权利分类为对物的权利即物权,对他人的权利即债权,对自己人身的权利即人身权,包括身体完整权、自由权、荣誉权等。[53]其理论后来反映在《德国民法典》第823条等条文中。无论如何,这种新型的权利的性质与过去的人格不同。简单地说,人格是原权,人格权是取得的权利,一个是前提,另一个是结果。但这两者之间并非毫无联系,因为具有人格自然是具有价值和道德品质,从而拥有尊严的表征。[54]我们看到,通过解释的途径,这样的人格权以人身非财产权的名义进入了苏联的民法调整对象理论中。

创造人人格权起于知识产权立法。1837年的《阿尔贝尔蒂诺民法典》(即《撒丁民法典》)保护著作权,其第440条宣称:"天才之人的作品是其作者的财产,但必须遵守法律和有关的条例。"[55]1857年的《智利民法典》第584条沿袭了这一规定,从此,带有"人身"权成分的著作权进入了民法典制定者的视野,学者们开始研究作者权利的性质问题。18世纪末的大背景是启蒙思想把persona抽象化,形成了persönlichkeit的新词,它是对人的本质(如理智以及相应的对动物性的脱离,对感性的摆脱[56])的概括,是作为具有自由意志的道德实体意义上的人。[57]如果说,罗马法中的人格概念把人设定为社会的存在,强调人的社会性,这一人格概念把人设定为精神上的存在，强调其形而上学的性质。这就奠定了现代的日常用语意义上的人格概念。由于每个人都是人格实体，其独特性形成了其人格结构，我们根据此等结构来判断一个人的个性。这是对新生的人格概念的普遍使用，但也有人把这一概念做个别的使用，强调某些人可能有人的形式，却不具有人的本质，从而认为只有一些精英才有这样的本质，于是，该词就成了"大人物们因其思想或榜样行为区别于其时代而获得的荣誉称号"。[58]这样的安排的用意为，当人格在法律上实现平等后，制造出在精神上不平等的人格。

在这个意义上，作者权之父基尔克(Otto von Girke，1841 ~ 1921 年)强调作品是作者人格的产品，著作权仅仅是人格权，其经济利益成分应服从其人格利益成分。[59]格奥尔格·贝塞勒(Georg Beseler，1809 ~ 1888 年)和菲利克斯·达恩(Felix Dahn，1834 ~ 1912 年)也认为，著作物是作者人格的发露，故著作权乃从人格派生，[60]此为关于著作权属性的人格一元论。尔后学者们考虑到著作权带来的经济利益，发展出著作权二元论，由约瑟夫·科勒(Josef Kohler，1849 ~ 1919 年)所持，认为著作权分为无体财产权和个人权(Individualrecht)，前者为经济权利；后者为精神权利。[61]柯勒主张，如果一个人已将其工作赋予一个自然的产品，那么他可以主张他与该物的关系比其他人更近，因为他已经将其部分人格融入其中，并使他成为它的一部分。[62]值得注意的是，柯勒避免使用"人格权"的术语，而用个人权的术语描述著作权的精神权利方面，看来是为了避免与主体法中的人格和人格权概念混淆。正是基于同样的考虑，在 1928 年在罗马召开的著作权会议上，意大利政府就提议采用精神权利(moral right)的概念，以便区别于民法中已有的人格权概念。[63]这一做法为拉丁法族的国家接受，法国和意大利的著作权立法都是如此，[64]英语国家也是如此。[65]只有受德国法影响的俄罗斯、日本和我国等国家采用人格权的概念，于是，苏俄在自己的民法调整对象理论中纳入了这种新生的人格权并将之转换为自己的相应术语人身非财产权。而在拉丁语族国家，就没有这一麻烦了。

以权利人自身为客体的人格权和创造人人格权都是人格权，两者有何区别呢？我国台湾地区学者刘得宽概括出以下区别：(1)前者用来保护所有的人，后者仅用来保护作者；(2)前者的保护对象是人本身；后者的保护对象是著作物，两者的区别是身内之物和身外之物的区别。[66]

1794年的《普鲁士普通邦法》首次使用了法人的概念，与自然人并行的这种主体得以成立。既然自然人对其自身享有人格权，法人是否也如此呢？由此发生了法人的人格权问题。从逻辑上分析，很容易得出肯定的结论，因为人格权不过是主体对自身享有的权利，法人如果是主体，它自然也有对自身的权利，因此，苏联就把法人的商号列为其人格权包括在其民法调整对象理论中了。无论如何我们必须承认，这种理论把所有的新东西都包括在内，尽管丢失了一些旧东西。

六、人格的发现

尽管立法者力图以权利能力的概念取代人格，但人格在现代民法中仍是一种挥之不去的存在，例如，在我国谈到法人人格否定问题时，我们还是要回到传统的人格概念，为此，必须把它在民法对象理论中恢复起来。这种恢复就在俄罗斯和中国发生了。

先说俄罗斯。《俄罗斯联邦民法典》第2条第1款规定："民事立法确定民事流转的参加者的法律地位；所有权和其他物权以及因智力活动产生的专有权利（智力财产）的发生根据和实现的程序；调整合同和其他的债以及其他财产关系和与财产有关的人身非财产关系，这些关系以其参加者的平等、意思自治和财产自治为基础"。[67]这一民法调整对象定义相较于前苏联时期的相应定义已有很大改进，它把民法对象理论改造为"民法的确定和调整对象理论"。其中，民事主体的法律地位——人格，以及物权和知识产权，换言之，所有的绝对权的发生依据和实现程序，都是被"确定"的。合同关系和其他债的关系，换言之，所有的相对权关系，都是被"调整"的。我认为，"确定"的动词针对的是纵向关系；"调整"的动词针对的是横向关系。因此，"确定"的民事流转的参加者的法律地位实际上涉及的是传统的人格问题，俄罗斯立法者考虑到这方面规定的纵向性质，放弃了"调整"的表达。非独此也，《俄罗斯联邦民法典》把"确定"的动词统用于一切绝对权关系，把它们的发生依据和实现程序理解成垂直关系，鲜明地说明了绝对权关系的公法性质，尤其是物权法定原则的这种性质，至此，多年被遗忘的人格终于被发现。[68]

细心的读者可以发现上引《俄罗斯联邦民法典》第2条第1款中有两个"人"，刚才讲到的对主体地位的确定算一个，第二个在该条后部的"与财产有关的人身非财产关系”的表达中。我们已知道,这一表达指知识产权中的人格权关系和法人人格权关系。因此,《俄罗斯联邦民法典》在光复传统的人格之余,并不把已吸纳的新型的“人身关系”驱逐。尽管如此,《俄罗斯联邦民法典》仍然把调整传统的身份关系的亲属法排除在民法典之外,这是其缺陷一;其缺陷二在于,如果严格根据前引格里巴诺夫对民事立法纲要第 1 条的解释抠字眼[69],我们会认为《俄罗斯联邦民法典》不调整人格权保护关系,但其第 150 ~ 152 条又确实规定了这方面的权利,由此造成了声明与内容的不一致。

再说中国。前文已述,中国的民法调整对象理论已经把人格丢失了,造成了我国民事立法大举规定主体的权利能力问题,而这方面的内容却未能反映到民法调整对象定义中去的尴尬。当然,这种丢失也有客观原因,本文讨论的问题在民法的具体规定中采用权利能力的表述,但在民法调整对象理论中却采用“人格”的表述,名称的不一致容易导致人们认为它们并非一回事。确实,非经知识考古学的努力,是不能发现这两者的同一性的。除非是这一问题的专门研究者,我们不能要求大家都做知识考古的尝试。

为了弥补上述缺陷,我主编的《绿色民法典草案》的相关条文对三个人格做了梳理,恢复了传统意义上的人格。其序编第 3 条第 1 款规定:“民法调整主体之间的人身关系和财产关系。”第 4 条规定:“人身关系包括人格关系、人格权关系和身份关系。人格是法律承认的主体资格,人格关系因而是纵向关系。人格权是保护主体的主体性要素的法律手段,人格权关系是横向关系。”如此,纵向的人格终于在五个中国民法典草案[70]之一中被找回来了。我在光复人格的同时,并无意遗弃已在民法典中定居多年的人格权,为了把它与人格关系区分,我申明了其横向关系的性质。如此,一个人格问题,还涉及纵横两个方面呢!至于人格与人格权的关系,我套用康德的天赋的权利和获得权利的分类理论把前者称之为基础性权利;后者称之为派生的权利。[71]至于知识产权中的所谓“人格权”(苏联人把它说成是人身非财产权),我认为它是一种类似于荣誉权一样的人格权,把它纳入关于具体人格权的部分规定。把它合并于荣誉权,就完成了现有体系对新生事物的消纳。对此问题,我没有采纳精神权利的概念,因为它隐含着物质权利的对反概念,这是基于客体的不同做出的分类,完全类同于精神损害和物质损害的分类。物质权利不过是财产权,正犹如物质损害不过是对财产的损害。反推过来,精神权利不过是对人自身享有的权利,正犹如精神损害是对人自身造成的损害。如此安排,我自认为把传统的人格、晚近产生的人格权以及知识产权中的人格权的关系厘清了。

七、结论

最后想说几点作为结论。第一,民法的人格概念如同一个"民族走廊",被许多观念"定居"过,由此造成它在不同的时代甚至在相同的时代有不同的含义,需要仔细研究、爬梳才能厘清其"当下"的含义的局面。人格在我国学者的论述中之所以经常被"丢失",客观上的原因是这一概念大体上已经被权利能力的概念所取代,只有在谈论民法调整对象问题的时候(人身关系),只有在说到"刺破法人的面纱"的时候,我们才抛开新的表达用旧的,造成了同一事物由新旧两词表达的尴尬。第二,民法中的人格问题是一个公法问题。民法中有不少公法因素,尤其在总则、物权法、亲属法部分,习惯讲民法是私法的人最好捉摸一下什么是私法后再出口。第三,经过民法的解体运动和宪法的兴起,现代人具有公私两个人格,前者由宪法规定,后者由民法规定。后者取决于前者。因此,现代的民法人格仍然填充了"市民"(即国籍)的身份以及不良行为记录所意味的身份(失权)。第四,人们习惯的合称"人身关系"是不合适的,"人"和"身"都兼有公法和私法的方面,如果把两者的公法方面或私法方面匹配,当然没有问题,但如果交错匹配,两者性质差异太大。所以,潘得克吞学者把两者分开,是有道理的。第五,关于人身关系与财产关系的先后的讨论已进行多时,现在我要说的是,人格关系必定优先于家庭法意义上的身份关系和财产关系,因为前者体现的权利是后者体现的权利的前提条件。两者的区分,按自然法学派的观点,是天赋权利与获得的权利的区分,按照实证主义的观点,是原权与获得的权利的区分。第六,在四个人格概念中,法律意义上的与生活用语意义上的差别甚大,只有创造人人格权意义上的人格与日常生活用语意义上的人格概念最为接近。第七,上述研究证明了民法功能的流变和人们对它的理解的流变,开头,民法是一个公私不分的综合法,因此,其人格制度具有如此的属性;后来,民法演变为部门法中的一个,人们也力图按照这种现实来重塑其中的人格制度,但由于历史的复杂性,这种努力没有完全达到目的,现在民法也是一个比较综合的法律部门,比其他法律部门要复杂。

注释

1 参见徐国栋主编:《绿色民法典草案》序编第 4 条,社科文献出版社 2004 年版,第 3 页。

2 梁慧星:"中华人民共和国民法典大纲(草案)",载梁慧星主编:《民商法论丛》(第 13 卷),法律出版社 2000 年版,第 805 页。

3 这种理解把下文要谈到的苏联民法理论中的与财产关系有关的人身非财产关系和与财产关系无关的人身非财产关系合二为一了。参见佟柔主编:《民法原理》,法律出版社 1983 年版,第 13 页。

4 参见[前苏联]乌特琴科:"罗马公民权问题",何芳济译,载中国世界古代史学会编:《古代世界城邦问题译文集》,时事出版社 1985 年版,第 232 页;也参见周枏:《罗马法原论》(上),商务印书馆 1994 年版,第 100 页。

5 参见[古罗马]阿庇安:《罗马史》(上册),谢德风译,商务印书馆 1979 年版,译者序,第 V 页。

6 众所周知,罗马人较早地做出了公私法的划分,这是不容否认的事实,但在身份的设定上,罗马人的确公私不分,这点下文将做出充分的证明。

7 参见[日]星野英一:"私法中的人",王闯译,载梁慧星主编:《民商法论丛》(第 8 卷),法律出版社 1997 年版,第 165 页。

8 这是规定私人生活的集体方面的部分,其内容相当于委员会全体同意的结构设计的第八编"法人"。实际上,《意大利民法典》第五编"劳动"主要规定的就是这一方面。See Roger Houin, The Method of Reform of the French Codes of Private Law, In Tulane Law Review, Vol. 32, No. 1, p. 16. Voir Travaux de la Commission de Reformed u Code Civil, Annee 1948 – 1949, Librairie du Recueil Sirey, Paris, 1950, pp. 9ss.

9 See Robert A. Pascal, A Report on the French Civil Code Revision Project, In Tulane Law Review, Vol. 25, p. 207.

10 参见陈汉文编著:《在国际舞台上》,四川人民出版社 1985 年版,第 34 ~ 35 页。

11 Cfr. Adriano Cavanna, Storia del diritto moderno in Europa, Giuffrè, Milano, 1982, p. 363.

12 Cfr. Bernardo Windscheid, Diritto delle Pandette (Vol. I), trad. it. di Carlo Fadda e Paolo Emilio Bensa, UTET, Torino, 1925, p. 41.

13 参见上海社会科学院法学研究所编译:《民法》,知识出版社 1981 年版,第 6 ~ 18 页报道的日本平凡社《世界大百科事典》的"民法"词条。利用参加2004年1月11日在哈尔滨参加《法学研究》编辑部与黑龙江大学法学院联合举办的"俄罗斯法制与法学"的机会,我询问日本北海道大学法学院的铃木贤教授日本民法学界对人格在民法调整对象中的地位,答曰日本人不怎么研究这一问题,因为这一问题太抽象,学者们宁愿研究具体的问题。他反而问起我人格问题在民法典中的条文表现来。看来,日本人是在没有做什么分析的基础上就照搬了温得沙伊得的民法调整对象定义。

14 参见何勤华:《西方法学史》,中国政法大学出版社1996年版,第249页。

15 参见[德]萨维尼:《法律冲突与法律规则的地域和时间范围》,李双元等译,法律出版社1999年版,第6页。

16 Cfr. Bernardo Windscheid, op. cit. ,p. 41.

17 参见[德]迪特尔·梅迪库斯:《德国民法总论》,邵建东译,法律出版社2000年版,第777~778页。

18 Cfr. Guido Alpa, Status e Capacità, Editori Laterza, Bari – Roma, 1993 ,p. 139.

19 Cfr. L. Bigliazzi Geri et al. , Diritto Civile, 1, Norme soggetti e rapporto giuridico, UTET, Torino, 1987, p. 13. Anche si vedi Nuovo Dizionario Giuridico, a cura di Federico del Giudice, Edizione Simone, Napoli, 1998, la voce di diritto civile.

20 Véase Jorge Joaquin Llambias, Tratado de Drecho Civil, Parte General, Tomo I, Editorial Perrot, Buenos Aires, 1997, p. 40.

21 当然,"职业"也可以理解为私人生活的集体方面。See Roger Houin, op, cit. ,p. 11.

22 Cfr. L. Bigliazzi Geri et. al. ,op. cit. , p. 102.

23 Cfr. L. Bigliazzi Geri et. al. ,op. cit. , pp. 110ss.

24 Cfr. Adriano De Cupis, Istituzioni di Diritto Privato, Giuffrè, Milano, 1983, p. 30.

25 Cfr. Diritto Civile, Istituzioni di Diritto Privato, Edizione Simone, 1993, p. 42.

26 See Roger Houin, op. cit. ,p. 11.

27 1794年,法国政府颁布法令废除了奴隶制,宣布所有居住在法国殖民地的人,不论肤色如何,都是法国公民,享有宪法规定的权利。由此开头,欧洲国家先后废除了奴隶制。

28 Cfr. Guido Alpa, op. cit. ,p. 64.

29 这里要避免一种误解。在西方语言中,权利能力都以"法律能力"的术语表达,并非以"权利能力"的术语表达,因此,强调法律能力与权利的联系,只能从其原权的性质入手,不能从同源词的论据入手。

30 See Albert H. Y. Chen, The Rise of Right: Some Comparative Civilizational Reflections, In Challenges to Law at the End of the 20th Century (III), Cooperativa Libreria Universitaria Editrice, Bologna, 1995, p. 64.

31 参见夏勇:《人权概念起源》,中国政法大学出版社 1992 年版,第 138 ~ 139 页。

32 Voir Jean – Louis Gazzaniga, Hugues Doneau et les fondements de la codification moderno, En Denis Alland et Stephane Rials (Directeur), Droit, PUF, Paris, 1998, pp. 84ss.

33 参见周永坤、范忠信:《法理学——市场经济下的探索》,南京大学出版社 1994 年版,第 87 页。

34 参见康德:《法的形而上学原理——权利的科学》,沈叔平译,商务印书馆 1991 年版,第 49 页。

35 行文为:"每个生物学意义上的人都享有与生俱来因而被看作法律意义上的人的权利。奴隶制、奴役以及以奴隶制和奴役为依据的权力行使,禁止之。"

36 Véase Hans Hattenhauer, Conceptos Fundamentalcs del Derecho Civil, Traduccion de Gonzalo Hernandez, Editorial Ariel, Barcelona, 1987, p. 20.

37 参见龙卫球:《民法总论》,中国法制出版社 2001 年版,第 187 页。

38 Véase Hans Hattenhauer, op. cit. , p. 19.

39 Vease Codigo Civil Portugues, Coimbra, 1934, p. 1. 第 1 条,只有人能享受权利和承担义务,这构成其权利能力或人格。

40 参见龙卫球,前引书,第 187 页注 2。

41 Véase Hans Hattenhauer, op. cit. , p. 19.

42 Cfr. Diritto Civile, V Edizione, Simone, Napoli, 1993, p. 49.

43 参见[德]萨维尼:《法律冲突与法律规则的地域和时间范围》,李双元等译,法律出版社 1999 年版,第 91 页。

44 Véase Hans Hattenhauer, op. cit. , p. 18.

45 Cfr. Bernardo Windscheid, op. cit. , p. 77.

46 Cfr. Savigny, Sistema del diritto romano attuale, Volume terzo, Tra. It. di Vittrio Scialoja, UTET, Torino, 1891, 第 60 节, 第 106 ~ 113 节。

47 《拿破仑法典》第 11 条规定:"外国人,如其本国和法国订有条约允许法国人在其国内享有某些民事权利者,在法国亦得享有同样的民事权利。"参见《拿破仑法典》,李浩培等译,商务印书馆 1979 年版,第 2 页。

48 在墨索里尼时期制定的《意大利民法典》第 1 条第 3 款曾规定:"限制属于特定种族成员的权利能力。"1938 年,意大利还颁布了第 1728 号法律限制犹太人的权利能力。Cfr. L. Bigliazzi Geri et. al. op. cit. , p. 110.

49 Voir Travaux de la Commission de Reformed u Code Civil, Annee 1945 – 1946, Librairie du Recueil Sirey, Paris, 1947, p. 62.

50 参见[前苏联]格里巴诺夫等主编:《苏联民法》(上册),中国社科院民法经济法室译,法律出版社 1984 年版,第 10 页。

51 参见中国人民大学苏联东欧研究所编译:《苏联和各加盟共和国立法纲要汇编》,法律出版社 1982 年版,第 4 页。

52 参见格里巴诺夫等主编,前引书,第 10 页及以次。

53 Voir Jean – Louis Gazzaniga, op. cit. ,p. 88.

54 参见《哲学大辞典》编辑委员会:《哲学大辞典》,上海辞书出版社 2001 年版,第 1167 页。

55 参见[意]阿尔多·贝特鲁奇:“意大利统一前诸小国的民法典制定与 1865 年意大利民法典”,徐国栋译,载徐国栋主编:《罗马法与现代民法》,中国法制出版社 2000 年版,第 93 页。

56 参见[德]康德:《实践理性批判》,邓晓芒译,人民出版社 2003 年版,第 221 页。

57 参见《哲学大辞典》编辑委员会,前引书,第 1167 页。

58 Véase Hans Hattenhauer, op. cit. ,p. 21.

59 参见冯晓青:《知识产权法哲学》,中国人民公安大学出版社 2003 年版,第 164 页。

60 参见刘得宽:《民法诸问题与新展望》,三民书局 1979 年版,第 272 页。

61 参见刘得宽,前引书,第 275 页。

62 参见冯晓青,第 165 页。

63 参见刘得宽,前引书,第 304 页。

64 参见沈仁干主编:《著作权实用大全》,广西人民出版社 1996 年版。

65 See Lionel Bently, Brad Sherman, Intellectual Property Law, Oxford University Press, 2001, p. 233.

66 参见刘得宽,前引书,第 277 页。

67 See Civil Code of the Russian Federation (Part one), White & Case, London, 1994, pp. 1s.

68 利用参加 2004 年 1 月 11 日在哈尔滨参加《法学研究》编辑部与黑龙江大学法学院联合举办的“俄罗斯法制与法学” 的机会,我询问《俄罗斯联邦民法典》的译者之一、我国著名俄罗斯法专家黄道秀教授我对这一民法典的调整对象的规定的理解是否正确,我幸运地得到了肯定的回答。不过,黄教授还提供了俄罗斯学界对这一规定的另一种解释:“确定”是适用于所有的静态关系的一个动词;“调整”是适用于所有的动态关系的一个动词。利用此注衷心感谢黄教授的热心指点。

69 参见格里巴诺夫等主编,前引书,第 10 页及以次。

70 关于中国的 5 个民法典草案, See Guodong Xu, The Structures Of Three Major Projects Of Civil Code In Today' S China, In Tulane European and Civil Law Forum, Spring, 2004。

71 参见康德,前引书,第 49 页。按照萨维尼的权利分类理论,前一种权利谓之原权(Urrecht),后一种权利是后天从他人获得的,前者是后者的前提。参见何勤华,前引书,第 248 页。

黑手党老大马多尼亚人工采精育子,以保障他成为父亲的权利[9])。其财产由法定代理人管理。[10]《意大利民法典》第350条规定尚未注销破产登记的破产人无担任监护公职的权利能力,同时不能从事证券交易、不得担任重罪法庭的陪审员等。[11]在上述情形中,失权的原因都是犯罪,无政治原因,因为意大利宪法第22条规定,任何人不得因为政治原因被剥夺权利能力。[12]

有意思的是,意大利法不剥夺被判处5年以上徒刑的人人身和家庭方面的行为能力的做法未在美国和中国找到同道。2004年,现年42岁的在押犯威廉·格伯要求一名医生前往狱中采集他的精子,试图以邮寄精子的方式使其妻子怀孕,并说美国宪法给予他生儿育女的权利,但监狱官员拒绝了他的请求。是年5月23日,美国旧金山上诉巡回法庭的法官以6票对5票的投票结果,否决了犯人在押期间的生育权。法官希尔弗曼说,"我们认为,在监狱中,生育的权利与监禁是完全相违背的",在押期间必须停止各项基本的自由。[13]在中国有类似的处理。2001年5月29日,罗锋因琐事与公司副经理王莹发生争执,王莹先打了罗锋一个耳光,并用榔头打了他一下,罗锋后来将王莹杀死。8月7日,一审法院以故意杀人罪判罗锋死刑。一审判决第二天,罗锋向浙江省高院提起上诉,而罗锋的妻子郑雪梨则向两级法院提出人工授精请求。一审法院当即以此做法无先例为由,拒绝了郑雪梨的请求。理由是罗锋一审被判死刑,其人身自由被剥夺,不可能再通过正常的夫妻生活来繁衍后代。[14]但对这种处理学界有不同意见,赞同郑雪梨请求的人认为,死刑判决并未剥夺罗锋的生育权,但此等权利在自然生殖条件下由于罗锋被剥夺自由处于不能行使的状态(体力无行为能力),而现代人工生殖技术打破了这种不能,所以,既然死刑犯可以向其他人捐献自己的器官,他也可向自己的妻子捐献精子,以维持一个家庭的稳定。[15]更有甚者,郑雪梨的生育权的实现需要罗锋的配合,如果不满足郑雪梨的请求,等于剥夺了毫无过犯的她的生育权。[16]反对郑雪梨请求的人认为,如果满足其请求,会破坏平等,因为既然男囚可以人工方式让狱外的妻子怀孕,女囚也应可以如此,这样,怀孕将成为女囚逃避死刑的工具,监狱将成为她们的保育院。[17]另外,如果满足其请求,孩子将出生在一个单亲家庭中,对其成长不利。所以不宜满足此等请求。看来,如果事先有有关的法律规定或法院判决,就不会发生这样的争议了。所以,在宣告主刑时一并剥夺受监禁者人身和家庭方面的行为能力,可以避免上述麻烦。在此等场合,只能剥夺他们的这种行为能力,如果剥夺相应的权利能力,会造成他们的婚姻失效,因为权利能力既失,相关的权利就成了无源之水。分析到这里,就可见剥夺行为能力制度之妙。

很快出现了一个与罗锋案有不同处理的事件。2009 年 11 月 6 日,四川省嘉陵监狱让 7 名服刑人员举行集体婚礼。[18]这种做法是允许服刑人员同居做法的延续,目的在于减缓服刑造成的服刑人与社会的脱离,有一定的道理。但副作用是监狱可能成为保育院,假设被允许结婚的服刑人员是女性的话。

(五)阿根廷法

就剥夺特定服刑人的一定范围的行为能力问题,《阿根廷刑法典》第 12 条有类似规定:"判处 3 年以上的徒刑本身包括在被判处期间内的绝对失权,而此等失权也可持续 3 年以上。法院还可根据犯罪的性质判处在服刑期间剥夺亲权、财产管理权和以生前行为处分此等财产的权利。受判处者应服从民法典为无行为能力人设立的保佐"。[19]这样,受这种判处的人与未成年人、精神病人、禁治产人、聋哑人一起,构成行为能力受限制者的一种类型。通说认为,这样的安排出于事理之性质,因为被监禁者事实上无法行使上述权利。但他们保留并行使他们能行使的行为能力,例如订立遗嘱、缔结婚姻、认领私生子等。[20]

(六)小结

显然,现代西方国家民法中的失权规定有三个特征。第一,失权已经同某种公法身份的丧失脱钩,被具体化了,就事论事了。第二,失权问题被同新的刑法理论结合起来,其中的一些措施,例如禁止居留、禁止从事特定职业,被归结为保安处分。[21]第三,增加了剥夺行为能力的新类型,如剥夺财产管理权,并且把这种剥夺归因于事理之性质。于是,能力的剥夺就有了非惩罚的色彩。

为了理解对被监禁者剥夺行为能力的定性,必须引入体力行为能力的概念。行为能力包括智力行为能力和体力行为能力两个部分,前者是主体认识自己行为的法律意义的能力,后者是他们以自己的行为追求自己的目的的能力。《巴西民法典草案》第 24 条最好地表达了这样的观念:"由于体力或精神的原因不能工作的人,或受制于必要代理的人,不能实施民事生活中的行为,是无行为能力人”。[22]该条把行为能力的体力方面和精神方面都勾勒出来,并且把体力方面置于首要地位。不能以自己的行为为追求有两种可能;第一,自己身体残疾,此时需要代理制度,可把这种情形描述为主观不能;第二,自己身体无残疾,但由于他人的限制不能为追求,可把这种情形描述为客观不能,受监禁属此。

失权制度在现代西方法中的广泛存在证明它对于维护一个社会的正常秩序的必要性,以及由于实行赏罚的正义导致不平等的必要性:失权人相对于能力完整人不平等,这是他们应该付出的代价。

二、我国法律中的规定

在我国,《民法通则》第10条规定自然人的民事权利能力一律平等,但另一方面,在立法和司法实践中又基于行为人的过犯限制其权利能力,造成这种能力的不平等,形成理论声明与实践形态的矛盾。

在我的不完全的视野内,我国立法上有如下限制有过犯的行为人的权利能力的例子,兹按它们产生的先后顺序评述之。

(一)《会计法》的有关规定

1985年《会计法》第40条规定:“因有提供虚假财务会计报告,做假账,隐匿或者故意销毁会计凭证、会计账簿、财务会计报告,贪污,挪用公款,职务侵占等与会计职务有关的违法行为被依法追究刑事责任的人员,不得取得或者重新取得会计从业资格证书。

除前款规定的人员外,因违法违纪行为被吊销会计从业资格证书的人员,自被吊销会计从业资格证书之日起5年内,不得重新取得会计从业资格证书。”

该条规定的宗旨在于保障会计行业的从业者具有职业操守,因此不得有与会计活动有关的刑事责任记录,否则无期(终身)失权。对于因违反会计职业操守情节轻微丧失会计资质的人,课加有期失权(5年)。该规定的特点在于对会计从业者提出职业道德要求。

(二)《公司法》的有关规定

1994年颁布、2006年修订的《公司法》第147条规定:“有下列情形之一的,不得担任公司的董事、监事、经理:(一)……(二)因犯有贪污、贿赂、侵占财产、挪用财产罪或者破坏社会经济秩序罪,被判处刑罚,执行期满未逾五年，或者因犯罪被剥夺政治权利，执行期满未逾5年；（三）担任因经营不善破产清算的公司、企业的董事或者厂长、经理，并对该公司、企业的破产负有个人责任的，自该公司、企业破产清算完结之日起未逾三年；（四）担任因违法被吊销营业执照的公司、企业的法定代表人，并负有个人责任的，自该公司、企业被吊销营业执照之日起未逾三年；（五）个人所负数额较大的债务到期未清偿……"

该条第1款第2项是对公司高级管理人员提出的无经济犯罪记录的要求，涉及"德"；第3项涉及古老的破产失权，是对此等人员提出的无严重不良经营记录的要求，涉及"能"；第4项是对他们提出的无因经济违法行为遭受行政处罚的要求，也涉及"德"，应与第2项接续规定才在逻辑上完满；第5项是对他们提出的信用良好要求，涉及"贫"，采取的是人穷志短、马瘦毛长的理路。不具备这些条件的人，有期地被剥夺担任公司高级管理人员的权利能力。

（三）《拍卖法》的有关规定

1996年的《拍卖法》第15条规定："拍卖师应当具备下列条件：……（三）品行良好。被开除公职或者吊销拍卖师资格证书未满五年的，或者因故意犯罪受过刑事处罚的，不得担任拍卖师"。

吊销拍卖师资格的事由见于同法第62条："拍卖人及其工作人员违反本法第22条的规定，参与竞买或者委托他人代为竞买的，由工商行政管理部门对拍卖人给予警告，可以处拍卖佣金1倍以上5倍以下的罚款；情节严重的，吊销营业执照"。

该条从正反两个方面规定了对拍卖师的品质要求。正面的要求是"品行良好"，实际上是以一般的而非职业的操守无缺陷作为拍卖师的任职条件。反面的要求分为两个方面，首先是未承受过一般的行政或严重的刑事处罚；其次是未因实施与拍卖相关的诈欺行为承受过行政处罚。简言之，担任拍卖师，首先要一般品质好，其次要职业品质好。

《拍卖法》规定的失权期间因失权事由的性质而异，因为行政处罚失权的属于有期（5年）；因故意犯罪失权的属于无期，即终身失权。

（四）《律师法》的有关规定

1997年的《律师法》有两条涉及这一方面。第9条规定："有下列情形之一的，不予颁发律师执业证书：（一）……（二）受过刑事处罚的，但过失犯罪的除外;(三)被开除公职或者被吊销律师执业证书的。”

本条第1款第2项要求欲从事律师职业者未因故意犯罪承担过刑事责任,换言之,因故意犯罪承担过刑事责任的人在律师从业资格上构成破廉耻。第2项要求欲从事律师职业者未受过开除公职的行政处罚以及吊销律师执业证书的行政处罚。至于在何种情形吊销律师执业证书,第45条有如下详细规定:“律师有下列行为之一的,由省、自治区、直辖市人民政府司法行政部门吊销律师执业证书;构成犯罪的,依法追究刑事责任:(一)泄露国家秘密的;(二)向法官、检察官、仲裁员以及其他有关工作人员行贿或者指使、诱导当事人行贿的;(三)提供虚假证据,隐瞒重要事实或者威胁、利诱他人提供虚假证据,隐瞒重要事实的。

律师因故意犯罪受刑事处罚的,应当吊销其律师执业证书”。

吊销事由,除了泄露国家机密以外,都是从事了有违律师职业操守,扰乱正常的诉讼秩序的行为。如果说第9条基本规定的是一般的品质要求,本条规定的特定的品质要求。

(五)《道路交通安全法》的有关规定

2003年的《道路交通安全法》第101条规定:“造成交通事故后逃逸的,由公安机关交通管理部门吊销机动车驾驶证,且终身不得重新取得机动车驾驶证。”这就是有名的“一朝逃逸,终身禁驾”规定。

此前所述者,都为剥夺某种脑力劳动职业资格的规定,这里遇到的规定很奇特。它有时剥夺的是一种体力劳动的职业资格,在一个原先的司机因受此等处罚不能再当司机的情形如此;有时它剥夺的仅仅是一个人对危险的汽车的驾驶资格,在一个私家车的车主因为受此等处罚不能再开自己的车的情形如此,因为他并非职业的司机。两种情形的共同点在于剥夺直接操纵危险的机器的机会,因为汽车一旦上路,就对周围的人具有一定的危险性,操纵它的人必须具有在造成损害时承担责任的品质,否则,就不配操纵汽车。

禁驾的性质为何?《道路交通安全法》似乎把它理解为附属于吊销驾照的行政处罚的失权。但在一些西方国家的刑法中,禁驾已经是一种刑罚。例如《法国刑法典》第131—6条就把禁驾当作受判监禁者的一种从刑运用。[23]《德国刑法典》第44条把禁驾作为一种附加刑课加于因实施与驾驶车辆有关的犯罪受判监禁者。[24]《西班牙刑法典》第39条也把剥夺驾驶汽车的权利作为一种剥夺权利刑加以规定。[25]

与禁驾类似的有禁止营运。2011 年 3 月 10 日，厦门一出租司机车某被发现开车门大口呕吐，交警为其验血，酒精含量高达 177mg/100ml，他由此终身失去营运资格。[26]车某今后不能开出租车了，但他开其他车还是可以的，所以，禁止营运与禁驾类似而不同。

（六）无锡市人民政府的有关规定

2004 年，江苏省无锡市推出一项非常严厉的食品卫生安全措施："一次违法，终身退市。"即对那些无视人民健康和生命安全，恶意往食品中添加违禁物质以牟取暴利的企业和个人，一经查实就勒令其退出食品市场，并永远不能再从事食品生产经营活动。这一规定以从业者的重大职业过犯为依据终身剥夺此等人从事与过犯有关的职业的资格，是针对生产不安全食品者的"罚了再干，此次翻船下次走运"战略的新对策，极大地增加了过犯实施者的行为成本，应十分有效。它像"一朝逃逸，终身禁驾"的规定一样，具有限制品行不端者的体力劳动职业资格的性质。其新意在于把法人纳入到了失权的课加对象上来，因为实施食品过犯行为的可能是自然人，也可能是法人，对于后者，当然也要课加"终身退市"的制裁。所以，2008 年 9 月三鹿奶粉事件爆发时，三鹿集团还想通过更换领导班子将来再进行奶粉生产，实在太天真了！

以失权制裁法人，在我国是个新问题，在《德国民法典》中是个老问题，其第 43 条明确把剥夺权利能力当作制裁法人的不法行为的措施运用。[27]《德国民法典》把失权的规定的适用对象从自然人扩大到法人，比罗马法有发展。

以上规定可一一在西方国家的刑法中找到其对应物，它们都属于限制从事特定职业的资格的总类。在西方国家刑法典中，它们都作为一种附加刑存在，而它们在我国法律中的属性是不明确的，在我国刑法的法定刑种类中（第 33 条和第 34 条）找不到它们的名字，这是一个需要改进的状况。

（七）中国人民银行《个人信用信息基础数据库管理暂行办法》的有关规定

2005 年，中国人民银行颁布《个人信用信息基础数据库管理暂行办法》，规定个人信用数据库采集、保存个人基本信息、个人信贷交易信息以及反映个人信用状况的其他信息，为商业银行和个人提供信用报告查询服务。出现无能力还贷或拖延还贷等现象的客户将进入全国联网的个人信用黑名单。影响其个人贷款、个人贷记卡、准贷记卡申请、充当担保人等。[28]同年,中国人民银行营业部主任韩平透露,在是年底,个人诚信系统将在全国各家银行实现联网查询信息共享。[29]

这一规定的特点在于它设立了一个信用信息服务机构而非确立了一种处罚,此等信息可以影响一个人的贷款能力、充当保证人的能力等,间接地导致失权,但这种失权并不来自于纵向的权威,而是来自平等者的横向的拒绝。上了黑名单的人构成"无信用",人人避之唯恐不及。这一规定类似于罗马法中的污名或事实上的破廉耻,因为其他的破廉耻都是权威机关课加的,这种破廉耻是民间课加的,两者一纵一横,表面看来不同,但实际的结果都是影响了受制裁者的权利能力。

(八)佛山市禅城区法院的做法

以上我们谈的都是立法造成的失权,现在转入谈司法造成的失权。先谈广东佛山中级人民法院采用的做法:

2004年5月18日,在执行难,赖债者有钱也不还债问题长期不能解决的社会大背景下,佛山市禅城区法院推出新招:以广东省第一号限制高消费令公布了44名赖债者的名单,限制他们本人及其配偶、子女实施任何形式的高消费行为,诸如购买、新建、扩建、装修房屋、购置生产、生活上的贵重物品、乘坐飞机、豪华客船、驾驶及乘坐小轿车、出租车、外出旅游、度假、在酒店、夜总会、桑拿浴室、歌舞厅、高尔夫球场消费、就读贵族学校、出国留学、投资、兴办新的经济实体等。他们实施此等行为被群众举报的,在佛山市的,执行法官和法警将在30分钟内赶到现场进行相应的处理;在其他城市的,异地法院同样会配合执行禅城区法院的决定[30]。新招治老病,效果很不错。第一号令发布将近3个月后,佛山市禅城区法院共接到举报被执行人高消费的电话,并紧急出动执行41次。经查实后司法拘留8人,成功执结案件6件。例如,判决黄某败诉后因难以找到其财产不能落实执行,申请人开始留意黄某的高消费行为,终于发现其在佛山某星级宾馆吃饭,遂电话举报。经承办法官查实,司法拘留黄某15天。黄某在被拘留期间委托其亲人将执行款项全部交给了申请人。又如,余某拖欠陕西咸阳经济技术部贷款30万元,因无可执行的财产,案件已中止10年。限制高消费令出台后,债主开始留意债务人的高消费行为。第一天调查就发现被执行人驾驰一辆高级轿车，立即向法院举报。法院派员赶到现场，当场扣车，迫于此等压力，余某当天还款10万元，另与申请人达成分期偿还其余20万元的协议。[31]

佛山市禅城区法院采取的上述措施不过是剥夺赖债者一定方面的权利能力。第一号令以赖债者的高消费行为为规制对象，实际上不限于规制此等行为，而且还规制了赖债者的投资行为（投资、兴办新的经济实体），因此，上述"一定方面"包括高消费和投资两个领域。佛山市禅城区法院的做法的新奇之点是不仅将失权课加于赖债者本人，而且课加给其配偶、子女，这就提出了因为责任的失权者和因为牵连的失权者的界分，当然，牵连者之所以遭受失权，潜在的理由是他们与责任者是一个经济共同体。

（九）厦门市中院的做法

2005年，基于导致佛山市禅城区法院采取行动的同样理由，厦门市中院把拒不执行法院判决的赖账者的名字上网（网址 www. xmcourt. gov. cn 中的"曝光台"栏目）公布破坏其商誉。法院希望将这些个案信息全部发布出去，将来与银行的征信系统相链接，借助与工商登记、房地产管理、外资管理、内贸管理、工程招投标管理、出入境管理、车辆管理等部门建立的联动机制，最终形成一种全社会、开放式、网络化的监督环境。只要被执行人进入这个系统，在未还债之前，他们在向金融机构融资、注册新公司、购地置产、承揽工程、经营贸易、出境等将受到严格限制，甚至影响到被执行人及其公司高管人员正常的个人消费，让他们寸步难行。[32]

厦门市中院的做法与佛山市禅城区法院的做法同属于对赖债者课加失权，但稍有不同，前者侧重于限制赖债者的经营资格，稍微涉及他们的个人消费资格，佛山市禅城区法院的做法是反过来，而且限制的不是赖债者的个人消费，而是高消费。厦门市中院做法考虑的主要实施对象是法人，它们是责任者；课加失权的后果涉及此等法人的高管人员，他们是卷入的失权者。

（十）福建省建设厅的做法

该厅于2008年颁布了《建设市场不良行为记录和信息公布办法》（从2009年1月1日起生效），对建设市场上的不良行为实行"谁负责查处，谁作出记录"的原则，把不良信息统一公布于"福建建设信息网"。受到刑事追究的不良行为信息公布期为3年。受到行政处罚的不良行为公布期为

1 年。其他不良行为的信息公布期为 6 个月。[33]建设部、其他省市有类似规定。建设不良行为分为建设单位的、勘查单位的、设计单位的、施工单位的、招标单位的、造假咨询单位的、检测机构的、施工图审查机构的、监理单位的等，一一为各种类型的不良行为设立了认定标准。

三、小结

对上述 10 个失权处置，我们可做出如下基本分类：首先可分为立法导致的失权和司法导致的失权。除了佛山市禅城区法院和厦门市中院的做法属于后者，其他的都属于前者。其次可分为有期的失权和无期的或终身的失权，在我国的经验中，大部分失权都是有期的。第三可分为剥夺专业技术职业从业资格的和剥夺普通职业从业资格的。第四可分为自然人的失权和法人的失权。第五可分为纵向的失权和横向的失权。第六可分为责任者的失权和卷入者的失权，等等。

总之，失权问题在我国是实践先行，在没有理论的条件下已发展得蔚为大观，历史上有的、外国有的，我国的立法司法实践中也基本都有了。目前需要的是从理论上总结我们处理失权问题的实践。从纵的方面，把它们与历史上已有的现象联系起来；从横的方面，把它们与其他国家的同样现象联系起来，从而获得一种对我国有关做法的理性认识。

比较一下，我国关于失权的处置的独特之处在于只剥夺权利能力，不剥夺行为能力，尽管在关于郑雪梨案件的讨论中已涉及剥夺行为能力问题。它们与古代和现代的外国有关规定的共同之处有：其一，剥夺的因果关系是行为人曾有过的特定不当行为导致他在涉及不当行为领域的从业权利能力受到有期或无期限制；其二，既有对具体的民事权利能力的剥夺，例如某些购买权利能力，但这样的民法方面的剥夺少，多数的剥夺是行政法上的，即限制受罚人从事特定的职业。因此，我在这里谈论的失权问题是与民法相关的问题而非全然的民法问题。

无论如何，不管是《个人信用信息基础数据库管理暂行办法》的做法，还是佛山市禅城区法院和厦门市中院的公布赖债者名单的做法，都涉及牺牲有不良行为者的私生活权实现失权制度的问题，存在私人权利的保护与公共秩序之维护两种利益的冲突。如何协调好两者的关系，是需要紧迫解决的问题。

以上规定多是单行法或行政法规的制裁影响民法上的权利能力，形成“小法”对“大法”的影响。而且它们剥夺的都是具体的权利能力，证明我国立法者和司法者骨子里是采用权利能力的原子论的。

四、失权的公示问题

最早的身份公示是结婚戒指，它表示无名指上戴戒指的人已婚，其他人不得追求。这样的安排保证了求偶活动的秩序，又避免了直接问某人是否已婚的尴尬，显然是陌生人社会的产物，因为在一个熟人社会，大家彼此知道是否已婚，不必要采取戴戒指的身份公示方式。我国的一些少数民族也有以一定的头饰表示属主是否结婚的身份公示方式。现代化的身份公示出现在美国，是网络公示。这样的做法十分有利于打击演艺界那些通过隐婚吸引女性的感情骗子，如刘德华。这些是积极的身份公示，消极的身份公示有如《红字》里的以示众方式对不名誉行为的公示。纳粹德国也对犹太人的身份以六角星的符号和 J 字母进行公示。这些例子证明人们很早就感到了公示身份的必要。

失权如不在全国或全球范围内公示，起不到应有的作用，不公示，交易相对人无从知道对方的能力缺陷；不在全国范围内公示，失权者换一个省就取得了在本省被剥夺的权利能力；不在全球范围内公示，失权者挪一个国家就取得了在本国已被剥夺的权利能力。当然，在全球范围内公示某种身份客观上要求一个世界性的执法机构，除了国际刑警组织等局部性的刑事司法协助机构，目前尚不具有世界性的执法机构，这使全球公示面临困难，但国际互联网毕竟为这种公示提供了方便的技术手段。2011 年年底，福建省的婚姻登记系统与全国联网，这样，在福建，只要输入被查询人的身份证号，就可查到他的婚姻登记信息，由此可有效地防止重婚、骗婚、违法婚姻登记。[34]目前，民政部已提出了在近年内实现婚姻信息全国联网的目标。

民法这方面的规定经历了从公示权利到公示身份的演变过程。1804 年《法国民法典》无关于权利公示的结构单位。1853 年制定的《登记法》建立了比较系统的不动产登记制度，1866 年制定的《下加拿大民法典》得以利用这一进步，在其第三编的第十八题中规定了物权的登记。1991 年《魁北克民法典》把物权的登记提升到编的层次，并扩张成权利的公示制度，以反映不仅不动产物权需要公示，而且动产物权和债权也需要公示的现实。在魁北克，放弃继承、遗赠、夫妻共同财产，分割婚后所得或家庭财产以及关于宣告放弃无效的判决，也要求公示（第2938条第2款）。因此，登记簿就分为土地登记簿、提要登记簿及债权和动产物权登记簿（第2969条）。而且从国际的角度看，债权转让尤其是应该公示的事项。[35]尽管《魁北克民法典》极大地扩展了公示事项的范围，但仍局限于公示权利，其第328条规定的董事的失权不在公示的范围内。

1984年《秘鲁民法典》在这方面做了改进，它分为十编。第九编"公共登记簿"是专门规定公示的，其第一题是"一般规定"；第二题是"不动产登记簿"；第三题是"法人登记簿"，第四题是"人身登记簿"；第五题是"委托与代理权登记簿"；第六题是"遗嘱登记簿"；第七题是"法定继承登记簿"；第八题是"动产登记簿"。这一体例把登记制度从一个过去主要涉及财产法的问题扩及为既涉及财产法，又涉及人身法的问题，是登记制度的一次革命。本编中的第四题与本小节相关。该题根据1996年12月4日颁布的第26589号法律补充，并非1984年民法典颁布时的原始规定，因而反映了最新的现实，吸取了1991年《魁北克民法典》的成败得失。它共6条（从第2030条到第2035条）。登记的范围包括宣告某人为无行为能力和限制行为能力的判决；宣告失踪、不在、推定死亡的解除并承认某人的生存宣告；课加失权、民事禁治产或丧失亲权的判决；确定监护或保佐负担的文件，附带不动产清单的编号和担保说明及其去除、终止、中止和放弃；恢复禁治产人行使民事权利的决定；宣告婚姻无效、离婚、别居及和解的决定；财产分别协议及其减等，非协议的财产分别，相应担保的范围及其中止；支付不能宣告，以及根据有关法律可登记的其他行为和协议（第2030条）。上述登记经法官命令或在有关文件证明有正当理由时可以取消（第2035条）。在以上登记事项中，"课加失权、民事禁治产或丧失亲权的判决"的登记是失权登记。在现代的技术条件下，必须经过网络可以查询这种登记结果才能达到失权制度的制裁目的。

从历史来看，对人身事项的登记并以此公示此等事项并非全然创新。罗马法就有由监察官登记破廉耻的做法，在户口登记中这样做。这种安排进一步昭示了破廉耻与人格（Caput，原意为户口登记簿上的一栏）的关系。

顺便指出,在《秘鲁民法典》中,失权构成委任消灭的事由(第1801条)。这是被宣告失权的后发的民事效果。从逻辑上看,失权也应该导致解除监护和保佐这些有任职品质要求的职务。

五、类似失权的制度:不配

与失权类似的制度有不配(Indignus)。从其拉丁词形来看,是在dignus的前面加上表示否定的前缀In。dignus的意思是"应得的"、"值得的",来自动词Dignor,为"堪当"、"相宜"之意。[36]因此,"不配"的含义是得到某种待遇必须具有某种资质,此谓之"配",属于正面的说明;没有相应的资质者即不应得相应的待遇,此谓之"不配",属于反面的说明。不配制度不负责弄清哪些人应得到某个待遇,而只负责弄清哪些人不应得到某个待遇。申言之,它不负责论功行赏问题,而只负责论罪行罚问题。尽管如此,不配制度仍然是正义原则的体现。

在各国民法典中,大都只把不配当作某人的继承权因一定的原因受影响的制度。例如《智利民法典》第961条的规定:"所有未被法律宣告为无能力和不配的人,有继承的能力和资格"。又如《菲律宾民法典》第1032条的规定:"由于不配,下列人员无能力继承:(一)遗弃其子女或引诱其女儿过一种腐败或不道德的生活,或者企图破坏其贞操的父母;(二)已被判处犯有企图攻击遗嘱人、遗嘱人的配偶、卑亲属或尊亲属的生命之罪的任一人;(三)指控了遗嘱人犯有法律规定的6年或超过6年的徒刑之罪、该指控却被证明并无根据的人;(四)除非当局已经提起诉讼,知悉遗嘱人由暴力所致的死亡却未在1个月内将之告知执法官员的任一成年继承人;此项禁止不适用于依法律并无控告义务的情形;(五)被判犯有与遗嘱人配偶通奸或姘居之罪的任一人;(六)以诈欺、暴力、恐吓或不当影响将促使遗嘱人订立遗嘱或变更已订立之遗嘱的任一人;(七)以相同方式阻碍他人订立遗嘱或撤销已订立的遗嘱的任一人,或取代、隐匿或变更他人遗嘱的任一人;(八)仿造或伪造死者意欲之遗嘱的任一人"。该条列举的不配原因很多,一言以蔽之,凡欲继承死者的人,都应未冒犯过他,否则不配继承。不过,《意大利民法典》第330条似乎是一个例外,它规定:父母违背或忽略对子女应尽的义务的,或滥用亲权给子女造成损害的,法官可以宣告父亲或母亲丧失亲权。[37]该条未被学说承认为不配制度,也未用"不配"

术语,而用“丧失”(Scadenza)术语,但我认为它符合不配制度的原旨,应归入不配制度。

不配和剥夺继承权都导致潜在的继承人丧失继承权,但两者不同。不配是国家的处置,旨在维持公共秩序;剥夺继承权是遗嘱人的处置,旨在体现遗嘱自由,此等自由之运用,可能出于惩罚目的,也可能出于运筹学的目的。

在学说上,学者也大都把不配的范围限于继承,如意大利学者菲德里科·德尔·朱狄奇的《新法学辞典》;[38]例如费安玲的《罗马继承法研究》。[39]但也有例外,例如,就前引《意大利刑法典》第32条关于犯罪人在服刑期间被剥夺行为能力的规定,有人认为是失权,有人认为是不配。[40]“不配论者”显然是不认为不配制度的适用范围仅以继承为限的。

现代立法和学说上的上述“例外”得到罗马法原始文献的支持,其中记载的不配制度规制的适用范围不以继承为限。《学说汇纂》中出现“不配”61次,其中D. 34,9是专讲继承不配的结构单元。排除没有法律意义的用法,我把有法律意义的用法概括为四大不配制度。其一,不配结婚;其二,不配继承;其三,不配某项诉讼权利;其四,不配从军。容分述之。

第一说不配结婚制度。D. 23,1,12,1(乌尔比安:《论订婚》第1卷)说:女儿只有在父亲选择的男子由于道德或污名不配订婚时才可拒绝同意。[41]此处所称“道德”,非专业术语,可望文生义。此处所称“污名”则属于专业术语,指某些人因行为卑劣,处在受人蔑视、不齿的地位。它并非出于法律的规定,也非出于长官的宣告,故又称事实上的破廉耻。后果是限制被罚人的权利能力,不准其担任需要诚信的职务如监护人、保佐人、证人等。乌尔比安告诉我们,通常由父母包办婚事的女子可反对与有污名者订婚。按不配制度的公式套过来,这一片段说的是有室有家的待遇要求是行为端方。而端方与否的标准是依阶级而异的,故彭波尼说:不配低下阶级的人更不配高尚阶级[42](D. 1,9,4,彭波尼:《各种课文汇编》第12卷)。低下阶级有如平民,其行为端方的标准似乎较低,按这样的标准尚且不配的人,更加不可能符合高尚阶级如贵族的行为端方标准了。

第二说不配继承制度。这方面其他著作讲得很多,故从略讲。简单说,对被继承人做过严重不利的事情的人都不配继承此等被继承人。

第三说不配某项诉讼权利制度。主要意思是,要想援引某项权利,当事人自己就要行为正当,否则不得援引。当然,这种安排也有出于公共利益的考虑。下面的两个法言例示。

D.22,3,20(尤里安:《学说汇纂》第43卷):如果某人以暴力抢劫自由人并禁锢之,他不配被授予占有人的利益,因为不能证明在第一个诉讼提起之时该人拥有自由。此段讲以暴力抢劫自由人者不得利用占有人优先的规则。

D.11,5,1,1(乌尔比安:《告示评注》第23卷):如果赌客彼此互抢,不否认他们享有以暴力抢劫财产之诉,因为只有赌场经营者而不是赌客被禁止得到救济,尽管他们也被认为不配如此。[43]此段讲为恶者不得追求法律救济,但这一主张未得到严格执行,在实际操作中,只对大恶者执行这一主张。

第四说不配从军,因为军队成员为荣誉职,行为不当的人不得担任此职。下面以法言例示。

D.37,15,1,3(乌尔比安:《意见集》第1卷):必须判定那些主张养大他的父母为做坏事者的人不配从军。[44]这一法系涉及的人逆伦,故剥夺其从军权。

综合上面的原始文献,可以认为不配制度的本旨在于维持良好的风纪和行政秩序,维护高尚阶级的尊严,贬低低下阶级,它提倡一些行为,例如为父母复仇,抑制一些行为,例如说父母的坏话,举报其犯罪,由此让国家利益服从亲情。

失权制度与不配制度的关系如何?我认为两者相关而不同。相关者为两者都是对一定的道德风纪的维护。不同者在于,失权制度基本遵循"在某个领域有过过犯的人不得再进入这个领域"的理路;不配制度则遵循"没有相应的资质者即不应得相应的待遇"的理路。失权制度处罚的是直接侵犯公共利益、间接侵犯私人利益的行为人;不配制度处罚的大多是直接侵犯私人利益、间接侵犯公共利益的行为人。失权制度剥夺的是权利能力,不配制度剥夺的主要是权利。

注释

1 Ver A. Teixeira de Freitas, Esboço do codigo civil, Volume I, Ministerio de Justicia, Brasilia, 1983, p. 17.

2 Véase Ley Orgánica 10/1995, de 23 de noviembre, del Código Penal, sobre http://noticias.juridicas.com/base_datos/Penal/lo10－1995.l1t3.html#c1s5,2006 年 10 月 25 日访问。

3 Véase Tausaro Alfabetico Conceptual, sobre http://noticias.juridicas.com/base_datos/Penal/lo10 －199 5.l1t3.html#c1s5,2006 年 10 月 26 日访问。

4 参见《德国刑法典》,徐久生、庄敬华译,中国法制出版社 2000 年版,第 55 ~ 79 页。

5 参见《法国刑法典》,罗结珍译,中国人民公安大学出版社 1995 年版,第 15 页。

6 参见[法]卡斯东・斯特凡尼等:《法国刑法总论精义》,罗结珍译,中国政法大学出版社 1998 年版,第 478 页及以次。

7 Véase Georges Ripert, Jean Boulanger, Tratado de Derecho Civil, Tomo III, Parte General, Traducción de Della Garcia Daireaux, La Ley, Buenos Aires, 1988, pag. 445s.

8 参见[意]杜里奥・帕多瓦尼:《意大利刑法学原理》,陈忠林译评,中国人民大学出版社 2004 年版,第 312 页。

9 参见:"意大利法官裁决狱中黑手党老大人工采精育子",载《厦门晚报》2006 年 7 月 9 日。

10 Cfr. L. Bigliazzi Geri et. al., Diritto Civile, 1, Norme soggetti e rapporto giuridico, UTET, Torino, 1987, p. 120. 该条规定的内容为:"被判无期徒刑者受法定禁治产。被判无期徒刑也导致受判者丧失亲权。受判不少于 5 年的监禁者,在服刑期间受法定禁治产。判决还产生在服刑期间中止亲权的后果,法官做了相反处置的除外。一旦受判法定禁治产,就财产的处分和管理以及关于他们的行为的代理,适用民事法律中关于司法禁治产的规范"。

11 Cfr. La Voce di Capacità di Angelo Falzea, In Enciclopedia del Diritto, XI, Giuffrè, Milano, 1962, p. 37.

12 Cfr. C. Massimo Bianca, Diritto Civile, 1, La norma giuridica, i soggetti, Giuffrè, Milano, 2002, p. 217.

13 参见周征:"生育权的私权化",载《中华女子学院学报》2005 年第 5 期。

14 参见张作华、徐小娟:"生育权的性别冲突与男性生育权的实现",载《法律科学》2007 年第 2 期。

15 参见付立庆:"满足要求未尝不可",载《检察日报》2001 年 12 月 12 日。

16 参见成彪:"假如女囚要怀孕",载《检察日报》2001 年 12 月 12 日。

17 同上。

18 新华社消息:"服刑人员集体婚礼",载《厦门日报》2009 年 11 月 8 日。2010 年 3 月 14 日的《厦门日报》也报道了菲律宾监狱为服刑人员举行集体婚礼的消息。

19 Véase Carlos Alberto Ghersi, Derecho civil, Parte Generale, Astrea, Buenos Aires, 2002, pag. 177.

20 Véase Santos Cifuentes, Elementos de Derecho civil, Astrea, Buenos Aires,1999,pag. 215.

21 参见[法]卡斯东·斯特凡尼等:《法国刑法总论精义》,罗结珍译,中国政法大学出版社1998年版,第525页。

22 Ver A. Teixeira de Freitas, Esboço do codigo civil,Volume I, Ministerio de Justicia, Brasilia,1983,p. 17.

23 参见《法国刑法典》,罗结珍译,中国人民公安大学出版社1995年版,第13页。

24 参见《德国刑法典》,徐久生、庄敬华译,中国法制出版社2000年版,第55页。

25 Véase Ley Orgánica 10/1995, de 23 de noviembre, del Código Penal, sobre http://noticias. juridicas. com /base_datos/Penal/lo10 – 1995. l1t3. html#c1s5,2006年10月26日访问。

26 参见王元辉、黄晓波:"的哥醉驾,营运资格终身被禁",载《厦门日报》2011年3月10日。

27 参见《德国民法典》,郑冲、贾红梅译,法律出版社1999年版,第6页。

28 参见"个人信用信息基础数据库管理暂行办法",载 http://www. chinacourt. org/flwk /show1. php? file_id =104133,2006年10月26日访问。

29 参见"贷款不良记录将被列入失信黑名单:个人诚信信息将全国共享",载《厦门晚报》2005年3月8日。

30 参见"广东省第一号限制高消费令公布,44赖债者不得打的",载《厦门晚报》2004年5月19日。

31 参见"高消费'老赖'被拘留",载《厦门日报》2004年8月12日。

32 参见廖桂金、郑金雄:"法院希望与工商、金融、地产等部门联动,让赖账者贷不了款买不了房",载《厦门晚报》2005年6月30日。

33 参见张小燕:"省建设厅发布《建设市场不良行为记录和信息公布办法》,建设不良行为明年起要公布",载《厦门日报》2008年12月22日。

34 参见"婚姻登记系统年底全国联网",载《厦门日报》2011年11月16日。

35 参见高润恒译:"联合国国际贸易应收款转让公约",附件第1条。载梁慧星主编:《民商法论丛》(第27卷),金桥文化出版(香港)有限公司2003年版,第647～667页。

36 参见谢大任主编:《拉丁语汉语词典》,商务印书馆1988年版,第169页。

37 参见《意大利民法典》(2004年),费安玲等译,中国政法大学出版社2004年版,第86页。

38 Cfr. Federico del Giudice, Nuovo Dizionario Giuridico, Edizione Simone, Napoli, 1998,636.

39 参见费安玲:《罗马继承法研究》,中国政法大学出版社2000年版,第73页及以次。

40 Cfr. La Voce di Capacità di Angelo Falzea, In Enciclopedia del Diritto, XI, Giuffrè, Milano, 1962, p. 37.

41 See The Digest of Justinian, edited by Mommsen and Alan Watson, University of Pennsylvania Press, Philadelphia, 1985, p. 657.

42 See The Digest of Justinian, edited by Mommsen and Alan Watson, University of Pennsylvania Press, Philadelphia, 1985, p. 26.

43 See The Digest of Justinian, edited by Mommsen and Alan Watson, University of Pennsylvania Press, Philadelphia, 1985, p. 346.

44 See The Digest of Justinian, edited by Mommsen and Alan Watson, University of Pennsylvania Press, Philadelphia, 1985, p. 319.

徐国栋

代表作

拾肆

人格权制度历史沿革考

一、罗马法中的人格权规定

(一)罗马法中关于人格权的消极规定

保障自然人的自然存在和社会存在的人格权大多古已有之,不过多是以消极的方式,即对侵害者加以处罚的方式体现出来。例如,各个法律传统都有的杀人罪是对被害人的生命权的保护。剥夺自由人的自由在古罗马就是一种严重的罪行。公元前450年的《十二表法》第八表第1b条规定:"如果某人念侮辱人或致人不名誉的歌谣,应处死刑",[1]这是以刑法手段保护自然人的名誉权的规定。以民法手段对同样的法益进行保护的,有侵辱之诉,其中有保护人格尊严的类型。

(二)自权人—他权人的划分与人格权概念的萌芽

罗马人法中有自权人和他权人的划分。自权人是处在自己的权利下的人(Personae sui iuris sunt),他权人是屈从于他人权力的人(Quaedam alieno iuri subiectae sunt)。[2]在这一划分中,自权人的术语包含着权利主体与权利客体同一的现代人格权基本理念,它肯定为16世纪以"人对于自己的权利"的名目创立人格权理论的雨果·多诺提供过启迪。他权人包括家子和奴隶。按《摩西法与罗马法合论》4,8,1中收录的帕比尼安在《论通奸》单卷本中留传下来的一个片段,"家属终身在家长权的支配下。家长得监禁之、殴打之、使作苦役,甚至出卖之或杀死之;纵使子孙担任了国家高级公职的亦同"。[3]换言之,家父对家属的生命权(杀死)、身体完整权(殴打)和自由权(监禁)等人格权享有支配权。而且,对于包括家属在内

注　本文原载《法制与社会发展》2008年第1期。

的他权人的名誉也享有吸收权,侵犯奴隶的,视为对主人的人格尊严的侵犯;侵犯家女的,视为对家父和丈夫的人格尊严的侵犯。这样就造成了社会的分裂:一部分人有人格权,另一部分人无人格权,后一部分人的人格权被前一部分人的人格权吸收,侵犯他们的人格利益视为侵犯前一部分人的同样利益。这样,家子是人格利益的负载者,却非其所有人,所以是他权人。在相反的情形,自权人是自己的人格利益的承载者,也是此等利益的所有人,他们对自己享有的人格利益,无非就是生命、身体完整、自由、名誉而已。这4种人格利益恰恰是雨果·多诺创立其人格权理论时所列举的。

乌尔比安在其《论通奸》第1卷的一个片段中(《学说汇纂》48,5,22)这样说:"一个不在其自己权力下的人似乎不可能有他人在其权力下"。[4]此语中,"一个不在其自己权力下的人"显然指的是他权人,相反的人是自权人,即对自己的生命权、名誉权等享有掌控的人,由于后人用"人对于自己的权力"的术语称呼人格权,这一片段被某些学者认为是现代的人格权制度的萌芽。[5]实际上,这一片段以自权人和他权人的划分为基础,这种对人的划分法才是现代人格权制度的渊源。

(三)罗马私人对自己的人格权的运用

在罗马法中,自权人对于自己的人格权的行使十分自由。就生命权而言,还包括其消极的行使形式——自杀权。由于受斯多亚哲学的影响,罗马人认为孬活不如好死,因此,在患绝症、治疗无望的情形,他们多不用人为的方式苟延生命,而是绝食、绝药而死,西塞罗的朋友阿迪库斯(Atticus,本名 Titus Pomponius,公元前110年~公元前32年)是这样死的,[6]哲学家皇帝马可·奥勒留(Marcus Aurelius,121~180年)也是这样死的。[7]就自由权而言,法律允许人自卖为奴(I. 1,16,1),谓之市民法上的奴隶。这是允许人们对自己的自由权为处置。

(四)罗马统治者对自然人名誉权的操作

罗马法中的"Existimatio"一词既可解作名誉,也可解作荣誉,现代西方语言中对名誉和荣誉的不分可谓从此始。作为名誉的 Existimatio 是个人在社会上享有的尊敬或尊重,是法律或习俗认可的尊严未被减少的状态。[8]罗马人认为,每个人都在其同胞中拥有通常的名誉。这种名誉本身是一种权利,同时它又是其他权利的基础,因而构成一种身份。[9]身份是统治者掌控的调控社会成员行为的工具。调控的方式一为增加;二为减少。

增加就是授予荣誉。罗马法中有发达的荣誉权制度。《十二表法》第十表第7条规定:"对曾经因自己或属于其财产的人的荣誉或美德获得荣冠的人,可以摆出荣冠来。"这里讲的是获得过荣誉奖励的人可以在其葬礼上摆出标志此等荣誉的物件——荣冠。在罗马法中,荣冠分为金冠、市民冠、海军冠、首登冠、壁垒冠、凯旋冠等种类。金冠授予百人队长或其他军官,表彰他们在单人决斗中杀死敌人或坚守阵地到战斗结束的功绩。[10]市民冠以橡叶做成,表彰在战斗中拯救了战友生命的战士。[11]海军冠用来表彰在海战中第一个登上敌船的战士;首登冠用来表彰在攻城战斗中第一个攻上敌人城头的战士。壁垒冠(Corona vallaris)用来奖励那些第一个登上了敌人堡垒的战士。[12]凯旋冠用月桂树叶做成,用来奖励取得重大胜利的将军。上述第十表第7条的规定的"属于其财产的人"指奴隶,它反映出奴隶无自己的荣誉权,他们取得的荣誉归属于其主人,这是古代人格权法的特点。另一方面,该条也反映出立法者所持的荣誉权不因死亡消灭,其效力至少可以延伸到葬礼期间的立场。

上文对罗马人的"冠"的介绍都涉及军事荣誉权,这方面的最高者为举行凯旋式的荣誉。凯旋式分为大小两种。大凯旋式是只有独裁官、执政官和裁判官在彻底战胜外敌、杀死至少5000名敌人、拓展了疆土后才能在罗马举行的游行并陈列战利品、向围观者分发礼物,最后向主神朱比特感谢胜利的仪式,获胜的将军有权在某个公共地方建造自己的雕像。[13]小凯旋式的荣誉授予那些尽管已取得胜利,但战争尚未正式结束的将军,或级别不够高的将军,或战胜了卑劣的敌人——如海盗——的将军。两种凯旋式基本一样,只是小凯旋式的程序有所简化。[14]

除了军事荣誉外,还有民事荣誉,这方面的例子有三子权制度。

在提贝流斯·格拉古(公元前133年的保民官)的母亲科尔内利娅的时代,母亲生10个孩子的很多。在恺撒的时代,生2~3个孩子的母亲算是普通的,到了奥古斯都的时代,许多人连婚都不结了。[15]即使结了婚,许多夫妻生的孩子也在3个以下,导致了人口危机。由于共和与帝制之交的政争和内战大量减少了人口,又由于人们对舒适生活的追求导致了出生率下降,必须刺激人口增长才能摆脱人口危机,为此,罗马的统治者对于多生育者奖励正身份。恺撒在其于公元前59年担任执政官期间制定的《农地法》中规定,生有3个小孩的无产者可以申请租用公地[16],未生这个数目小孩的无产者就不能得到这一好处。这大概是罗马法史上最早确立三子权(Ius trium liberorum)以鼓励生育的立法。尔后,公元前18年,恺撒的外甥奥古斯都颁布了《关于等级结婚的优流斯法》,把结婚和生育定为公民的义务,25~60岁的男性和20~50岁的女性都必须履行这一义务。对独身者和结婚而不生育者罚款。单身者和没有生3个子女的父亲不能接受遗产,必须把此等遗产给立遗嘱人的有后代的孩子或亲属。赋予有3个孩子的父亲一种特殊的法律身份"三子权"。[17]从公法的角度来讲,它是一种行政权利能力的升等。在公职人员的选举中,如果候选人票数相等,子女多者优先于子女少者;元老候选人品格、能力不相上下的,子女多者优先于子女少者;在确定元老院管辖的行省的总督时,依据同样的原则确定人选。各公职转任之间的休职期,例如,根据苏拉的宪法,担任过执政官的人在现职卸任后要过10年才能重任,这样的10年的休职期有一个孩子就会减少一年。因此,孩子越多的父亲就能越快地转任各项国家要职。[18]从私法的角度看,对于三子权的享有者的奖励是维持其遗嘱能力,因为《关于等级结婚的优流斯法》规定对达到一定年龄仍然独身者课处剥夺遗嘱能力的处分。

以上是对生育的父亲方的奖励,立法者也未忽视母亲方对于增殖国家人口做出的贡献,故规定,女生来自由人生了3个子女的,女解放自由人生了4个子女的,免受宗亲的监护,并取得遗嘱能力。[19]

三子父亲身份奖励和四子女母亲身份奖励的性质在过去的论述中未得到过明确的界定,我认为它们属于名誉身份奖励,即因嘉行获得国家的超乎平常水平的正面评价,获得某种荣誉,这跟前苏联时期为了解决人口不足问题授予生了10个孩子的母亲英雄母亲称号是一样的。

减少是民事名誉由于政府的或社会的原因造成的减少导致的能力减少。导致民事名誉减少的原因有破廉耻、不能作证、污名、记录抹煞刑4种,容分述之。

1. 破廉耻

被廉耻是裁判官和监察官运用自己的管辖权判处的名誉身份减等。破廉耻分为直接破廉耻和间接破廉耻,前者是监察官根据事实在登记户口时定下的破廉耻。后者是裁判官在判罪或判决当事人败诉时附加判处的刑罚。

(1)裁判官法上的破廉耻

首先让我们看一下有关的原始文献:

> D. 50,13,5,1(伽里斯特拉杜斯:《论审理》):民事名誉是一种由法律和习俗认可的尊严的身份,它可以因为我们的私犯根据法律的权威被减少或消灭。在维持自由权的情况下承受涉及尊严的身份的刑罚的,发生民事名誉的减少,有如某人遭遇《永久告示》列举的破廉耻案件的情形。在人格大减等的情形,即在丧失自由权的情形,发生民事名誉的消灭。

这一法言首先告诉我们,民事名誉的确立有法律和习俗两种依据,因此,破廉耻不完全是个法律问题,而且也是一个道德问题。其次告诉我们,民事名誉的减少的案型在《永久告示》中规定,这无非是说,破廉耻主要是裁判官法创立的规则。最后告诉我们,民事名誉的不利变化有减少和消灭两种形式,消灭发生在人格大减等的情形,此时人格减等制度与破廉耻制度竞合。

《永久告示》等法律文献中记载下来的裁判官法上的破廉耻的案型涉及以下人:被从军队开除者、从事舞台表演或朗诵职业者、妓院老鸨、在刑事诉讼中被判处诬告和通谋者、被判处盗窃、抢劫、侵辱、诈欺、诡计或在这样的案件中为和解者,在合伙、监护、委任或寄托案件中在本诉中而非在反诉中受判处者、在女婿死后,把在习惯上的戴孝期中的家女再嫁他人的家父,以及在知情的情况下非出于家父的强制与此等女儿结婚的家子,外加允许处在自己权力下的家子与此等妇女结婚的家父,外加根据自己的意志,不受任何人的命令影响与此等妇女结婚的自权人,以及以处在自己权力下的家子或家女的名义同时订立两个婚约或结婚合同的家父(尤里安:《告示评注》第1卷,D. 3,2,1)、[20]侵犯坟墓者(D. 47,12,3pr.,乌尔比安:《裁判官告示评注》第25卷[21])、重婚的男子(C. 5,5,2,戴克里先皇帝和马克西米安皇帝致塞巴斯蒂安娜)。这些就是《永久告示》等渊源中规定的民事名誉减少的案型。[22]这些案型大多来自监察官规定的破廉耻的案型。[23]后世作者关于破廉耻的事由的描述大多从尤里安的这一法言而来,不过间有误述,例如,周枏先生的《罗马法原论》就把这一片段中的出嫁戴孝期间的家女的家父的破廉耻误述为未满守孝期即结婚的戴孝妇女自身的破廉耻。[24]实际上,罗马法中的破廉耻制度不适用于妇女。[25]可以看到,裁判官法上的破廉耻的原因有以下类型:第一,违反市民道德(被从军队开除);第二,从事贱业(演员或妓院老鸨);第三,实施特别讨厌的犯罪;第四,自身不诚信的人在诚信诉讼中恶人先告状;第五,不遵守起码的婚姻道德。我们知道,裁判官法是对市民法的补充,如此,则上述行为在市民法中不受处罚或处罚较轻(在不受处罚的情形,此等行为只是道德上的过犯而非犯罪),裁判官才利用自己的职权把它们定为犯罪或加大处罚的力度,不妨可以说,裁判官的上述规定在某种程度上是把道德法律化的产物。但在这些事项的范围内,裁判官不过是诉讼程序的控制者,他除了在这方面制裁有过犯者外,别无其他手段,于是他采取了让这些人不得为他人诉讼的制裁。[26]

(2)监察官裁定的破廉耻

监察官是公元前443年设立的官职,其职责是纠察道德风纪,负责检查市民的生活和行为,对市民的婚事、养育子女、日常生活安排或宴请宾客等,都有权用"考评语"的方式干预。[27]从公元前312年起,监察官获得了遴选元老的权力。元老由卸任的高级长官(可以使用象牙圈椅的级别的)担任,是年的《关于挑选元老的奥维纽斯法》(Lex Ovinia de Senafus Lectione)要求监察官把最好的人选到元老院,他们的选择实际上是对卸任长官做出考评,为主持选定元老人选的执政官提供关于候选人是否适任的意见,未被选上的卸任官员被认为发生了破廉耻。[28]如前所述,上述裁判官法上破廉耻的案型大多由监察官破廉耻的案型而来。

(3)导致课加破廉耻之附加刑的罪名

对此可见如下原始文献:

D.48,1,7(马切尔:《公诉》第2卷):并非任何犯罪判处都导致破廉耻,只有属于公诉案件的犯罪如此。因此,如果犯罪不引起公诉,受刑人不会受破廉耻,除非犯罪涉及的诉即使在私诉中也要判处破廉耻,例如盗窃、以暴力抢劫财产、侵辱。

这一片段告诉我们,所有的公诉案件和一定的私诉案件中的被告除主刑外要课加破廉耻。涉及公诉的犯罪为公罪,是侵犯国家利益的犯罪。根据优士丁尼《法学阶梯》第4卷第18题的规定,计有国事罪、通奸罪、杀人罪、杀亲罪、伪造罪、公暴力和私暴力罪、贪污罪、贩卖自由人罪、徇私舞弊罪等,它们必然引起破廉耻,正如我们现在判处死刑时必然判处剥夺政治权利终身。涉及私诉的为私罪,被认为侵犯的是私人利益,只有盗窃、抢劫和侵辱3种罪名引起破廉耻。

从刑罚的角度看,导致丧失自由、放逐或矿坑苦役的罪名都导致完全破廉耻。[29]

(4)破廉耻的后果

简单的后果就是被处罚人的权利能力减等。首先是丧失代替他人进行诉讼的能力,这是裁判官法上的破廉耻的基本制裁手段,这是诉讼程序的指挥者裁判官能够运用的手段;其次是丧失被选举权,这是从监察官法上的破廉耻发展起来的制裁手段。在这两种基本的后果之外,还发展出其他的后果,例如不得担任监护人[30];对通奸的妻子不得行使追究权;丧失与元老阶级的通婚权。[31]社会唾弃(Probrosus, Probrum, Ignominia)是监察官认定的破廉耻,[32]被处罚者丧失某些能力,例如提起民众之诉(Actio popularis)的能力[33],这实际上是被否认为人民的一员。

2. 不能作证

即自己不能作证,也不能请他人为自己的法律行为作证的处罚。适用于证人事后拒绝作证的情形;用文字侮辱他人的情形。这种处罚只适用于男性,因为作证属于公务,妇女无作证资格,因此与此罚不沾。由于罗马的重要交易都要证人参加,判处不能作证的后果严重,等于剥夺权利能力。[34]

不能作证是一种十分缺乏综合性的剥夺权利能力形式,被剥夺的能力的类型十分单一,且与引起处罚的原因相关。从理论的角度看,完全可以把它理解为破廉耻的一种类型。但可能因为它产生较早的关系——《十二表法》第八表第22条中就规定了——在罗马法中,它一直被单列为一种类型。

3. 污名

指某些人因行为卑劣,处在受人蔑视、不齿的地位。它并非出于法律的规定,也非出于长官的宣告,故又称事实上的破廉耻。后果是限制被罚人的权利能力,不准其担任需要诚信的职务如监护人、保佐人、证人等。由父母包办婚事的女子可反对与有污名者结婚。继承人在遗嘱中把遗产给有污名者而不给清白的人,构成遗嘱不合义务,利害关系人可要求撤销此等遗嘱。

4. 记录抹煞刑

记录抹煞刑(Damnatio memoriae),又称死后社会唾弃(Ignominia post

mortem)。是课加给被判死刑并被处决者的名誉刑，只适用于国事罪。被判处者的名字要从有关文件和纪念碑中取消。其所为之遗嘱和死因赠与失效。记录抹煞刑也适用于皇帝，由元老院决定课加给谁，由此形成对皇帝权力的一定制约。其效果是：(1)破坏被裁决有罪的皇帝的所有肖像和雕像，但刻在货币上的除外，这是由于货币发行数量过大的技术原因；(2)从所有官方记录、碑文上刮去被处罚者的名字；(3)剥夺该皇帝的后代子孙以大元帅(Imperatore)为个人名的权利；(4)该皇帝在任内制定的暂定措施法案(未等待元老院通过便颁布的敕令)全部废除。[35]

总之，罗马法对人格权，尤其对其中的荣誉权和名誉权作了比较全面的规定，并把它的得丧作为调控社会成员行为的工具，开创之功不可没，但其人格权制度存在等级性和不平等性等落后因素，而且，学说上对各种具体的人格权缺乏理论概括，例如，就没有一种像人格权一样的名词把生命权、荣誉权和名誉权概括起来。

二、现代人格权理论的形成和发展

(一)作为人对于自己的权利的人格权的确立

现代的人格权理论是雨果·多诺提出的。[36]他在其《市民法评注》第2卷第8章第1节中如此说：

> 严格属于我们的，或存在于各人的人身中，或存在于外在的物中，为了它们有这两个著名的不同的法的原则：一个是勿害他人；一个是分给各人属于他的。属于前者的，有人身，属于后者的，有各人拥有的物，我们在前文说过，同时这样属于我们的，还包括对我们的债务。[37]

在这个文本中，雨果·多诺把权利分为以主体自身为客体的和以非自身为客体的，后者又分为两类，其一，以对外在的物为客体的；其二，以他人对我们负欠之物为客体的。对于前者，适用勿害他人的原则；对于后者，适用分给各人属于他的之原则。前者就是人格权和身体财产权，后者中的第一种类型就是物权，第二种类型就是债权。于是，一个由人格权、物权和债权构成的民法体系就这样成了。至于人格权有哪些类型，雨果·多诺认为有四种，即生命、身体的完整、自由、名誉。[38]这样，保障自然人的自然存在的权利例如生命权，保障自然人的社会存在的权利例如荣誉权和名誉权，终于被涵盖在“人对于自己的权利”的名目下，获得了观察它们的共性的依据。

雨果·多诺是在《市民法评注》的多卷著作中讲到“人对于自己的权利”的，未写作这方面的专著。这一工作是西班牙学者虢梅斯·德·阿梅斯瓜(Gomez de Amescua)完成的，他于1609年出版了《人对于自身的权力论》(Tractatus de potestates in se ipsum)，成为第一个对人格权问题做了专门研究的学者。[39]该书分为两卷。第一卷探讨自杀、自残、对生命的保护、外科手术、解剖、肉刑。第二卷探讨身体损害的一般原则、绝食是否合法、拒绝服药、人们是否可以想死等问题，作者认为罗马人授予了无尽的人对于自己的权利，例如允许自杀和自虐。[40]因为罗马人信仰的斯多亚哲学赞成自杀，认为不合自然的生命——包括痛苦、重病和畸形等情形——不值得延续。古罗马人认为人是自己身体的主人，有权决定自己的命运，因此，其政府只惩罚无由的自杀，患不治之症者自杀被认为有正当理由。[41]可以看出，阿梅斯瓜展开了多诺提出的人对自己的权利的概念，并注重探讨人对自己身体的自决而非排除他人的侵害，其中的一些探讨涉及病人的人格权。最后，他把雨果·多诺的“人对于自己的权利”的表达改换成“人对于自己的权力”的表达，似乎是为了强调人对于自己的自决能力。

(二)人格权加入家庭法

“人对于自己的权利”的表达具有了现代人格权的意味，但这种意味尚未以“人格权”的术语指称。如果说对“实”的创造是一个贡献，那么，对于“名”的赋予也是一个同样重要的贡献。星野英一认为是德国学者格奥尔格·普赫塔(Georg Friedrich Puchta, 1798～1846年)首先提出人格权的概念的[42]，确实，在1863年于莱比锡出版的《潘得克吞教科书》中，普赫塔讨论了两种人格权。第一种是第四编第一章讨论的人格权(Recht der Persönlichkeit)，实际上讲的是主体资格。这个“人格权”相当于本书中说的“人格”。第二种是第七编中讨论的对人权(Rechte an Person)，这才是本章涉及的人格权，直译应该是“在人之上的权利”。该编第一章论述名誉权，这当然是一种地道的人格权；第二章讨论的是亲子权(elterlichen u. Kindes－Recht)；第三章讨论的是父权；后两章涉及的权利显然不是我们现在理解的人格权，而是对他人的权利。[43]看来，普赫塔的贡献首先是区分了人格与人格权；其次是把“人对于自己的权利”的冗长、拗口表达转换成了“对人权”的简洁表达，不过，这个“对人权”与多诺的“人对于自己的权利”的对应关系并不十分明晰,因为多诺列举的四大人格权它只继承了名誉权一个;而且,普赫塔把这样的对自己的权利与对他人的权利匹配起来,重组成“对人权”的更大的概念,由此把人格权制度的历史带入了与亲属法结伙的阶段。

(三)人格权与知识产权法结盟

据薛军的观察,欧洲法学界认为人格权方面的奠基之作当推奥托·基尔克(Otto von Gierke,1841~1921年)于1895年出版的《德国私法》。[44]该书分为总则和分则两编,分则分为人法、物法、债法3个分编。人法的第一章是个人法;第二章是社团人格法;第三章是人法上的组织体;第四章专论人格权(Persönlichkeitsrechte),其中论述了姓名权和肖像权,然后是著作权、发明权。[45]相较于前人的工作,我们看到,基尔克的贡献在于:首先,他完成了从“人对自己的权利”,到“对人权”,到“人格权”的转化。可以说,我们现在的人格权制度是由雨果·多诺开创的,但是其习用的名称却是基尔克确立的。Persönlichkeitsrechte 的名称产生于18世纪末的意识形态大背景,其间,启蒙思想家把 Persona 抽象化,形成了“Persönlichkeit”的新词,它是对人的本质(如理智以及相应的对动物性的脱离,对感性的摆脱[46])的概括,指具有自由意志的道德实体意义上的人。[47]如果说,罗马法中的人格概念把人设定为社会的存在,强调人的社会性,这一人格概念把人设定为精神上的存在,强调其形而上学的性质;其次,基尔克拓展了人格权的范围,在雨果·多诺工作成果的基础上增列了姓名权和肖像权——这是现代两种主要的人格权。尽管如此,基尔克像普赫塔一样,仍然把人格权从属于一个更大的部目。如果说普赫塔把人格权带入了它与亲属法搭伙的时代,则基尔克把它带入了与知识产权法搭伙的时代。

(四)知识产权人格权说的式微及其残留

人格权与知识产权的搭伙以19世纪的先验唯心主义为基础,它在宏观上认为人的思想是宇宙的唯一支柱,在微观上认为作品是作者人格的体现,所以,著作权首先是一种精神性的权利,其次才是财产性的权利。[48]大概发明也被认为是发明人人格的体现,所以才也被列为人格权之一种吧!至于商标权,似乎是知识产权人格权论者未考虑的问题,所以未见他们的有关言论。但知识产权的人格权说很快被知识产权的无形财产权说取代,该说由费希特、黑格尔和叔本华等大师创立,他们主张把作品的载体与作品的表达形式区分开来,前者可由购买人取得,后者继续留在作者手中。它并非作者的人格,而是一种无形财产权。除此之外,著作权中还存在涉及作者人格利益的人格权。[49]无形财产权理论被德国、法国和瑞士的立法采纳,由此形成了大陆法系物质精神二元论的著作权制度。它尽管还承认著作权中的人格因素,但已把这种因素摆在次要地位,财产因素被置于首要地位。由此,知识产权法被从人格权中独立出来,只剩下它们中的精神权利部分与人格权遥相呼应,形成所谓的附属性人格权体系。不过在学说上,新旧两种认识仍然体现在不同的作品中,例如,梅迪库斯的《德国民法教科书》还把著作权作为一种特别人格权看待。[50]但拉伦茨的做法相反,把知识产权放到了无体财产权的部分论述,尽管承认它包含人格因素,却不把它放在关于人格权的部分论述。[51]

(五)人格权的重新独立

一直在德国的民法教科书中徘徊的人格权重新取得独立大概是在温得沙伊得的《潘得克吞教科书》中完成的,在这本书中,作者回归雨果·多诺的用语,把人格权称为"对于自己人身的权利",并基本像多诺一样,罗列生命权、身体完整权、自由权(被限缩为无障碍地处分自己身体的自由)为这种权利的类型。[52]多诺罗列的名誉权在这里被略过,放在关于影响自然人人格的诸因素的部分谈论。[53]经过这样的处理,"人格权"尽管独立了,却不能使用人格权的名称,并丧失了使用"对人权"或"人格权"名称的学者创立的人格权类型(如姓名权和肖像权)。由此形成这样的悖论:要使用人格权的名称,就必须把这一制度依附于一个更大的制度,这也许因为人格权作为一个制度,其规模确实太小了。事实上,直到如今,人格权也是一个很难与民法的其他制度取得均衡性的小制度,把人格权独立成编的主张仍面临各编分量均衡的美学难题。要让"人格权"独立,就必须使用"人对于自己的权利"的老名称,在这样的标题下的人格权在权利的分类部分可被简略论述,传统的四种人格权确实不会占据太多的篇幅。

三、人格权制度在西方国家立法中的确立

(一)《瑞士民法典》做了什么?

由上可见,自法国人雨果·多诺创立人格权制度的实质后,对这一制度加以发展一直是德国学者垄断性的工作,但《德国民法典》除了一些零

星的规定——如关于姓名权的规定——未确立系统的人格权制度,这是因为以古斯塔夫·胡果为代表的主流学者认为,对人就自身拥有的权利进行保护是公法的任务。此说为《德国民法典》所采,故它采取了民法以保护具有财产价值的利益为己任,公法以保护精神利益为己任的立场。[54]

在把人格权保护制度的确立归之于1907年的《瑞士民法典》上,"众口"一词,尚未见任何别的说法。实际上这是一个误读。该民法典在"人格法"的大标题(第一编第一章第一节)下规定了所谓的人格权。这里的"人格"并非自然人对自身的精神要素享有的权利,而是表现为权利能力和行为能力的主体资格,所以,接下来的被众人归结为创立了现代系统的人格权制度之规范群的"人格的保护"目(第二目)不过是关于保护主体资格的规定,所以在这里看到"权利能力及行为能力不得放弃"(第27条第1款)这样的规定就不会觉得奇怪了。然后出现了类似人格权的规定:"任何人不得让与其自由,或在限制行使自由时损害法律及道德"(第27条第2款),实际上,此款不过秉承罗马法把自由身份当作人格(《瑞士民法典》把它转化成权利能力和行为能力的术语)之享有前提的传统宣称:既然两种能力不得放弃,作为它们前提的自由身份亦不得放弃而已。由于这里的自由与作为人格权一个种类的自由权偶合,吸引不明就里的人们把第二目的规定看作现代的人格权制度的确立。实际上,该目中真正的人格权规定是第29条和第30条关于姓名权的规定。这不是最早在立法中得到规定的人格权,在1810年的《奥地利民法典》第43条中就得到了规定;[55]在1900年的《德国民法典》第12条中也得到了规定。由此可以说,《瑞士民法典》除了偶然地引起了把自由作为一种人格权规定了的误解外,在人格权制度上与在它之前的诸民法典相比无甚新意。不过,主体资格意义上的人格毕竟以作为人格权之一种的自由权为基础,《瑞士民法典》的贡献似乎是以立法的方式肯认了具有同样词素的两种权利之间的依托关系。更有甚者,其第28条规定了不法侵害人格时的诉讼救济手段。从上下文来看,此条所谓的"不法侵害人格"不过是侵害某人的自由权。但通过目的性扩张,可以把侵害人格解释成侵害其他一切人格权。于是,以这个第28条为基床,立法者不断增加关于侵害人格权之救济的规定。具体而言,1983年为该条增加了a、b、c、d、e、f、g、h、i、k、e共11个附条,于1985年生效,形成了人格权的救济体系。严格说来,当今确实存在于《瑞士民法典》

中的一般的人格权制度不是在1907年创立的,而是在1983年创立的。

可以说,《瑞士民法典》开创了一个人格与人格权混杂的体系。人格权曾经与亲属法和知识产权法搭伙,现在与人格法搭伙了。尽管这种安排透露出的人格以一定的人格权为基础的立法者认识很有道理,甚至与把名誉设定为人格基础之一的立法者安排形成呼应关系,但仍然见证了人格权制度的依附性:不是挂靠这,就是挂靠那,反正独立不起来。

(二)人格权挂靠人格法

《瑞士民法典》的上述安排成为一个模式,影响"二战"后新《法国民法典》的学者建议稿。1945年,为"二战"中的失败所震动,在昂利·加比唐[56]法国法律文化协会的倡议下,建立了由12位教授、法官、律师和公证人组成的民法典改革委员会重订法国的民法典。这也是为了与年轻的、影响日益扩大的《德国民法典》竞争,向世人展示法国人的聪明才智。[57]该委员会一直工作到1960年。其工作成果为《民法典学者建议稿》(Avant - Projet de Code Civil)。其第一编第一题第一章的标题就是"人格权"(Droits de la Personnalité)。但此人格权为人格与人格权的混合物,故其17个条文(从第148条到第165条)一分两半,一部分用来规定人格,例如第148条的规定:"人类人自其出生直到其死亡都是权利主体",这显然是关于权利能力的起止时间的规定;一部分用来规定人格权,例如第151条的规定:"某人处分其身体的全部或部分的行为,只要在处分人死亡前接受执行,且会对人的身体的完整导致严重和确定的损害,禁止之。"[58]这显然是关于作为人格权中的身体权的规定。这样的二合制的Droits de la Personalité制度是瑞士人恩斯特·罗根(Ernest Roguin, 1851~1939年)带到法国,由法国学者阿尔方斯·布瓦斯泰尔(Alphonse Boistel, 1836~1908年)在本国推广的。[59]尽管是学习,还是有发展。瑞士蓝本主张的人格权与人格的支撑关系来自古老的罗马法的身份与人格的关系理论,法国文本表现的支撑人格的人格权类型就较有时代气息了。如上所见,身体权已被增列为这样的人格权的一种,而且还增列了时髦的拒绝医疗权(第153条),病人权利型的人格权终于浮出水面。

(三)人格权在《埃塞俄比亚民法典》中的独立地位

不过就在几年后,把人格与人格权混杂的理论错误就由法国人本身纠正了。1954年,法国著名的比较法学家勒内·达维德受埃塞俄比亚政府邀请为该国起草一部民法典。4 年后完成了委托。1960 年 5 月 5 日,民法典颁布,其中把人格与人格权区分开来,两者同属于第一编第一题第一章(标题是“人格与内在于人格的权利”),但前者被安排在第一节,规定的是地道的权利能力的起止问题;后者被安排在第二节,规定的是地道的“内在于人格的权利”,包括住所权、思想自由权、宗教信仰自由权、行动自由权、人身完整权、肖像权等广泛的人格权,病人型的拒绝检查与医疗权也出现了,具有法国特色的葬礼决定权也出现了(这种权利在法国“二战”后的《民法典学者建议稿》第 158 条中也有规定)。考虑到姓名权在历来的民法典编纂传统中资格最老,达维德把它专章规定,由此,它成为一种“外在于人格”的人格权。至此,人格权终于在立法上获得独立。我们现在习惯的人格权理论就是以这样的独立为出发点的。

(四)人格权在《纽约民法典草案》中的独立地位

事实上,如果我们把眼光投射到大陆法系以外,就会发现这样的独立更早地于 1862 年的《纽约民法典草案》中发生了,其第 20 条规定了一般人格权:“除享有《政治法典》中规定或提及的人格权外,在法律规定的条件下和限制内,人人还享有人身不受监禁、伤害和胁迫以及名誉和家庭关系不受侵害的权利。”它体现了其作者对人格权的公私双重属性理解。一方面,有公法性的人格权,这部分内容在相当于宪法的《政治法典》中规定。这样的人格权实际上是人格,《纽约民法典草案》的作者把它放到《政治法典》中去规定,在大陆法系国家,人们是把它放在民法典中规定的;另一方面,有私法性的人格权,它们在民法典中得到规定,包括名誉权、人身自由权、身体完整权、家庭关系不受侵害权等类型,这已是对私法性人格权的比较完善的规定了。它们并不依附于人格得到规定,而是作为其自身得到规定,因此说人格权在《纽约民法典草案》中是一项独立的制度。可惜它是一个未变成法律的草案,所以它在这方面的表现不能作为人格权在立法中的确立的证据。但是,《纽约民法典草案》于 1872 年被加利福尼亚州采用,成了该州的民法典。其中,《纽约民法典草案》式的一般人格权规定在其第一编第 43 条中被保留下来,[60] 因此可以说,《加利福尼亚民法典》比《埃塞俄比亚民法典》更早实现了人格权的独立。

(五)人格权在其他新近民法典中的独立地位

错误和混淆一旦得到克服,人们就不愿再重复它们。1967 年的新《葡萄牙民法典》严格区分了人格与人格权。其第一编第二题第一分题第一章第一节规定自然人的人格与权利能力；第二节规定人格权，其中包括姓名权。[61] 1991 年的《魁北克民法典》也严格区分了人格与人格权。与《埃塞俄比亚民法典》一样，其第一编第一题规定人格。不过，这里的人格不像《瑞士民法典》一样既包括权利能力，又包括行为能力。确实，权利能力涉及自然人的归属问题，行为能力涉及自然人的理智状况问题。如果说权利能力代表着一个价值判断，则行为能力顶多是一个事实判断，因此，《瑞士民法典》把行为能力纳入人格确实是个错误；《魁北克民法典》的第一编第二题规定人格权，把人身完整权、子女的权利、名誉与私生活权、死后身体受尊重权等人格利益制定法化，尽管如此，仍按照传统把姓名权单列于第三题第一章（这似乎暗示了姓名权的非人格权性质）。由于第一题排除了行为能力，第三题是用于规定这种能力的。通过这一观察我们可以认为，《魁北克民法典》巩固了人格权制度的独立。

2002 年的《巴西新民法典》延续了《埃塞俄比亚民法典》、《葡萄牙民法典》和《魁北克民法典》取得的区分人格与人格权的理论成就，其第一编第一题第一章规定人格和能力；第二章规定人格权，该章凡 11 条（从第 11 条到第 21 条），规定了人格权的特性、人格权的保护以及一些具体的人格权，如身体权（第 14 条）、姓名权（第 16 ~ 19 条）、肖像权（第 20 条）、私生活权（第 21 条）。以上为关于普通人格权的规定；第 15 条还从病人的人格权的角度规定了拒绝医疗权。《巴西新民法典》的贡献是把姓名权纳入到了人格权的体系中。这是同样区分人格与人格权的 1998 年《阿根廷民商合一的民法典草案》没有做到的，该草案设专章规定人格权，但遵循某种传统把姓名问题放在独立的章规定。

（六）小结

回过头来可以说，独立的人格权制度的确立不是在什么 1907 年《瑞士民法典》里完成的，而是在 1960 年的《埃塞俄比亚民法典》中完成的（大陆法系以外的 1872 年《加利福尼亚民法典》也在这方面作出了贡献），人们出于嫌贫爱富的心理看不到这部民法典的贡献而已。人们完成对人格权制度的正确认识经历了漫长的曲折的过程，即使是一些高明的学者，一些著名的法典，也会在人格权与其他制度的关系的认识上发生错误。独立的人格权制度长期得不到确立与物文主义的民法观有关。按照这种观点，民法是市场经济的基本法，它对于人的保护的功能和社会组织功能被忽略甚至抹杀。“二战”中法西斯主义戕害人类的惨痛教训无疑刺激了人格权制度在战后的建立和完善，一旦完成这一过程，民法的形象就会改观：它首先是保护人和组织社会的法，其次才是调整经济关系的法。

四、人格权制度在中国的发展

（一）《中华民国民法典》

中国的人格权制度的发展在国际大背景下进行。1928 年的《中华民国民法典》在人格权问题上继受了瑞士的制度，在“自然人”的标题下规定人格（用的是权利能力和行为能力的名义）和人格权，规定了自由权和姓名权两种人格权，并规定了人格权的诉讼保护方法。这是中国对产生于西洋的人格权制度的正式立法继受。受制于当时的历史条件，《中华民国民法典》对人格和人格权加以混杂，这不值得称道，但它把人格权与所谓的身份权区分开来，比较符合国际潮流。

（二）人格权的受忽略期

1949 年后的中国对前苏联民法理论的依赖导致人格权制度的独立性丧失，从属于唤作人身权的更大制度。中国的民法调整对象理论采纳前苏联的同样理论，按照该理论，民法调整“由于利用商品货币形式而引起的财产关系，以及与财产关系有关的人身非财产关系”[62]（这是 1961 年的《苏联民事立法纲要》第 1 条的规定）。“与财产关系有关的人身非财产关系”即知识产权关系，其对立面是“与财产关系无关的人身非财产关系”，即涉及自然人和法人的名誉和尊严、自然人的肖像、通讯秘密的关系，[63]也就是人格权关系，基于物文主义的民法观，苏联的立法者认为它不归民法调整。但苏联学者不甘心这种结果，就民法是否调整人格权关系发生了争论，赞成派对上述第 1 条作扩张解释，认为与财产无关的人身非财产关系亦为民法的调整对象。为了支撑这种对立法的曲解，法学家要么为这类关系受民法调整的可能性设定了在这些关系中包含的利益被侵犯的条件，此时，由于损害赔偿的成立，这种关系转化为财产关系；[64]要么把这种关系受民法调整的可能性设定为以法律有明文规定为条件。[65]

上述民法调整对象理论在 20 世纪 50 年代为我国完全继受。1958 年出版的我国的第一部民法教科书完全从财产法的民法观出发定义民法的调整对象:“民法除了主要调整财产关系以外,还附带[66]调整一定的人身非财产关系。”[67]受调整的人身非财产关系是“因发明、著作发生的关系”。[68]至于在与财产无关的人身财产关系中存在的人身非财产权,则“限于篇幅,不准备专门加以探讨”。[69]理论上对人格权的漠视与当时的政治实践中对同样权利的漠视甚至摧残相一致。

(三)人格权的确立期

前苏联学者把与财产关系无关的人身非财产关系解释进民法调整对象内的尝试影响了中国学者,佟柔教授在改革开放后的第一部统编民法教材《民法原理》中把人身关系定义为“没有财产内容而具有人身属性的社会关系”。佟教授把这种人身关系的内容描述为生命、健康、姓名、荣誉等权利,以及著作权、发现权、发明权等与人的姓名、荣誉直接联系、不可转让的权利。并发挥道:人身关系虽然没有财产内容,但可以成为财产关系的前提,例如知识产权的拥有者可以获得报酬。[70]这样,我国的新人身关系定义已经比苏联的定义进步了:在苏联被排在第二位、被学者勉强塞进去的人格权关系在我国成了人身关系的第一项内容,过去居第一位的知识产权拥有者的身份关系被挤到了第二位。无论根据保护人权的思想还是根据两种关系的发生频率,这种安排都比前苏联的合理。不过,把苏联只包括人格关系的术语翻译成“人身关系”,译者在文本的“人”的因素(即人格)上增加了“身”的因素(指家庭关系),这为后来的这方面理论的发展带来了曲折。

在佟柔教授创立的新人身关系定义的基础上,1986 年诞生的《民法通则》第 2 条规定:中华人民共和国民法调整平等主体的公民之间、法人之间、公民和法人之间的财产关系和人身关系。尽管该条犯了“物头人尾”的物文主义错误,也与《民法通则》自身先调整人身关系,后调整财产关系的实际做法矛盾,但它毕竟承认了民法对佟柔教授意义上的人身关系的调整。作为调整这种人身关系的例证,《民法通则》第五章第四节专门规定了人身权,把生命健康权、姓名权、肖像权、名誉权、荣誉权、婚姻自主权、社会弱者(老人、母亲、儿童、残疾人)权、男女平等权制定法化,奠定了我国的人格权制度。但在《民法通则》的这一部分,基于错误的翻译,人格权和家庭权意义上的身份权被一并规定,因此放弃了在许多国家已取得的人格权制度的独立,不可谓不可惜。尽管如此,这样的立法规定仍反映了当时人们对“文革”中人格权遭受摧残的历史的反思及其追求人权保护的意识。

(四)人格权的高度发展期

《民法通则》颁布后,人身权的研究逐渐成为热点。其发展过程可以这样描述:受立法体例的影响,早期的作品研究人身权的很多,把这种权利解释为包含人格权和身份权两个方面,后期的作品研究人格权的很多。可能意识到翻译错误带来的曲折,也可能出于认识到身份在很多情形不是一种权利,而是一种负担;不仅在家庭关系中存在身份,而且在家庭关系外也存在身份的原因,这些著作的作者只研究单纯的人格权。到了最近的一次民法典起草热潮,在三大民法典草案[71]中,就只有关于人格权的专门规定而无关于人身权的这样规定了。在人格权问题专家王利明教授的坚持和推动下,2002 年出台的官方的民法典草案设人格权专编,规定了 7 种人格权。这在世界民法典编纂史上是个创举。我主编的《绿色民法典草案》尽管未设人格权专编,但对各种人格权作了最详尽的规定,规定了 101 种人格权。无论在人格权的学术研究还是在立法草案上,我国已成为一个大国,这是我们应感到自豪的。

注释

1 参见“《十二表法》新译本”,徐国栋、贝特鲁奇、纪慰民译,载《河北法学》2005 年第 11 期。

2 参见[古罗马]盖尤斯:《法学阶梯》,黄风译,中国政法大学出版社 1996 年版,第 19 页。

3 Voir Textes de droit romain, par Paul Frederic Girard et Felix Senn, Tome I, Dalloz, Paris, 1967, p. 557.

4 See The Digest of Justinian, edited by Mommsen and Alan Watson, University of Pennsylvania Press, Philadelphia, 1985, p. 810.

5 Véase Santos Cifuentes, Elementos de Derecho Civil, Astrea, Buenos Aires, 1999, pag. 46.

6 参见[日]盐野七生:《罗马人的故事 V:恺撒时代(卢比孔之后)》,黄红杏译,三民书局 1998 年版,第 194 页。

7 参见[日]盐野七生:《罗马人的故事 XI:结局的开始》,郑维欣译,三民书局 2005 年版,第 201 页。

8 See Adole Berger, Encyclopedic Dictionary of Roman Law, The American Philosophical Society, Philadelphia,1991,p. 464.

9 See Seldon Amos,The History and Principles of the Civil Law of Rome – an Aid to the Study of Scientific and Comparative Jurisprudence,Kegan Paul. Trench & Co. ,London, 1883,p. 111.

10 See Sander van Dorst, Glossary of Roman Army Terminology, 载 http://p200. ezboard. com/fromanarmytalkfrm17. showMessage ? topicID = 216. topic,2007 年 8 月 16 日访问。

11 参见[日]盐野七生:《罗马人的故事 VI:罗马和平》,张丽君译,三民书局 1998 年版,第 26 页。

12 See Sander van Dorst, Glossary of Roman Army Terminology, 载 http://p200. ezboard. com/fromanarmytalkfrm17. showMessage ? topicID = 216. topic,2007 年 8 月 16 日访问。

13 See Sander van Dorst, Glossary of Roman Army Terminology, 载 http://p200. ezboard. com/fromanarmytalkfrm17. showMessage ? topicID = 216. topic,2007 年 8 月 16 日访问。

14 See Sander van Dorst, Glossary of Roman Army Terminology, 载 http://p200. ezboard. com/fromanarmytalkfrm17. showMessage ? topicID = 216. topic,2007 年 8 月 16 日访问。

15 参见[日]盐野七生:《罗马人的故事 VI:罗马和平》,张丽君译,三民书局 1998 年版,第 130 页。

16 参见[日]盐野七生:《罗马人的故事 IV:恺撒时代(卢比孔之前)》,李漫榕、李璧年译,三民书局 1998 年版,第 149 页。

17 参见[法]让—皮埃尔·内罗杜:《古罗马的儿童》,张鸿、向征译,广西师范大学出版社 2005 年版,第 154 页。

18 参见[日]盐野七生:《罗马人的故事 VI:罗马和平》,张丽君译,三民书局 1998 年版,第 134 页及以次。

19 参见[古罗马]盖尤斯:《法学阶梯》,黄风译,中国政法大学出版社 1996 年版,第 56 页。

20 See The Digest of Justinian, Volume I, edited by Mommsen and Alan Watson, University of Pennsylvania Press, Philadelphia,1985,p. 82.

21 参见[意]桑德罗·斯奇巴尼选编:《私犯之债(II)和犯罪》,徐国栋译,中国政法大学出版社 1998 年版,第 111 页。

22 Cfr. Otto Lenel, Das Edictum Perpetuum, Leizpig, Verlag von Bernhard Tauchnitz,

1927, pp. 77s.

23 See H. J. Greenidge, Infamia: Its Place in Roman Public and Private Law, Oxford, Clarendon Press, 1894, p. 45.

24 参见周枏:《罗马法原论》(上),商务印书馆 1994 年版,第 116 页。

25 Cfr. Federico Carlo di Savigny, Sistema del diritto romano attuale, Traduzione italiana di Vittorio Scialoja, Volume secondo, Torino, Unione Tipografico - Editore, 1888, p. 511.

26 Voir Paul Frederic Girard, Manuel elementaire de droit romain, Dalloz, Paris, 2003, p. 215.

27 参见[古罗马]普鲁塔克著,黄宏熙主编:《希腊罗马名人传 · 马可 · 迦图传》(上册),吴彭鹏译,商务印书馆 1990 年版,第 360 页。

28 See H. J. Greenidge, Infamia: Its Place in Roman Public and Private Law, Oxford, Clarendon Press, 1894, p. 76.

29 See Seldon Amos, The History and Principles of the Civil Law of Rome - an Aid to the Study of Scientific and Comparative Jurisprudence, Kegan Paul. Trench & Co., London, 1883, p. 112.

30 See Adole Berger, Encyclopedic Dictionary of Roman Law, The American Philosophical Society, Philadelphia, 1991, p. 500.

31 参见周枏:《罗马法原论》(上),商务印书馆 1994 年版,第 116 页。

32 See H. J. Greenidge, Infamia: Its Place in Roman Public and Private Law, Oxford, Clarendon Press, 1894. p. 52.

33 参见黄风:《罗马法词典》,法律出版社 2002 年版,第 124 页。

34 参见周枏:《罗马法原论》(上),商务印书馆 1994 年版,第 115 页。

35 See Adole Berger, Encyclopedic Dictionary of Roman Law, The American Philosophical Society, Philadelphia, 1991, p. 423. 也参见[日]盐野七生:《罗马人的故事 VIII:危机与克服》,郑维欣译,三民书局 2002 年版,第 287 页及以次。

36 Cfr. Guido Alpa, Status e Capacità, Laterza, Bari - Roma, 1993, p. 63.

37 Cfr. Hugonis Donelli, Opera omnia, Tomus Primus I, Roma, Typis Josephi Salviugggi, 1828, p. 229.

38 Voir Carlo Augusto Cannata, Systematique et Dogmatique dans les Commentarii Iuris Civilis de Hugo Donellus, En Jacques Godefroy (1587 - 1652) et L' Humanisme juridique a Geneve, Edites par Bruno Schmidlin et Alfred Dufour, Helbing & Lichtenhahn, Bale et Frankfort - sur - le - Mian, 1991, p. 335.

39 Véase Santos Cifuentes, Elementos de Derecho civil, Astrea, Buenos Aires, 1999. pag. 47.

40 Véase Jorge Andres Carcia, Derecho de los Pacientes y sus Fundamentos Legales, Sobre http://www. cordobatech. com. ar/mala - praxis/docs/Derecho _ de _ los _ pacientes. pdf,2007 年 4 月 20 日访问。

41 See Thane Josef Messinger, A Gentle and Easy Death: From Ancient Greece to Beyond Cruzan Toward a Reasoned Legal Response to the Societal Dilemma of Euthanasia, In 71(1993) Denver University Law Review, p. 184.

42 参见[日]星野英一:"私法中的人",王闯译,载梁慧星主编:《民商法论丛》(第 8 卷),法律出版社 1997 年版,第 177 页。

43 Sieh Georg Friedrich Puchta, Lehrbuch der Pandekten, 9. verm. Aufl., Leipzig 1863, On http://dlib - pr. mpier. mpg. de/m/kleioc/0010/exec/books/% 22187425% 22, 2007 年 4 月 20 日访问。

44 参见薛军:"人格权的两种基本理论模式与中国的人格权立法",载《法商研究》2004 年第 4 期。

45 Sieh Otto von Gierke, Deutsches Privatrecht, Band 1: Allgemeiner Teil u. Persönenrecht - 1895, Leipzig [u. a.].

46 参见[德]康德:《实践理性批判》,邓晓芒译,人民出版社 2003 年版,第 221 页。

47 参见《哲学大辞典》编辑委员会:《哲学大辞典》(下),上海辞书出版社 2001 年版,第 1167 页。

48 参见李琛:"质疑知识产权之'人格财产一体性'",载《中国社会科学》2004 年第 2 期。

49 参见[德] M. 雷炳德:《著作权法》,张恩民译,法律出版社 2005 年版,第 25 页。

50 参见[德]迪特尔・梅迪库斯:《德国民法总论》,邵建东译,法律出版社 2000 年版,第 800 页。

51 参见[德] 卡尔・拉伦茨:《德国民法通论》(上册),王晓晔等译,法律出版社 2003 年版,第 286 页及以次。

52 Cfr. Bernardo Windscheid, Diritto delle Pandette(Vol. I), traduzione italiana di Carlo Fadda e Paolo Emilio Bensa, UTET, Torino, 1925, p. 115.

53 Cfr. Bernardo Windscheid, Diritto delle Pandette(Vol. I), traduzione italiana di Carlo Fadda e Paolo Emilio Bensa, UTET, Torino, 1925, p. 162.

54 参见杨代雄:"德国古典私权一般理论及其对民法体系构造的影响——探寻我国民法典体系构造的历史参照",吉林大学 2007 年博士学位论文,第 183 页。

55 王利明教授认为该民法典规定了国家对姓名的管理,但未规定姓名权(参见王利明:《人格权法研究》,中国人民大学出版社 2005 年版,第 415 页及以次),是为不确之论。《奥地利民法典》第 43 条明晃晃地规定:"若使用自己姓名的权利受到侵害,或因他人未经授权使用其姓名(假名)受到损害,任何人都可以诉请禁止此等侵害,若有诈欺,可要求损害赔偿。"这无论如何都是一条关于姓名权的规定。

56 这是一位一直坚持重订《法国民法典》的法学家。

57 Voir J. P. Niboyet, La question d' un nouveau code civil en France, In Vol. 24(1955) Tulane Law Review, p. 258; p. 264.

58 Voir Avant - Projet de Code Civil, Paris, 1953 - 1955, p. 235.

59 参见[日]星野英一:"私法中的人",王闯译,载梁慧星主编:《民商法论丛》(第8卷),法律出版社1997年版,第178页。

60 See California Civil Code, West Group, 2001, p. 9.

61 Ver Pires de Lima e Antunes Varela, Codigo Civil Anotado, Volume I, Coimbra Editora, 1987, pag. 103ss.

62 参见中国人民大学苏联东欧研究所编译:《苏联和各加盟共和国立法纲要汇编》,法律出版社1982年版,第4页。

63 参见[苏]格里巴诺夫等主编:《苏联民法》(上册),中国社会科学院民法经济法室译,法律出版社1984年版,第10页。

64 参见[苏]格里巴诺夫等主编:《苏联民法》(上册),中国社会科学院民法经济法室译,法律出版社1984年版,第10页及以次。

65 参见[苏]斯米尔诺夫等:《苏联民法》(上卷),黄良平、丁文琪译,中国人民大学出版社1987年版,第4页。

66 这一"还"字,这一"附带"的短语,把人身关系在中国民法中的低下地位活脱脱地勾画出来了。

67 中央政法干部学校民法教研室编:《中华人民共和国民法基本问题》,法律出版社1958年版,第20页。

68 中央政法干部学校民法教研室编:《中华人民共和国民法基本问题》,法律出版社1958年版,第19页及以次。

69 中央政法干部学校民法教研室编:《中华人民共和国民法基本问题》,法律出版社1958年版,第58页。

70 参见佟柔主编:《民法原理》,法律出版社1983年版,第13页。

71 即王利明教授、梁慧星教授和我分别主持的民法典草案。

徐国栋

代表作

拾伍

再论民法中人格法的公法性

——兼论物文主义的技术根源

一、序言

我在《再论人身关系》一文[1]中，在《认真地对待民法典》一书中，[2]在《寻找丢失的人格——从罗马、德国、拉丁法族国家、前苏联、俄罗斯到中国》一文[3]中，已多次证明人格法是公法的命题，并说明了民法中有不少公法因素。[4]在我写的厦大版民法教材的"民法概述"部分，我又说明，人格是国家赋予的资格，表现了国家与民事主体之间的纵向关系，不同于体现私人之间关系的人格权，即民事主体对自身要素享有的权利，如生命权、健康权、婚姻自主权、姓名权、肖像权、名誉权、荣誉权等。[5]人格问题属于公法；人格权问题属于私法。[6]事实上，为了把公法意义上的人格与私法意义上的人格权区分开来，阿根廷有些法学家已尝试用不同的西班牙语词汇表征两者，前者为 Personalidad；后者为 Derecho Personalismo。[7]最近为了写作研究生的罗马私法教材《罗马私法——文本与分析》，研究了"什么是罗马私法"的问题，获得了对以前的研究成果的印证，并做了一些延伸研究，现把它们写出来供同仁们分享或批评。

西方国家的罗马法教材，有的把自己涉及的课程称为"罗马法"，有的则称为"罗马私法"，两者的内容有所不同，后者小心地回避罗马公法的内容，而前者谈论起罗马公法的内容就没有什么顾忌了。意大利和西班牙的有些罗马法教材采用后一种处理，马上产生了为何要这样处理的问题。

我认为是出于对名副其实的追求。一般的名之为"罗马法"的教材既然不谈罗马公法，有关的课程就不能采用"罗马法"的含糊名称，应名实相

注　本文原载《法学》2007 年第 4 期。

副地采用“罗马私法”的名称。为了做到这一点，就必须厘清什么是公法，什么是私法，把公法的内容排除掉，只论述作者认为是私法的罗马法内容。现代的罗马法教科书作者与优士丁尼编纂罗马法的时间相差15个世纪，由于历史的发展，现代人对公私法的理解不同于优士丁尼的时代或更早的时代的人们对同一问题的理解，因此，衡量什么罗马法内容能够进入一本现代的罗马私法教材的标准必须是现代人的。

现代人对公私法的理解与罗马人有所不同。让我从罗马人的这方面观念讲起。

最早的公私法区分论是乌尔比安提供的，他在D.1,1,1,2中说：“公法是有关罗马宪法的法律；私法是涉及个人利益的法律：事实上，有的事情涉及公共利益；有的事情涉及私人利益。公法见之于宗教事务、宗教机构和长官的设立。”按照此语，公法与私法的区分在于保护的利益不同。乌尔比安举的三个公法例子有两个关系到宗教的事实让我们相信，公法首先调整人与神的关系；其次才调整官民关系。宗教成分的过多反映了乌尔比安的时代祭司极大地参与法律活动的现实，而祭司只能由贵族担任，所以公法很大程度上被贵族垄断，所以，现代学者弗朗切斯科·西尼认为乌尔比安提出的是一个反平民的公法定义。[8]比乌尔比安定义更早的是公元前1世纪的公法定义：西塞罗在其《论演说家》1,201中说，公法是关于市民组织和谕令权的法，[9]换言之，是关于市民团体的治理和长官的谕令权的法。[10]这一定义采“权力说”，[11]没有乌尔比安的公法定义的宗教色彩，对罗马公法内容作世俗化处理，比较接近现代人对公法的理解。

按现代学者的研究，公法不同于公律（Leges publicae），后者既可以关系到罗马国家的结构，也可以关系到私人利益之保护，只有关系到前一部分内容的才是罗马公法。[12]这还是基于“利益说”做出的公私法区分。但对于关系到私人利益之保护的公律中的不可由私人协议废除的部分，罗马人也认为它们是公法。[13]这是以“强行法说”[14]补充“利益说”作为划分公私法的标准，按这一标准，现代民法中所有的强制性规范都是公法，任意性规范才是私法。众所周知，民法中这两类规范都有，所以，这一标准也会导出现代民法是公私混合法的结论。

现代作者的公私法区分标准基本上与罗马人相同，不同之处在于罗马人的私法包括：（1）人身法；（2）财产法；（3）民事诉讼法（iudicium privatum)；(4)私罪法(如关于盗窃和抢劫的法律，只有最严重的罪行由国家诉追)。[15]显然，现代人并不把上述列举的第3~4项作为私法。因此，罗马人的私法比现代人的私法范围要宽。

在中国的大学，长期以来笼统地教授罗马法，不区分公法和私法，实际上教授的绝大部分是罗马私法，造成了名实不符；[16]而罗马公法被认为没有什么价值。[17]随着我国学者对罗马法认识的深化，罗马法教学名实不符的问题通过我在中国首次从2002年开始在厦门大学为本科生开设"罗马私法"课程，以及通过黄风先生于2003年写作并出版其《罗马私法导论》得到了部分解决。"罗马公法没有什么价值"的错误认识首先通过意大利学者桑德罗·斯奇巴尼(Sandro Schipani)和张礼洪选编并翻译出版的《民法大全选译·公法》，[18]其次通过我反驳周枏先生的上述错话的文章得到了部分解决。[19]尽管如此，在当下的中国，弄清罗马公法和私法的界限仍然是一个充满魅力的问题。

进言之，弄清上述问题对于正确理解现代民法的性质具有重大意义，因为今人采用来划分自己国家当代的公法和私法的尺度与用来划分古罗马的公法和私法的尺度是同样的，所以，现代私法的体系与古罗马的私法的体系存在对应关系。如果我们发现现代作者为了坚持罗马私法的纯粹性去掉了某项内容，而该内容堂而皇之地存在于现代民法中，我们就有理由怀疑现代民法是否为纯粹的私法了。当然，如果我们发现另外的作者做了相反的处理，不仅在罗马私法教科书中，而且在现代民法教科书中都去掉了他们认为属于公法的某项内容，造成了其民法调整对象理论的缺项(正常理解的民法调整对象应包括人格、身份和财产三项)，例如排除了人格，形成了物文主义的外观，[20]我们也就从技术上理解了这种物文主义的根源，换言之，不仅把这种安排理解为对人的地位的漠视，而且将之理解为对民法的纯粹私法性的追求，这无疑减轻了持论者的"罪过"。一句话，研究罗马公法与罗马私法之界分的看来细小的问题，会导向部门法运动[21]能否进行到底的宏大问题。

二、人格法是否属于罗马私法？

现代民法中的人法包括人格法。所谓人格，就自然人而言，指生物学意义上的人被承认为法律上的人的状态，这种承认的结果表现为国家赋予生物学意义上的人以权利能力。[22]由于它反映的是国家与私人之间的纵向关系,不论按照“主体说”、“权力说”还是“应用说”,[23]它都是公法的内容。如果按这一认识来划分罗马公法和罗马私法,必然出现把人格问题排除出罗马私法的结果。现在让我们考察盖尤斯和优士丁尼各自的《法学阶梯》以及几本意大利和西班牙的罗马私法教材的基本内容,以验证这种结果是否发生。

由于两者的亲缘关系,盖尤斯和优士丁尼的《法学阶梯》对人的划分基本一致:以自由人身份为基础的生来自由人和解放自由人的划分,以家族权(包括主人对奴隶的权力和家父对家子的权力)为基础的自权人和他权人(包括奴隶和家子)的划分,略有不同的是,盖尤斯的《法学阶梯》多了准奴隶的身份(mancipium,包括被出卖的家子或妻子,以及被判给债权人的债务人[24]),要言之,两大《法学阶梯》主要谈自由的身份和家族的身份,只是在有关的地方才附带提到市民的身份。例如,在谈论解放自由人时,说到了他们成为罗马市民的可能,[25]外邦人通过担任官职或经向罗马国家请求成为罗马市民的可能,[26]外邦人因为为罗马服务被奖励罗马市民身份的可能,[27]以及罗马市民因为犯罪丧失市民身份(即人格中减等)的可能,[28]但市民身份从来不是一种出现于正式的“论述序列”中的身份。而我国通行的罗马法著作则无一不明确宣布罗马人法中存在自由、市民和家族三种身份,[29]两者何以有如此差别?原因很简单,两大《法学阶梯》是被作为私法教材写作的,[30]因此不正面谈公法性的市民身份;[31]而周枏先生的书是作为不受公私法划分限制的“罗马法”著作写作的,因此可放胆谈论市民身份。

由此可见,在古罗马时期,人们已注意把公法性的内容排除在一部私法教材的叙事主线之外,顶多让它们充当背景的角色。这种传统在大多数当代的罗马私法教材中延续。

意大利著名罗马法学者安东尼奥·瓜利诺(Antonio Guarino)的《罗马私法》包括如下内容:

第一部分,罗马人的私法。第一章,罗马人的私法;第二章,私人的法律保护;第三章,私法关系,其中包括:(1)私法关系;(2)正常主体的资格要求;(3)受限法律主体;(4)无生命的法律主体;(5)法律客体;(6)物;第四章,私法秩序;第五章,法律人格的承续。

第二部分，私法的绝对关系。第一章，私法的绝对关系，讲物权；第二章，家庭的绝对关系，讲亲属法；第三章，准家庭绝对关系，讲监护和保佐；第四章，主人权绝对关系，讲对财产和奴隶的主人权；第五章，对他人之物的绝对关系，讲他物权。

第三部分，私法的相对关系。第一章，私法的相对关系，讲债的一般理论；第二章，债的缔结，讲债的各种发生根据；第三章，合同之债；第四章，非合同之债；第五章，责任之债。[32]

这一体系的特点如下：一是不把人格法当作一个独立的结构单元，只在“私法关系”部分附带地讲到这一主题。在瓜利诺的《罗马私法》教材的第159页有一个罗列罗马私法全部内容的表，其中就不包括对人格法的论述；二是把家庭法与人格法分开论述，前者被安排在“私法的绝对关系”部分，这部分内容包括家父权、对处在买主权下的自由人的权力、夫权、丈夫对无夫权婚姻中的妇女的权力等，都是私法性的；三是本体系的主要内容都是财产法，呈现出“物”多“人”少的面貌。下文中我们将看到，一些学者认为这是私法的正常面貌；四是按现代的私法理解整理罗马私法，因此不讲诉讼法。

意大利著名罗马法学者阿尔贝尔托·布尔兑塞（Alberto Burdese）的《罗马私法》包括如下内容：

第一部分，法及其渊源；

第二部分，民事诉讼；

第三部分，人，包括：(1)人及其能力：基本概念；(2)出生和死亡；(3)智力能力；(4)自由与奴役：基本概念；(5)建立奴役的方式；(6)奴隶的法律地位；(7)解放奴隶的方式；(8)解放自由人的地位；(9)市民权；(10)与人的能力有关的其他情势；(11)法人。

第四部分，物；

第五部分，法律事实；

第六部分，家庭；

第七部分，物权；

第八部分，债；

第九部分，赠与；

第十部分，继承。

这一体系与瓜利诺的《罗马私法》不同，明确地把“人”作为一个独立的结构单元，其中的内容公私混杂，市民权当然是一个公法问题；而奴隶的地位意味的自由身份有公私二重的含义，一方面，它是公法上的，体现了国家的阶级划分；另一方面，它又以否定的方式在自由的身份中得到体现，是私法上的，因为奴隶是所有权的客体[33]，而法人可以被认为是一个私法问题。针对这种混合的处理可以说，瓜利诺对人法的论述是经验的，服从于罗马人的实际做法（对诉讼法的包括尤其如此），而非理性的，也就是未按现代人的公私法划分标准对罗马人的法律经验进行整理。

既专门设人法的结构单元，又试图把这部分内容中的公法成分剔出去的是雷莫·马尔蒂尼（Remo Martini）的《罗马私法要论》。它把“人”当作与“物”、“讼”相并列的独立结构单元，这一体系与盖尤斯和优士丁尼各自的《法学阶梯》的体系一致。但在“人”的部分，它不讲市民权问题，这显然出于市民权问题属于公法的考虑，只讲作者认为属于私法的如下问题：(1)自由人与奴隶（徐国栋按：这是考虑到自由身份具有私法性的一面做出的安排）；(2)解放（及恩荫关系）；(3)自权人—他权人；(4)家父权下的子女和婚姻；(5)收养（普通收养和自权人收养）；(6)归顺夫权；(7)准奴隶；(8)从他权人到自权人（解放）；(9)监护；(10)保佐。[34]无疑，作者力图把在现代民法中有对应物的罗马人法内容保留在这一结构单元里，但按倒葫芦瓢起来，他似乎忽略了在现代民法中为一种私法关系的监护和保佐在古罗马是市民对国家应尽的一种义务，属于所谓的“公役”，[35]跟纳税义务属同一性质，当然是公法的内容。这种情形令人绝望，因为在论述罗马私法的内容时做到绝对的公私分明，似乎是不可能的一件事情。

现在我们离开意大利，来到西班牙，看这里的罗马法学者如何区分罗马公法和罗马私法。首先看著名学者阿尔瓦罗·多勒斯（Alvaro D'Ors）的《罗马私法》。它包括如下内容：

I. 导论。包括：(1)罗马法的历史传统；(2)罗马法的渊源；(3)诉讼程序。

II. 制度。包括：第一部分：所有权；第二部分：继承，下分为家庭、遗产继承、监护、慷慨行为（再分为遗赠与遗产信托、赠与、基金会、嫁资）；第三部分：债。[36]

这一结构曾让我相当惊异，刺激我进行本研究。从它可看出作者理解的私法基本是财产法,家庭法分支被作为继承法的前提部分得到谈论。完全不包括人格法,从反面解释是这一法的分支属于公法。这种安排体现了财产法的私法观。确实,多勒斯说,私法是解决人们间就物的私人利用发生的冲突的法。[37]我们在本文后部还可看到意大利学者的类似私法观表述。按这样的逻辑反过来讲,凡是既讲财产法又讲人身法,尤其是讲人格法的罗马法教材,实际上是同时涉及罗马私法和部分罗马公法的。

另一名西班牙学者曼努埃尔·耶稣斯·噶尔夏·嘎里多(Manuel Jesus Garcia Garrido)的《罗马私法》包括如下内容:

导论,包括:(1)罗马法学与法的创制;(2)罗马法与欧洲法。

第一部分,(1)一般概念——法;(2)人,包括:人与能力;出生与人格的存续;身份改变或人格减等;市民、拉丁人、外邦人;法人;罗马人民与公共实体;社团与财团;基金会;(3)物。

第二部分,诉讼。

第三部分,物权。

第四部分,债。

第五部分,家庭法。

第六部分,继承和赠与。[38]

这个体系与阿尔瓦罗·多勒斯的《罗马私法》体系基本一致,都把罗马私法主要地理解为只包括财产法和家庭法,因此,都不把人格法当作一个独立的结构单元;都把诉讼法当作罗马私法的内容,不同在于嘎里多的《罗马私法》在"一般概念"的部分附带地谈到了人格法问题,甚至超出两大《法学阶梯》设置的界限在叙事主线中包括市民身份问题。这部分的内容显然属于公法。它的出现于这本私法教材说明了作者的困境:一部罗马私法教材不谈人格法在体系上就显得不完整,而一谈它在体系上就公私难分了。

最后让我们回到中国,看我国唯一的一本名之为《罗马私法》的教材的作者黄风先生如何处理人格的地位。他列举罗马私法具有如下内容:家庭内部的权利与义务关系,婚姻关系以及婚姻财产关系,对某些家庭成员的监护和保佐,个人对财物的所有权和占有,当事人对他人财物享有的他物权,当事人之间的契约关系,产生于特定非法行为的契约外责任,遗产继承关系,遗赠,生前赠与,等等。[39]它们中显然不包括人格法,这表明黄风也认为人格问题不在罗马私法的范围内。遗憾的是，他没有把这一认识贯彻到他自己的写作中，在其教材中专门有关于人法的第二编，其中大谈市民身份。[40]这样，他的罗马私法教材的内容就与其他冠名为《罗马法》的教材的体系就无甚区别了。确实，不这样写，难以把罗马私法与现代民法的体系对应起来，这可能是推动黄风做出矛盾性安排的原因吧！

看来，是否包括人格法是古今中外的罗马私法教材的作者们面临的一个普遍难题，多数人采用了不包括的处理，由此证明了人格问题无论依古代标准还是现代标准都具有的公法性。只有少数人做了相反的处理，目的似乎是牺牲科学性保持罗马私法教材体系与现代民法教材体系的对应关系。

依公法与私法的互补关系，私法之所弃，公法之所取。让我们看一本罗马公法教材是否谈论人格法，如果结论为肯定，就可印证人格法确实为公法的内容。特奥多尔·蒙森(1817～1903年)的《罗马公法》是公认的罗马公法的开创之作，[41]可作为研究的范本，其基本内容如下：

第一卷，市民权与国家；

第二卷，长官；

第三卷，具体官职；

第四卷，具体的职能；

第五卷，民会与元老院。[42]

显然，人格法中的市民身份是蒙森的《罗马公法》的开门见山的内容，这部分内容的公法性已为多数罗马私法教材对它的"开除"和经典的罗马公法著作对它的接纳所证明。仔细阅读该卷，还会发现它也讲到了自由的身份。首先讲到罗马市民因成为奴隶而丧失市民权；[43]其次讲到作为低下阶级的解放自由人，[44]这是从奴隶身份衍生出来的一种身份。蒙森之所以未全面在一本罗马公法著作中讲自由的身份，乃因为这种身份像萨维尼说的那样具有二元性。[45]蒙森可能因为着重考虑自由身份的私法性的一面不把它作为罗马公法的内容谈论。

三、现代民法典是否不规定人格法?

如果当代学者对罗马法中人格法的定位代表了他们对公私法界限的理解，他们必定把这种理解体现在现代民法典的制定中，换言之，如果他们认为人格法属于公法，同时认为民法典是私法典，他们应在这样的法典中剔除人格法的内容。这样的假设是否属实？我们可通过考察一些典型民法典加以验证。

1756 年的《巴伐利亚民法典》是第一部现代部门法意义上的民法典，所以我们应先考察它。其结构分为四编，第一编是法的一般问题和人法，包括 8 章，内容涉及自然法与正义、法的分类、与人的身份相应的权利与义务、家庭身份、父权、婚姻、监护以及奴役；第二编是物法；第三编为继承法；第四编主要是债法。[46]在这一结构中，第一编实际上是两编的捏合，其中可分为“法的一般渊源”和“人”两个部分。[47]后一部分实际上复现了罗马私法的人法的内容，其中的“与人的身份相应的权利与义务”的部分属于人格法，其他部分属于家庭法。有意思的变迁是《巴伐利亚民法典》把奴役问题从人格法部分移到了家庭法部分，试图以此忽略这一事物的公法方面，强调其私法的方面。总起来可以说，《巴伐利亚民法典》并不回避规定人格法，从而放弃了对自己的纯粹私法性的追求。

1804 年的《法国民法典》毫不在意自己包含公法性的人格法的内容，因此，其最初版本规定了相当于罗马法上市民身份的国籍问题（第 17 ~ 21 条）。法国国籍被作为人们享有民事权利的基础。第 8 条关于“所有的法国人都享有民事权利”的规定尽管相对于革命前的三个等级制度达成了法国国籍拥有者之间的平等，但根本未从公民权的层次上升到人权的层次，仍然体现了狭隘的我族中心主义，排外的气味刺鼻。正因如此，当代立法者已放弃诸如“法国人”之类的用语，改用“人类人”（Persona humana）的用语，以排除消极的市民身份，代之以积极的“人类的一员”的新身份。基于这种思想基础，取代《法国民法典》第 8 条式规定的是 1998 年《阿根廷民商合一的民法典草案》第 18 条的规定：“所有的人类人都享有作为法定权利义务主体的资格，法律可以剥夺或限制实施特定法律事实或行为的此等能力”。[48]然而，这样的改进并未改变人格的公法性质，因为上述第 18 条后半部的规定明确宣布权利能力可由立法者剥夺或限制，从而宣示了此等能力的国家赋予性，或曰宣示了权利能力制度体现的纵向关系。按“主体说”的标准，这是典型的公法性规定。因此，“马甲”尽管从“人格”换成了“权利能力”，穿马甲的还是那个人。

在《法国民法典》颁布一百多年以后，法国人才把对市民身份的公法性的认识体现在立法中，于1927年制定了国籍方面的特别法。到1945年，专门的国籍法典才问世。[49]由此看来，至少最初版本的《法国民法典》是一部公私混合法典，并非完全的私法典。这一法典未规定公私兼备的自由身份，因为1794年，法国政府经维克多·肖尔谢尔(Victor Schölcher，1804～1893年)提议颁布法令废除了奴隶制，宣布所有居住在法国殖民地的人，不论肤色如何，都是法国公民，享有宪法规定的权利。由此，法国废除了奴隶制，使自由的身份在民法典中失去了存在的基础。

在一个奴隶制失去了合法性的环境中，1865年《意大利民法典》仍规定国籍问题，其第一编第一题就是"国籍与民事权利的享有"，从第1条到第15条，详细地规定了现代国籍法的诸事项。[50]1867年的《葡萄牙民法典》也规定国籍问题，其第一编第二题就是"如何取得葡萄牙公民资格"；第三题是"如何丧失葡萄牙公民资格"；第四题是"在外国的葡萄牙公民"；第五题是"在葡萄牙的外国公民"。从第18条到第31条，也对现代国藉法的诸事项做了详细的规定。[51]当然这是这两个国家的旧民法典。1942年，在第一部民法典颁布77年后，意大利制定了自己的新民法典；1966年，在第一部民法典颁布99年后，葡萄牙制定了自己的新民法典。这两部新民法典都放弃了规定国籍法，表明半个多世纪以后的立法者比其先驱者更在意民法典的纯粹私法性质。尽管如此，国籍问题仍顽强地存在于这两部民法典中。就新《意大利民法典》而言，国籍的用语被尽可能地消除了，除了在特别法中，在民法典的正文中找不到一个使用它的地方。事实上，意大利制定了单独的《国籍法》，其最新的版本属于1992年(是年的第91号法律)。[52]但"按倒葫芦瓢起来"，其第116条(关于外国公民在意大利结婚)使用的"外国人"的概念从反方向发挥了国籍概念起的作用：昭示内外有别的分配规则以及民法只是一个国家的法而非全球法的事实。[53]就新《葡萄牙民法典》而言，它也把国籍问题交给专门的特别法规定，其《国籍法》的最新版本属于2004年，[54]然而，国籍问题仍顽强地存在于新《葡萄牙民法典》中。这一民法典的特点是其第一编设有国际私法，这一法的分支存在的理由就是不同国籍的存在，每个国籍的承载者都是带着自己的人身法行走于世界各国的，由此带来的法律冲突使世界民法的建立成为一个值得等待实现的目标，由此形成了统一法运动。因此，新《葡萄牙民法典》第一编第一题第三章"外国法与法律冲突"昭示了"市民"身份在现代民法中也难以消除的现实，其第14条的规定“外国人配有国民享有的民事权利，法律有相反规定的除外”[55]更彰显了外国人的权利能力之得丧取决于内国政府的任性的性质，这不过是一种纵向关系或公法关系而已。

上面举了几个拉丁法族国家的民法典作为例子说明手中的问题，为了论述的完整和代表性，下面到了分析德国法族的代表性法典《德国民法典》对这一问题的处理的时候。首先，《德国民法典》也不能避开国籍问题或外国人身份问题，故在它之前有《民法典施行法》处理法律冲突问题；其次，它在法人部分明示了社团的国籍问题。其第23条是关于外国社团的规定，允许它们通过联邦参议院的决议取得权利能力。[56]显然，被授予权利能力的外国社团与授予它们此等权利能力的德国权力机构形成纵向关系。不难看出，这一条文不光说明了国籍问题属于公法，而且权利能力问题也是如此。这样，增加了衡量某部民法典是否为公私混合法的考察项。凡是具有权利能力之规定的民法典都是这样的混合法，而在当代世界，要找到一部不规定权利能力的民法典，太难了！既然这样，就可以说几乎所有的民法典都不是单纯的私法典，而是混合法典了。

我国《民法通则》如何呢？其第8条第2款规定：“本法关于公民的规定，适用于在中华人民共和国领域内的外国人、无国籍人，法律另有规定的除外。”此款把国籍问题凸显出来，为第八章“涉外民事关系的法律适用”提供前提。另外，其第二章为“公民(自然人)”，该章名的未加括弧的部分暗示其全部规定的适用对象都必须具有中国国籍；最后，其第9条规定了权利能力的起止时间，这是一个纵向的授权性规定。根据以上分析，《民法通则》包括公法性的人格法，因而也是一部混合法。看来，人们说它是一部私法，并非出于对其内容的技术分析，而是出于刚刚脱离计划经济的人们减少国家干预之范围的主观愿望。

尽管很难，我还是找到了1985年12月公布、1986年3月29日生效的《阿拉伯联合酋长国民法典》不规定人格法。它的正式名称是《阿拉伯联合酋长国民事交易法》，但人们通常称这一法律为民法典。它共计1528条，分为通则和四编。在通则中，规定了法律及其适用；特定的法律术语和解释规则；权利的证据等。第一编包括两章，第一章是私人债务和权利。首先规定私人债务和权利的发生依据。第一节是合同；第二节是单方的处置；第三节是侵权行为；第四节是赋予利益的行为，包括不当得利、不当征收、自愿代理、对他人债务的免除等内容;第五节是法律。第二章为权利的效力。第一节是通则;第二节是执行的手段;第三节是通过悬置或延迟的附条件处置;第四节是有多种标的的合同;第五节是处分行为的复数当事人;第六节是权利的消灭。第二编是合同,分为5章。第一章是授予所有权的合同;第二章是用益权合同;第三章是完成工作的合同;第四章是射幸合同;第五章是个人担保合同。第三编是对物的原始的权利,分为两章。第一章是所有权,包括了对所有权的限制、共有、取得所有权的手段等内容;第二章是导源于所有权的权利,实际上是关于他物权的规定。第四编是对财产的担保,实际上是关于担保物权的规定。[57]不难看出,正如其正式名称所揭示的,这是一部单纯的财产法典,一旦把一部民法典缩减到这个范围,把它弄成私法典就容易多了。当然,财产法中也有不少公法性的规定,例如关于物权种类的规定。反过来讲,一旦把民法典设计为兼包人身法和财产法,它就很难成为单纯的私法典。既然我国历来把民法理解为包括人身关系法和财产关系法两大块,我国的民法就很难成为单纯的私法。

四、现代民法教科书能否回避人格问题以维持其私法教材的性质?

前文已述,罗马私法教科书的作者们往往要在自己的论述中小心地避开公法性的人格法的内容,而这样的教科书的内容对应于现代民法教科书的人格法内容。从情理上看,现代民法教科书的作者们也应在自己的论述中小心地避开人格法的内容。这一推论是否成立呢?且让我通过经验观察验证之。

萨维尼(1779~1861年)的《当代罗马法体系》(第一卷出版于1840年)是近代最早的且最有影响的民法教科书之一。作者在该书中对人格法的处理充满了矛盾。一方面,他认为民法的内容不包括人格法,只包括亲属法、物权法和债权法,[58]这种论述体现了他对民法的私法性的追求。他深知,人格由身份构成,而市民的身份是公法性的,自由的身份是公私混合性的,[59]一旦在一部民法著作中谈论这两种身份,民法的私法性会受到损害。因此,他在该书第二卷第一部分第一章“法律关系的本质和种类”中只认为法律关系涉及家庭法和财产法,[60]也涉及私法性的人格权法,[61]但不涉及人格法。另一方面,他在接下来的第二章“作为法律关系主体的人”中,又谈到没有自由权和内国国籍构成对权利能力的限制。作为历史的佐证,萨维尼在这一部分还大谈罗马法中的对应制度人格减等和破廉耻,[62]毫不顾忌这些题材具有他自己声称的公法性。这种矛盾说明把现代的纯私法观念贯彻到古代材料分析上极为困难,同时也说明即使是现代民法也极大地依赖国籍等公法制度作为其基础,在这一法的分支实现严格的公私分明殊属不易。但无论如何,在萨维尼的论述中,国籍的身份即使出现,也像在两大《法学阶梯》中一样退到了背景的位置,不处于论述的主线中了。

伯恩哈德·温得沙伊得的(1817~1892 年)《潘得克吞教科书》(1862 年)也是非常著名的民法教科书,它深刻地影响了《德国民法典》,由于这一因缘,后者被说成“温得沙伊得民法典”[63]。温得沙伊得在民法教科书的内容构成说明上也像萨维尼一样矛盾。一方面,他按只包括私法的方式描述民法的内容:“所有的私法,要做的事情,有两个对象:(1)财产关系;(2)家庭关系。因此,私法的主要划分是财产法与家庭法的划分”。[64]另一方面,他在该书第二卷第二章“权利主体”中把国籍作为影响人的法律处遇的因素;而且,同章谈到的人格更体现的是一种纵向关系。[65]面对这样的公法因素的渗透,温得沙伊得不得不承认,在民法中,尤其是民法总则中包含许多公法规定。[66]这样,温得沙伊得像萨维尼一样,发生了对民法内容的理论概括与这种内容的实际外延划定之间的矛盾。前者出于对民法的私法性的追求,后者出于历史传统和立法现实。

萨维尼和温得沙伊得对民法内容的上述理论描述实际上就是他们的民法对象理论,由于人格法的缺位以及对财产法的高度重视,他们的理论具有典型的物文主义色彩。但我们应看到,这种物文主义的原因并非局限于对物资的崇拜和对人的漠视[67],而是出于追求公私法的清晰分野的考虑,这就是物文主义的技术原因。这样的原因的寻得把物文主义的背景从单纯的意识形态发展到意识形态与技术并重,似乎减少了这种主义的罪过。中国也有一些持物文主义立场的民法学者,他们所持的这种主义来自德国,但由于缺乏历史素养,他们却不了解物文主义的技术方面——至少在他们的著述中,我未看到丝毫关于物文主义的技术原因的解释——因此,他们的物文主义的原因只有基于长期贫困落后的历史造成的对物资的崇拜。

以上为两本较老的民法教材对人格法的态度,我们看到作者们徘徊于理论的纯粹性与传统的复杂性之间。在晚近的民法教材中,作者们就无老辈的那种痛苦了,他们堂而皇之地实现了对民法内容的理论概括与这种内容的实际外延划定的一致。例如,比良齐・杰里等意大利学者著的《民法・I・主体规范与法律关系》就这样对民法的内容进行理论概括:"所有可以在民法的名号下包括的东西,包括以下方面:首先是更直接地关系到主体的存在的规则;其次是上述主体参与享用和利用经济资源的一般规则"。[68]从这本相当于民法总论的教科书的内容来看,"关系到主体存在的规则"包括两个方面。其一,该书第三、四、五部分讲到的法律主体,又分为个人主体和集体性的实体,他们都有国家赋予的权利能力;其二,该书第七部分讲到的法律身份,又分为国籍和家庭成员的法律身份。权利能力和国籍显然是公法问题,它们因此使"关系到主体存在的规则"具有公私混合色彩。在1942年《意大利民法典》的起草中,就有一些起草委员如朱塞佩・皮萨内利(1913~1988年)主张人格的赋予严格说来不属于现代意义上的民法规范,是一个公法问题,因而认为不应在民法典中包括它们。[69]当然这种纯粹私法的主张未体现在现行的《意大利民法典》中,甚至也未体现在其权威的民法教科书中。同书关于什么是私法的说明可特别印证此点。在该书的作者们看来,在意大利法律制度中,私法的内容典型地表达了市场经济体制,或更一般地说,具有财产性。但不能把私法与私人的经济法相等同,私法并不排除关系到主体存在的人格法方面,如生命的起止、家庭关系和人格权。[70]把这一关于私法的说明与同书对民法内容的理论概括相比较,可发现民法先"人"后"物",私法先"物"后"人"。民法中的"人"公私兼备,私法中的"人"只有私的属性而已。一个迅速的结论是:民法不能等于私法,因为它要包括一些公法的内容。

再看一本晚近的民法教材如何处理人格法问题。阿根廷著名民法学者霍尔赫・香比雅斯(Jorge Joaquin Llambias,1991~1981年)在其《民法论・总则》第一卷中这样定义民法:"不考虑其业务和职业地调整在其自身关系和与国家的关系中的人,而这些关系以满足人性的需要为目的"。[71]这一定义首先揭示了民法调整对象的两个维度:横向关系("在其自身关系中的人",例如合同关系和家庭关系中的人)和纵向关系("在与国家的关系中的人",换言之,被国家授予主体资格的人)。其次,揭示了民法调整对象的两个类型:人身关系("在其自身关系和与国家的关系中的人")和"需要关系"("以满足人的需要为目的"的关系),这种关系比财产关系更广,包括了精神需要关系,尤其体现了知识产权在民法中的存在和地位。

香比雅斯的定义来自萨维尼的法律的调整对象定义。他认为法律调整人本身和法律关系,后者包括物权关系、债的关系、继承关系和家庭关系。[72]不妨把这里的"人"概括为人格;把这里的"法律关系"概括为财产关系和身份关系。可注意到,这一定义把人格理解为公法性的,因此可以出现在法律的调整对象的外延中。对于民法的调整对象,正如上文讲过的,萨维尼认为只包括亲属法、物权法和债权法。通过这样的来源分析,我们有充分理由相信香比雅斯像比良齐·杰里等人一样,放弃了把民法"透析"为单纯的私法的努力,直截了当地把萨维尼摒除在民法外的人格法纳入民法,间接地承认了民法的公私混合法属性。

当然,这是一种顺应逻辑的安排,如果采取相反的选择,换言之,在一部民法教材中不谈权利能力问题以及国籍—外国人—无国籍人问题,至少按我们的大陆法系脑筋会觉得体系残缺,而且国际私法将成为无源之水、无本之木。所以,对本节标题所提问题的回答应该是现代民法教科书不能回避人格法,但如果这样,它们的私法教材的性质就不能维持。我们已看到,晚近一些的民法学家已不在意这种"不能维持"了。由此可以说,公私法的严格划分遭遇了失败,这是几何学理性主义的失败。

五、简短的结论

本文从罗马私法教材体系、民法典体系和民法教科书体系的角度研究了人格法的属性问题,得出了它属于公法的结论,也得出了它基本上在任何法典法国家都位居被认为是私法的民法典中和被认为是私法理论的民法教科书中的观察,从而得出了现代民法和民法理论并非完全私法、而是公私混合性的结论。最有意味的是,本文还打破了民法与私法之间的等式,找到了意大利的说明私法与民法各具自身特征的学说例,为民法具有公法成分提供了进一步的论证。当然,民法中的公法成分不以人格法为限,为了集中笔墨,本文只研究人格法对陷民法于不公不私的尴尬处境所起的作用。还有许多制度起同样的作用,例如物权法中关于取得物权程序的规定;亲属法中关于亲子关系的规定、继承法中关于继承人顺位的规定、关于特留份的规定，等等，都是公法。按《俄罗斯联邦民法典》第2条第1款的规定，民法对社会关系的作用采用“确定”和“调整”两种方式。凡是涉及“确定”的，都是公法关系；凡是涉及“调整”的，都是私法关系，俄罗斯民法因而成为混合法。[73]

本研究的特别意义在于弄清了物文主义的民法理论的技术根源，承认它有把部门法运动进行到底的意图，这样就减轻了这种主义的重“物”轻“人”的道义责任，但作为副产品，从本研究中也可推出部门法运动不可能进行到底、各个部门法难免彼此有交叉越界的结论。它证明了复杂的实际生活与追求纯粹的理论之间的紧张关系。基于这种现实，凯尔森得出的公私法的区分无用的结论[74]并非完全无理。

在这种背景下，产生了中国民法典的未来发展路径问题。诚然，中国自1949年以来的民法理论一直不否定民法调整对象中具有“人格”的因素，但此“人格”非彼“人格”，前者指私法意义上的人格权，后者指国家赋予的主体资格，经过译介发表正确意见的外国有关作品以及包括我在内的许多中国学者的解释活动，人格才得到本文所用意义上的理解。[75]如果说过去的“民法调整人身关系和财产关系”的表达不涉及对民法是否为完全私法的质疑，则现在同样的表达要涉及这样的质疑了，并且涉及是否应认可中国民法未来的混合法发展方向的问题，我对这一问题持肯定的回答。在诸部门法的关系问题上，我持“齐抓共管，共同完成任务”的观点，反对纯化某一部门法的盲目冲动。因此，“人格”的因素可以在未来的中国民法典和民法理论中保留，不必像一些罗马私法教科书的作者为了获得理论的纯粹性而割除这一民法传统成分。这种选择，可作为新人文主义的民法观的一项内容。

在《民法私法说还能维持多久？——行为经济学对时下民法学的潜在影响》一文[76]的结论中，我从应然的角度说了民法应是公私混合法，本研究则从实然的角度证明民法从来就是公私混合法。所以，这两个研究对于那些基于民法为私法的想象做打算的人——例如想为民法的私人自治补充一点国家干预的经济法学者——都构成一种提醒：民法中的国家干预应该有，而且早就有，你们就不要在这方面动脑筋了，在其他方面努力吧！可做的事情很多呀。

注释

1 载《中国法学》2002 年第 4 期。

2 徐国栋:《认真地对待民法典》,中国人民大学出版社 2004 年版,第 93 页及以次。

3 载《法律科学》2004 年第 6 期。

4 见该文的第二点结论。

5 参见柳经纬主编:《民法总论》,厦门大学出版社 2005 年版,第 6 页。

6 参见柳经纬主编:《民法总论》,厦门大学出版社 2005 年版,第 3 页。

7 Véase Carlos Alberto Ghersi, Derecho civil, Parte General, Astrea, Buenos Aires, 2002. Véase tambien Santos Cifuentes, Elementos de Derecho civil, Astrea, Buenos Aires, 1999. Véase tambien Julio Cesar Rivera, Los derechos personalismos en el Proyecto de reformas al codigo civil, En Juan Martin Alterini et al. (Coordinadores), Instituciones de derecho privado moderno: problemas y propuestas, Abeledo – Perrot, Buenos Aires, 2001, pag. 109ss.

8 Cfr. Francesco Sini, Documenti sacerdotali di Roma antica, I. Libri e commentarii, Libreria dessi editrice, Sassari, 1983, p. 213s.

9 参见[古罗马]西塞罗:《论演说家》,王焕生译,中国政法大学出版社 2003 年版,第 145 页。

10 Cfr. Leonid Kofanov, Varrone, "Antiquitates rerum humanarum et divinarum" e il sistema del diritto publico romano, p. 3. Relazione del covegno internazionale di "Diritto romano pubblico e privato: l'esperienza plurisecolare dello sviluppo del diritto europeo" (25 – 30 giugno 2006, Mosca, Ivanovo e Suzdal).

11 关于"权力说"的含义,参见江平:《西方国家民商法概要》,法律出版社 1984 年版,第 4 页。

12 Cfr. Antonio Guarino, Diritto privato romano, Jovene, Napoli, 1994, p. 156.

13 Cfr. Antonio Guarino, Diritto privato romano, Jovene, Napoli, 1994, p. 158.

14 关于"强行法说"的内容,参见王涌:"私权的分析与建构——民法的分析法学基础",载 http://www.gongfa.com/siquangainianfenxiwangyong.txt, 2006 年 7 月 26 日访问。

15 See "Roman law", 载 http://www.answers.com/topic/roman – law, 2006 年 7 月 12 日访问。

16 关于中国的罗马法教学的变迁,参见徐国栋:"中国的罗马法教育",载《中南法律评论》2002 年第 1 卷。

17 就这一问题,周枏先生的如下话具有代表性:"罗马法的公法部分,包括宗教祭祀及国家的组织、机构等方面的法律制度,是罗马奴隶主统治人民的工具,其阶级性很强,现在当然对我们没有多少研究价值"。参见周枏:《罗马法原论》(上册),商务印书馆 1994 年版,第 8 页。

18 [意]桑德罗·斯奇巴尼选编:《民法大全选译·公法》,张礼洪译,中国政法大学出版社 2000 年版。

19 参见徐国栋:"周枏先生的《罗马法原论》错误举要——以上册为中心",载徐国栋主编:《罗马法与现代民法》(第 5 卷),中国人民大学出版社 2006 年版,第 52 页及以次,尤其是第 63 页及以次。

20 关于物文主义的含义,参见徐国栋:"两种民法典起草思路:新人文主义对物文主义",载徐国栋编:《中国民法典起草思路论战》,中国政法大学出版社 2001 年版,第 152 页及以次。

21 部门法运动首先是区分公法法的运动,其次是在这种两分法的前提下区分它们各自的分支的运动。例如,把公法区分为宪法、刑法、刑事诉讼法和民事诉讼法,把私法区分为民法和商法,这些法律部门构成所谓的"六法"作为部门法运动的成果。

22 参见柳经纬主编:《民法总论》,厦门大学出版社 2005 年版,第 6 页。

23 关于这些区分公私法的学说的具体含义,参见江平:《西方国家民商法概要》,法律出版社 1984 年版,第 4 页。

24 See George Long, Mancipii Causa, On http://penelope. uchicago. edu/Thayer/E/Roman/Texts/secondary/SMIGRA */Mancipii_Causa. html,2005 年 9 月 28 日访问。

25 参见[古罗马]盖尤斯:《法学阶梯》,黄风译,中国政法大学出版社 1996 年版,第 4 页及以次。

26 参见[古罗马]盖尤斯:《法学阶梯》,黄风译,中国政法大学出版社 1996 年版,第 36 页。

27 参见[古罗马]盖尤斯:《法学阶梯》,黄风译,中国政法大学出版社 1996 年版,第 12 页。

28 参见[古罗马]盖尤斯:《法学阶梯》,黄风译,中国政法大学出版社 1996 年版,第 60 页。

29 参见周枏:《罗马法原论》(上册),商务印书馆 1994 年版,第 98 页及以次。

30 关于两大《法学阶梯》的私法教材性质,See George Long, Jus, On http://penelope. uchicago. edu/Thayer/E/Roman/Texts/secondary/SMIGRA */Jus. html, 2006 年 7 月 12 日访问。

31 萨维尼明确说市民的身份是公法性的。Cfr. Federico Carlo di Savigny, Sistema del diritto romano attuale, Traduzione in italiano di Vittorio Scialoja, Volume secondo, Torino, Unione Tipografico – Editore, 1888, p. 453.

32 Cfr. Antonio Guarino, Diritto privato romano, Jovene, Napoli, 1994, pp. 5ss.

33 Cfr. Federico Carlo di Savigny, Sistema del diritto romano attuale, Traduzione in

italiano di Vittorio Scialoja, Volume secondo, Torino, Unione Tipografico – Editore, 1888, p. 453.

34 Cfr. Remo Martini, Apunti di Diritto Romano Privato, CEDAM, Padova, 2000, pp. IXss.

35 "事实上已经决定,不论是监护还是保佐,都是公役"(I. 1,25pr.)。参见[古罗马]优士丁尼:《法学阶梯》(第二版),徐国栋译,中国政法大学出版社 2005 年版,第 93 页。

36 Véase Alvaro D'Ors, Derecho privado romano, Ediciones Unversidad de Navarra, Pamplona, 1986, pag, 13ss.

37 Véase Alvaro D'Ors, Derecho privado romano, Ediciones Unversidad de Navarra, Pamplona, 1986, pag, 27.

38 Cfr. Manuel Jesus Garcia Garrido, Diritto privato romano, Traduzione in Italiano di Marco Balzarini, CEDAM, Padova, 1996, pp. Vss.

39 参见黄风:《罗马私法导论》,中国政法大学出版社 2003 年版,第 8 页。

40 参见黄风:《罗马私法导论》,中国政法大学出版社 2003 年版,第 78 页及以次。

41 关于蒙森的这一著作在罗马公法研究史中的地位,参见[意]阿尔多·贝特鲁奇:"罗马宪法与欧洲现代宪政",徐国栋译,载《法学》1998 年第 4 期。

42 Voir Theodor Mommsen, Le droit public romain, Tomo V, Traduit du Frederic Girard, 1896, Paris, Libraires Thorin et Fils.

43 Cfr. Theodor Mommsen, Disegno del diritto publico romano, Traduzione in Italiano di P. Bonfante, A cura di V. Arangio – Ruiz, Celuc, Milano, 1973, p. 50.

44 Cfr. Theodor Mommsen, Disegno del diritto publico romano, Traduzione in Italiano di P. Bonfante, A cura di V. Arangio – Ruiz, Celuc, Milano, 1973, pp. 80ss.

45 Cfr. Federico Carlo di Savigny, Sistema del diritto romano attuale, Traduzione in italiano di Vittorio Scialoja, Volume secondo, Torino, Unione Tipografico – Editore, 1888, p. 453.

46 参见[美]艾伦·沃森:《民法法系的演变及形成》,李静冰、姚新华译,中国政法大学出版社 1992 年版,第 136 页。

47 Véase Alejandro Cuzman Brito, La Codificacion Civil en Iberoamenrica: Siglos XIX y XX, Editorial juridica de Chile, Santiago, 2000, pag. 119.

48 Véase Proyecto de Codigo Civil de la Republica Argentina Unificado con el Codigo de Comercio, Abeledo – Perrot, Buenos Aires, 1999, pag. 173.

49 See Roger Houin, The Method of Reform of the French Codes of Private Law, In Tulane Law Review, Vol. 32, No. 1, p. 11.

50 Cfr. Codice Civile (1865), Edizione Simone, 1996, Napoli, pp. 17ss.

51 Ver Codigo Civil Portugues, Coimbra, 1934, p. 17ss.

52 Cfr. Codice civile, A cura di Adolfo di Majo, Giuffrè, Milano, 1994, pp. 768ss.

53 从根本上说,民法不过是与国际法向对立的某一内国的法律,它必然以该国的国籍为依据定其主体。参见王宏林:"谈谈 Civil law 的涵义",载《中外法学》1992 年第 5 期。换一种说法,市民法相当于文学艺术界中所说的"民族的"东西,与"世界的"东西相对应。

54 See Citizenship Law of Portugal, On http://www.legislationline.org/legislation.php?tid = 11&lid = 751, 2006 年 7 月 24 日访问。

55 Ver Codigo Civil 1998, Almedina, Coimbra, 1998, p. 14.

56 参见《德国民法典》(第 2 版),陈卫佐译,法律出版社 2006 年版,第 10 页。

57 See The Civil Code of the United Arab Emirates, Translated by James Whelan & Marjorie J. Hall, Graham & Trotman, 1987.

58 参见何勤华:《西方法学史》,中国政法大学出版社 1996 年版,第 249 页。

59 Cfr. Federico Carlo di Savigny, Sistema del diritto romano attuale, Traduzione in italiano di Vittorio Scialoja, Volume secondo, Torino, Unione Tipografico – Editore, 1888, p. 449.

60 Cfr. Federico Carlo di Savigny, Sistema del diritto romano attuale, Traduzione in italiano di Vittorio Scialoja, Volume primo, Torino, Unione Tipografico – Editore, 1886, pp. 335ss.

61 参见[德]弗里德里希·卡尔·冯·萨维尼:"萨维尼论法律关系",田士永译,载郑永流主编:《法哲学与法社会学论丛》(七),中国政法大学出版社 2005 年版,第 6 页。

62 Cfr. Federico Carlo di Savigny, Sistema del diritto romano attuale, Traduzione in italiano di Vittorio Scialoja, Volume secondo, Torino, Unione Tipografico – Editore, 1888, pp. 28ss.

63 参见[葡]叶士朋:《欧洲法学史导论》,吕平义、苏建译,中国政法大学出版社 1998 年版,第 200 页。

64 Cfr. Bernardo Windscheid, Diritto delle Pandette (Vol. I), traduzione in italiano di Carlo Fadda e Paolo Emilio Bensa, UTET, Torino, 1925, p. 40.

65 Cfr. Bernardo Windscheid, Diritto delle Pandette (Vol. I), traduzione in italiano di Carlo Fadda e Paolo Emilio Bensa, UTET, Torino, 1902, p. 1217.

66 Cfr. Bernardo Windscheid, Diritto delle pandette (Vol. I), traduzione in italiano di Carlo Fadda e Paolo Emilio Bensa, UTET, Torino, 1925, p. 41.

67 关于对物文主义的这方面原因的分析,参见徐国栋:"两种民法典起草思路:新人文主义对物文主义",载徐国栋编:《中国民法典起草思路论战》,中国政法大学出版社 2001 年版,第 164 页及以次。

68 Cfr. L. Bigliazzi Geri et al., Diritto Civile, 1, Norme soggetti e rapporto giuridico, UTET, Torino,1987,p. 13.

69 Cfr. Guido Alpa, Status e Capacità, Editori Laterza, Bari, 1993,p. 139.

70 Cfr. L. Bigliazzi Geri et al., Diritto Civile, 1, Norme soggetti e rapporto giuridico, UTET, Torino,1987,pp. 12s.

71 Véase Jorge Joaquin Llambias, Tratado de Drecho Civil, parte general, tomo I, Editorial Perrot, Buenos Aires, 1997,pag. 40.

72 参见[德]弗里德里希·卡尔·冯·萨维尼:《法律冲突与法律规则的地域和时间范围》,李双元等译,法律出版社 1999 年版,第 6 页。

73 对《俄罗斯联邦民法典》这一条文的详细分析,参见徐国栋:"寻找丢失的人格——从罗马、德国、拉丁法族国家、前苏联、俄罗斯到中国",载《法律科学》2004 年第 6 期。

74 参见[奥]汉斯·凯尔森:《法与国家的一般理论》,沈宗灵译,中国大百科全书出版社 1996 年版,第 232 页。

75 关于这一过程,参见徐国栋:"再论人身关系",载《中国法学》2002 年第 4 期。

76 载《法学》2006 年第 5 期。

徐国栋

代表作

拾陆

《绿色民法典草案》人身法二题

中国目前有5个民法典草案，它们是，王汉斌委托的9位专家完成的学者建议稿；人大法工委民法室人员以此稿为基础加工成的所谓“室内稿”；梁慧星教授及其同事利用自己起草的前述学者建议稿中的有关编外加自己补写的编构成的“补全稿”；[1]王利明教授及其同事、学生以同样的方式完成的补全稿[2]；出于谦虚最后谈到的是我们的洋洋90万言的《绿色民法典草案》。[3]由此，中国进入了历史上从未有过的民法典起草繁荣期。各个草案的作者彼此竞争，比较优劣，或褒或贬，属于人性的正常表现。基此，本文试图显扬我主编的《绿色民法典草案》中的两个新规定以证明该草案的先进和优越。

一、关于人生计划权的规定

在《绿色民法典草案》中，我们规定了101种人格权，其中人生计划权最为引人注目。

第一分编自然人法第331条规定：“以生命健康权[4]或自由权为基础，自然人享有人生计划权。”[5]

本条确立了一种新型的人格权——人生计划权。这是参考泛美人权法院[6]1997年9月17日对玛利亚·艾蕾娜·洛阿伊萨·塔玛育诉秘鲁（Maria Elena Loayza Tamayo v. Peru）一案中做出的判决而做出的规定。了解了这一外国判例，有助于读者明了人生计划权的产生背景和在我国的可能适用情况。因此，我拟主要根据从网上获得的秘鲁法学家卡洛斯·费尔

注　本文原载《福建师范大学学报》（哲学社会科学版）2005年第1期。

南德斯·塞萨雷戈(Carlos Fernandez Sessarego)在1999年的《民事责任与保险杂志》(Revista de Responsabilidad Civil y Seguros)上发表的"新近泛美人权法院判决中体现的人生计划损害"一文,补充其他材料介绍这一案例及学者的分析,就我国可以赔偿人生计划损害的情形提出自己的见解。

玛利亚·艾蕾娜·洛阿伊萨·塔玛育一案的案情是:塔玛育曾经在秘鲁的军事法院因叛国罪(严重的恐怖主义行为)受审判,被无罪开释,但后来她又因恐怖主义行为受到了普通法院的审判。于是,塔玛育向设在哥斯达黎加首都圣何塞的泛美人权法院控告秘鲁政府违反了《泛美人权公约》[7]第8条第4款关于因生效判决被无罪开释的人不得因同一行为再受审判的规定。请注意,她并非因为她被误认为是恐怖分子起诉,而是因为一事两审起诉。从纯粹的理论可能性来看,塔玛育仍然可能有过恐怖主义行为,但基于审判的终局性原则(Finality),[8]即使放错了她也不得再行起诉。由于她确有理由,她获得胜诉。泛美人权法院责令秘鲁政府在合理的期间内释放塔玛育,同时要求它"合理地赔偿受害人及其家人并填补已发生的费用"。[9]确实,塔玛育在5年的时间内被误认为有恐怖主义犯罪行为,其学习被中断,人被转移到外国、远离其谋生手段、处在孤独和经济上的贫困中。由于拷打,心理和生理上都遭受了严重的折磨,其人身遭受了各种侵害,其人格和职业的可以合理确定的发展受到了阻碍。对她做出赔偿完全有理由。

这一判决确立了一项新的人权和民事权利:人生计划权。该判决认为,人生计划,就是在正常情况下可以实现的个人的和职业的发展。对它的破毁、延滞或减等,构成必须赔偿的侵害。[10]具体讲,它是第三人损害的"每人有意无意地选择的生活方式以及所有人都享有的确定我们的生活计划,按我们现在的样子而非按第三人强加的不同方式生活的自由。"[11]法院认为,人生计划是与个人实现的概念相连的概念,它维护主体对其生活方式的考虑权以及实现其提出的目标的选择权。它还承认,人生计划权是一个已存在于学说上和新近的判例中的概念。因此,它在判决中援引这一权利并非首创,不过是利用现有的理论和实践成果。

事实上,从1985年起,在秘鲁和其他国家都有关于"人生计划"的作品问世。它们多数都未使用人生计划的术语。第一篇使用这一术语的论文是1995年在利马的杂志《正义女神》(Themis)上发表的《关于人生计划损害与心理损害之区别的笔记》的论文，1996 年产生了《存在一种人生计划损害吗》的论文，发表在意大利；同年还有秘鲁著名的人法专家卡洛斯·费尔南德斯·塞萨雷戈的《人生计划损害》问世，但到了 1998 年才发表。[12]但也有人把这一问题的历史追溯得更早，认为人生计划权的观念完全来自 1948 年的《美洲宣言》，该宣言把精神提升为人的存在的最高目的和最高范畴。[13]

人生计划权的提出受到了海德格尔哲学的影响，构成哲学观念转化为法上的权利的一个实例。根据海德格尔的存在主义哲学，人是自由的、时间的或非永恒的生灵。自由把人与其他动物区分开来，在主观向度上表现为人有为决定的能力。这种产生在主观世界中的内在决定意味着主体可以在世界提供的既存可能性中做出一种确定的选择。海德格尔认为，人不是现存的东西，只是一种存在的可能性，在自己的生存中不断领会属于人本身的可能性，并不断地筹划自己，充分地实现自己。[14]由于其自由的属性，人类还是计划的动物。事实上，人都是在时间中按计划生活的。在自由的客观的向度上，人们主要以主观决定为依据塑造了"人生计划"，它使人的完全发展成为可能，让人选择试图在其生存的时间内实现的目标。

以上是从自由的人的本体论属性对人生计划做出的说明，接下来从人是时间的属性来进一步说明同样的主题。人以过去为支撑，从现在出发规划未来。[15]但人都是暂时的或曰匆匆过客，都要以死亡告终，因此，人的自由决定必须在有限的时间内实现，否则就会失去机会，从而造成对自由权的客观表现的人生计划的损害。在这个意义上，对人身计划的损害也是对人的自由权的侵犯。对人生计划权的保障就是对自由权的保障。人生计划代表了人的最高追求，此等计划决定了人在将来的"存在"，此种选择是存在的最高价值。保护人生计划权，就是保护人的自由的最有意义的客观的或现象化的表现。因此，对人生计划的破毁、延滞或减等，意味着有形地减少人的自由，导致主体价值的丧失。按坎萨多·特林达德（A. A. Cancado Trindade，巴西籍）法官的说法，由此引起的损害是人能承受的最重的。

一个重要的问题是如何区分人生计划损害与直接损害、丧失的利益和精神损害。实际上，泛美人权法院就塔玛育案件做出的判决已区分了它们。直接损害是由行为造成的直接或间接的财产减少；丧失的利益是失去的经济收入等，它们都可以以某种方式量化，而人生计划损害的对象是人的完整实现，必须考虑受害人的职业、能力、环境、潜力和追求才能确定。

研究者认为，人生计划损害是一种与精神损害不同的损害，因为前者的侵害对象是人的本体论上的自由，具有持续性；后者的侵害对象是人的心理，严格说来是人的感情，其伤害可通过时间的流逝消失或减轻；而前者不限于受害人的感觉，而是要影响到他的未来；[16]前者是对人的生存条件的改变，即"受害人的客观环境及他与他人的关系的改变，此等改变通常会在加害行为引起的痛苦或悲哀终止后延续很长时间"，例如受害人中断职业活动就是改变其生存条件的一种形式。精神损害并不导致人的生存条件的改变，它是受害人承受的主观痛苦或折磨，可以通过慰抚金弥补。[17]精神损害可以首先通过侵害人的身体造成，例如，造成伤口或伤残；也可以通过首先侵害人的精神造成，这些精神—肉体的损害最终都造成受害人的生物学意义上的损害，正如人所共知的，肉体的伤害最终都会干扰心灵，反之亦然。所有的心理—肉体损害都导致对人的健康的损害，影响人的舒适，受害人因此应得到赔偿。[18]而人生计划损害与心理—肉体损害极为不同，它损害的对象是人格的自由实现，尽管此等损害也有身体和精神的方面，但它是一种独立的损害。

按泛美人权法院法官鲁克斯·仁希福（Roux Rengifo）的观点，并非所有的生存条件改变都要赔偿。该赔偿的"应该是非常实质性的，例如根本搅乱了家庭生活发展的感情和精神框架的改变，或搅乱了已花费巨大努力和精力的职业的进步的改变"，而一般的绝望等，不在赔偿之列。塞萨雷戈也认为，只有"其后果顿挫人的整个生存围绕着它旋转的中心和决定性的轴心，扼杀了人的目的，使之丧失了生存的意义的"的人生损害，才应该赔偿，以避免这一制度被滥用。[19]

人生计划损害可分为两种类型。其一，根本损害或人生整体受挫，例如，著名的钢琴家或外科医生在一场事故中失去了一只手的情形；其二，人生计划被顿挫或取消，导致明显限制或迟滞主体的正常发展，例如塔玛育一案的情形。当然，遭受人生损害的人并非完全不可能获得新生活，只是从损害的深度和根本性来看，这种可能性极为渺茫而已。[20]

由于人生计划损害的出现，损害的类型变成三足鼎立的格局：物质损害、精神损害或主观损害、人生计划损害，后两者共同属于"对人的损害"

的属概念。

人生计划损害是否可以金钱赔偿？这是一个有争议的问题，因为这种损害应该通过恢复被害人的尊严来弥补，但审理塔玛育案件的泛美人权法院仍授予原告124190.30美元的物质赔偿。学者们认为，为精神损害可以物质赔偿提出的理由多数都可适用于人生计划损害赔偿。不过，在Cantoral Beavides v. Peru一案中，泛美人权法院仅判令秘鲁政府赔偿原告一笔奖学金，使他能够回到大学完成其高等教育，实现其人生计划。[21]

当然，侵权行为可以导致受害人本人的人生计划损害，实际上，其亲属的人生计划上也难免受到影响，泛美人权法院在塔玛育诉秘鲁一案的判决中已经反映出受害人的人生计划与其家人的同样计划的牵连性（"合理地赔偿受害人及其家人"）。2001年11月28～29日，泛美人权法院却在Bamaca Velasquez诉危地马拉一案中做出了否定性的判决。巴马卡·贝拉思圭兹是危地马拉革命阵线的玛雅人游击队司令，于1992年3月12日被政府军捕获。军队秘密地拘押并拷打他达1年之久，并于1993年9月将其杀害。但其妻子杰尼弗·哈勃里（Jiennifer Harbury）并不知道这一死亡，为了找到其丈夫，她求诸人身保护令，提起了几个刑事诉讼；在危地马拉武装力量总部和美国白宫前进行过绝食（其中一次长达32天）。直到3年后，她才得知丈夫已死。从此，她为得到其丈夫的遗体而努力。由于尸体被埋在军营内，她的要求遭到了危地马拉政府的拒绝。最后，她于2000年11月25日在泛美人权法院起诉危地马拉政府，被告败诉，法院判处它赔偿巴马卡、哈勃里及其亲属的物质损害、精神损害共计498000美元。在人生计划损害赔偿问题上，被害人的代表"司法与国际法中心"（Center for Justice and International Law）却主张要赔偿的是哈勃里而非巴马卡这方面的损失，因为她的生儿育女以及与其丈夫度过余生的人生计划被破毁了。由此提出了直接受害人的家属由于犯罪行为成为间接受害人后要求赔偿人生计划损害是否可行的问题。这一请求遭到了泛美人权法院的拒绝。[22]我想这是为了限制政府责任的范围。

让我们回到人生计划权问题的理论方面来。塞萨雷戈认为，人生计划权的设立，意义在于确定了人在法中的中心地位，因而是一个法律人文主义的举措。在这个场合，他采用了与中国的相关讨论差不多的术语谈论"人"与"财"的先后轻重问题，确认"人的这种地位体现了法的本色，因为它是优先保护人,其次才保护人的财产的"。[23]这种观点与尹田的保护了财产就保护了人的观点[24]形成鲜明的对立。该人的观点显然属于塞萨雷戈猛烈批评的"个人——财产优先的法律观"或"法的唯一经济观"。看来,在中国发生过或还在发生的人文主义与物文主义的民法观的交锋,至少在秘鲁也发生过。对此有徐涤宇的研究可证:"在其他所有法典中,'拥有'(To have)在位阶上高于'存在'(To be),即财产权被界定为人本身权利之上的'绝对的、神圣不可侵犯的'权利,对其保护优于对人本身的保护,而《秘鲁民法典》正好相反"。[25]

由于人生计划权的合理性,它为越来越多的国家接受。1999 年 8 月 4 日至 7 日,在秘鲁的阿雷基巴(Arequipa)举行了"第二届国际民法大会:秘鲁和阿根廷民法典改革委员会聚会。《秘鲁民法典》15 年及其改革进程"。在这个会议上,阿根廷、玻利维亚、秘鲁和波多黎各的民法典改革委员会联合制定了一个《阿雷基巴纲领》,宣布,无论是制定新民法典还是修订已有民法典的签字国,都要遵守如下基本原则:其第 26 项原则就是"明确规定对人身或对人生计划的损害的可填补性质"。基于这一纲领,1998 年的《阿根廷民商合一的民法典草案》第 1600 条第 2 款规定,干扰人生计划是非财产损害的一种形式,它通过身体的或精神的损害,或阻碍完全享受生命实施。[26]阿根廷以此举兑现了把"纲领"内国法化的诺言,而且自觉地接受了人权法院的一个判例确立的原则。

不难看出,人生计划损害可以由政府引起,[27]这是塔玛育案件的情形;也可以由私人引起,例如在钢琴家或外科医生因为事故断手的情形。在前种情形,人生计划权是抗御政府的公权力滥用的工具。这样的纵向的人生计划损害的发生概率真是太大,数不胜数。从西方国家的情形来看,"二战"期间纳粹政府对犹太人的迫害——迁入集中营、剥夺全部财产、强制劳动甚至处死——造成的是地地道道的人生计划损害;珍珠港事件后美国政府把大量无辜日侨赶进集中营的恶劣行为,给受害人造成的也是人生计划损害,因为他们的人生计划被顿挫或取消,其发展被限制或迟滞。从我国的情形来看,基于同样的理由,"文革"中的知识青年上山下乡运动给受害人造成的也是同样性质的损害。看到这一点,可以感受到人生计划的概念尽管产生在外国,却离我们一点都不遥远。从私人造成人生计划损害的可能来看,输血使人感染艾滋病的、错误手术致人残疾的,都有此等效果。

实际上,齐玉苓案件不过是私人侵犯人生计划权的一个实例。我认为,在此案中,齐玉苓被侵犯的不是受教育权,而是人生计划权。她由于一次冒名顶替终身丧失了接受高等教育并据此成为城市人的机会,丧失了在有限的人生期间的自由选择权。如果我们充分明了我国城乡间的巨大差别以及农村人把自己转化为城市人的途径之有限,我们就可理解齐玉苓遭受的人生计划损害之巨大。过去,我国法院的武库不够丰富,只能选择受教育权保护齐玉苓。《绿色民法典草案》引进了拉丁语族国家的人生计划权理论,我国法院就可运用新武器保护类似齐玉苓的人生计划受害者了。并且,人生计划权的引入导致了损害——赔偿由过去的物资—精神两分法转化为物资—精神—人生计划的三分法,这要求我国的立法和司法解释进行相应的变革。而且,人生计划损害的赔偿最重,对这种损害赔偿的承认将极大地提高侵权人的行为成本,促使他们谨慎运用自己的权力或行动,避免承担高昂的责任。

从某个角度看,我国人民在自己的法律实践中已有了人生计划权的观念,例如分手的恋爱者或离婚者一方(尤其是女方)提出的赔偿青春损失费要求,就隐含着人生计划损害的性质,因为轻率地抛弃她们的人改变了其人生计划,给其未来生活的安排带来了难以弥补的损害,人们在自己的法意识里认为这样的损害是必须赔偿的。由此可以得出外来的人生计划权与我国的本土文化契合的结论。因此,我们的《绿色民法典草案》对这种新型权利的移植,还有一定的本土资源支撑。

二、关于民事结合的规定

第三分编婚姻家庭法第 2 条第 3 款规定:"同性人彼此之间缔结的民事结合,在性质相宜的范围内,适用本分编的一切规定。"[28]

本条的意义在于追随世界潮流承认了同性婚姻,对之准用关于异性婚姻的一切规则。要理解本条的意义,就必须先了解同性恋者地位在世界范围内的巨大改善。

"同性恋"一词是德国医生贝尼基脱于 1869 年创造的,1890 年由性学家哈未劳克·爱利斯引入英语世界;20 世纪 70 年代,"Gay"一词普及,原意为"快乐人",现用来指一切同性恋者。到了 20 世纪 70 年代末,女同性恋者认为"Gay"一词以男性为中心,所以坚持以 Lesbian 为自己的名称。[29]

欧美的同性恋者也有受刑罚、受迫害、受歧视的历史。但到了20世纪下半叶,由于人权意识的加强以及对同性恋的自然倾向性的发现,同性恋者的地位日渐改善,其性行为逐渐被合法化。2002年秋我到美国哥伦比亚大学法学院当福布莱特访问学者,惊异于电话号码簿上有同性恋者联系方式的介绍;在 Inside in New York 这样的指南书中也有这样的介绍[30],而且人们把保护同性恋者的权利当作民权运动的前沿问题,政客们标榜自己在这方面的作为吸引选票。[31]在这些成果的基础上,各国从宪法、刑法和民法三个方面保护同性恋者的权利。下面从简介绍对他们的宪法和刑法保护;从详介绍对他们的结合的民法承认。

先说宪法保护。1994年2月8日,欧洲议会通过一项关于禁止基于不同的性取向导致欧洲公民遭受不平等待遇的决议。经过1997年《阿姆斯特丹条约》修改的《欧洲联盟条约》第13条规定了类似的原则。2000年12月7日通过的《欧洲联盟基本权利宪章》明确规定禁止一切基于性取向的歧视。[32]1998年经修改的《厄瓜多尔宪法》第23条第3款明示禁止因性取向的歧视。新西兰的《人权法案》也禁止因为性取向在就业、教育、进入公共场所、提供财产和服务、享受医疗服务方面实行歧视。斐济共和国宪法也禁止因为性取向的歧视。南非宪法有同样的规定。1999年4月18日,瑞士通过了新宪法,其中规定禁止因生活方式受歧视,其含义就是禁止因性取向歧视人。[33]

在刑法上,丹麦、芬兰、法国、挪威、荷兰、斯洛文尼亚、西班牙、德国、巴西、哥斯达黎加、瑞典、佛蒙特的刑法典或刑事特别法都禁止因为性取向的歧视。[34]

在民法上,世界上承认了同性恋婚姻的有丹麦、挪威、瑞典、冰岛、匈牙利、荷兰、比利时、西班牙的部分地区、法国、德国、瑞士的一些地方、加拿大(包括魁北克)、佛蒙特、马萨诸塞州、[35]阿根廷等法域。丹麦是第一个赋予同性伴侣同居法律地位的欧洲国家。1968年由丹麦社会党提出第一个立法案,建议允许同性恋者结婚,最终因反对强烈而流产。立法者于是改变策略,成立了一个“非婚姻同居”委员会草拟新的立法方案,终于在1989年6月通过了丹麦王国的《登记同居伴侣法》,并于10月1日实施。登记为同居伴侣的条件基本上与结婚相同;并且,在除了收养权、人工辅助生育权、父母子女间的亲权之外,在登记伴侣间产生类似于婚姻的法律效力。[36]

挪威继丹麦之后于1993年4月30日通过自己的相应立法,8月1日实施。瑞典1994年6月23日通过了这方面的法律,于1995年元旦实施。冰岛于1996年6月12日通过了这方面的法律,于同年6月27日实施。引人注目的是,前社会主义国家匈牙利于1996年修改其民法典,允许同性同居伴侣获得类同于异性同居伴侣的地位。荷兰于1997年7月5日通过《登记同居伴侣法》,于1998年元旦生效实施。与前述的北欧及受其影响的国家不同的是,荷兰法不仅仅是针对同性恋伴侣的,而是不问其性取向、对所有同性或异性同居伴侣开放。这是最早提出的民事结合制度。更为值得关注的是荷兰人很快就走出了另外一大步:1999年7月8日议会开始审议《开放婚姻法》,允许同性恋者结婚。经过两院先后审议通过,2000年贝阿特丽斯女王批准该法,于次年4月1日生效。就法国而言,1999年11月15日,法国议会通过的第99-944号关于民事团结契约(pacte civil de solidarité)的法律作为《法国民法典》的第一编的第十二章,标题为“关于民事团结契约和同居关系”。[37]它规定,PACS(即pacte civil de solidarité的缩写)制度介于隆重宣告的婚姻和合伙人之间缔结的合伙合同两种制度之间,其成立需要起草一个确定双方权利义务的PACS契约,最终又可以基于各方决定而解除之。到2002年11月16日,据法国《世界报》的统计:全法国登记备案的PACS契约共计65 000个。比利时于1998年3月19日通过关于共同生活合同和建立合法同居的法律,于2000年元旦实施。西班牙的加泰罗尼亚自治区议会于1998年6月30日通过《稳定同居法》,承认同性、异性间同居的法律地位。阿拉贡省于1999年3月12日通过类似的《非婚姻的伴侣法》。德国于2001年8月2日通过了《生活伴侣法》;瑞士的日内瓦和苏黎世于2002年9月22日通过了类似的法律。2003年夏,加拿大总理宣布将修改有关法律,将同性伴侣婚姻合法化,计划先拟定法规交最高法院听取意见,最后送交国会投票表决。该法规以C-250草案的名称在国会以216票对55票获得通过。2003年6月20日,在司法委员会以9票对8票得到通过,不过在该法案的通过过程中存在对立观点的冲突。[38]就阿根廷而言,2002年12月13日,布宜诺斯艾利斯议会通过5小时的辩论,通过了《民事结合法》,承认了同性婚姻和异性同居为合法,在保守的、天主教的拉丁美洲国家中开了这方面的先例。[39]此外,芬兰于2002年、卢森堡于2004年、西班牙、捷克于2005年、斯洛文尼亚于2006年、瑞士于2007年、葡萄牙、奥地利于2010年制定了相应的立法。看来,制定承认民事结合的法律已经成为一种世界性的潮流。

在我国,由于李银河教授的辛勤工作,[40]我国同性恋者的状态日益宽松,人们对他们的看法由犯罪转为病态,由病态转为正常,不排除将来被视为美德的可能,这是因为他们的结合不生养孩子,不会造成进一步的人与资源关系的紧张使然。不妨可以把此等结合按照《绿色民法典草案》的术语说成是“绿色结合”。[41]

2010年1月,国内首对同性恋婚礼在成都举行,主角是两位男性。2011年1月9日,广东举行另一对同性恋人婚礼,主角是两位女性。实践已经走在了立法的前头。

那么,什么是民事结合呢?《法国民法典》第515－1条的定义为:“PACS是两个异性或同性的成年自然人为了组织其共同生活缔结的合同”。[42]阿根廷的《民事结合法》的定义为:“两个人不论其性别或性取向的自由结合,在义务、权利和福利上与普通夫妇享受同等对待”。[43]由此可见,民事结合不以同性恋婚姻为限,而且包括异性间的同居或曰事实婚。因此,民事结合制度另一方面的意义上承认了事实婚的效力。这实际上是在传统的异性婚姻旁开辟了一种新的婚姻,一方面,这种异性配偶间享有传统配偶间的一切权利,承担一切义务;另外一方面,这种结合很容易解除,与解除一般合同的程序差不多,没有解除婚姻那样的“离婚战争”问题。

我们的《绿色民法典草案》为何要承认民事结合?因为同性结合是私人的、隐秘的事情,只要不以同性恋腐蚀未成年人、卖淫、乱伦,国家无必要干预。[44]我承认同性婚姻还有另外的理由:贯彻绿色生育原则,因为同性恋婚姻不会产生后代,有利于缓和人口危机。

那么,我国是否要把异性间的事实婚和同性婚姻统在民事结合的共同名目下呢?我认为无必要,因为我国的离婚程序不复杂,无必要以民事结合把事实婚合法化,因此,我们的《绿色民法典草案》仅把民事结合规定为同性婚。

关于民事结合的成立手续,各国有不同规定。在法国,民事结合登记不进入民事身份登记簿,在另外的登记簿登记,以使其解除程序较解除婚姻简便。而在魁北克,婚姻和民事结合都在民事身份登记簿登记(《魁北克民法典》第121条附1条)[45]。我们的《绿色民法典草案》把一切关于婚姻制度的规定都准用于民事结合,因此,民事结合的当事人要到民政机关进行民事结合登记。

民事结合的效力基本同于婚姻,不过解除比较容易。此等效力有配偶间的权利义务、亲属关系之发生、继承权之发生等。

三、结论

在目前的5部民法典草案中,《绿色民法典草案》的编纂者最自由。尽管是1998年的司法部项目,但其编纂未受过任何官方意志影响,编纂者们没有义务考虑从而也没有考虑过它在适用上的可操作性,因此赢得了把世界上最先进、最新颖的规定吸收进来的自由。我们试图把它搞成一部世界上最新的民法规定的综述,上面就是它综述的两项对国人为新的制度,它们可以成为中国民法典的制定者的参照物,或迟或早地对未来的中国民法典产生影响。

注释

1 梁慧星主编:《中华人民共和国民法典草案学者建议稿》,法律出版社2003年版。

2 参见王利明主持:《中华人民共和国民法典草案学者建议稿及其立法理由》,法律出版社2005年版。

3 参见徐国栋主编:《绿色民法典草案》,社科文献出版社2004年版。

4 根据现在的已提高的认识,人生计划权与生命健康权没有什么联系。特此更正。

5 参见徐国栋主编:《绿色民法典草案》,社科文献出版社2004年版,第87页。

6 该法院成立于1979年。See Antonio Augusto Cancado Trindade, Current State and Perspectives of the Inter – American System of Human Rights Protection at the Dawn of the New Century, In Tulane Journal of International and Comparative Law, Spring, 2000.

7 该公约制定于1969年。See Antonio Augusto Cancado Trindade, op. cit.

8 这是中国的司法程序中最缺少的一个要素,一个案件可以因为上诉、申诉、信访等途径无限地审下去,只要当事人有足够的韧性。

9 Véase Carlos Fernandez Sessarego, El dano al proyecto de vida en una reciente sentencia de la Corte Interamericana de Derecho Humanos, Sobre http://www.alterini.org/fr_tonline.htm. p. 1. 2013年9月13日访问。

10 Véase Carlos Fernandez Sessarego, op. cit., pag. 2. 阿根廷人对这种损害的定义是:"或多或少地挫折人生计划造成的损害,由此受害人被阻碍了其人格的发展。"

Véase Ramon Daniel Pizarro, Dano moral, Jose Luis Depalma, Buenos Aires, 1996, p. 61.

11 Véase Ramon Daniel Pizarro, op. cit. , p. 61.

12 Véase Carlos Fernandez Sessarego, op. cit. , p. 18.

13 Véase Carlos Fernandez Sessarego, op. cit. , p. 15.

14 参见张翼:“关于人的本质的研究的历史发生与当代发展”,载《沈阳师范学院学报》(哲学社会科学版),1997 年第 3 期。

15 参见[德]海德格尔:《存在与时间》,陈嘉映、王庆节译,三联书店 1987 年版,第 414 页及以次。

16 Véase Ramon Daniel Pizarro, op. cit. , p. 60.

17 Véase Carlos Fernandez Sessarego, op. cit. , p. 12.

18 Véase Carlos Fernandez Sessarego, op. cit. , p. 8.

19 Véase Carlos Fernandez Sessarego, op. cit. , p. 13.

20 Véase Carlos Fernandez Sessarego, op. cit. , p. 13.

21 See Megan Hagler and Francisco Rivera, Bamaca Velasquez v. Guatemala: An Expansion of the Inter – American System ' s Jurisprudence on Reparation, In Human Rights Brief, Spring, 2002.

22 See Megan Hagler and Francisco Rivera, op. cit. ,

23 Véase Carlos Fernandez Sessarego, op. cit. , p. 15.

24 参见尹田:“无财产即无人格——法国民法上广义财产理论的现代启示”,载《法学家》2004 年第 2 期。

25 参见徐涤宇:“秘鲁民法典的改革”,载徐国栋主编:《罗马法与现代民法》(第 2 卷),中国法制出版社 2001 年版,第 227 页及以次。

26 Véase Proyecto de Codigo Civil de la Republica Argentina Unificado con el Codigo de Comercio, La Ley, Buenos Aires, 2000, p. 413.

27 尽管人们都是从国家责任的角度谈论这一问题的。See Ben Saul, Compensation for Unlawful Death in International Law: An Focus on the Inter – American Court of Human Rights, In Law, American University International Law Review, Vol. 19, 2004.

28 参见徐国栋主编:《绿色民法典草案》,社科文献出版社 2004 年版,第 185 页。

29 参见李昌道:“加国‘同性婚姻’草案的风波”,载《河南政法管理干部学院学报》2004 年第 1 期。

30 参见该书第 216 页及以次。

31 这是我于 2002 年 9 月至 2003 年 6 月居住在纽约期间观察到的。

32 参见孙涛:“性或非性之民事契约——二人世界共同生活制度的另类演化”,载葛洪义主编:《法律方法与法律思维》(第 2 辑),中国政法大学出版社 2003 年版。

33 Véase Graciela Medina, Los Homosexuales y el Derecho a contraer matrimonio, Rubinzal - Culzoni, Buenos Aires, 2001, pag. 58s.

34 Véase Graciela Medina, op. cit., pag. 59s.

35 马萨诸塞州高等法院于2003年11月承认同性恋者的结婚权。2004年2月4日又做出判决,称同性恋者不仅可以组成名义上的家庭,而且也可以享受完全平等的婚姻权利,并认为这样才符合美国宪法的要求。参见《厦门晚报》2004年2月5日。1996年,美国高等法院宣布同性恋者享有宪法保护的平等权利。2000年,佛蒙特州允许同性恋者结成民事结合。2003年,最高法院推翻得克萨斯州的反鸡奸法,承认同性恋行为合法。2001年,联邦判决支持同性恋者领养孩子。

36 参见孙涛,前引文。

37 参见孙涛,前引文。

38 参见李昌道,前引文。

39 参见无名氏:"阿根廷:同性恋'夫妇'合法",载 http://www.godgive.com/book/knowhow/focus20.html,2013年9月13日访问。

40 她在1993年出版(合著)了"他们的世界——中国男同性恋群落透视"(山西人民出版社)一书;在1998年出版了《同性恋亚文化》(今日中国出版社)一书,它们在很大程度上纠正了人们过去有的对同性恋者的偏见。

41 关于这一问题,参见徐国栋:"认真地透析《绿色民法典草案》中的绿",载《法商研究》2003年第6期。

42 参见孙涛,前引文。

43 参见"阿根廷:同性恋'夫妇'合法",前引文。

44 Véase Graciela Medina, op. cit., pag. 63.

45 See Civil Code of Quebec, Baudouin · Renaud, 2002 - 2003, Montral, p. 52.

财产关系论

徐国栋代表作

拾柒

商品经济的民法观源流考

本文力图考察商品经济的民法观的来龙去脉，这种理论影响巨大，它萌芽于德国，成熟于前苏联，影响了包括我国在内的所有的现实社会主义国家，这种影响甚至在许多后社会主义国家并不衰减。尽管如此，它是一种不符合民法史的理论，到目前，作为其基础的哲学观念和经济体制都已时过境迁，它本来的命运应该是灭亡。然而，它却仍然以变形的形式存活于我国的民事立法和民法理论中。现在我国正处制定民法典的前夜，如果不很好地清算这种理论，将影响我国未来民法典的立法质量，为避免这种结果，特作本文对它进行清算。

一、民法本是“市民”法

前面已说到，商品经济的民法观不符合民法史，那么，民法史中的民法本来是什么样子？简单地说，民法是市民社会的法，是“市民”的法，它首先是调整主体际关系的工具。

这里的市民社会并非我们现在所理解的与政治国家相对立的存在，而是“人为的人群”。与之对立的是“自然的人群”。家庭、氏族、胞族、部落和部落联盟都是自然的人群；村庄和城邦是“人为的人群”。“自然人群”与“人为人群”的不同，在于前者以血缘关系为联系的依据；后者以非血缘关系或陌生性为联系的依据。

在地中海文化圈中，发源了自然状态—社会契约—市民社会的历史解释模式[1]并将之传播到整个西方世界。按照这一解释模式，曾存在一种自

注　本文原载《法学》2001 年第 10 期。

然状态。其时也,人们生活在自然的人群中,"人类到处漫游,像动物一样东零西散,除了树上的果子外没有别的食物。当时没有理性,只有强力决定一切。人们一点没有崇拜神的观念,也没有对其同类尽义务的观念。没有结婚问题,也没有牢固的亲属关系问题。正义的好处未尝闻。处在无知和野蛮的黑暗中,灵魂为兽性的本能和杂乱无序占据,为了满足此等本能,只能滥用身体的强力。"总之,自然状态是没有公权力的状态,它造成了人们生活的不安定,损害了人们的生活质量,诱发了终结它的愿望。于是"出现了一个人,他无疑是伟大人物,他懂得人的精神的力量和伟大,他催生其萌芽,引导它、完善它。四散在旷野和隐藏在密林的人们被他聚集在同一个地方,然后一步步地以全部的功利兴趣和诚实影响他们。起初,他们因缺少习俗而对抗,但随后他们由于智慧的语言和雄辩术而变得更驯服,于是这些人改变了粗糙和野蛮的状况而转为温和、具有社会性"。[2]通过订立一个社会契约,[3]人们让渡部分权利给自己信任的人,形成公权力,于是市民社会形成了。人们不再仅以家庭为自己生活的共同体,而是把自己的合作伙伴的范围扩大到了全体社会契约的缔结者。由此发生了社会关系结构的根本改变,如果说,过去人们之间的合作靠亲情维系,现在则要靠一种新的规范维系,人们终于找到了这种规范,它就是法律。[4]西塞罗在《论义务》中描述了这种结果:"……由此制定了法律,形成了习俗,而后公平地分配权利,形成一定的生活规则。"[5]这样的法律,当然就是市民法,必须注意的是,它不是"调整平等主体间的人身关系和财产关系的法律部门",而是调整城邦生活的世俗方面的规则的总和。[6]

市民社会既立,马上发生了人格问题。人格是某个市民社会的主体资格。这一问题包括对外和对内两方面的内容。就对外方面而言,因为在自然状态的压力下建立的不是一个市民社会,而是星罗棋布的城邦,例如希腊的城邦就有诸如雅典、斯巴达、科林斯、派厄斯、厄比丹奴、厄吉那、塔索斯、基奥、克里特、塞萨里亚等至少 12 个;意大利就有罗马、埃奎、萨宾、维爱、茹图利、匹塞浓、夫林泰奈、赫彼奈、庞沛依、维努西亚、亚浦利亚、硫卡尼亚、萨漠尼安、伏尔喜、克鲁西乌姆、翁布里等城邦,因此,人格关系涉及一个市民社会与其他市民社会的成员的关系,它天生就包含着现代的"国际私法"的因子。每个人都生活在特定的市民社会中,不存在所谓的"世界公民"。而各个市民社会的人又要彼此交往,由此发生了共同体际的相互接纳问题,如果一个法律共同体接纳其他法律共同体的成员为自己的民事主体,我们就说被接纳者取得了其人格。

就对内方面而言,生活在一个市民社会的人并不见得都被承认为是这个社会的主体,人的地位总是被分成常态、特权和受贬抑三种,只有前两种地位的拥有者才是主体,具有人格。因此,不妨把人格理解为各市民社会在其内部组织自己之人口的工具,因此,人格天生就包含着阶级的因子。在我国,农村人的地位相对于城市人受到贬抑,甚至在死亡赔偿金问题上,后者的生命也表现得比前者得生命更“值钱”,这一事例很好地说明了人格问题在中国也具有的阶级性。

由此可见,市民社会是“市民”的社会,它是主体的组合,在家父作为主体的意义上,它很符合马克思的“自由人的联合体”的表达。作为这种社会的宪章的市民法,当然首先要解决的是一个共同体的成员资格问题,这方面的规则被称为“人法”,其次才以物法解决市民间的财产关系问题。这样的市民法与所谓的“商品经济”没有什么必然的联系。从哲学的意义看,这样的市民法很符合当前我国哲学界全力张扬的主体性原则。根据这一原则,客体应该是主体的从属并围绕着主体展开自己。[7]

二、唯物主义与市民法的财产法转向

从希腊罗马产生的上述市民社会和市民法的观念在欧洲一直维持到19世纪。如果说,孟德斯鸠以前的学者都倾向于把法律的性状与立法者的个性联系起来,[8]此时的人们却开始探讨影响法律的立法者个性以外的原因。孟德斯鸠发现了气候和环境是这样的原因,由此得出南方法必定与北方法不同的结论。较晚的以萨维尼为代表的历史学派在此基础上更进一步,[9]认为法是民族精神的产物,这是对孟德斯鸠之前的法的个人主义解释的反动,开辟了法的集体主义解释的新路。但问题在于,又是什么因素影响了民族精神?通过尼布尔、蒙森等史学家对罗马史的研究,尤其是对共和时期的罗马史的研究,人们发现,这一时期的主线是贵族和平民的阶级斗争,而斗争的原因就是对土地资源的争夺,这两项因素影响了罗马法的形态。因此说到底,法律是由经济因素决定的,至此,法的经济解释由此形成。[10]

与此相应,在19世纪的德国,发生了抛弃古代的市民社会概念而把市民社会处理成物质关系的倾向。马克思和恩格斯在这一思想运动中创立了历史唯物主义思想，以物质力量的因素为进路探讨人类历史的演变。在市民社会问题上，马克思将市民社会理解为“在过去一切历史阶段上受生产力所制约，同时也制约生产力的交往形式”。[11]由此，市民社会由“主体的社会”变成了“以客体为中介的社会”，即通过生产发生的主体间的彼此交往，成了生产关系的代名词。在这样的背景下，如果把市民法理解为市民社会的法，非生产领域的市民际的关系就被排除出市民法了。

在民法问题上，马克思更倾向于把它经济法化。他说：“民法不过是所有制发展的一定阶段，即生产发展的一定阶段的表现”。[12]恩格斯则说：民法的作用，“在本质上就是确认各人与各人之间的现存的，即在一定情况下是正常的经济关系”。[13]如果我们考察一下民法观念史就会发现，马克思和恩格斯首次把民法与经济关系联系起来，把主体际的关系限定为以经济为连接因素才可由民法调整，从而限制了民法的调整范围，尤其排除了古代人法中的与经济无关的部分于民法之外，开启了民法的财产法转向。

三、民法在前苏联经受的两大改造

在德国开端的把民法聚焦在经济关系上的理论趋向在前苏联得到了发展，其间的原因，可以从俄国学术对德国学术的紧密依赖的事实中寻找。[14]对于十月革命后的前苏联法律史，还可以从这个新国家的意识形态对以黑格尔、马克思和恩格斯为代表的“德意志意识形态”的紧密依赖中寻找。

十月革命结束的早期，前苏联的革命者并未考虑民法的财产法的地位问题，但他们考虑了民法的人法的地位问题，并于1918年制定了一部《户籍、家庭和监护法典》。财产法之所以面临灭顶之灾，乃因为革命者理解的社会主义采取军事共产主义的形式，一切实行公有，不允许存在私人财产，而保护私有财产的民法的相关部分，对他们当然是一种异己的力量，应让它消亡。但从制定了《户籍、家庭和监护法典》的事实来看，革命者们并不采取完全的法律虚无主义立场，仍然承认以法律来组织主体际关系的必要。只是在军事共产主义遭遇失败，列宁决定改行“新经济政策”后，民法的财产法部分才得到了复活，1922年制定了《苏俄民法典》。如果说，罗马法中的市民法的首要任务确定形形色色的人的身份，完成一个社会的全面组织,因此人法先在于物法,《苏俄民法典》则把人法与物法的地位作了一个完全的掉换,民法对社会进行组织的功能,要么由民法典之外的其他法承担,要么由民法典承担,但限于以财产为目的的组织,因为《苏俄民法典》只调整与财产关系具有关联的人身关系。那么,什么是与财产关系无关联的人身关系?婚姻家庭关系和监护关系即是。在现在的中国人看来,婚姻家庭关系至少有一半的财产因素,这是把现代中国私有财产较多的事实套用于当时的苏联人。在当时的公有制条件下,财产关系是婚姻家庭关系中可以忽略不计的因素。到前苏联在1926年制定新的《婚姻家庭和监护法典》的时候,民法的分裂和相应的财产法化得到了确认。这是法律史上的大事件,它标志着民法自立法上进入了其第二个发展阶段——财产法阶段。从市民法到财产法,重心逐渐从主体移到客体。

1961年,苏联制定了《苏联和各加盟共和国民事立法纲要》作为更新苏俄和其他加盟共和国民法典的示范法,其中吸收了帕舒坎尼斯、布拉图斯等早期学者主张民法调整商品交换关系的观点,规定,"苏维埃民事立法调整在共产主义建设中由于利用商品货币形式而引起的财产关系,以及与财产关系有关的人身非财产关系"[15],这一条文进一步对财产关系作了界定,将之限定为与利用商品货币形式有关的部分。我们知道,在马克思的经济理论术语体系中,商品是为了交换而生产的劳动产品。我们还知道,财产是所有对人有用且有限的物,既包括劳动产品,也包括非劳动产品。将财产关系加上"由于利用商品货币形式而引起的"定语后,民法的调整对象进一步缩小了。民法的历史由此进入了第三个阶段:商品经济的民法观阶段。它终于使民法完成了从主体性原则到客体性原则的180度转变,使主体成为客体的从属。[16]"纲要"关于民法调整对象的上述界定,是下文将要论及的中国的商品经济的民法观的根源,但由于苏联自身从未实施过一种叫做商品经济的体制模式,因此,商品经济的民法观在前苏联浅尝辄止,只是在移植到中国后才得到了大发展。

在1993年苏联解体前,这个国家的意识形态已经松动,70年代就开始批判法是被奉为统治阶级的意志,这个意志的内容是由该阶级赖以生存的物质生活条件所决定的观点[17]。这至少可以被理解为对唯物质论的法律观的批判。人们开始批评苏联过去不重视民法调整对象中的精神方面的做法,呼唤提高人法的地位。

苏联解体后,上述法律思想得到了进一步的发展。首先,学者们对法的根本认识发生了转变,抛弃了单纯从物质的角度解释法现象的做法。阿列克谢耶夫强调指出:“法历来的本性在于,使文明的主导原则,即社会生活有序和自主个人的自由,具有规范性并保障其现实性。”[18]拉扎列夫则这样定义法:“法是在该社会中得到认可并受官方保护的平等和正义的规范的总和,这些规范调整着在其相互关系中的自由意志的斗争和协调。”[19]这些定义丝毫未提到法与立法者所处的物质生活环境的关系问题,与前苏联时期的法的这样的定义适成对照(例如,20 世纪 20 年代的法学家拉祖莫夫就把法定义为“阶级社会中物质关系终结的意识形态方式和秩序”[20])。可以说,从后一种法的定义向前一种法的定义的转变,是从物质的法律观到精神的法律观的转变,它奠定了民法思想发生相应转变的基础。其次,市民社会的理论和现实都得到了发展,著名法学家涅尔谢相茨提出了“自由人的权利得不到保障,就不能实现市民社会的发展,而市民社会则是法治国的现实基础”的观点,甚至主张复活社会契约论解决后社会主义的俄罗斯的资源分配问题,以民事主义(Civilism)作为治国的根本方略。[21]而且俄罗斯进行的一系列政治经济改革在一定程度上重建了市民社会。[22]这些意味着市民法传统土壤的复活,使之有可能回复为市民社会的宪章的本义。

因此,1994 ~ 1995 年的《俄罗斯联邦民法典》第 2 条第 1 款规定,民事立法确定民事流转的参加者的法律地位;所有权和其他物权以及因智力活动产生的专有权利(智力财产)的发生根据和实现的程序;调整合同和其他的债以及其他财产关系和与人身有关的非财产关系,这些关系以其参加者的平等、意思自治和财产自治为基础。[23]可以看出,这一关于民法调整对象的定义相较于前苏联时期的相应定义已有很大改进。首先,它把“调整论”改为“确定与调整论”,民法的第一个对象被设定为确定“民事流转的参加者的法律地位”;第二个对象才是财产关系和与财产有关的人身关系。众所周知,民事流转的参加者的法律地位就是人格关系。因此,这一条文以并非张扬的方式抛弃了 1961 年民事立法纲要的民法调整对象定义,恢复了人法的优先地位。其次,它去掉了 1961 年的民事立法纲要的民法调整对象定义给民法调整的财产关系课加的“由于利用商品货币形式而引起的”限制语,从而使民法调整的财产关系的范围更加广阔。

由上可见,民法在前苏联的发展史,是延续在德国开端的财产法转折,先被改造成财产法,次被改造成商品经济的法的历史。所幸的是,新近的《俄罗斯联邦民法典》的制定者反思历史,改正了过去的部分理论错误,把人格关系界定为民法的第一对象。所有曾以俄为师的国家都须注意:如果我们过去曾向老师学了什么,现在我们要经常看看老师自己是否已换了调门。

四、新潮和旧涌

20 世纪 90 年代前后,我国在经济体制上发生了巨大变迁,由此提出了变革商品经济的民法观,建立符合时代精神的新民法理论的要求。

1992 年 10 月召开的中共十四大提出了社会主义市场经济的改革目标模式,使我国的经济体制开始转向社会主义市场经济阶段。这就使商品经济的民法观失去了经济体制基础,面临更新的要求。

商品经济的民法观首先不能解释非劳动产品的市场配置问题。在市场经济条件下,具有稀缺性的各种资源或财货(Goods)都是交易的客体,不问它们是劳动产品还是非劳动产品,因此,无线电频道、二氧化硫排放额、吉祥号等财货都在交易中。而按照商品经济的民法观,这样的交易由于不涉及劳动产品不能由民法调整,这无疑使民法自绝于生活现实。所以,必须从商品经济的民法观后退到财产关系的民法观,以广阔的财产概念取代狭小的商品概念,才能使民法追随时代的变迁。

其次,商品经济的民法观不可能承认无体物,因为它不能解释某些无体物的等价交换问题。但自经济体制改革以来,无体物的交易大量出现。国有土地使用权、股票与债券、合同、交易所的席位都在交易中。所有这些买卖的客体皆为权利,或为使用权;或为债权以及并生的债务;有些包含人类劳动(如债权);有些则不包含人类劳动(如国有土地使用权、交易所席位的使用权、吉祥号使用权)。商品经济的民法观也许还能勉强应付对包含人类劳动的无体物的交换的说明,但它对不包含人类劳动的无体物的交换则无能为力。实际上,上述不包含人类劳动的无体物皆为对各种稀缺配额的使用权,它们能增进人的福利且具有稀缺性,因而是经济的财货或财产,具有价值。

最后,商品经济的民法观不能解释非劳动产品和无体物的价值来源问题。此等民法观铸造了等价有偿的民法原则,这是一个只能适用于劳动产品的交换原则。市场经济对非劳动产品和不包含人类劳动的无体物的导入,对以劳动产品为基础的价值概念提出了挑战。实际上,这种物的价值来源于其效用和稀缺性。

更有甚者,商品经济的法律观还在历史研究的层面上受到了打击。佟柔教授一直以古代世界商品经济发达说支持自己的观点,提出了发达的商品经济造就了发达的罗马法的理论。[24]这种观点在几十年前就遭到了伟大的历史学家摩西·芬利(Moses Finley,1912～1986 年)的质疑。他分析了几个希腊城邦如厄比丹奴、厄吉那、塔索斯的经济,完全否认古希腊有商业国家存在。他于 1973 年推出的《古代经济》一书全面阐述他对古代经济的看法。他认为古代城市主要依赖政治地位或自然资源而非工商业繁荣,城市大多是寄生性而非生产性的。由于社会、政治和经济条件的限制,社会经济始终处于低水平,工商业发展水平很低,且大多数控制在外邦人手中。[25]因此,他认为"古代社会并无作为巨大的由相互依赖的市场构成的板块意义上的经济体系"。[26]古代发达的商品经济也许是今人的一种想象。

在上述理论成果的基础上,民法学界一些学者深感商品经济的民法观的缺陷,尝试从另外的角度解释民法。从国外来看,西班牙撒拉曼卡大学的彭波(Eugenio Llamas Pompo)教授在其新作中批评了世界性的把民法财产法化的倾向;[27]从国内来看,1991 年,产生了张俊浩的民法调整对象定义:民法调整"社会普通成员之间的人身关系和财产关系"。[28]这一定义把调整人身关系界定为民法的优先任务,把财产关系当作第二位的任务。它还使用财产关系的概念取代商品关系的概念,扩大了民法的调整范围。1997 年,产生了我的民法调整对象定义:"民法是调整民事主体的权利之间以及民事主体的权利与执法者的权力之间的关系的法律部门,旨在实现当事人之间权利的平衡以及当事人权利与执法者权力之间的平衡。"[29]这个定义的意义很简单:从既有的理论成果和改革成果出发,摆脱商品经济的法律观的消极影响,把对民法的透视点从物转移到人,从客体转移到主体。以人为中心的世界观是人文主义,因此,张俊浩和我的反商品经济的民法观的观点是人文主义的。不妨说,他和我构成了人文主义的民法学派。

尽管有上述新潮,旧涌仍然存在。商品经济的民法观以变形的形式出现。梁慧星教授认为,民法是调整民事生活关系的基本法。他理解的民事生活分为两个领域,一个是经济生活,另一个是家庭生活,因此民法调整财产关系和家庭关系。[30]首先必须承认,这种观点比商品经济的民法观有所进步,因为它已承认民法调整家庭关系。但它否认了人格关系是民法的调整对象,把经济生活强调为民法的第一位的调整对象,仍然是商品经济的民法观的变种。梁老师对这种界说提出的唯一正面论据是:"一个毫无财产、一文不名的人,连生存都难以维持,能算是真正的人吗?"[31]此语活脱脱地表现出论者对财产、对商品的崇拜。[32]另外,尹田最近把法国人夏尔·奥布里和夏尔·劳的"无财产即无人格"观点长途贩运到中国,把民法中的人完全财产化,以此为商品经济的民法观最后一搏。[33]应该说,梁、尹的上述观点为更多的民法学者所接受,他们构成物文主义的民法学派。当今中国民法学界的基本格局是人文主义与物文主义两个学派的对立。这两个学派各自准备了一个民法典草案,并就民法典起草的基本思路展开争鸣。[34]在某种意义上可以说,未来中国民法典的基本面目如何,将取决于这场争鸣的结果。如果物文主义学派得胜,那就是商品经济的民法观的胜利,这是我不愿看到的结果,但愿我们能避免之。

注释

1 这里的"地中海文化圈"一语,包括希腊和罗马。在希腊文中,"自然"以 Physis 表示,是"本性使然的"意思,与"人为约定的"即"规范"(Nomos)相对立。希腊人相信,人类社会经过了从"自然"到"规范"的过渡。罗马人完全接受了希腊人的这些观念,不过他们使用了不同的符号表现之,Physis 变成了 Natura,而 Nomos 变成了 Civile。在拉丁文中,Civile 一直有"人为"的意思,它与"自然"形成对立。在这个意义上,拉丁语族语言中的"市民社会"是与自然状态相对立的概念,是"人为化的社会组织形式"的意思。参见汪子嵩等:《希腊哲学史》(第 1 卷),人民出版社 1993 年版,第 610 页。

2 Cicero, De la Invencion, En Nicolas Estevanez edi. Obras Escogidas, Casa Editorial Canier Hermanos, Tomo Primero, Paris, s/a, p. 209.

3 社会契约论是一种导源于希腊的源远流长的关于公共权力来源的观点,与它相对立的是神授论、暴力论和自然论。前者认为世俗的政治权力来源于神,因此,与其说当权者对人民负责,不如说对天意负责;中者认为政治权力是征服活动的战利品,如此,统治者杀伐被统治者,天经地义;后者认为作为非血缘组织的国家由血缘组织的家发展而来,家国同源,君权来自父权。

4 社会契约论在罗马法中有明显的文献依据。优士丁尼《法学阶梯》2,1,11 写道:"而显然,自然法更为古老,它是与人类本身同时,自然传授的事务。事实上,市民法则在城邦开始被建立、长官开始被创立、法律开始被写成文字时,才开始存在"。这一片段明确地揭示了没有建立城邦、创立长官、把法律写成文字的状态与出现了上述三者的状态的对立。显然,借助于希腊思想的背景,我们可把前者称为自然状态;后者称为市民社会,两者的过渡通过订立社会契约完成。

5 参见[古罗马]西塞罗:《论义务》,王焕生译,中国政法大学出版社 1999 年版,第 167 页。

6 在我们说市民法是一个市民社会的法的整体的时候,我们必须把圣法排除在外。地中海世界的古人持两个世界的观念,换言之,相信与此岸世界相对立的彼岸世界的存在,两个世界实行不同的法,市民法是此岸世界的法,它调整人与人之间的关系,与这样的市民法相平行,存在一种圣法,它调整人与神之间的关系。

7 参见郝贵生:"论主体性原则与客观性原则的对立统一",载《哲学研究》1991 年第 1 期;李临昆:"对主体性问题的几点认识",载《哲学研究》1991 年第 3 期;刘福森:"主体、主体性及其他",载《哲学研究》1991 年第 2 期;陈先达:"关于主体和主体性问题",载《求是》1991 年第 15 期。

8 不错,欧洲人一直盛行请一位智者为自己的城邦或市民社会立法的做法,莱库古、梭伦乃至晚近的卢梭都得到了这样的邀请,当然,他们肯定会把自己的个性连同自己的智慧反映到自己制定的法律中。

9 关于萨维尼的学说与孟德斯鸠的学说的关系,参见[德]霍尔斯特·海因里希·雅科布斯:《十九世纪德国民法科学与立法》,王娜译,法律出版社 2003 年版,第 22 页注 9。

10 Cfr. Luigi Raggi, Materialismo storico e studio del diritto romano, In Rivista Italiana per le Scienze Giuridiche, Giuffrè, Milano, 1955 – 1956, p. 566.

11 参见《马克思恩格斯选集》(第 1 卷),人民出版社 1972 年版,第 41 页。

12 参见马克思:"哲学的贫困",载《马克思恩格斯全集》(第 4 卷),人民出版社 1958 年版,第 87 页。

13 参见恩格斯:《费尔巴哈与德国古典哲学的终结》,人民出版社 1959 年版,第 43 页。

14 事实上,有好几个俄国的君主都是德国人,例如叶卡杰林娜大帝。关于俄国法学学术对德国的依赖,参见[俄]塔吉雅纳·阿列克谢耶娃:"国立圣彼得堡大学罗马法教学简史(1917 年十月革命前)",林艳琴译,载徐国栋主编:《罗马法与现代民法》(第 3 卷),中国法制出版社 2002 年版,第 169 页及以次。

15 中国人民大学苏联东欧研究所编译:《苏联和各加盟共和国立法纲要汇编》,法律出版社 1982 年版,第 4 页。

16 关于客体性原则的说明，参见郝贵生，前引文；李临昆，前引文；刘福森，前引文；陈先达，前引文。

17 参见孙国华、张俊杰："俄罗斯20世纪90年代法学思潮述评"，载《求是学刊》2002年第1期。

18 转引自孙国华、张俊杰，前引文。

19 转引自孙国华、张俊杰，前引文。

20 转引自杨心宇、李凯："略论苏联法对我国的影响"，载《俄罗斯法论丛》（第1卷），中国社会科学出版社2006年版。

21 See V. S. Nersesiants, The Civilism Manifesto, The National Idea of Russia in the Historical Quest for Equality, Freedom, and Justness, Trans. by W. E. Butler, Simmonds & Hillp. London, 2000, p. 15ss.

22 参见马长山："俄罗斯的市民社会诉求与'法治国家'定位"，载《求是学刊》2003年第1期。

23 See Civil Code of the Russian Federation (parte one), White & Case, London, 1994, pp. 1 – 2.

24 参见佟柔主编：《民法原理》，法律出版社1983年版，第2页。

25 参见晏绍祥："20世纪的古代希腊经济史研究"，载《史学理论研究》1998年第4期。

26 See Moses Finley, Ancient Economy, University California Press, Berekley, and Los Ageles, 1973, p. 22.

27 Véase Eugenio Llamas Pompo, Orientaciones sobre el Concepto y el Metodo del Derecho Civil, Rubinzal – Culzoni Editores, Buenos Aires, 2002, pag. 107.

28 参见张俊浩主编：《民法学原理》，中国政法大学出版社1991年版，第3页。

29 彭万林主编：《民法学》，中国政法大学出版社1994年修订版，第29页。

30 参见梁慧星："当前关于民法典编纂的三条思路"，载《中外法学》2001年第1期。

31 参见梁慧星，前引文。

32 对梁老师的这种观点的详细批评，参见徐国栋："两种民法典起草思路：新人文主义对物文主义"，载梁慧星主编：《民商法论丛》（第21卷）。另参见徐国栋："认真地评论'穷人非真人说'"，载徐国栋：《认真地对待民法典》，中国人民大学出版社2004年版，第104页及以次。

33 参见尹田："无财产即无人格——法国民法上广义财产理论的现代启示"，载《法学家》2004年第3期。

34 参见徐国栋编：《中国民法典起草思路论战》，中国政法大学出版社2001年版。

徐国栋

代表作

拾捌

物文主义民法观的产生及其影响

一、什么是物文主义的民法观

物文主义是一种民法调整对象理论和立法实践。作为一种理论，它基于以物为世界之中心的观点，强调民法的首要功能是调整市场经济关系，把民法解释成经济法，忽略民法的社会组织功能，并且要把民法的一切与财产法无关的内容都排斥出去。[1]它在意大利、俄罗斯、伊斯兰国家都有其存在，在中国表现为商品经济的民法观，此说把民法的一切制度都被解释为以商品为核心的存在，例如主体是商品所有人、客体是商品所有权、行为是商品交换，为此，它要把不能以商品解释的制度——如亲属法和继承法——排除出民法。作为一种立法实践，它把民法调整的两大关系中的财产关系置于人身关系之前，即采用所谓物头人身的民法调整对象定义，典型的例子是《民法通则》第 2 条规定："中华人民共和国民法调整平等主体的公民之间、法人之间、公民和法人之间的财产关系和人身关系。"

2001 年，我在《两种民法典起草思路：新人文主义对物文主义》一文中创立了物文主义的概念，它很快流传开来，在 2014 年 3 月 21 日的 google 上，以"物文主义"为关键词检索，有 157000000 个查询结果。从这些查询结果来看，运用这个词的不仅有法学者，而且有哲学者。可以说，我创立的这个词的推广成功了。

之后，我对物文主义的认识不断深化，逐步看到了物文主义的积极的一面。在 2007 年发表的一篇文章中，[2]我写了这样的话："德国物文主义民法观有追求公私法分明的技术的原因。由于民法中的人格法是公法，德国

注　本文原载《河北法学》2009 年第 1 期。

学者为了把民法塑造成完全的私法，往往把这部分内容排除，造成物文主义的外观。人文主义的拉丁法族民法从技术上看，不过接受公私法界限的含糊状态而已。”此语承认了物文主义追求科学性的价值，并且把人文主义与物文主义的二分与是否追求民法的纯粹私法性联系起来。

过去，我把物文主义的起源仅仅追溯到19世纪的德国潘得克吞学派，经过进一步的研究，我发现物文主义的民法观的最早系统提出者是西塞罗。这一发现打破了物文主义属于大陆法系的德国法族，人文主义属于大陆法系的拉丁法族的过去看法，得出物文主义的民法观横贯两大法族的认识。

下面介绍西塞罗的这方面思想及其对后世的影响。

二、西塞罗的市民法定义及其财产状况和政治活动

（一）西塞罗的市民法定义

西塞罗（公元前106年～公元前43年）在其《地方论》第9节中说：“市民法是为属于同一城邦的人确立的公平，以保护他们的财产……”[3]按现代意大利学者朱里亚诺·克里佛教授的观点，这个定义出自嘎鲁斯·阿奎流斯（Gallus Aquilius）。[4]阿奎流斯大约生活在公元前100年～公元前44年期间，是西塞罗的朋友，他在对法律的阐述中强调公平，发明了阿奎流斯要式口约。[5]

这一定义包括三个关键词：“同一城邦的人”、“公平”、“财产”。前者讲市民法的主体必须是市民，由此把市民法与万民法区分开来；中者讲市民法的功能：分配，隐含“分给每人属于他的”（suum cuique tribuere）之罗马法原则。分配的客体有两种，首先是私法性的财产，对它的正当的分配谓之实现了交换的正义；其次是公法性的赏罚，对它的正当的分配谓之实现了矫正的正义。市民法是否兼管这两种分配，是“后者”要解决的问题。这个“后者”告诉我们，市民法只负责财产的分配，由此，把市民法限定为私法。

总之，西塞罗的这个定义把市民法界定为以保护财产为目的的法，颇有物文主义的味道，舍弃了市民法中的人法，即主体资格法，但若不做这一舍弃，就不可能把对财产的保护与公平连接起来，因为主体资格法把人依出生和表现分为三六九等，恰恰是不讲公平的。由于这种舍弃，西塞罗理

解的市民法范围较窄，这正是西塞罗追求的。他说："必须把我们称为的市民法限制在一个不大的、狭小的范围内。"[6]

在其他著作中，西塞罗对市民法有类似的描述："……市民法需要确定这样的目标：应该保持市民在财产和诉讼中基于法律和习俗的公平"（《论演说家》1，42，188）。[7]"……市民法调整私人事务……"[8]（《论演说的分部》）。由此可见，西塞罗的物文主义市民法观是一贯的，他在《地方论》第9节中发表的那个市民法定义并非他的一时心血来潮。由于他对财产的这种态度，西塞罗被其研究者认为是第一个非常强调私有财产的概念并把它作为其社会结构和政治思想的中心因素的重要思想家。[9]

西塞罗的上述市民法定义必须结合其公法定义才能较好理解。西塞罗在其《论演说家》1，201中说，公法是关于市民组织和谕令权的法，[10]换言之，是关于国家的治理和长官的谕令权的法。[11]这是一个采"权力说"[12]的公法定义，没有乌尔比安的公法定义[13]的宗教色彩，从世俗的角度看待罗马公法内容，比较接近现代人对公法的理解。把西塞罗的上述两个定义互参考察就可知道他的市民法定义为何不包括人格法了：因为人格的予夺是市民的组织的内容。

这里有一个问题：西塞罗的市民法是否包括亲属法？我以为否，理由如下：（1）家父对家属的权力为纵向的，体现为"监禁之、殴打之、使作苦役，甚至出卖之或杀死之"，[14]不存在公平。西塞罗说的被确立公平的"市民"只包括家父，不包括妇女和儿童；[15]（2）彭梵得提出的罗马的家庭是一个政治单位的观点[16]倾向于否定亲属法属于私法性的市民法，因为罗马无现代的多层次的官僚体系，以少数官员治理很多的人口，力有不逮，所以，政府赋予家父很大的权力，家父实际上承担国家基层政权的功能，完成国家微观治理的任务。（3）西塞罗在其著作中列举的市民法的内容不包括亲属法。西塞罗在《论法律》中提到了市民法的典型内容：檐滴的承受、墙权、要式口约、程式诉讼[17]等。西塞罗在其《论义务》中揭示市民法包含买卖法："我们的市民法关于出售不动产规定，在出售它们时应说明卖主知道的一切缺陷"。[18]这样的买卖法尤其关涉到卖方的瑕疵告知义务。"出卖奴隶时，应该不应该说明奴隶的缺点？不是指那些如果不说明它们，已出卖的奴隶便可能按市民法被退回的缺点，而是指撒谎、赌博、偷窃、喝酒"。[19]这些内容都涉及财产，但不涉及亲属关系。

那么,西塞罗的市民法是否就是私法?我认为市民法就是西塞罗理解的私法,因为它不包括人格法,反映了西塞罗追求公私法分立的意图,但它包括诉讼法这样的现代人看来的公法[20],所以它只是西塞罗理解的私法。无论如何,西塞罗的狭义市民法概念与现代民法的概念最接近。

(二)西塞罗的市民法见解与其自身的财产状况

按唯物主义的观点,经济基础决定上层建筑。这一规律可适用于西塞罗。他之所以提出财产法的市民法观,乃因为他拥有众多的财产,并对保全它们十分注意。他在罗马的相当于北京天安门广场的帕拉丁诺山上有一幢价值 875000 塞斯特斯的豪宅。在图斯库鲁姆有一栋别墅。此外,他还在安丘姆(Antium)、库马(Cumae)、佛尔米厄(Formiae)、阿斯杜拉(Astura)、普特利(Putoeli)、庞培(Pompeii)购有住宅,在阿那尼纳(Anagnina)和辛内莎(Sinnessa)购有旅馆,在福路西诺(Frusino)购有农场。[21]统计一下,西塞罗总共拥有 12 处不动产,算得上大地主了。他如此购买房地产,乃是因为,在无适当的银行和制度性的信用体制的条件下,购买不动产是罗马的绅士阶级进行投资的主要形式,也是他们名望和社会身份的标志。[22]用于购买这些不动产的金钱,主要由西塞罗担任律师的间接酬劳(通过接受遗赠,终其一生,西塞罗在这方面获得 5000 万塞斯特斯)以及放贷而来。

(三)西塞罗的财产理论以及相关的政治实践

由于西塞罗处在有产阶级的地位,他处处采取维护私有财产制的立场。在理论上,他受希腊哲学家巴内修(Panaetius,公元前 180 年 ~ 公元前 119 年)的影响,把私有财产理论化,认为在原初状态,所有的都是一切人共有的物,每个人为自己及其家人取用它们。由于每个人生来能力不同,故每个人取用的数额不同,因此,一旦取用,就要保证取用者的权利,如此才能让人们有进取心,奋发向上。他认为,生活就是自利的人们之间的一场竞争,每个人都要精力充沛地和有意地追求胜利。[23]所以,西塞罗不赞成财产的均等化,认为财产方面的不平等是自然的,平等反而是不自然的。[24]把这里西塞罗对平等的否定与前文介绍的西塞罗的市民法定义联系起来看,可发现西塞罗讲的公平只是机会的公平。

在实务上,西塞罗反对一切破坏私有财产的立法动议。这样的动议主要有二。第一是废除债务。罗马和其他地方一样,阶级斗争表现为债务人与债权人的斗争。公元前63年,西塞罗的政治竞争对手卡提林纳再次竞选执政官,继承格拉古兄弟的路线,提出了取消债务、法律不保护富人等口号,得到了全体平民的拥护,[25]但元老院和富人们却因此把他看成了危险人物,接受出身不高的西塞罗当选执政官,[26]因为西塞罗提出了保护私有财产的政治主张。西塞罗作为有产阶级的代表,对卡提林纳的"均贫富"主张深恶痛绝,故后来要不遗余力地置之于死地。事实上,当西塞罗与卡提林纳派较力时,有产者是站在旁边保护西塞罗的安全的,西塞罗杀死卡提林纳留在罗马的党人后,富人们大为高兴,因为他们的财产被西塞罗拯救了。[27]

第二是反对土地法。公元前65年,保民官塞尔维尤斯·卢鲁斯(Servius Rullus)提出一个新的土地法案,拟设立一个十人委员会分配罗马的几乎全部公地,西塞罗发表《论土地法》演说三篇反对之,表面的理由是该十人委员会会成为十个暴君,成为十个王。[28]实际上,对公地的重新分配都是剥夺豪强的过多占有,安排均平式的占有,这对无产者有利,却不怎么利于有产者。

三、西塞罗的物文主义民法观的影响

(一)对边沁的影响

边沁(Jeremy Bentham,1748~1832年)是伟大的英国法学家,距离西塞罗1600多年。他于1802年出版了《完整法典概论》(A General View of a Complete Code of Law)一书(又名《立法理论》——Theory of Legislation),其第一部分是立法原理;第二部分是民法典原理;第三部分是刑法原理。[29]其中的民法典原理实际上是一部民法典大纲,采用如下的结构:

第一编　总则
　第一分编　民法基本原则
　第二分编　所有权之一般
第二编　物法
　第一分编　所有权的取得方式
　第二分编　合同法
　　　　　……行为能力
　　　　　……

第三分编　继承法

第三编　家法

第一分编　主仆关系

第二分编　主奴关系

第三分编　监护关系

第四分编　亲子关系

第五分编　婚姻关系

这一结构代表了一种对民法的财产法理解，即物文主义的民法观，把民法主要看作调整财产关系的法。表现为它比现代民法典少了一个人格法，即主体资格法。没有关于自然人的规定，也没有关于法人的规定。从中找不到关于权利能力的规定。关于行为能力的规定被缩减在合同法中。边沁的《民法典原理》的编者艾迪安·迪蒙（Etienne Dumont，1759～1829年）在为此书写的导言中更明确指出：民法处理财产关系和家庭关系。[30]这是一种典型的后文要讲到的温得沙伊得式的民法调整对象表达。欧洲的18世纪是西塞罗的世纪。[31]边沁三岁多一点开始学拉丁文，能背诵西塞罗的许多作品，[32]可以设想他的这种民法观来自西塞罗。人格法在边沁草案中的阙如很奇怪，因为现代立法者回避人格法的理由是它的公法性，由此很自然地设想边沁会把这部分内容规定在其宪法典草案里，但在这一草案中却找不到关于人格法的规定，看来，他对这一法的分支的忽略很可能是基于自然法思想，认为主体资格是天赋的，不需要立法者规定。

尽管如此，边沁的草案还是比西塞罗的市民法定义多了一个家法——调整家庭成员与准家庭成员（仆人、学徒和奴隶）关系的法律，证明这个法律门类相比于西塞罗的时代已经私法化，法律关系的参加者之间的地位已趋向于平等。这是边沁与西塞罗不同的。

然而，在边沁草案的基本原则部分，边沁最忠实地重复了西塞罗的以所有权为中心的法律观。边沁认为民法有如下四个目标或基本原则：生计、富裕、平等、安全。生计是基本的生存条件；富裕是对生计的超越；平等是社会成员有同样的机会达成自己愿望的目标；安全是财产的保障。民法要提供生计；确保富裕；有助于公平；维持安全。所谓安全，是对人们能占用和享用自己的劳动成果的保障，它是文明社会区别于野蛮社会和无政府状态的标志。只有在安全的保障下,生产才可能进行,因为人们享有生产成果的期望有保障。所以边沁讲的安全,实际上就是所有权的安全。它是法律的核心,其他原则都要为它服务,发生矛盾时要让位于它。

(二)对马克思和恩格斯的影响

马克思(1818~1883年)说:"民法不过是所有制发展的一定阶段,即生产发展的一定阶段的表现。"[33]恩格斯(1820~1895年)则说:民法的作用,"在本质上就是确认各人与各人之间的现存的,即在一定情况下是正常的经济关系。"[34]尽管两位经典作家的表达有所不同,但他们对民法的理解在本质上与西塞罗的理解一致。具有讽刺意味的是,西塞罗和边沁都基于有产阶级的立场张扬物文主义的民法观,而马克思基本一贫如洗,却张扬同样的立场。人类思想史大致是所有权神圣派与所有权否定派或曰共产主义派的斗争史,两派坚持一个共同观念的时候非常难得,现在我们就看到了这种共振。

(三)对戴维·菲尔德的影响

戴维·菲尔德(1805~1894年)是1865年《纽约州民法典草案》的主要作者,他认为"法律是主权者规定的财产和行为规则",[35]这显然是一个物文主义的法律调整对象定义。这一定义体现在《纽约州民法典草案》中。它采用如下结构:

第一编　人
　第一分编　人
　第二分编　人格权
　第三分编　人身关系
　　第一题　婚姻
　　　第一章　结婚
　　　第二章　离婚
　　第二题　父母和子女
　　第三题　主和仆
　　第四题　监护人和被监护人
第二编　财产
第三编　债
第四编　一般规定[36]

与边沁的草案比较起来,《纽约民法典草案》还有人编,但第一分编并非人格法,而是行为能力法,把边沁放到合同法的这部分内容上调了,并且把整个的人身关系法的位置都前调了,但基本的内容还是可看出边沁的痕迹。菲尔德在其民法典草案中排除人格法的理由只能有二:要么出于自然法观念,要么出于公私法划分理论。我认为是后者。

(四)对温得沙伊得的影响

伯恩哈德·温得沙伊得(1817~1892年)认为:"所有的私法,要做的事情,有两个对象:(1)财产关系;(2)家庭关系。因此,私法的主要划分是财产法与家庭法的划分。"[37]这又是一个人格法阙如的民法描述,不过,已比边沁进步,继《纽约州民法典草案》之余绪,把家庭法包括在民法中了。事实上,潘得克吞法的内容中有人格法——权利能力制度,温得沙伊得承认民法中有许多公法性的东西,他在描述作为一个私法部门的民法时,不打算把这些公法的东西列入。西塞罗的物文主义的民法观对温得沙伊得产生影响富有意义:一位大陆法系的先贤的观点回到本法系产生影响了。

(五)对阿尔瓦罗·多勒斯的影响

西班牙著名罗马法学者阿尔瓦罗·多勒斯(Alvaro D'Ors,1915~2004年)的《罗马私法》的体系和内容体现了西塞罗的市民法理解。它包括如下内容:

……

II. 制度。包括:第一部分:所有权;第二部分:继承,下分为家庭、遗产继承、监护、慷慨行为(再分为遗赠与遗产信托、赠与、基金会、嫁资);第三部分:债。[38]

这一结构跟边沁的民法典草案的结构颇为类似,都把私法或民法基本当作财产法,家庭法分支被作为继承法的前提部分得到谈论。完全不包括人格法,从反面解释是这一法的分支属于公法。这种安排体现了财产法的私法观。确实,多勒斯说,私法是解决人们间就物的私人利用发生的冲突的法[39]。这个定义与西塞罗的市民法定义何其相似乃尔!

(六)对苏联民法调整对象理论的影响

具有讽刺意味的是,西塞罗的资产阶级市民法定义对无产阶级建立的社会主义国家的民法理论也产生了影响。20世纪50年代,坚金主编的《苏维埃民法》谓:"苏维埃民法的对象是社会主义社会的财产关系。"[40]它与西塞罗市民法定义的关联显然可见,尽管它可能并非直接取法西塞罗,而是通过德国的学说这样做,并且也可能经过了马克思和恩格斯上述观点的中介。

(七)对中国的民法调整对象定义的影响

《民法通则》第2条规定:"中华人民共和国民法调整平等主体的公民之间、法人之间、公民和法人之间的财产关系和人身关系。"其物文主义倾向显然间接来自西塞罗。不过,其论证已从富人的变成穷人的:穷汉无人格,穷人需要财产支撑起自己的人格,所以财产重要。[41]

四、结论

从阶级基础来看,西塞罗的唯财产法的市民法定义产生于阶级斗争的血风腥雨中,代表了有产阶级的利益,但从技术的角度来看,从西塞罗以来,这一定义基于公私法的严格划分,由此试图把人格法甚至亲属法都排除出民法。这两个原因酿成的物文主义的民法思潮绵绵不绝,对英语国家和大陆法系国家都有影响,但在历史的长河中得到增加亲属法的改进,它对民法调整对象理论的影响是形成了不对称平行线说,即承认民法既调整财产关系又调整身份关系,以前者为重,以后者为轻的民法观。富有意味的是,西塞罗代表富人立场的市民法观点后来被代表穷人的政治家或学者接受,并得到从另一角度出发做出的论证,由此,西塞罗的市民法观终于跨出了阶级的界线。尽管有这种跨阶级的推广,物文主义的民法观仍属于支流,大部分民法典和民法学说都包括人格法,甚至西塞罗的某些追随者也只是闭眼不看存在于民法中的人格法而已。这种现象反证了人格法是公法,民法由于包括它(并由于包括其他公法因素)成为公私混合法。

物文主义的民法思潮并非出于愚昧,而是出于过于执著、较真,实际上,它更有科学性追求。但它追求的"科学"是否必要,换言之,公私法的严格划分是否必要与可行,是另一个问题。

注释

1 关于民法的这一转折,Véase Eugenio Llamas Pompo, Orientaciones sobre el Concepto y el Metodo del Derecho Civil, Rubinzal – Culzoni Editores, Buenos Aires, 2002, p. 107。

2 参见徐国栋:“再论民法中人格法的公法性——兼论物文主义的技术根源”,载《法学》2007 年第 4 期。

3 Cfr. Cicerone, I Topici, Arnoldo Mondadori Editore, 1973, p. 203.

4 Cfr. Giuliano Crifò, Per una lettura giuridica dei Topica, In Annali dell' Istituto Italiano per gli studi storici, I(1967/1968), Napoli, p. 140.

5 这是一种将其他口头契约转变为要式口约,以便通过要式口约的正式免除程序消灭的要式口约。

6 参见[古罗马]西塞罗:《论演说家》,王焕生译,中国政法大学出版社 2003 年版,第 189 页。

7 参见[古罗马]西塞罗:《论演说家》,王焕生译,中国政法大学出版社 2003 年版,第 133 页。

8 Cfr. Cicero, De partitione oratio, 100. On http://www.thelatinlibrary.com/cicero/partitione.shtml, 2008 年 9 月 28 日访问。

9 See Neal Wood, Cicero's Social and Political Thoughts, University of California Press, Berkeley, Los Angeles, Oxford, 1991, p. 105.

10 参见[古罗马]西塞罗:《论演说家》,王焕生译,中国政法大学出版社 2003 年版,第 145 页。

11 Cfr. Leonid Kofanov, Varrone, "Antiquitates rerum humanarum et divinarum" e il sistema del diritto pubblico romano, p. 3. Relazione del covegno internazionale di "Diritto romano pubblico e privato: l'esperienza plurisecolare dello sviluppo del diritto europeo" (25 – 30 giugno 2006, Mosca, Ivanovo e Suzdal).

12 关于“权力说”的含义,参见江平:《西方国家民商法概要》,法律出版社 1984 年版,第 4 页。

13 他在 D. 1,1,1,2 中说:“公法是有关罗马宪法的法律;私法是涉及个人利益的法律:事实上,有的事情涉及公共利益;有的事情涉及私人利益。公法见之于宗教事务、宗教机构和长官的设立。”

14 Voir Textes de droit romain, par Paul Frederic Girard et Felix Senn, Tome I, Dalloz, Paris, 1967, p. 557.

15 See Neal Wood, Cicero's Social and Political Thoughts, University of California Press, Berkeley, Los Angeles, Oxford, 1991, p. 127.

16 参见[意]彭梵得:《罗马法教科书》,黄风译,中国政法大学出版社 1992 年版,斯奇巴尼的序言。

17 参见[古罗马]西塞罗:《论演说家》,王焕生译,中国政法大学出版社 2003 年版,第 187 页。这四项市民法的内容的名称与王焕生先生的译本中的不一致,我根据的是拉丁原文。

18 参见[古罗马]西塞罗:《论义务》,王焕生译,中国政法大学出版社 1999 年版,第 303 页。

19 参见[古罗马]西塞罗:《论义务》,王焕生译,中国政法大学出版社 1999 年版,第 333 页。

20 西塞罗说:“我们的市民法这样规定:不以适当的方式提起其诉讼的人败诉”。Cfr. Cicero, De Inventione, II, 57. On http://scrineum. unipv. it/wight/invs2. htm#2. 62, 2008 年 9 月 28 日访问。

21 See Neal Wood, Cicero's Social and Political Thoughts, University of California Press, Berkeley, Los Angeles, Oxford, 1991, pp. 107s.

22 See Neal Wood, Cicero's Social and Political Thoughts, University of California Press, Berkeley, Los Angeles, Oxford, 1991, p. 106.

23 See Neal Wood, Cicero's Social and Political Thoughts, University of California Press, Berkeley, Los Angeles, Oxford, 1991, p. 114.

24 See Neal Wood, Cicero's Social and Political Thoughts, University of California Press, Berkeley, Los Angeles, Oxford, 1991, p. 112.

25 参见[古罗马]撒路斯提乌斯:《喀提林阴谋·朱古达战争》,王以铸、崔妙因译,商务印书馆 1995 年版,第 123 页。

26 参见[古罗马]撒路斯提乌斯:《喀提林阴谋·朱古达战争》,王以铸、崔妙因译,商务印书馆 1995 年版,译者的说明,第 25 页。

27 See H. J. Haskell, This was Cicero, Alfred A. Knopf, New York, 1942, p. 199.

28 See William Forsyth, Life of Marcus Tullius Cicero, Vol. I, Charles Scribner and Company, New York, 1865, Vol. I, p. 124.

29 该部分已有李贵方等的中译本,由中国人民公安大学出版社于 2004 年出版。其中的第二部分已有孙力等的中译单行本,以《立法理论——刑法典原理》的书名由中国人民公安大学出版社于 1993 年出版。

30 参见[英]边沁:《立法理论》,李贵方等译,中国人民公安大学出版社 2004 年版,第 113 页。

31 See Neal Wood, Cicero's Social and Political Thoughts, University of California Press, Berkeley, Los Angeles, Oxford, 1991, p. 3.

32 参见[英]边沁:《政府片论·编者导言》,沈叔平等译,商务印书馆 1995 年版,第 3 页及以次。

33 参见马克思:“哲学的贫困”,载《马克思恩格斯全集》(第 4 卷),人民出版社 1958 年版,第 87 页。

34 参见恩格斯:《费尔巴哈与德国古典哲学的终结》,人民出版社 1959 年版,第 43 页。

35 See David Dudley Field, First Project of an International Code, In Speeches,

Arguments, and Miscellaneous Papers of David Dudley Field(ed. By A. P. Sprague), 1884, p. 385.

36 参见[美]戴维·达德利·菲尔德:《纽约州民法典草案》,田甜译,中国大百科全书出版社 2007 年版,目录。

37 Cfr. Bernardo Windscheid, Diritto delle pandette(Vol. I), trad. it. di Carlo Fadda e Paolo Emilio Bensa, UTET, Torino, 1925, p. 41.

38 Véase Alvaro D'Ors, Derecho privado romano, Ediciones Unversidad de Navarra, Pamplona, 1986, pag, 13ss.

39 Véase Alvaro D'Ors, Derecho privado romano, Ediciones Unversidad de Navarra, Pamplona, 1986, pag, 27.

40 参见[苏]坚金主编:《苏维埃民法》(上),中国人民大学民法教研室译,中国人民大学出版社 1956 年版,第 4 页。

41 参见梁慧星:"当前关于民法典编纂的三条思路",载《中外法学》2000 年第 1 期。

徐国栋

代表作

拾玖

认真地评论穷人非真人说

我在《认真地把人文主义的民法观通俗化》[1]一文中指出了我主张的如题民法观与人与物两个生活要素的重要性比较没有直接联系,此等比较是一些同志误解或曲解我的民法观的结果。尽管如此,我仍承诺写《认真地评论穷人非真人说》一文回应这种广泛流行的观点,本文是对这一承诺的兑现。

一、如何理解梁老师的说法

梁慧星教授的说法:“一个毫无财产,一文不名的人,连生存都难以维持,能算是真正的人吗?”它最早在《中外法学》2001 年第 1 期登载的梁老师的《当前关于民法典编纂的三条思路》一文中被表达出来,用以支撑其物文主义的民法观。2002 年 11 月 8 日晚,梁老师在中国政法大学民商法学院举办的“中国民法典的立法思路和立法体例”会议上又老话重提,说:“我和徐国栋的根本分歧在于他贬低财产关系、财产法和财产的重要性。我个人认为,人格权当然很重要,但人没有财产不能生活……只有增加了财产,有吃的,有穿的,才能意识到人格权的重要性,才能要求对方把自己当作人来对待。”这一表达对发表在《中外法学》上的表达有所发展,首先,人与财产的对比被扩展成了人和人格权与财产、财产法和财产关系的对比;其次,生物学意义上的人不能成为法律意义上的人的原因从客观转化为主观,即被授予法律人格的人由于财产短少而缺乏一种主体的自我意识。过去,我把上述说法概括成“穷汉无人格说”,经反复琢磨,现在我宁

注　本文原载《认真地对待民法典》,中国人民大学出版社 2004 年版,第 104 ~ 130 页。

愿把它概括成"穷人非真人说",因为"穷汉"中的"汉"有两个缺陷:其一,把"半边天"排除出了讨论的范围;其二,与命题中的第二个"人"字形不成严格的同字异义的关系,不能把两种"人"的转换关系揭示出来,故我放弃了"穷汉无人格说"的提炼。

现我根据梁老师说法的可能的文义对之做出如下三种解释:

第一,"穷人无权利能力说"。梁老师的说法中包含两个"人"字——"一文不名的人"和"真正的人"。第一个"人"指生物学意义上的人;第二个"人"指法律意义上的人,也就是主体。因此,梁老师的话语背景是古老的两种"人"的背离现象:并非所有生物学意义上的人都是法律意义上的人,前一种人只有在具备相当的财产后才能成为后一种人。当然,如何实现两种"人"的统一,自古至今的各国法律规定不同。在古罗马,前一种"人"必须同时具备市民、自由人、家父、名誉和宗教五种身份才能成为后一种"人",身份被作为撑起"人格"的要素。梁老师只在两种"人"的过渡中设定了一个"财产"的必要条件,如果前一种人不具备这一必要条件,他就不可能完全地成为后一种人,只是一个"假人";具备了这一条件的人才能完成从前者到后者的过渡,成为所谓的"真正的人",如此,财产取代身份成了撑起人格的唯一要素。

第二,"穷人行为能力受限说"。梁老师的"能算是真正的人吗"一语,也有可能解释出以下的含义:如果不具有财产的要件,第一种"人"尽管名义上被承认为第二种人,但这种承认对他没有什么意义,因此,他尽管获得了人格或权利能力,但他不能充分地行使此等能力,因此,他的行为能力是受限的。[2]梁老师的用一个"真"字揭示了名义与内容的差别,把法律的赋予与"赋予"的兑现的矛盾张扬了出来。

第三,"穷人自卑说"。前两说都是客观说,讲的是"穷人"由于他们自身以外的原因不能得到权利能力或不能实现其行为能力。此说为主观说,讲的是"穷人"因为"穷"而底气不足,法律尽管赋予他们这个那个能力,但他们却并不自视为此等能力的承担者,没有勇气要求他人把自己当作主体。此等主观说在梁老师在中国政法大学的讲话中表现明显。

以上三种概括,我自以为穷尽了梁老师说法的各种可能含义。它们有共同点:都在穷人与富人[3]的比较中发现并强调穷人的不利的法律地位,因此,它们的本质就是穷人和富人的法律平等问题。这是一个古老而常新的问题,下面以平等问题为基点分别对三种解释进行分析。

二、"穷人无权利能力说"分析

(一)人格 = 经济人格?

按照对梁老师说法的第一种解释,财产是第一种"人"过渡到第二种"人"的必要条件,那么,接下来的问题该是需要多少财产(按元计算)才能完成这一过渡,因为在现代社会条件下,完全一文不名的人很难找("一文"就是一分钱呐!),如果不解决财产之条件的量化问题,梁老师的说法就没有什么意义,至少作为一个法律命题没有可操作性。要命的是梁老师从不谈这一问题,他主持的《民法总则草案建议稿》第 11 条第 2 款虽涉及这一问题,但作出的是完全相反的处理[4]:承认一切自然人的权利能力平等,并未说他们要有一定的财产才能取得权利能力,甚至用"平等"两字将自然人中的贫富差别在法律上的效果一笔勾销。

尽管上述第 11 条第 2 款让我们看到了梁老师的学术发言与起草的法案的矛盾,但我必须说,梁老师在其法案中采用的是世界最通行的对这一问题的处理。我尚未能找到把拥有一定的财产作为自然人取得法律人格的前提条件的现代立法例,然而,我却找到了大量的(没有例外的)把同样的要素设定为待设立的法人取得法律人格的条件的立法例!显然,法律规定的企业法人设立的最低资本额就是可以操作的从"非人"转换到"法人"的财产额要求,法律为不同类型和不同规模的企业规定了不同的最低资本额。从理论上说,离法定资本额差一分钱就拿不到法人资格,此时,人格真是由钱撑起来的!

如果说,自然人不要一分钱就可以取得人格是一个极端,企业法人少一分钱就不能取得人格是另一个极端,那么,在这两个极端中还有一个中项:事业法人。《民法通则》规定有一定的财产或经费就可以成为事业法人,没有具体的财产数额要求。在这三个比较项中,财产的要求从强到弱到趋于零,原因者何?窃以为企业法人在立法上被设定为经济活动的主体,因此对其有最低资本额的要求,其人格就是经济人格;事业法人被设定为不完全的经济活动的主体,换言之,它们不过是为了实现国家目的或公共服务的目的有必要附带地进行经济活动,因此对其财产额只有泛泛的要求。而自然人完全不是被作为经济活动的主体设定的,因为这个原因和下文还要谈到的另一个原因,立法对他们取得法律人格的财产额不做任何要求。这一问题在民商分立的国家表现得格外清楚:只有商自然人是被作为经济活动的主体设定的,[5]而民法上的自然人不是这样。因此,梁老师把财产设定为第一种"人"向第二种人过渡的条件,是把民法上的人格全部理解为经济人格的错误造成的,由此把所有的自然人都视为"企业自然人"或"商自然人",忽略了事业法人和像我一样的"事业自然人"的存在。梁老师在给出他的说法的时候,大概想的"十亿人民九亿倒,还有一亿在思考"的国情吧!但那"一亿"人在理论上也不能忽略呢!更有意思的是,我国《民法通则》中规定的个体工商户和农村承包经营户相当于外国商法典中的商自然人,通则也未规定它们设立的财产额要求!而立法者在这一方面是最有理由这样做的!只能以牺牲交易安全鼓励交易来解释。

(二)法人间的平等何以可能?

我已经说到,在企业法人的设立中,法律为不同类型和不同规模的企业规定了不同的最低资本额,由此产生了这样的问题:具有不同最低资本额的企业是否彼此平等?换言之,需要10000万元注册资本的企业的地位是否高于只需要5000元注册资本的企业?在财产额无明确要求的事业法人中也存在类似的问题。假设1000元是一个事业法人通常应具有的财产,那么,只有999元的事业法人的人格比有1000元的事业法人的人格是否小一点?只有500元的事业法人的地位又如何呢?只有1元的又如何呢?这里就产生了有趣的"穷法人"与"富法人"的对比问题。

能否套用梁老师的说法,说"穷法人非法人"?显然不能!因为"穷法人"跟谈论自然人时提到的第一种"人"不同,它们已经是法律上的人。因此,"穷人非真人"的命题涉及的是某个自然人得到法律承认前的阶段;而"穷法人非法人"的命题涉及的是某个法人已取得法律的认可,进而在财产的量上与其他也得到了法律承认的法人比高低的阶段。前者谈的是"准入"问题;后者谈的是"平等"问题。它的问题是是否财产越多的法人人格越大?我们看到,尽管企业法人间经济能力的差距是一个事实,立法还是确认它们彼此平等,立法者满足于设定形式的平等,我只能说此乃因为他们没有实现实质平等的欲望或能力。

(三)梁老师说法适用于企业法人和自然人的不同效果

尽管"穷人非真人"的命题与"穷法人非法人"的命题处在不同的层

面,但"穷的待设立法人非法人"的命题与"穷人非真人"的命题却处在一个层面,可以两相比拟。前者意味着什么?相信学过民法的人都可以马上回答:领不到营业执照、没有法律人格、所进行的经济活动都属于非法经营,等等。这些它得不到的,都是法人有权做的,因此,穷的待设立法人真的不是法人,原因在于它穷。由此我们看到,法人,尤其是企业法人的人格或曰权利能力,的确是由财产支撑起来的,"无财产即无人格"的命题在这里十分真确,梁老师说法的真理性得到了有限的证明。

但同样的说法对自然人却没有什么适用性,因为自然人"成人"(成为主体)的过程与法人不同。法人有一个"待设立的法人"的阶段,其中,它艰苦奋斗,"发家致富",达到法定资本额,从一个"非人"变成一个"人"。简单说,法人都有从"非人"到"人"的成长史,而自然人没有这样的成长史,如果他离开母腹且幸运地活着,他就在这一瞬间获得了人格或权利能力,法律还来不及判断他的贫富,就把这样的人格赋予了他。这是每一部现代民法典都要设专条规定的,连梁老师负责的民法总则草案建议稿也不例外(第 12 条【民事权利能力的取得和终止】自然人从出生时起……具有民事权利能力)。这样的人格是人人都有的呀!因此,本文开头设定的从第一种人到第二种人的过渡,是古代法中的现象,对于一个现代人来说,他一生下来,就既是第一种人,又是第二种人。因此,梁老师的"穷人非真人说",以现代的立法现实为标准判断,是一个伪命题!正因为如此,连梁老师自己都不相信它,所以在自己起草的有关条文中完全不体现这种所谓的学说。这样的言行不一是极有批判余地的,由于我批判别人太多,还是把这一工作留待各位读者自己去做吧!

非独此也,即使我们假定自然人从第一种"人"向第二种人的过渡有一个过程,并且像梁老师想象的那样一定的财产是完成这种过渡的条件,换言之,把上述可以适用于企业法人的规定适用于自然人,大家可以发现这样会形成财产歧视(如规定要有 1000 元财产才能成为民事主体,有 999 元的都不能成为这样的主体)。至此,我遗憾地发现,如此一较真,梁老师关心穷人的一个命题就迅速转化为一个打击穷人的命题!更难堪的推论结果是:如果把财产的过渡条件量化,例如规定拥有 1000 元才能从第一种"人"过渡到第二种"人",那么,只有 999 元的第一种人怎么办?只有 500 元的怎么办?严格执行法律的规定必然把他们排除在主体之外,他们不是主体，是什么？是客体吗？换言之，他们是奴隶吗？或者是介乎主体与客体之间的中间“人”？现代民法已经废除了奴隶制，因此，财产短少的人不会成为奴隶……他们只好按照梁老师的说法当他的“假人”了，呵呵，这真是一种有意思的法律情势！

（四）经济人格观的原因

前文已谈到梁老师设定的从第一种人向第二种人转换的条件与罗马法就同一问题设定的条件不同，按照梁老师的条件，第一种人办一道“手续”就可以成为第二种人；而按照罗马法的条件，要办五道“手续”才能完成这一过程，光从这一点看，梁老师的说法为自然意义上的人转化为法律意义上的人提供了更多的可能。而且我们还要看到，相较于市民、自由等身份，财产总是最取决于主观努力的东西，只要争取，就可获得；而市民、自由等身份更多地取决于出身，这是通常人尽管努力而不可得的（只有家长这种身份比较容易为处在不利起跑线上的人取得）。因此，历史上，贫贱者如古罗马的平民、大革命前法国的第三等级，都是先在经济上翻身，然后才在政治上翻身的。不妨可以这样说，在人类的政治史上，以财产的条件取代“身份”的条件总是意味着一个进步。“从身份到契约”的命题实际上讲的就是这个意思。

但显然，相较于罗马法设定的两种“人”的转换条件，我们看到梁老师对财产别有所重。申言之，按照罗马法，一个贫穷的第一种人可以成为第二种人，许多贫穷的罗马贵族担任治国重任的掌故（如辛新那提独裁官）充分证明了这一点，因此，在罗马法中，穷人是有人格的（下文将谈到图留斯改革的一个例外，但那是一种更早的罗马法）！正犹如罗马法中的“人格”广泛于我们现在理解为民事权利能力的人格，罗马的穷人不仅能充当民事活动的主体，而且具有充当政治领袖的主体资格；而按照梁老师的说法，穷人的民事主体资格都是不完全的，更谈不上具有充当政治领袖的主体资格。这种对比的意义既深且长，我们看到了古代民法（罗马法）与梁氏民法（求表达简洁而用此语，无贬义！实际上，梁老师的民法观也是为目前多数国人所秉持的）对主体资格（“人格”）理解上的差别：在前者，“人格”至少同时被理解为政治活动和经济活动的前提条件；在后者，“人格”仅被理解为经济活动的前提条件。于是，罗马法上含义广泛的“人格”，到了梁氏民法中，被缩减成了“经济人格”。原因者何？

当然,古罗马法与梁氏民法是不能等量齐观的,前者诸法合体,这种内容构成在一定程度上塑造了其"人格"概念的宽广含义;后者经过了部门法运动的洗礼,是诸法中的一门,这导致其"人格"含义的必然的狭窄化。因此,首先我们要说,罗马法的宽广"人格"与梁氏民法的狭窄"人格"的对比,是古代市民法与现代民法的差异造成的。这是导致两种人格观之差异的客观原因。

有无主观原因?我认为有的。为了说清这个问题,应先界定什么是主观原因。在我看来,如果人仅仅是财产活动的主体的设定在部门法意义的民法上得到证实,那么,经济人格的观念乃出于事理之性质,是客观的。相反,如果上述设定在部门法意义上的民法上得到否证或只得到部分的证实,我们可以说,如此的原因之一是认识者把自己的主观性全部或部分地投射到了民法的本性上,这时我们就找到了古代和近代的人格观差别的主观原因。简单地说,我们要验证的是:在梁老师欣赏的德国民法典式的总则、债权、物权、亲属、继承的五编制的范围内,人是否可以仅仅被理解为财产活动的主体?

答曰否!总则中的具体人格权(如姓名权)的主体不是财产活动的主体,我们不能说一个人为自己起一个名字仅仅是为了参与交易,因为姓名的用场远远不止于交易;债权中的某些不作为之债的权利主体也非进行财产活动,例如在订立"不起诉某人"的不作为之债的情形,权利主体求得的是宁静而非财产。在亲属法中,主体并非财产活动主体的例子更多,结婚的双方首先是为了爱情和生育子女,结婚行为至少并非全然的经济活动。这方面的例子不一而足。由此我们可以说,即使在梁氏民法体系中,人格也不见得是纯粹的经济人格。由此我们看到梁老师处在其命题不能涵盖它所由出的全部论证材料的逻辑困境中!看到其主观性对他的支配。作为一个希望自己能代表我国当代现实存在的广大穷人的学者,他把自己对贫富不均的现实的愤懑和对财产的偏爱带到了自己的研究中,此乃不争之事实。

当然,以偏概全的经济人格观还有以下可能的原因:其一,"算大账"。在现代民法中,人无疑主要是作为财产活动的主体存在的,我刚才费力找出的是些例外,而且进行非财产活动往往需要以财产作为后盾(如中国民法学研究会召开年会,这不是财产活动,但没有钱也开不了会[6]),因此,根据多数吸收少数的原则，可以大略地把民法中的人格设定为经济人格。其二，随机做出的表达，“没有想那么多”，因此情感多于理智。考虑到梁老师提出的仅仅是一个结论，在发表它前后都未以专论支持其观点并反驳相反的观点，这种可能性不能低估。当然，其他可能性也不能排除，它们甚至可能与最后一种可能性共同对梁老师发挥作用。

上述种种原因，无论何者为真或它们结合起来塑造了梁老师的说法，都证明此等说法科学性的不足。在科学研究中，学者应该尽可能排除自己的主观性，尽管做到这一点很难；“算大账”更是要不得的研究方法，科学研究的本质就是斤斤计较甚至两两计较，一毫一刻都要算得清清楚楚。不做深思熟虑地或为煽情信口陈述自己的学术观点，更不是一个严肃的学者所应当为。如果在思维方法或情绪的平和上有缺陷，由此得出的结论必然不可信。

（五）不平等的立法处置：形式平等模式

前文已述，梁老师的说法相对于罗马法是一个进步，但它相对于《法国民法典》第 8 条却是一个退步。[7]它规定：“所有的法国人都享有民事权利”。这一条文一扫罗马人法关于人格的琐碎规定，干净洗练，赋予了所有生物意义上的法国人以人格，未为从第一种法国“人”向第二种法国“人”的转换设定任何条件（只是外国的第一种“人”只有经外交互惠才能成为第二种“人”）。此条开创了现代人法关于人格之规定的方式的先河，它就是赋予所有的人以形式上的平等，不考虑他们的实质平等问题的方式。

《法国民法典》第 8 条的规定当然比罗马法的“五合一”的人格立法更加尊重所有的人，前者无意蔑视任何法国人，后者却是忍不住要把自己对某些社会成员的蔑视公开出来并制度化的。法国人民以几百万人的生命为代价才换来了这个第 8 条。我们知道，大革命前的法国实行等级制，法律也公开站在僧侣和贵族阶级的立场上蔑视第三等级。这一等级尽管在经济上富有，却在政治上没有身份，[8]因此，他们承担了大部分社会义务却不能享有社会权利，所以，他们造反了，他们胜利了，他们可以按照自己的意愿制定法律了！《法国民法典》就是他们的立法成果。按照常人的做法，他们会对社会进行报复：过去，僧侣和贵族以自己的身份压他们的财产，现在翻过来了，他们在废除身份的同时，应该把他们的优势宣称为整个社会的价值坐标才对,换言之,他们有理由按照拥有财产的多寡确定社会成员的等级层次。对于穷人,不赋予人格或赋予较小的人格,由此完成对“穷人非真人说”的立法确认。然而他们没有这样做,尽管这样做并非没有先例!先说近的中世纪,欧洲的有些共同体就把全部成员根据财产的多少分成积极公民与消极公民,消极公民当然是财产少,由此承担税负少的公民!再说远的罗马王政时期,公元前578年左右的图留斯改革按照财产的多寡把全体罗马市民分为五个等级,未进入等级的社会成员称“无产者”(“穷人”的典雅表达),各个等级的政治地位依财产多寡递减,“无产者”的地位最低,他们尽管不承担什么社会责任,但也没有多少权力参与政治决策。[9]中世纪的立法者也好,古罗马的立法者也好,都认为不平等是必要的,因而维持这样的社会结构,而《法国民法典》的立法者由于采取了新的强调普世平等的自然法的意识形态,遂把平等列为自己的政治纲领的第二项内容(自由、平等、博爱),他们由此完成了对自己的阶级利益的超越而成为全体法国人(包括被他们推翻的僧侣和贵族)的代表。不如此分析,不足以显现《法国民法典》之制定者的伟大!

这些伟大人物难道不知道人生而不平等的残酷现实?我相信,任何一个对生活有着基本的观察力的人都知道此!当然推测不及证据有说服力。证据是有的:其一,他们的旗帜上写的第三项价值:博爱。什么是博爱?它的西文词源学含义是兄弟之情(Fraternity),试问,一个身体健全的哥哥有理由不爱一个残疾的弟弟吗!?因此,博爱的核心就是强者对弱者的关爱。其二,作为《法国民法典》第8条之来源的1789年的《人权与公民权利宣言》第6条规定:“在法律面前,所有的公民都是平等的,故他们都能平等地按其能力担任一切官职、公共职位和职务,除德行和才能上的差别外不得有其他差别。”这是一个宣告形式平等的条文,却浓浓地透出立法者对不平等的认知:“按其能力”是公民的能力不等,量才使用的意思;“德行和才能上的差别”所表达的不平等意味就更加明显了。如果上述分析为真,我们便可认为,法国革命的巨人们以“博爱”和“差别”的字样确认了全体法国人中强弱(经济上的、能力上的、品德上的或任何其他方面的)的不等,但无意以立法确认这种不平等,而宁愿采取立法并非完全反映现实,而是批判现实的立场,设立确立普世平等的第8条作为整个社会的道德和法律理想。

但《法国民法典》为这种形式平等的实质实现做了什么？答曰像梁老师主持的民法总则草案一样什么也未做！狄骥告诉我们，《人权与公民权利宣言》第 6 条宣告了“……国家并没有消除事实上存在的不平等的义务，而只有确保所有人受到同等保护的义务”[10]的立场，由于该条与《法国民法典》第 8 条的渊源关系，由此可以推知，后者的立法者也采取以宣布普遍的平等为已足的立场，拒绝承担实现实质平等的义务。对于这样的规定，我们可以说它虚伪，指责它把做不到的事情规定下来有什么用？说它允诺的那个人格对穷人是空头支票。实际上，梁老师的说法就是对这样的形式平等的批评和对实质平等的追求。

写到这里，我陷入了深深的困惑中，一方面，我觉得自己已经把梁老师的说法驳得体无完肤，而且觉得它根本经不起稍微认真的推敲；另一方面，我相信梁老师、领衔并参加主题为“真正的人”的网络讨论[11]的李军等人都是聪明人，有学养的人，他们为这一说法触动，为之呼号，难道他们都犯了如此低等的错误？我不大愿意接受这种可能。另一种可能是他们是否与我在不同的理路上？如果真是如此，我与他们的分歧点又在哪里？

经过长考，我认为分歧点在于我们对立法者职分的认识不同。打个比方，立法者是一群强弱不一的人的赛跑的组织者，按照我的理解，立法者的职分就是划起跑线。他可以在两种安排中做出选择：其一，对强弱不等的人划一条同样的线，即宣布形式的平等，《法国民法典》第 8 条就是这样做的。如此，立法者一方面使自己的工作简单化，另一方面，也期望通过这样的同一起跑线的竞争让强者出头，淘汰弱者。其二，划数条参差不齐的线，弱者可以站在划得较前的线上起跑，可以比强者少跑几十米，由此可以达到赛跑的参与者从不同的起跑点出发，但差不多同时到达终点的效果，这就是实质平等的立法。如此，立法的工作要麻烦得多，立法者的目的也仁慈得多。无论这两种立法有怎样的不同，它们的共同本质是把立法者的工作限定在“划线”的范围内，不越雷池一步。按照我推论的梁老师及其追随者理解的立法者职分，他们应该这样行为：把所有的赛跑参与者先集中起来居住，强的锻炼身体，弱的补充营养兼锻炼身体，等到两者身体的素质差不多了再宣布他们是平等的，然后进行比赛。[12]从政治学的角度讲，这样的“立法者”是在做行政机关的事，后者是国家活动的持续的实施者，而立法机关是“断续”的国家活动的实施者：每年开会数次，其他的时间休会；

没有自己从中央到地方的一整套班子。立法机关的这些性质就足以决定它的工作只能是“划线”了，要它去行政或执法，那是它无能力承担的工作。

接下来的问题是，梁老师的说法是一个涉及立法的说法呢，还是一个涉及行政或司法的说法？如果它涉及的是后两个领域，那么我对它的批驳将变得毫无意义。我们必须记住，梁老师是在关于民法典的结构设计的论坛上发表他的说法的，因此，它关涉的是立法问题，所以，我对它的批驳是有意义的。

（六）不平等的立法处置：实质平等模式

这一分节要讨论的是，如果梁老师及其追随者把他们的关注点从立法以外的领域拉回到立法领域，他们可以为穷人做什么？可以怎样做？如果做不了，这种失败的理论意义如何？

问题是实质平等的立法实现问题，它以对不同人分别设线的立法者处置解决。人之所以不同，无非因为种族、性别、年龄、贫富四者。20 世纪以来，《法国民法典》第 8 条式的形式平等规定经常被实质平等的规定取代，国内外的立法都为我们提供了不少这方面的实例。

一说种族。对这个问题，中国和美国都以“颠倒行动”（Affirmative action）实现实质平等。在我国，少数民族过去备受歧视，被赶进了深山老林，过着刀耕火种的原始生活，与汉族不在一条起跑线上。为了实现他们与汉族的实质平等，国家赋予他们两项让他们先“跑”的特权：其一，高考时，少数民族考生在分数上受到照顾。以武汉市为例，在中考中，填报武汉市中南民族学院志愿的少数民族考生，适当降分优录；报考职校、技校类的，可降低 10 分录取。在高考中，报考民族院校和湖北省属院校的少数民族考生，可在总分上加 10 分录取。[13]其二，按人口比例来衡量，少数民族在参政议政的机会上被安排得大于汉族。以九届全国人大、政协为例，在这一届议会的存续期间，少数民族人口占全国人口总数的 8.98%，他们在全国人大有代表 428 名，占代表总数的 14.37%，高于他们在全国总人口数中所占的百分比；他们在全国政协有委员 257 名，占委员总数的 11.7%，也高于他们在全国总人口数中所占的百分比。[14]在美国也有同样的事情。在 1997 年的密西根大学，发生了 Grutter v. Bollinger 一案和 Gratz v. Bollinger 一案，被告是密西根大学的校长（我写作本文时任哥伦比亚大学校长),原告都是被拒绝录取的法学院白人考生,因为校长通过降低对黑人学生的录取标准提高他们的就学机会以增加校园文化的多元性,从而剥夺了一定的白人的入学机会。校长的行动依据就是“颠倒行动”,这是一种追求实质平等的制度安排。[15]

二说性别。由于妇女在漫长的历史时期处在受歧视、受禁锢的地位,她们对社会生活的参与与男子形成极大的不平衡。为了恢复此等平衡,我国对妇女也实行了“颠倒行动”:在我国各级领导班子中,按规定必须配备一定比例的妇女干部。在这种情况下,为了满足性别比例的要求,才具略高的男子不见得能竞争过才具略低的妇女,后者在这种情况下享有了特权。

三说年龄。未成年人与成年人在算计能力上处在不平等的地位。自古至今,法律遂赋予前者特权维持两者的平衡,使他们在交易中处在不倒翁的地位,未成年人与成年人进行的交易对未成年人有利则有效,对未成年人不利则无效。法律以此维持了强者与弱者的一定均衡。

四说财产。在四种造成人类差异的主要因素中,财产处于非常特殊的地位。为了达成实质的平等,现代立法者对于前三种因素的处置都是“扶弱”,而他们对于财产这种因素的处置却是“抑强”:用高额遗产税“剥夺”富人后代的过多发展手段,使他们与穷人处于相当的起跑线上。超出现代的“扶弱”的例子可以找到,如革命者的“开仓放粮”、“分田地”;更古的造反者的“均贫富”,这不光扶了弱,而且还抑了强呢!但它们都超出了立法活动的范围,属于革命活动(即排除法律手段的活动)而非正常的治理活动中的现象,所以没有什么理论价值。由此产生的发人深省的问题是:立法者为何对财产这种差别制造因素与对其他差别制造因素的态度不一样?我们知道,种族、性别和年龄三者都是与当事人意志无关的差别制造因素,换言之,一个少数民族人士、一个女人、一个未成年人,无论怎样努力也不能变成一个汉人、男人或成年人。当事人改变不了自己的不利地位,只能把这个任务交给立法者。而且,上述三者都是原因性的,换言之,如果解决不好这方面的平等问题,当事人在其他方面的地位会有连锁反应式的影响;而财产是深受当事人意志影响的差别制造因素,在通常情况下,当事人只要努力就可致富,因此立法者无必要通过自己的干预让每个人都成为富人。而且,财产是结果性的,贫困往往是多种主客观因素的结果,只有在不正常的社会状况下,贫困本身才成为贫困的原因。

至此我们看到,梁老师的说法挑选了财产这个立法者最难驾驭,以至于基本采取无为政策的差别制造因素作为自己的工作对象,并且提出了实质平等的主张。如何实现它呢?梁老师自己没说,也许也没想,但我可以根据中外古今的立法例帮助他把自己的思路贯彻到底。

第一步:在全国进行财产普查,根据调查的结果确定全国的穷人、中人和富人的范围,贫富差距的程度;

第二步:制定财产差别梯度表,例如,以10万元为第一挡;1万元为第二挡;1千元为第3挡,1百元为第4挡;1元为第5挡。划定第1挡为富人;第2挡为中人;第3、4、5挡为大中小三贫;

第三步:起草民法典草案中总则部分关于权利能力之取得的条文如下:

第【 】条:穷人、中人和富人取得权利能力的机会平等。

第【 】条:为了以形式上的不平等达成实质上的平等,本法典对自然人权利能力的取得设定财产数额要求。并对穷人、中人和富人取得权利能力的财产条件实行差别要求。

富人须有10万元资产才能取得权利能力;中人有1万元即可取得此等能力。拥有从1千元到1元的穷人,按照其相应的财产额取得权利能力。

依上操作,才能在立法者的"划线"职能范围内解决"穷人非真人"的问题,这是唯一的途径。而梁老师除了到处空喊"穷人非真人"外,没有在他负责的民法总则草案中做任何上述事情。他所做的唯一的事情,是在其《民法总论》一书中悄悄地把"物"的位置前移到了在主体之上的位置,以此表达了他对中国广大穷人命运的关切!

至于上述虚拟操作的合理性如何?是否荒唐,并且现代立法者是否因此等荒唐而放弃了对它们的采用,那是由读者诸君自己判断的事情啦!

三、"穷人行为能力受限说"分析

经过对梁老师说法的第一种解释进行分析,我们已经发现它的煽情性远远大于其科学性,穷人听了开心而不能解决问题。现在让我们看对同样说法的第二种解释进行分析会得出什么结果?仔细想来,梁老师的说法在行为能力领域又有两种可能:第一,把财产作为人取得行为能力的一个要素(他们的权利能力是天然会得到法律的承认的);[16]第二,把财产作为行使行为能力的一个要素。

关于第一种可能,我们都知道,世界各国都只把健全的理智设定为权利能力的拥有者也取得行为能力的唯一标准,没有把具有一定的财产作为取得此等能力的标准。但我们也知道,我国最高法院关于贯彻执行《民法通则》的若干意见第 2 条中有关于所谓的"准治产人"的规定,允许 16 岁以上,拥有自己独立的财产来源的人提前取得完全的行为能力。这一规定为梁老师主持的民法总则草案建议稿承袭,其第 17 条第 2 款做了如下的规定:"年满 16 周岁不满 18 周岁的自然人,以自己的劳动收入为其主要生活来源的,视为具有完全民事行为能力。"此款的法理意义在于它能否被理解为为自然人取得行为能力设定了财产(可以维持自己生存的劳动收入)的第二标准?从该款的文义来看,有做这种解释的余地,但从其立法理由来看,却不能做此等解释。事实上,这样的"准治产人"在拉丁法族的民法典中被称为"脱离亲权人"(字面含义是"被解放人",来自罗马法中的家父解放家子的制度),"脱离"的条件一是达到一定的年龄(如 16 周岁);二是已经结婚。既然已经顶门立户,就必须承认他是一个独立于父母的主体的现实,法律遂赋予他行为能力,这是立法的一个权宜之计。有意思的是,我国实行这样的权宜之计时考虑的因素不是结婚,而是有自己独立的收入,典型地表现出我国人格立法的经济人格走向。但事实上,这样的准治产人不过是心智提前成熟到可以认知自己行为后果的人,判断他是否提前成熟有两个标准:第一,接近成年年龄,如此,一个 10 岁的孩子尽管有维持自己生活的独立收入,也不能成为准治产人;第二,有可以维持自己生存的劳动收入。在我看来,这不是取得行为能力的一个要件,而是证明主体具有成熟的心智状态的一个证据,因为一个稀里糊涂的人是不可能赚得自己每日的面包的。如果不采用这种理解,我们就无法说明一个 16 岁的人可以和一个 18 岁的人同时取得行为能力。因此,即使按照梁老师负责的民法总则草案建议稿第 17 条第 2 款,自然人获得行为能力的条件也没有增加财产的要素。这就提出了两个非常有意思的问题:第一,为什么世界各国都不把或不能把财产作为取得行为能力的要件?我认为答案很简单:民法中的人不是被完全作为经济主体设定的,他们除了进行经济活动外,还要进行许多的其他活动呢!第二,为什么多数国家的商法典甚至也不把财产作为商自然人(单纯的经济主体!)取得行为能力的条件,我认为这种安排是为了避免一个难堪的问题:如果把具有一定的财产增设为自然人取得行为能力的条件,必然会产生财产多的人行为能力大,财产少的行为能力小甚至没有行为能力的立法结果,尽管事实上真是如此,但只有粗蛮的古代和中世纪的立法者才会傻乎乎地把它们规定下来授人以柄。

关于第二种可能,我们可以这样说,如果人主要被或仅仅被理解为经济活动的主体,你有了健全的理智干什么呀?还不是在多数情况下都作用于财产!如此,财产就成了实现权利能力和行为能力的必要工具,正犹如一个具有全球旅行的权利能力的人只有有了足够的钞票才能实现这一能力,否则各种能力对他都是一句空话。我认为梁老师的说法浓重地包含有这种意思,它触及了人虽然被抽象地赋予平等的行为能力,但此等能力由于个人财产状况的不同而实际上不平等的现实梁老师对之持批判态度。

但这一现实是否值得批判,确实是一个大问题。首先遭遇到的是真正的普世平等能否实现的大难题:美国人的话很好地描述了这一命题的处境:平等是地平线,可望而不可即也![17]其次遭遇到的是有无必要实现上述平等的伤人问题。有些坦率的人,例如哈耶克和霍尔姆斯,就毫不客气地说平等是弱者的呻吟。[18]而且"穷"通常是结果而不是原因,它是懒惰、判断失误、运气不好等因素的单独的或综合的结果,如果我们承认这些因素客观存在,而又提出穷人的行为能力大小问题,实际上是在张扬一种结果平等的"均贫富"的中国传统主张。

在我看来,上述不平等的现实不值得批判。任何一个社会都会有富人和穷人,这没有什么不好。不然,社会拿什么去惩罚那些由于懒惰或粗心大意的失败者呢?那不成了干好干坏一个样?而且,没有由于自然原因造成的贫富差别,怎么进行社会分工和社会组织呀?因为脑力劳动与体力劳动的分工,社会的分层化安排,都在很大程度上是以贫富的区分为基础的。当然,捅破这层窗户纸比说谎需要更多的勇气,因此大家通常选择说谎罢了。而事实上,穷人的行为能力在任何国家都不可能大,在中华人民共和国也不可能例外。

实际上,更加重要的问题在于通过何种机制或途径使某些人必不可免地成为穷人,另一些人必不可免地成为富人?财富的世袭制已经遭到了最深入的理论的和实际的批判,现代的高额遗产税制度更是对它做出了立法批判。基于这一现实,我们也许应选择这样的制度安排:让那些更有条件的人成为富人,让那些不具备条件的人成为相对的穷人,同时也让他们分享富人努力成果的一部分。这里描述的是西方福利国家的现实。

四、"穷人自卑说"分析

对梁老师说法的第三种解释是"穷人自卑说",我认为这种说法没有立法学的意义,故不怎么值得评论,因为立法除非在不得已的情况下,都只调整人的外在行为而不调整其内心状态,如此的原因一:人的内心状态外人很难知晓;原因二,人的内心状态的个别性太强,难以就之制定普遍的规则。例如,许多穷人就不自卑,所谓人穷志不短是也,他们尽管衣着寒素,腹中素多荤少,却仍尊严地对中人和富人主张自己的人格。立法在不得已的情况下规定人的内心状态,我指的是它对于故意和过失等事项的规定,虽然难以规定,但由于它们是确定责任的依据,因此立法者也要知难而进。

五、结论

至此我们可以说,梁老师的说法对于自然人完全不适用,硬性适用会得出可笑的结果,因此,梁老师连自己也不适用它,没有在他负责的民法总则草案中体现它半分。这证明他对他到处宣讲的"穷人非真人说",煽情而已,证明自己疼爱穷人而已,叶公好龙而已。但必须承认,梁老师的说法对企业法人制度有一定的解释力。他的根本错误在于把能适用于企业法人人格的那些规定推广用来说明全部的民事主体,由此造成了"经济人格"制度的泛化,不得不以偏概全。当然,受德国的潘德克吞学派以及马克思主义的唯物主义的影响,我国的人格法理论中本来就有一种经济人格趋向,这一现实更加鼓励了梁老师的经济人格的人格观。但它是并不符合民法的实际内容的,应该加以改变。

梁老师的说法之所以引起了广泛的共鸣,乃因为发生了领域的串位:梁老师的说法属于立法学的范围;而其共鸣者的说法属于社会学的范围或法的实现的范围。这种串位来源于对立法者职分的误解。事实上,立法者的职分总是面临不平等,通过"划线"来贯彻自己的抑强扶弱的平等目标,与法的被适用者直接接触、进行某种工作达到平等再制定关于平等的立法的要求,有违立法工作的性质。面临不平等,划线求平等,是我的立场;

"消除不平等再来规定平等,这样的平等才有意义",这是许多梁老师的许多追随者的立场。

梁老师尽管把自己作为穷人的代言人,遗憾的是,在他负责的民法总则草案中他却未为穷人的利益做任何追求实质平等的规定,他对自然人的权利能力取得等问题的规定,仍然停留在《法国民法典》第 8 条的形式平等立场。于是,我们遗憾地看到了他的宣言与其行动之间的不小的距离。

作为本文工作对象的梁老师的很有煽动性,引起了那么多的人的讨论,动情甚至动火的说法,一经科学分析,却发现它那么脆弱,不经一驳。然而,在我自感已经驳倒它后,我却感到悲哀,因为我难以相信众人的理性不及我个人的理性,因此我怀疑自己是真的胜利了呢,还是在方法论上出了错,根本没有动摇这一那么多人接受的说法?为此,我衷心希望广大读者对我的结论和方法提出质疑,以证明我的胜利或失败。

注释

1 载徐国栋:《认真地对待民法典》,中国人民大学出版社 2004 年版,第 83 页及以次。

2 网友 willing 在 2002 年 11 月 8 日的帖子中表达了类似的理解,他说:"财产是权利的客体,但同时也是某些权利实现的前提,是权利得以实现的保障,所以虽然没有财产的人不能说不是人,但是权利不完整的人",载 http://www. law - thinker. com/cgi - bin/yadian/dispbbs. asp? BoardID = 4&RootID = 594&id = 1021 &star = 4&skin = , 2002 年 1 月 9 日访问。

3 也许要加一个只具有中等财富的"中人"的环节才更加科学,但为了简化讨论,我只取穷富两个极端,并相信研究的结论的科学性不会因此受不利影响。

4 第 11 条第 2 款:"自然人的民事权利能力一律平等"。

5 尽管如此,查《智利商法典》和《哥伦比亚商法典》,却无关于商自然人的最低资本额的规定,《哥斯达黎加商法典》通过把商自然人定位为"个人企业"(第 5 条)对之提出了资本要求(第 10 条第 3 款),但无明确的数额要求。这样处理可能是为了鼓励进行经济活动,尽管一定程度上牺牲了交易安全。

6 因为定不下会长,现在是有钱也开不了会矣!1985 年成立中国民法经济法研究会,其历史不过 18 年,每年一会应开会 18 次,现在由于一些非学术的原因竟然有 3 年未开。在此制定民法典之际,广大民法学者不能利用这一论坛对本专业内的这一最重大问题进行讨论和参与,形成红色中国民法史上的一个重大不幸事件。

7 相对于《奥地利民法典》第 16 条和《德国民法典》第 1 条也是这样,它们分别规定"人的权利能力始于出生的完成”。“每个生物学意义上的人都享有与生俱来因而被看作法律意义上的人的权利。奴隶制、奴役以及以奴隶制和奴役为依据的权力行使,禁止之”。它们都未为取得这种能力设定任何财产条件。

8 这一历史掌故是对梁老师的“穷人非真人说”的极大讽刺,因为这里出现的是“富人非真人”的问题,它揭示出从“人”到“真人”的过渡,财产绝非唯一的条件。

9 前文介绍的忽略财产要素的罗马法中的“五合一”的人格观属于6世纪的优士丁尼时代,因为优氏的《法学阶梯》如此规定;而在王政时期的罗马,财产显然也是一个影响人格的因素。如此,我们可以说在罗马法史上,本身就有一个从“重财”到“轻财”的演变。

10 参见[法]莱昂·狄骥:《宪法学教程》,王文利等译,辽海出版社、春风文艺出版社1999年版,第178页。

11 这场讨论的网址是 http://www. law – thinker. com/cgi – bin/yadian /dispbbs. asp? boardID = 4&RootID = 594&ID = 594&star = 1。

12 例如,网友李军说,“法律制度的有关内容体现在这三个方面:价值理念层面、制度设计层面和制度操作层面。从哲学的术语来看便是应然、欲然与实然。可我们的问题就出在制度操作层面”。显然,我与李军的分歧在于我认为立法者的使命在于价值理念层面和制度设计层面,而他认为立法者应当管操作层面的东西(2002年10月24日帖子 http://www. law – thinker. com/cgi – bin/yadian/dispbbs. asp? boardID = 4&RootID = 594&ID = 594&star = 1)。又如网友“枫信子”在2002年11月5日的帖子中说:“或许人编放在物编前面,能显示出人的重要性,能体现出民法典对于人的关怀。但是,对人的关怀,更主要的还在于法律的具体设置,它必须落到实处,而不能仅仅停留在民法典内容编排的前后顺序上。再者,法律对人的关怀也不能仅仅停留在法律文本之中……因此,不要过多的将精力放在讨论人编与物编的顺序问题,而应该更加投入到法律的具体设计与培育法治观念上去。”他还说:“其实真正的人的定义,只能从社会学的角度来回答。在社会中什么样的人才算是真正的人呢?我想拥有一定财产的人,才能算是一个真正社会意义上的人。财产是他安身立命的前提和基础,没有财产的人是不具有真正意义上的独立人格的,我们没有必要去回避一些伦理意义上的讨论,只有从现实的角度来衡量人的定义问题,才有助于我们来解决这个社会中如何确定真正的人的定义,那就是不仅要解决它作为人的伦理意义,更重要的是如何从其物质的角度来确立其他真正的人格。”载 http://www. law – thinker. com/cgi – bin/yadian/dispbbs. asp? BoardID = 4&RootID = 594&id = 818&star = 3&skin = 。

13 参见叶长青:“中考、高考优录少数民族考生”,载1999年4月27日《楚天都市报》。

14 参见“1998年中国人权事业的进展”,载《法制日报》1999年4月14日。

15 2003年6月23日,美国联邦最高法院裁定密西根大学在入学考试中优先录取黑人等少数民族裔学生的做法合宪,颠倒行动终于盖棺论定。参见姬虹:“四次判决的里程碑意义”,载《检察日报》2003 年 7 月 3 日。

16 网友慧剑修罗在 2002 年 11 月 2 日的帖子中不同意行为能力说:“回过头来,对于‘穷人非人’的问题,从法学对于主体的设定来讲,他的主体地位不可否认,穷人的人格是存在的,同别人没有什么区别,有所区别的仅仅是他实际进行行为的受限制程度。这种限制不是行为能力意义上的限制,更不是权利能力意义上的。但它却是一种事实,一种你我都可以看得见的,身同体受的事实。这种事实不能也不可能用任何理论来掩盖,任何高尚的理论其实对于掩盖事实的情况都会变得很荒谬。所谓穷人非人的命题,就是在现代社会甚至至今为止的社会中都是一种事实的存在”,载 http://www.law-thinker.com/cgi-bin/yadian/dispbbs.asp?BoardID=4&RootID=594&id=818&star=3&skin=。

17 十几年前,在武汉,在马积华先生举办的一次讲座中,他提到《哈佛法律评论》的一篇文章中有这样的妙喻。

18 霍尔姆斯的这种观点,参见[英]哈耶克:《自由秩序原理》(上),邓正来译,三联书店 1997 年版, 第 102 页;哈耶克自己的这方面的观点,见同书第 104 页。

徐国栋

代表作

贰拾

现代的新财产分类及其启示

财产分类总是跟一定的时代背景有关。例如,奴隶在古罗马曾作为喘气的财产与不喘气的财产中的前一种财产存在,后来因为人权的进步这种财产分类被淘汰。在改革开放前及其初期,有生产资料和生活资料的分类存在,以此限制私人的生产活动以避免由此带来的所谓"剥削"。现在的当权者鼓励私人生产活动,这种财产分类由此淡出民法教材。时代的发展淘汰某些物的分类,这只是问题的一方面,另一方面是增加一些新的物的分类。如下物的分类在全球或中国的范围内存在于学说、司法甚至立法中,但还未充分反映到我们的民法教科书中,更有待反映到我国正在制定的物权法中。

一、人格财产(personal property)与可替代财产(fungible property)

personal property 是一个古老的英文词,原来用来指动产,现在同一个词被赋予新含义,指与人格(personhood)紧密相连、其灭失造成的痛苦无法通过替代物补救的财产,相反的财产是可替代财产,其中最典型的是金钱。请注意,"人化"财产中的人并非主体资格意义上的人,而是指的与特定环境因素联成一体了的自然人,把他从这种环境剥离会给他造成损害。[1]这种财产分类的基本理念是:反对人只是精神上的存在,肉体是物质的观点,认为人格与肉体相连并与外在环境相连,一个东西越是可替代,它与人格的联系就越松懈,它越是个人化,就越与人格相连。[2]

注　本文原载《广西大学学报》(哲社版)2005 年第 4 期。

人格财产的范围往往因人而异，但通常认为家宅、结婚戒指、肖像、传家宝、家庭相册[3]、日记[4]、宠物、骨灰和墓地是人格财产。[5]有人主张人的身体也是人格财产，也有人主张只有在人的组织如血液、头发或器官脱离人体后才是人格财产。[6]就骨灰而言，我国已发生案例。1996 年 5 月 3 日，俞秀英等 6 人将其亲属陈训忠的骨灰寄存于三明市殡仪馆 5 年并交了寄存费，2001 年她往取骨灰时发现其已被遗失，遂控告殡仪馆，得到骨灰盒损失和寄存费损失赔偿，外加精神损害赔偿 38,000 元。[7]法院判处如此高的精神损害赔偿，大概就是考虑到了骨灰的人格财产性质。

不仅个人有人格财产，而且团体也有。美国一个州的判决认定，宣判者除非证明了没有适当的替代选择，不得剥夺用于宗教目的的地块。[8]这里的"宗教用地"就是团体的人格财产。团体的人格财产还有两例。一是某个国家的文物，它是一个民族的人格财产，即使流散到海外持有人也要返还。二是某姓子孙的祖先画像。例如，明朝兵部尚书许弘纲的子孙共 369 人住在浙江省东阳市画水镇的紫薇山村，许弘纲留有宫廷画师为其父母画的大幅画像，后保管在其女性后裔许月英的父亲手中，"文革"后在夹壁墙中发现。许月英欲把此画当作父亲留下的遗产出售牟利，但遭到了许姓子孙的集体反对，理由是此画应属家族共有，法院支持了他们的主张。[9]实际上，本案的要点是集体人格财产问题，本案确定了集体中的个人不得处理此等人格财产的原则。

人格财产与可替代财产的分类有现实的法律意义。第一，人格财产是特定物的一种类型，人格财产概念的出现丰富和细化了特定物理论。第二，民法中本来就有对特定物的保护优于对种类物的保护的原则，它现在更可细化为人格财产比可替代财产受更强的法律保护的原则，由此造成了较强的财产和较弱的财产的区分，[10]在侵害较强财产的情况下发生精神损害问题十分正常，基本的原则是财产与人格联系得越密切，其所有权就越强劲。[11]人格财产用财产规则保护，可替代财产用责任规则保护。[12]显然可见，适用财产规则的财产受到保护的程度高，之所以对人格财产适用这一规则，乃基于其适用对象的难以替代的性质，责任规则的适用基于其适用对象的可以从市场获得替代物的属性。第三，在继承法中要妥善安排人格财产的归属。因为被继承的人格财产属于家族团体，将之分割将损害其价值，将之归于某一集体成员又会否定此等财产的团体所属的性质，因此，必须把此等财产交团体中的适当人取得或保管。对此,《绿色民法典草案》第 4.428 条提供了实例:“对家庭有特别纪念意义的物,只要继承人中有一人提出异议,就不得变卖。继承人协商确定这种物的归属,不能达成一致的,由法院根据地方的习惯确定;无地方习惯时,法院考虑各继承人间的个人关系裁定。”[13] 此条中提到的习惯,就是由子孙中的长房取得或保管人格财产的做法。第四,家宅是最典型的人格财产,它是“自由、私生活和结社自由之间的道德核心地带”,[14] 为此受到特别的保护。一些国家和地区,诸如瑞士(民法典第 350 条及以下数条)、魁北克(民法典第 401 条及以下数条)都规定了家宅制度,把家宅作为团体的人格财产,不允许家庭成员中拥有或承租它的人未经其他家庭成员同意对其进行处分。买卖不破租赁的理由之一是租赁物对于承租人是人格财产,对于出租人不过是可替代财产。

二、使用财产和权力财产

这是英国社会学家和哲学家霍布豪斯(Leonard T. Hobhouse, 1864 ~ 1929 年)做出的区分。前者是权利人自己控制和享用、作为他自己劳动的基础和他命令的活动的舞台的财产;后者是权利人控制他人,使其以此等财产为基础劳动或作为他命令的活动的舞台的财产。[15] 他认为财产权有两个功能:一是给予自由和安全,二是通过控制给予所有者以权力,因此,前一种财产是对物的第一个功能的运用;后一种财产是对物的第二个功能的运用。[16] 我国以前的民法理论上也有与此相类似的生产资料和生活资料的区分。霍布豪斯也承认这种分类存在于社会主义理论中。这种分类的法律意义有:第一,揭示了所有权的对人积极意义。前文说到物权的对人方面以消极的方式表现出来,换言之,表现为所有人以外的一切人不干涉所有人行使其权利的义务,物权的积极方面是权利人与权利客体间的支配关系。而这种财产分类证明,所有权的对人方面并非总是以消极的方式表现出来,通过控制物可以控制人,此时,本来只有消极义务的“世人”中的有些通过债的关系转化为承担积极义务。传统理论对物权的两个方面的描述比较适合于使用财产,但不适合于权力财产。第二,与“第一”相联系,这种分类说明了财产是不平等的原因,正是基于这种认识产生了共产主义思想流派,当然,这是极端的立场。第三,如果认为这种二元现象不合理,应通过征税减少第二种财产的范围。这是西方国家做出的选择。这种分类表现了财产法的阶级性,我国以前限制生产资料私人所有也是出于阶级关系的考虑。

三、生存财产和奢侈财产

前者是为维持所有人最低限度的生存所必要的财产;后者是满足这种最低限度的生存需要以外的财产。这种财产分类隐含于我国的《破产法》和有关司法解释中,但尚未被上升到民法理论的层次。以司法解释为例,最高人民法院自2005年1月1日起施行的《关于人民法院民事执行中查封、扣押、冻结财产的规定》要求法院不得查封、扣押、冻结被执行人的8种财产,它们包括:(1)被执行人及其所扶养家属生活所必需的衣服、家具、炊具、餐具及其他家庭生活必需的物品;(2)他们必需的生活费用;(3)他们为完成义务教育必需的物品;(4)未公开的发明或者未发表的著作;(5)上述人为弥补身体缺陷必需的辅助工具、医疗物品;(6)被执行人所得的勋章及其他荣誉表彰的物品;(7)中国政府同外国、国际组织缔结的条约、协定规定免于查封、扣押、冻结的财产;(8)法律或司法解释规定的其他不得查封、扣押、冻结的财产。[17]

以上8项以外的财产都是奢侈财产,然而,对上述8项免于查封、扣押、冻结的财产还可细分,第4、5、6项为人格财产,其他项为生存财产。从某种意义上讲,前者为精神生存财产;后者为物质生存财产。上述司法解释表现出其制定者对人格财产与生存财产的区分缺乏认识,但客观上揭示了生存财产和人格财产免受扣押的共性,对生存财产的免受扣押的确定表明了立法者对生存利益优先于经济利益的肯认。

对奢侈财产的拥有和消费进行限制有长期的立法传统。积极的限制是不准拥有或消费,例如,不执行法院判决的人不能购买小轿车。消极的限制是对奢侈品的拥有和消费征收重税,例如,烟草是典型的奢侈品,换言之,不抽烟不会妨碍人的生存,而抽烟会妨碍别人的生存,所以我国征收很重的烟税,寓禁于征。

生存财产和奢侈品的界限并非绝对的,此地的奢侈品可能是彼地的生存财产,此时的奢侈品彼时可能是生存必需品,能同时说明这两个命题的例子是小汽车。它在中国为奢侈品的时候在美国等西方国家是生存财产,后者因为居住、上班、购物地点大分离的生活方式需要汽车。随着上述三个地点的大分离城市设计模式的引入中国,以及国人收入水平的提高,小汽车正在从奢侈品转化为生存财产。所以,立法者要根据生活事实的变化调整自己关于生存财产和奢侈财产的立法规定。

四、普通财产、身体财产、私生活利益

普通财产是人的身体以外的或不以人的身体为来源的财产;身体财产是人的可以转让的身体脏器或其脱离部分;私生活利益是人的不可以转让的身体脏器或其脱离部分。上述三类客体,前者可大致被说成是身外之物,中者和后者可大致被说成身内之物。

最早对身内之物的财产属性进行探讨的可能是约翰·洛克(1632~1704年),他说,每人都对自己的身体享有所有权。[18]这是个人自由的基本前提,[19]但生命属于上帝,人不过是它们的受托人,因此不得转让自己的生命。[20]简言之,洛克建立了一种每人对于自己的身体享有有限所有权的理论,它对英美的财产法理论产生了很大影响,并预见性地破除了"穷人非真人说",因为按照这种理论,每个人都并非一文不名,他至少拥有自己的身体。

作为洛克理论的继承者,当代美国法学家斯提芬·芒泽(Stephen R. Munzer)也认为,人对于自己的身体享有有限的财产权(Limited property right),"有限"表现为法律限制人们对自己的身体为所欲为,人们对自己身体的权利并不同如他们对一张桌子或一辆汽车的权利,受到如下限制:[21]第一,法律禁止人们自卖为奴并在活人之间转让任何为维持生命不可或缺的器官;第二,法律限制人们自杀或自残;第三,法律禁止卖淫。以上为证明人们对自己的身体处分权有限的因素。"财产权"表现为人们对自己的身体享有一定的积极的或消极的处分权:第一,在不损害他人的前提下,人们有权按其希望的方式使用自己的身体,如在生存时出售或赠与自己的某些组织或器官,通过遗嘱或合同将其遗体转让给医疗机构;第二,人们可以阻止他人强奸或殴打;第三,人们有权免于债务监禁或被剥夺其身体的任何部分。

在美国,私生活的定义五花八门、变动不已。它带有信息、身体、财产和决定等方面的含义,任何为它找到一个统一的定义或理论的尝试都属于

徒劳。[22]尽管如此,私生活定义有大致的发展脉络可寻。那就是从横向到纵向,从“身外”到“身内”。1880 年,法官托马斯·古利(Thomas Cooley)为它给出的定义是“要求得到孤独的权利”(The right to be let alone)。[23]这是一个体现个人排除其他个人之骚扰的愿望的定义,它体现了个人间的横向关系。20 世纪 70 年代,艾伦·威斯廷(Alan Westin)给出的定义是“个人、团体或机构享有的控制、编辑、管理和删除关于他们自身的信息并决定何时、以怎样的方式、在什么范围内把这些信息知会他人的权利”,[24]这是一个包含个人排除国家、企业和机构对个人资料的滥用的可能的定义,主要涉及人们对处于“身外”的自身资料的控制。2000 年,产生了加利福尼亚大学教授拉第卡·劳(Radhika Rao)的私生活定义:私生活是某人拥有自己的身体并排除他人干预的人格利益的集合。[25]它包括人身私生活权(right of personal privacy)和关系私生活权(right of relationship privacy)。前者是个人保存自己身体的完整或普通的自由利益。它包括抵抗强制侵入自己身体的权利——妇女反抗强奸的权利就是属于这样的私生活权——用工具避孕权、人流权、抵制强制绝育权,以及阻止对身体的物理变更的权利,如阻止为了提取证据进入身体权,如提取胃液或以外科手术提取枪弹。但它并不包括某人对自己的身体积极行使的权利,因此是一种消极的权利。[26]例如,人们可以拒绝或撤走生命维持医疗护理,但无权在医生的帮助下自杀或实行安乐死。后者是保护个人免受国家干预其某些亲密的和自愿的关系的权利,如是否生殖或养育孩子的权利。[27]通过劳的定义,私生活权二元化了,但仍保留调整国家与个人间的纵向关系的特征。

劳定义中的私生活也涉及人的身体,那么,它与身体财产权的关系如何呢?

按照她的说法,身体财产权和私生活权保护的都是对于自己的“拥有”,区别在于是否可以转让这种“拥有”。身体财产可以转让,而私生活不能转让。把某一身体器官定位为财产还是私生活的自然标准是转让它对供体的伤害程度,无伤害或伤害小的可以转让,在相反的情形下不可转让。伤害的大小有时取决于脏器的数,在通常情况下,复数的脏器之去除对供体的伤害小,单数的脏器的去除则对人的伤害大。转让又可以分为有偿的和无偿的,由此可以把对身体的财产权进一步二分:可以免费转让的为弱式财产权；可以有偿转让的为强式财产权。[28]前者如脏器，后者如血液。这里出现了一个有趣的悖论：转让对供体伤害大的脏器反而无偿，转让对供体伤害较小的脏器反而可以有偿。这种悖论必须依靠另外的辅助理论消除，即人身关系理论与客体关系的区分理论。在美国法的术语中，人身关系的含义与我们谈论的作为民法调整对象之一的人身关系不同，指亲密关系，首先是家庭成员间的关系，其次是为维持社会团结所必要的关系；客体关系指以商业目的为内容的关系。[29]正因为脏器的外供对供体的损害大，非出于情爱目的，不得为之。正因为供应以情爱关系为基础，当发生供应时，脏器反而无价。相反，可有偿转让的身体财产的供应不会对供体造成大的损害，因此供体可以多次、重复供应，由此营造了把人的器官商业化的条件，因此，一旦供应起来，它反倒是有价的了。

私生活与财产的界限往往根据以下原则：作为整体的人的身体是私生活，作为部分的人的身体是财产；供体活着时的身体往往是私生活，供体死亡后的身体多为财产。在人身关系中的人的身体为私生活，在客体关系中的人的身体为财产。例如，我国和其他国家一样，禁止买卖人的器官，这是禁止人的器官成为财产关系的客体，但父母若把自己的肾捐给自己的儿女，是可以的。急公好义的人把自己的器官捐给需要它们的病人，也是可以的。

财产与私生活间界限的难以把握，体现在几种人体物质中。让我们来讨论它们。

人奶。尽管奶妈（实际上是以现饮现供的方式出售人奶）是人类最古老的职业之一，但在扬州市有人打算创办"奶妈公司"，以规模化的方式出售人奶时，仍在中国引起了广泛的争论。反对者认为这是对人的物化，把人当作奶牛。他们认为，人处于主格地位的身份决定了人不能以自己的某种"属性"（包括乳房和乳汁）来满足他人或市场的需要，不能直接地、简单地以自身作为价值对象供人"消费"，而只能是作为主体，作为社会和人类中的一员，通过劳动和其他活动为他人和社会提供价值，创造价值。承认奶妈公司会把人分为作为主体的部分和作为客体的部分，而且会牺牲奶妈自己的婴儿。[30]这种批驳隐隐把人奶定性为私生活，否认它作为财产的可能，但还是抹杀不了人奶长期作为买卖客体的事实。我认为，人不断地分裂为主体和客体两个方面是正常的，有如人在出售自己的劳动力的情形，因此，应允许人奶作为客体。值得关注的还有奶与血（包括骨髓）的区分，在通常情况下，允许他人取用奶不会对供体造成损害，而取用血会对供体造成一定损害。奶是要自然溢出体外的，而血是要假以人力才能与人脱离的，由于这两个区分，血是私生活，奶是身体财产，它更容易被承认为客体。

精液和受精卵。这两个东西合称为“配子”，都属于人的生殖物质。就它们在美国发生了两个很有意思的判例。

关于精液的案例如下。威廉·凯恩（William Kane）将其事先储存在加利福尼亚冷库中的15小瓶精液遗赠给其女友德伯拉·赫希特（Deborah Hecht）后自杀。赫希特主张按照遗嘱条款这些精液应作为财产属于她，但凯恩的两个成年子女把这些精液看作私生活，反对把它们判给赫希特。他们辩称，如果这些精液是财产，他们可根据一个分割遗产的协议得到其至少80%。如果不是财产，他们主张销毁这些精液以保护其家庭的私生活权，阻止后生的子女闯进现存的家庭，并阻止对家庭产生额外的感情、心理和经济上的压力。在初审判决中，加利福尼亚上诉法院持精液财产说，把它们列为遗产的一部分。3年后，同一法院推翻了自己的判决，把剩余的12瓶精液判归赫希特专有。[31]显然，如果把精液定为财产，会出现一些可笑的后果，如把这些精液弄到市场上买卖等。

关于受精卵的案例如下：田纳西州的戴维斯（Davis）和戴维斯曾是一对夫妻，两人受不孕症之苦。于是安排自配子人工受孕，获得了7枚受精卵。正当此时，他们闹起了离婚，由此发生这些卵子的归属问题。[32]法院考虑到它们成为人的潜在可能，把这些卵子断为既非人又非财产的私生活，判处丈夫的不为基因意义上的父亲的权利优于妻子的把多余的受精卵捐赠给他人产生孩子并养育的权利。[33]由此避免了可能发生的可笑后果。

精子和卵子的案例说明，人与财产的二分法不够用，需要两者的中间地带私生活的概念。精子的案例还说明，私生活的概念已越过死亡线运用于死者留下的配子。

五、动物与无生命财产

前者是人以外的家、野畜类，后者是其他的一切财产。《德国民法典》第90a条规定动物不是财产，由此引发了它们成为主体的可能。尽管动物还没有成为主体，但保护动物福利的呼声毕竟日益高涨。我们的《绿色民法典草案》已在这方面进行准立法实践。在序编的第33条中,把动物分为畜养的食用动物和非畜养和食用的动物,把后者确定为“处于人与物之间的生灵,享有一定的由动物保护机构代为行使的权利”,并规定“民事主体负有仁慈对待上述两类动物的义务”。[34]实际上是要逐渐把后一种动物从客体的范畴内排除,从而达成人与其他动物的和平共处。另外在第四分编关于“对动物所作的遗嘱处分”的第164条,承认了以动物为受益“人”的遗嘱处分的有效性,[35]朝动物的主体化迈进了一小步。对于不能作为准主体的动物,第五分编第19条也规定:“对动物适用关于物的一般规定,但法律有不同规定的除外。在对具有生态价值的物行使权利时,应注意维护其此等价值,并遵守环境资源法等特别法的规定”,[36]为维护它们的生态价值提供了立法依据。

这种分类的意义在于强调动物与无生命财产的区别(过去两者是混为一谈的),维护动物福利,维持动物物种的多样性从而保护生态,维持人类的可持续生存。

六、实际财产与虚拟财产

前者是我们通常遇到的财产,后者是存在于网络空间中的财产。一是网络游戏的玩家们的游戏账号、通过游戏获胜或购买取得的“宝物”、“武器”、“级别”、“段位”等。二是网民在网站上发表的帖子、照片等。三是自然人或法人购买或免费获得的邮箱及其内存信息等。四是经注册的域名。就第一种虚拟财产在我国已发生众所周知的案例;就第二种虚拟财产,由于北大“一塌糊涂”网站被强行关闭,已发生贺卫方的怨诉;[37]就第三种虚拟财产,在美国发生了案例。2004年11月,美国军人贾斯廷·埃尔斯沃斯在伊拉克阵亡,其亲属向雅虎网站要求其儿子的电子邮件账号,因为他们将之视为贾斯廷的遗物或财产,但雅虎以保护用户的私生活(通讯私生活)为由拒绝,结果被贾斯廷的亲属告上法庭。他们的律师布赖恩·戴利认为,银行拥有储户的存款账户,并不代表银行拥有账户内的存款。[38]此说的宗旨在于主张网络活动的参加者对自己在网络上留下的活动结果享有所有权,此等所有权不应属于网络平台的提供者。韩国、我国的香港和台湾地区都制定了法律保护上述虚拟财产。[39]就第四种虚拟财产,在美国也发生了 Virtual Works, Inc. v. Volkswagen of America, Inc 案,其中,大众汽车公司起诉虚拟作品公司，因为后者于1996年10月23日取的域名vw.net与大众汽车公司的域名相同。[40]在我国也发生了域名管理公司商务中国前雇员林某辞职后潜入商务中国的加密网站盗窃价值达54702元的4个域名，被以盗窃罪起诉的案件。[41]

这种分类的意义在于正视我们的时代正在网络化的现实，对网络活动的成果的权属问题作出回应，为处理日渐增多的这方面案件提供财产法的依据。

七、容实财产与容空财产

这是根据财产本身的物理构成做出的分类。容实财产是内容与形式统一的财产，换言之，此等财产既有自己的内容，又有自己的形式，如一个西瓜，瓜皮是其形式，其内容是瓜瓤；容空财产只有自己的形式，没有自己的内容，如一间住房、一间仓库、一个箱子，此等财产自身就是一个形式，人们可在这一形式中安排自己喜欢或需要的内容，如在住房中安放自己选择的家具；在仓库中陈放自己拟出售的物品等。

有些财产具有容空财产的样子，如一个烧水的铝壶，它的壶的形式包含的是一个空间，显得是一个容空财产，但它通常是容实财产。为了证成这一点，必须增加区分容实财产和容空财产的进一步条件。容实财产是其自身被使用的财产；容空财产是作为使用其他财产之条件的财产。按这一条件，水壶在烧水时是按其事理之性质被使用的，并无配合其他财产之使用的目的，因此是容实财产。不过，如果得到停水的通知后用水壶存水，此时的水壶是容空财产，是存储另一个财产——水——的容器。水壶的例子证明容实财产与容空财产之间界限的相对性。

我创立容实财产与容空财产的分类的目的，是把空间这样的新财产纳入财产的分类体系中并在它与既有的类似物（如住房、仓库、箱子）之间建立起联系。我国民法学界对于空间权的研究蓬勃发展、欣欣向荣，但对空间权的客体——空间本身——却研究甚少，没有把这种客体理论化，因此，有关空间权的理论显得头重脚轻，容空财产概念的创立或许可弥补这一缺憾。

空间是容空财产之一种。所谓空间，即处于地下或地上的由于人力所致或自然形成的无内容的想象立方体。空间符合容空财产的条件。首先，它是没有内容的;其次,它本身并非直接的使用对象,而往往构成使用其他财产的条件,如用来停车、建立商场甚至教堂。

空间有地下的和地上的之分,在现代建筑技术条件下,建筑物的地下部分可达到数层,它们可用来做商场、停车场、旅馆或人防工事等,因而具有了独立的价值,由此可以就此等空间设立独立于地表所有权或使用权的所有权或使用权。地上一定高度(《十二表法》第七表第 9 条规定的是 15 英尺)的空间应附属于地表所有权人或使用权人,此为维持其利用地表所必要。对在此以上的空间,则可设立独立于地表所有权或使用权的所有权或使用权,从而满足管线架设等需要。地下空间之现实化,往往要假之人力;地上空间之现实化,往往不假人力。

空间利用观念的提出,表明人类对地球的利用分层化了,人类力图压榨地球提供更多的用途,体现了人与资源的紧张关系的加剧,由此导致人与资源的关系比较缓和时代的平面的物权关系为立体的物权关系取代。这是问题的一方面;另一方面,空间作为民事权利的客体并非一种新得不得了的现象,它是容空财产古老的、实际运作的财产类型的现代形式。自古以来,对房屋的买卖、租赁实际上不过是针对一种的容空财产实施的交易而已。

八、公产(public domain)与私有财产

public domain 可以直译为“公共领域”,即任何人都可以进入的地方,实际上指以全人类为所有人的财产;私有财产是以自然人或法人为所有人的财产。前一种财产要么从后一种财产转化而来,如著作权失效、专利权失效后的作品和专利;要么因著作人、发明人未能满足保护其作品或发明的必要手续而来;[42]要么是人为设定而来,例如,为了人类频繁相互交往产生的利益大于设备、建造投资的价值的考虑,互联网就被设定为公共财产。[43]另外,政府的作品,如法律,也被设定为公产。[44]

当然,在著作权人自愿放弃其著作权的情形,也导致公产的产生,如麻省理工大学的开放课件,它们可以让全人类免费分享,登载这些课件的网站于 2002 年开通,包含 50 门课程的教材,起名叫“麻省理工开放课件”(MIT Open Course Ware),OCW 就成为开放课件的简称。第二年就有 500 门课的课件上网,并在原有西班牙语和葡萄牙语译文版的基础上增加了中

文版。到2007年,麻省理工OCW达到了初创时的目标:把麻省理工的几乎全部本科和研究生课程都放到网上,提供1800门高水平课程的课件给全美国和世界各国公众免费使用。也是在这一年,麻省理工OCW的浏览量创下了每月200万人次的纪录,并且将开放课件的教育方式推广到高中程度的课程。[45]

另外,知识可及性运动、科学共享(Science Commons)、[46]生态专利共享计划(Eco - Patent Commons)、[47]Copyleft与自由软件、[48]知识共享运动(Creative Commons)等,都导致知识性的公产。它们的存在证明,并非所有著作权人都希望作品得到著作权的保护,多数学者著书立说的目的是传播思想,提升学术声望,追求精神上的荣誉感,而不是为了获取经济利益甚至漠视经济上的利益,因此,他们更期待作品能够在更大范围内被传播和使用,因此主动打破自己作为权利人对知识的垄断,强调人类的资源共享。[49]

这种分类的意义在于证明一定的公共财产的存在对于增进人类进步的必要,为许多财产的人人可得接近的现象提供理论依据。

九、结论

至此可以得出如下结论:

1. 财产的类型在发展中,其地位是国家规定的,因此,同一财产的地位因时代不同而不同,如人体器官,在奴隶制条件下,如果有现在这么发达的医疗技术,应该可以买卖人体器官的。由此可以深刻感知国家对财产的纵向确定关系之存在。

2. 英美法对人自身的属性的财产性的关注超过大陆法。本文所论多数财产类型不仅在大陆法系国家的民法典中,而且在其学说中都少有规定或谈论,而英美法关于这方面的论述又缺少体系性,因此,我主张我国无论是在民法典制定还是在物权理论研究中,都可以考虑以大陆法的理论框架为"骨",以英美的学说判例为"肉"进行建构,如此可综合两大法系的优势,形成一种新的学术类型。

3. 有些物,如人的身体的部分,在财产与人格之间,属于所谓的私生活。离开了这一概念,我们无法合理地描述并处理这种中介性的东西,为此,我们需要把这一美国法的概念吸收到我国法中来。

4. 国家在确定物的地位的时候，要考虑私人利益与公共利益、人格利益与经济利益的均衡，以及阶级利益的均衡，这是财产问题永恒的两股线。

5. 现在并非一切财产都属于私有，现代出现了新公共财产，如互联网，著作权人死后经过了 50 年的版权，它们的对一切人开放的性质是国家考虑公共利益的结果，这时候出现了新的财产权人——人类，这是一个不好操作的主体概念，需要我们多多研究。

注释

1 按照珍·拉丁的说法，这种人是"具有自我意识和记忆的主体，他始终与外在环境相联系，此等环境既包括物，也包括他人"。See Margaret Jane Radin, Reinterpreting Property, The University of Chicago Press, Chicago and London, 1993, p. 64. 此语中把他人当作人化财产，大概指的亲属、朋友关系的情形，这种情形与本文讨论的财产法语境不符，故加以排除。

2 See Linda MacDonald Glenn, Biotechnology at the Margins of Personhood: An Evolving Legal Paradigm, In Journal of Evolution and Technology, 13, 2003.

3 据英国《每日电讯报》2004 年 12 月 7 日报道，人们在有关调查中惊奇地发现，当房子着火的时候，女人们认为最珍贵、首先最应该抢救的东西是照片。对 84 名女性的调查显示，1/3 的人选择家庭相册作为最先抢救的物品，护照、驾照、结婚证、信件和移动电话都排在了后面。参见综合消息："珠宝钱财不敌家庭合影：房子着火女人最先抢照片"，载《厦门晚报》2004 年 12 月 29 日。

4 See Margaret Jane Radin, op. cti., p. 36.

5 参见《魁北克民法典》第 642 条。

6 See Margaret Jane Radin, op. cit., p. 41.

7 参见王佳华、张庆东："骨灰盒丢失，殡仪馆应负何责"，载《中国律师》2003 年第 5 期。

8 See Margaret Jane Radin, op. cit., p. 66.

9 参见中央电视台"今日说法"节目，2004 年 11 月 28 日播出。

10 See Margaret Jane Radin, op. cit., p. 48.

11 See Margaret Jane Radin, op. cit., p. 52.

12 See Margaret Jane Radin, op. cit., p. 54.

13 参见徐国栋主编：《绿色民法典草案》，社会科学文献出版社 2004 年版，第 281 页。

14 See Margaret Jane Radin, op. cit., p. 56.

15 See Margaret Jane Radin, op. cit. , p. 49.

16 参见[英]霍布豪斯:"财产权的历史:观念的和现实的",翟小波译,载 http://www.gongfa.com/caichanquanhuobuhaosi.htm,2005 年 4 月 27 日访问。

17 "最高法院出台法院查封财产规定,8 种财产不得查封",载《厦门日报》2004 年 11 月 15 日。

18 参见洛克:《政府论》(下篇),叶启芳、翟菊农译,商务印书馆 1964 年版,第 19 页。

19 See Gordon C. Bjork, Life, Liberty, and Property, the Economics and Politics of Land - Use Planning and Environmental Controls, Lexington Bokks, Massachusetts, Toronto, 1980, p. 46.

20 See Radhika Rao, Property, Privacy, and the Human Body, In Boston University Law Review, 80, 2000. p. 389.

21 See Stephen R. Munzer, A Theory of Property, Cambridge University Press, Cambridge, 1990. p. 43.

22 参见[美]阿丽塔·L. 艾伦、理查德·C. 托克音顿:《美国隐私法:学说、判例与立法》,冯建姝等译,中国民主法制出版社 2004 年版,第 8 页。

23 参见[美]阿丽塔·L. 艾伦、[美]理查德·C. 托克音顿,前引书,第 5 页。

24 See Alan Westin, Privacy and Freedom, Atheneum New York, 1970, p. 7.

25 See Radhika Rao, op. cit. , p. 389.

26 See Radhika Rao, op. cit. , p. 387.

27 See Radhika Rao, op. cit. , p. 399.

28 See Stephen R. Munzer, op. cit. , pp. 48s.

29 See Radhika Rao, op. cit. , p. 456.

30 参见郭松民:"'奶妈公司'是对人的物化",载《青年时报》2005 年第 1197 期。

31 See Radhika Rao, op. cit. , pp. 415s.

32 对于本案的详细介绍,参见[美]爱伦·艾德曼、[美]卡洛琳·肯尼迪:《隐私的权利》,吴懿婷译,当代世界出版社 2003 年版,第 74 页及以次。

33 See Radhika Rao, op. cit. , p. 416.

34 参见徐国栋主编:《绿色民法典草案》,社会科学文献出版社 2004 年版,第 8 页。

35 参见徐国栋主编:《绿色民法典草案》,社会科学文献出版社 2004 年版,第 246 页。

36 参见徐国栋主编:《绿色民法典草案》,社会科学文献出版社 2004 年版,第 302 页。

37 据 2004 年 12 月 9 日贺卫方在厦门大学法学院的讲座"从晚近的几个判例看新闻自由的司法保护"。

38 参见"索要伊战阵亡儿子电邮账号,雅虎不给:个人隐私,绝对保密;家属不干:亲人遗物,公堂上见",载《厦门晚报》2004 年 12 月 24 日。

39 参见柳经纬主编:《民法总论》,厦门大学出版社 2005 年版,第 194 页。

40 See Dukeminier and Krier, Property, Fifth Editon, Aspen Law & Business, New York, 2002, p. 69.

41 参见廖桂金、王琪:"偷域名首次被控刑事罪",载《厦门晚报》2007 年 5 月 12 日。

42 See Lolly Gasaway, When U. S. Works Pass into the Public Domain, On http://www.unc.edu / – unclng/ public – d. htm, 2005 年 4 月 20 日访问。

43 See Carol M. Rose, The Public Domain: Romans, Roads, and Romantic Creators: Traditions of Public Property in the Information Age, In Law and Contemporary Problems, 66, 2003.

44 See Lolly Gasaway, When U. S. Works Pass into the Public Domain, On http://www.unc.edu/ – unclng/public – d. htm, 2005 年 4 月 20 日访问。

45 参见无名氏:"欢迎来到麻省理工学院的'开放式课程网页'",载 http://www.myoops.org/cocw/mit/, 2013 年 9 月 12 日访问。

46 参见揭捷:"知识产权法上的公共利益原则研究",厦门大学 2013 年博士学位论文,第 180 页。

47 参见揭捷:"知识产权法上的公共利益原则研究",厦门大学 2013 年博士学位论文,第 183 页。

48 参见揭捷:"知识产权法上的公共利益原则研究",厦门大学 2013 年博士学位论文,第 180 页。

49 参见揭捷:"知识产权法上的公共利益原则研究",厦门大学 2013 年博士学位论文,第 178、180 页。

“平等主体”论

徐国栋

代表作

贰拾壹

“平等主体”民法调整对象限制语研究综述

一、“平等主体”限制语的作者问题

《民法通则》第 2 条对它调整的社会关系加了“平等主体”的限制语。一些人误以为它具有极大的创新性和理论意义，说“除我国外，再没有哪个国家以‘平等主体’之说来定义或阐释民法”，由此使民法调整对象理论摆脱了苏联时期的“调整财产关系以及与财产关系有关的人身非财产关系”阶段以及我国在《民法通则》前的“调整一定的财产关系和人身非财产关系”阶段，[1]遂争夺起这一限制语的著作权来。

中国政法大学的学者认为这是杨振山教授的贡献：说“他在 1983 年前后提出的‘平等主体关系说’就成为我国当代民法制度的一个奠基理论。1986 年主持《民法通则》起草的佟柔先生被他说服，就关于调整对象的规定，放弃了自己坚持的商品经济关系说，最后采纳的便是他的平等主体关系说”。[2]

当然，中国人民大学的学者有相反的主张，认为这一限制语是谢怀栻教授的贡献，谓：在 20 世纪 80 年代初期，“谢老一直坚持认为，民法应当调整平等主体的人身关系与财产关系”。[3]

最后，西南政法大学的金平教授最近被提出是这一限制语的作者或作者之一。2011 年 6 月 29 日，西南政法大学举办了“金平法学教育思想研讨会及九十华诞庆典”，其间，校长付子堂教授指出，金平主张民法直接产生于商品经济又直接服务于商品经济，其调整对象应该是具有平等属性的

注　本文原载《北方法学》2009 年第 3 期。

财产关系和人身关系等重要学术观点，为1986年通过的《中华人民共和国民法通则》所采纳，为《民法通则》的制定与民法思想的传播作了出历史性贡献。[4]

放眼历史看这一限制语的来源，可以发现这三所大学的说法都不确，因为在西方国家和前苏联，早就有学者在1983年之前提出了这一限定。

就西方国家而言，德国学者保罗·拉邦德（1838～1918年）早就提出了公私法识别的"平等说"，认为公法是调整隶属性关系的法，私法是调整平等关系的法。[5]换言之，民法是调整平等主体之间关系的法。不幸的是，这一观点出笼不久就遭到了反驳。反对者认为，私法中也有上下服从关系，如双亲和子女的关系；公法中也有对等关系，如两个地方国家机关之间的关系[6]，所以此说的局限明显。当然，这种局限也会带到杨振山式的民法调整对象理论中来。

就前苏联而言，20世纪50年代，布拉都西主编的《苏维埃民法》谓："苏维埃民法调整社会主义社会中一定范围的财产关系和与此相关系着的人身非财产关系。"[7]作者就"一定范围"的解释，是"平等主体之间"的。

无论是保罗·拉邦德的观点还是布拉都西的观点，都比无论是杨振山、谢怀栻还是金平的说法要早，因此，应该说杨、谢、金三氏是受外国学说影响提出的相应理论，尤其要考虑到布拉都西表述上述观点的《苏维埃民法》是一本曾在中国广为流行的著作，应该说，它影响三氏的可能更大。

二、对"平等主体"限制语的证成及批驳

证成的论据，简单来说有二。其一是"从身份到契约"的梅因命题；其二是"商品是天生的平等派"的疑似马克思命题。由于这些证成的论据与证伪的论据各说各话，彼此不搭界，所以我在介绍证成的论据后马上就介绍或提出批驳性的观点。再在下节专门介绍证伪的论据。

先说"其一"。杨振山把"从身份到契约"的运动理解为从不平等身份到平等身份的运动。由于这一运动的完成，具有以"平等主体"为核心的人法是近现代民法的重要标志。表现为废除长子的一切特权，在继承法上废除基于年龄和性别的一切其他区别，规定了子女间或其他法定继承人间对遗产的完全平等的分配。[8]由此，不具有平等属性的纵向法律关系中的人就不是民事主体。[9]然而，杨振山对梅因命题的理解是否正确呢？首先要说

明的是,在国人中,对于梅因的命题存在多种与杨振山不同的理解。例如,梁治平把它理解为从不自由到自由的运动。[10]江山把它理解为“从保护群的立法到保护个人的立法的运动”。[11]蒋先福把它理解为从传统的非法治社会向近现代法治社会的转化。[12]其次要说明的是,在西方学者中,对梅因的命题也存在许多不同于杨振山的理解。意大利学者阿尔多·贝特鲁奇认为它表达的是权利能力由少数人享有到大家都享有的过程。[13]哈耶克认为它表达的是从非普遍性的法律到普遍性的法律的演变过程。[14]沃尔夫冈·弗里德曼认为,身份指人的状况被固定的情况;契约指人们以协商或自愿的方式达成约束的情况,后一种情况取代了前一种情况,就是从身份到契约的运动。[15]可以看出,在上述解释梅因命题的诸说中,只有贝特鲁奇的权利能力普遍化说和哈耶克的法律普遍性增加说具有与杨振山的解释类似的平等色彩,但权利能力的普遍化虽然造就了生物人之间的平等,却并不负责把这种平等维持生物人的终身,而要根据论功行赏、论罪行罚的原则增减具体生物人的权利能力。至于法律普遍性的增加,那是一个限制司法权的措施,与私人之间的平等没有直接的关系。由此我们可以说,杨振山对梅因命题的理解十分特别且孤立,不见得具有真理性。

次说“其二”。钮敏把“商品是天生的平等派”的疑似马克思命题细化为“市场经济得以形成和发展的前提是承认市场主体作为商品生产者和交换者独立平等的地位”的命题。[16]但“商品是天生的平等派”是“疑似马克思命题”而非“马克思命题”,马克思的原话是这样的:“商品所有者与商品不同的地方,主要在于:对商品来说,每个别的商品体只是它本身的价值表现形式。商品是天生的平等派和昔尼克派,它随时准备不仅用自己的灵魂而且用自己的肉体去同任何别的商品交换,哪怕这个商品生得比马立托奈斯还丑。商品所缺乏的这种感知其他商品的具体属性的能力,由商品所有者用他自己的五种以上的感官补足了。商品所有者的商品对他没有直接的使用价值……而对别人有使用价值。”[17]实际上,这段话的意思很简单:商品是没有感觉的物,在商品交换中,它可以和任何一种商品交换,所以说它是天生的平等派和昔尼克派。昔尼克派又称犬儒学派,属于该派的人对于财产、荣誉、婚姻、家庭、政治等采取无动于衷的态度,克己节欲,不怕像狗一样过简单的生活。马立托奈斯是莎士比亚文学作品中丑女的典型。说商品是平等派是说它无感觉。而商品所有人则不然,他是人,有五种以上的感官,所以有丰富的感觉。他明确地知道商品对自己没有使用价值,所以才要拿到市场上去出卖;又知道商品对于别人有使用价值,才相信能够卖得出去。遗憾的是,马克思的上述话被许多学者望文生义,做了不着边际的发挥,先是舍弃"和昔尼克派"五个字,然后就大讲商品经济如何平等,如何又要求政治上的平等。[18]论者认为,商品经济的平等体现在等价交换上,但等价交换是一个理论的抽象,在现实中很难找到,只存在于个别的场合。在资本主义经济中,商品的价格不再由价值规律决定,而是由生产价格决定。生产价格是成本与平均利润之和。而平等利润是在竞争中形成的,是动态的。非独此也,马克思恰恰反对商品经济是平等的乐园的观点。在《资本论》中,马克思多次讽刺过关于商品经济平等的论调,如讽刺蒲鲁东从与商品生产相适应的法的关系中提取其公平的理想的做法为庸人所为;[19]又如讽刺出卖劳动力的工人与资本家之间的平等是卖皮的人与买皮的人之间的关系。[20]在实际生活中,存在格式合同的提供者对附随者的凌迫,所以各国才要制定公平交易法,这也证明商品经济并非天然导致平等。

三、对"平等主体"限制语的证伪

如上所述,对"平等主体"限制语的证伪者都不是对证成的论据进行批驳,而是独立思考,从逻辑推演和现实观察出发发现其谬误。这样的证伪者为三篇论文的作者和一些外国立法例,容分述之。

第一篇证伪论文《"平等主体关系说"评判》的作者蔡立东、张临伟对这一限定的质疑如下:首先,从逻辑上看,《民法通则》第 2 条的民法调整对象定义假定存在平等者之间的社会关系由民法调整,没有这样的平等者之间的关系民法就无事可干,而自然人之间由于种种原因生来不平等;法人也由于规模、实力的差别存在不平等,所以,《民法通则》第 2 条的设定是虚幻的。正如科恩所言:"任何企图证明人皆平等的努力,都是应该否定的,要证明人皆平等是不可能的。"[21]其次,"平等主体"的限定不应是对民法调整的社会关系的属性的描述,而应该是对民法的调整方法的描述,换言之,以平等的方法调整本来就不平等的人之间的关系,平等主体间的关系是民法调整的结果而非前提,所以,"平等主体说"存在倒果为因问题。[22]一言以蔽之,此说认为"平等主体"不应是一个描述性的概念而应是一个规范性的概念。显然，这种观点尽管质疑“平等主体间关系”的限制语，并不否认平等对于民法的价值。

第二篇证伪论文《民法“平等主体”辩证》的作者樊明亚、赖声利也对“平等主体”的限制语提出了批驳。理由一，“平等主体”的所指具有完全性，应该理解为在身份、地位、机会、结果、权利、义务等各个方面的平等主体，而涉及这么广泛范围的平等主体是不存在的。理由二，“平等主体”的限制语不真实。首先，法人作为主体就是不平等的，在我国，企业依国籍不同而待遇不同，也依所有制不同而待遇不同；自然人依出生在城市还是乡村而待遇不同。他们认为，消除以上错误的办法是取消“平等主体”的限制语，把“平等”分别作为民法调整的人身关系和财产关系的限制语。[23]看来，这两个作者并不觉得在民法调整对象定义中嵌入“平等”二字有什么不好，只是应该嵌在正确的地方。而他们提出的替代方案恰恰是蔡立东、张临伟批判的。

第三篇证伪论文是尹田的《民法调整对象之争：从〈民法通则〉到〈物权法〉——改革开放30年中中国民事立法主要障碍之形成、再形成及其克服》，它不像前两篇文章一样专门针对“平等主体”的限制语发难，而是附带地对其责难。具体来说，作者认为我国民法调整在多数国家由行政法调整的国家财产关系或公产关系，这决定了它调整的这方面法律关系的两端当事人的不平等。[24]所以，“平等主体”的限制语不真实。

就外国立法例而言，1976年的《德意志民主共和国民法典》第1条第2款规定：“民法调整公民与企业之间及公民相互之间为满足物质和文化需要而发生的关系，保护社会主义财产，保护公民的人身权利和个人财产。”[25]这一规定没有在民法调整的关系前设置“平等主体之间的”之类的定语，承认了民事法律关系的参与者之间地位的不平等性。1964年《波兰民法典》类此，其第1条第1款规定：“本法典调整社会主义化的经济单位之间、自然人之间、社会主义化的经济单位与自然人之间的民事法律关系”，[26]也没有在民法调整的关系前设置“平等主体之间的”的限制语。

另外，《俄罗斯联邦民法典》第2条第1款规定：“民事立法确定民事流转的参加者的法律地位；所有权和其他物权以及因智力活动产生的专有权利（智力财产）的发生根据和实现的程序；调整合同和其他的债以及其他财产关系和与财产有关的人身非财产关系，这些关系以其参加者的平等、意思自治和财产自治为基础。"[27]此条对民法调整对象有"这些关系以其参加者的平等、意思自治和财产自治为基础"的限定。但《俄罗斯联邦民法典》的追随者1996年的《吉尔吉斯斯坦民法典》第1条第1款删去了其母本的这一限定。1998年的《白俄罗斯民法典》第1条第1款，[28]1999年的《乌兹别克斯坦民法典》第2条第1款，[29]1999年的《土库曼斯坦民法典》第2条第1款，[30]2002年的《摩尔多瓦民法典》第2条第1款，[31]2005年的《越南民法典》第1条第1款亦如是。这证明这些国家的立法者认为这个限定是个错误。

最后，2009年的《罗马尼亚新民法典》第1条规定：本法典的规定调整财产关系以及作为民法主体的人与人之间的非财产关系。[32]该条也无对民法调整的财产关系和非财产关系的平等性限定。

四、小结

看来，"平等主体"的限制语的设置是个错误，问题在于用什么样的限制语替代它，因为它是为了把民法与行政法、税法等公法部门区分开来而设置的，一旦取消，人们本来以为已厘清的民法与行政法、税法的区分又将陷入混沌。对此不利局面有两种可能的处理。其一，增加调整方法的区别因素，前面援引的作者蔡立东、张临伟承认，平等是民法的至少一种调整方法，它面临不平等关系的现实，力图通过自己的作用把它们转化为平等的关系。但这种处理的效力是有限的，因为"确定"的民法事项就不适用平等的调整方法。其二，放弃部门法之间的泾渭分明的区分的无谓尝试，满足于现在的各部门法之间界限的混沌状况，换言之，回到以"一定范围"作为民法调整的社会关系的限制语的状况。这种处理可能过分悲观，实际上，还有一些其他途径可以帮助把各个部门法相对地区分开来，如目的的途径。民法的目的与行政法和税法的目的应该是极为不同的。

注释

1 参见樊明亚、赖声利："民法'平等主体'辩证"，载《上饶师范学院学报》2004年第5期，第36页。

2 参见龙卫球："点滴的追忆，无限的怀念——遥祭杨振山老师"，载 http://www.

acriticism. com /article. asp? Newsid = 6965,2009 年 2 月 4 日访问。杨振山谓:民法是指调整法律地位平等的主体之间的财产关系和人身关系的各种法律规范。

3 参见王利明:“怀念谢老——谢怀栻先生的法学思想及其对我国民法事业的贡献”,载 http://www. civillaw. com. cn/article/default. asp? id = 12755,2009 年 2 月 6 日访问。

4 参见法学院:“金平法学教育思想研讨会及九十华诞庆典在重庆举行”,载 http://law. xmu. edu. cn /xwzx. asp? p = 4,2011 年 9 月 21 日访问。

5 参见王利明:《民法总则研究》,中国人民大学出版社 2003 年版,第 13 页。

6 参见[德]迪特尔·梅迪库斯:《德国民法总论》,邵建东译,法律出版社 2000 年版,第 11 页及以次。

7 参见[苏]斯·恩·布拉都西主编:《苏维埃民法》(上),中国人民大学民法教研室译,中国人民大学出版社 1954 年版,第 3 页。

8 参见杨振山:“平等身份与近现代民法学”,载《法律科学》1998 年第 2 期。

9 参见杨振山、孙毅:“近代民事主体形成的条件和成因”,载《政法论坛》(中国政法大学学报)2005 年第 4 期。

10 参见梁治平:《法辩——中国法的过去、现在与未来》,贵州人民出版社 1992 年版,第 37 页。

11 参见江山:《互助与自足——法与经济的历史逻辑通论》,中国政法大学出版社 1994 年版,第 259 ~ 274 页。

12 参见蒋先福:《契约文明:法治文明的源与流》,上海人民出版社 1999 年版,第 32 页。

13 参见[意] 阿尔多·贝特鲁奇:“从身份到契约与罗马法中的身份制度”,徐国栋译,载《现代法学》1997 年第 6 期。

14 参见[英] 哈耶克:《自由秩序原理》(上册),邓正来译,三联书店 1997 年版,第 191 页。

15 See Wolfgang Friedmann, Law in a Changing Society, Steven & Sons Limited, University of California Press, Berkeley and Los Angeles, 1959, p. 488.

16 参见钮敏:“对市场经济条件下主体法律地位平等性的思考”,载《延安大学学报》(社会科学版)1999 年第 3 期。

17 参见[德]马克思:《资本论》,中共中央马克思、恩格斯、列宁、斯大林著作编译局译,人民出版社 2004 年版,第 104 页。

18 参见[德]马克思:《资本论》,中共中央马克思、恩格斯、列宁、斯大林著作编译局译,人民出版社 2004 年版,第 103 页注 38。

19 参见穆霖:“‘商品是天生的平等派’原旨——读《资本论》第二章”,载《石油政工研究》2003 年第 3 期。

20 参见[德]马克思:《资本论》,中共中央马克思、恩格斯、列宁、斯大林著作编译局译,人民出版社 2004 年版,第 205 页。

21 参见[美]卡尔·科恩:《民主概论》,聂崇信、朱秀贤译,商务印书馆(香港)有限公司 1989 年版,第 273 页。

22 参见蔡立东、张临伟:"'平等主体关系说'评判",载《南京大学法律评论》2005 年秋季号(第 24 期)。

23 参见樊明亚、赖声利:"民法'平等主体'辩证",载《上饶师范学院学报》2004 年第 5 期。

24 参见尹田:"民法调整对象之争:从《民法通则》到《物权法》——改革开放 30 年中中国民事立法主要障碍之形成、再形成及其克服",载《法学论坛》2008 年第 5 期。

25 参见费宗祎译:《德意志民主共和国民法典》,法律出版社 1982 年版,第 3 页。

26 See Polish Civil Code, Edited by D. Lasok, Translated by Z. Negbi, A. W. SIJTHOFF – LEYDEN, 1975, p. 3.

27 See Civil Code of the Russian Federation (part one), White & Case, London, 1994, pp. 1s.

28 See Civil Code of the Republic of Belarus, Edited and Translated by William E. Butler, Simonds & Hill Publishing LTD. Kluwer Law International, The Hague · London · Boston, 2000, p. 1.

29 See Civil Code of The Republic Uzbekistan, Third Edition, Trans. By W. E. Butler, Simmonds & Hill Publishing LTD. Kluwer Law International, Hague, London, Boston, 1999, p. 3.

30 See Civil Code of Turkmenistan Sapurmurat Turkmenbashi, On http://www. cis – legal – reform. org /civil – code /tajikistan/civ – taj – 1 – rus. htm, 2007 年 12 月 20 日访问。

31 Vedea Codul Civil al Republicii Moldova, Tiparit la comanda S. C. 2003, Chisinau, p. 3.

32 Vedea Codul civil (Legea nr. 287/2009), Editura C. H. Beck, Bucaresti, 2009, p. 55.

徐国栋

代表作

贰拾贰

父母与未成年子女关系的法哲学透视
——与夫妻关系的比较

一、引言

本文只探讨父母与未成年子女——即年满18周岁的子女——的关系，不探讨父母与成年子女的关系，这两种关系颇为不同。第一，在后种关系中，子女已取得行为能力，在前种关系中，子女尚未取得此种能力；第二，在后种关系中，子女有可能在经济上已自立，在前种关系中，子女很少可能有这种自立，只有16周岁以上的准治产人构成例外。由于这两点差别，前种关系中的父母与子女不可能平等，后种关系中的父母与子女有可能平等。

本文把夫妻关系作为参照系研究父母与未成年子女关系，是因为这两种关系共同构成家庭关系的总体，两者都有过作为不平等关系的历史。但近代以来，随着男女平等运动的进行及取得成果，夫妻关系在世界范围内由不平等关系转化为平等关系，然而，父母与未成年子女的关系却未完成这样的转化，为何如此？要回答这个问题，必须探究父母与未成年子女间关系不同于夫妻关系的本质，进而要研究不平等的类型，得出并非一切不平等都是恶的之结论。由研究亲子关系这一日常生活问题出发，可能动摇民法调整对象的"平等主体"假定，引出屈从关系作为民事法律关系的新类型。

二、亲子关系的历史变迁

谈论亲子关系的历史变迁，必须谈论家庭模式的历史变迁，因为后者

注 本文原载《东方法学》2010年第3期。

包含前者。古往今来的家庭有两种模式:一为有机家庭(父权制家庭包含其中);二为个人家庭。前者把家庭看作一个团体,其成员各有其分工,他们的个人利益服从共同利益,而这个共同利益是由男性家长代表的。后者把家庭看作具有独立个人利益的复数成员组成的团体,强调家庭成员个人利益的独立性。

罗马法采用有机家庭的观点。按乌尔比安的说法,每个家庭被看作一个单一的人(D.50,16,195,1),也就是一个包含一定成员和财产的社团法人,家父是其法定代表人,对内为各项决策,对外代表家庭。在这种家庭中,亲子关系不存在平等,这种关系用 potestas patria(家父权)的术语表示。何谓 potestas? 保罗认为该词表示一种支配关系,官员的谕令权、父亲对子女的权力、主人对奴隶的权力,都在它的涵摄下(D.50,16,215)。保罗把官员的谕令权与家父权相提并论,昭示了私法中也存在权力或纵向关系。所谓权力,是个人或团体拥有的稳定地影响他人行为的能力。[1]家父当然可影响家子的行为,甚至可以通过杀戮这样做,所以他对家子享有的当然是权力。可以说,亲子关系的权力性到今天都未改变。只是这种权力的行使者发生了改变,过去是父亲排他地行使此权,经过男女平等运动的洗礼,母亲也能行使此权了,所以,男权主义的 potestas patria 变成了男女平等主义的 potestas famigliare,但 potestas 的中心词在拉丁法族国家维持不变,即使英国把 Parental Authority 变成了父母的责任,德国把亲权(elterliche Gewalt)换成了父母的照护(elterliche Sorge),但中心词却没有变成用来描述平等者之间自由空间的相邻关系的术语 Diritto 或 Right。这或许可以证明,直到今天,亲子关系的纵向性没有什么变化。

家父权以暴虐著称,家父可以对家子实施杀害、役使、出卖之权,这些权力正好与债权人对不能还债的债务人享有的权力同,这种共振似乎暗示家父对于家子的债权人地位,但事实上,家父权与现代的亲权一样,是权力和义务的综合体。家父除了享有众所周知的权力外,还承担许多并非众所周知的义务,如扶养的义务、保护的义务,以及在女孩的情形,在其出嫁时为其提供嫁资的义务。正因为家父权的基本内容与亲权的基本内容一致,两者才在相当长的时间内用同一个符号表示。如果两者内容完全相左,人们早就抛弃 potestas patria,创立新词表征亲权了。过去的强调家父权与亲权的本质不同的说法,看来需要重新考虑。

个人家庭取代有机家庭是趋势,各国家和地区发生这种取代的时间不同。英国是在1969年制定了《家庭法改革法》(*Family Law Reform Act*),该法对许多涉及子女的法律问题作了革新性规定,如把成年年龄从21岁下调为18岁,而且涉及一些继承法的问题。更有意义的是1989年制定的《儿童法》(*Children Act*,2004年被修订),该法引入了亲责(Parental Responsbility)的概念,强调子女福利的至高地位,还包括一些增进具有足够的理解能力为决策的子女的独立的规定。[2]其中亲责的概念最可圈点,它取代了传统的亲权概念,去掉了这种亲权既是权利又是义务的表述的含混性。意大利是在1975年通过其《家庭法改革》(*Riforma del diritto di famiglia*)完成了此等取代,该法确立了夫妻平等,规定亲权不再是家父权,而是由夫妻共同行使的权力。[3]我国台湾地区是在2002~2007年通过修订其民法典中的亲属编完成了此等取代,由此,家庭不再被视为父——夫领导的单元,而是由配偶双方与其他家庭成员组成的集合体[4],亦不再将夫妻视为"一体",而是两个完整平等的"个人"为经营共同生活而付出。[5]作为改革的结果,夫妻平等建立起来,但未建立亲子平等,只是强调确保未成年子女最佳利益原则。[6]在德国(1998年,Reform des Kindschaftsrechts)和瑞士(2009年,民法典第133条及多条)和巴西(2008,新民法典第1583条),用父母的照护(elterliche Sorge,guarda)取代了过去的父母的权力(elterliche Gewalt)的术语。[7]

三、亲子关系的立法与学说现状

(一)国外的立法和学说

遍查文献,只发现两处亲子平等(equality between parents and children),一是家庭教育领域提出的亲子平等原则。其内容为:孩子和大人一样是独立的人,具有独立思维、独立做事,自己管理自己的权利。他们的发展依赖于成年人,又独立于成年人。[8]这种观点悖谬,否定了父母是教育者,子女是被教育者的实际。二是一篇中国学生的英语4级模范作文,作者说在西方,父母不见得总是比子女高,子女并不总是需要父母的命令,此等现象是作者崇仰的西方事物。[9]遗憾的是,亲子平等的概念不见于任何国家的立法中。让我从宪法和民法两个方面进行这样的观察。

让我从宪法开始。各国宪法都罗列立法者不得用来制造不平等的特性(Traits),换言之,凡未被罗列进来的特性,都可以用来作为制造不平等的依据,我考察了如下12个国家和地区的宪法:德国、意大利、法国、日本、埃及、智利、阿尔及利亚、埃塞俄比亚、阿根廷、巴西、泰国、路易斯安那,其中,除了路易斯安那把年龄作为特性列举[10]外,其他国家和地区的宪法都未这样做。[11]这意味着绝大多数立法者并不认为年龄是排斥立法者制造不平等的特性。

然后让我们看民法典。老一代民法典如《法国民法典》、《德国民法典》采取有机论或父权制的家庭观,自然否认亲子关系平等。1804年版的《法国民法典》规定的亲权只能由父亲行使,所以实际上是家父权。其内容包括三项:(1)对子女居所的决定权(第374条);(2)借助于当地法院和检察机关实施的对子女的惩戒权(第375条及以下数条);(3)对子女财产的用益权(第385条及以下数条)。这样的规定比罗马法进步:惩戒权由私人行使改为通过国家行使了。父亲用益子女财产,用途之一是支付子女的生活、教育费用(第385条第1款第2项),不算过分。决定子女的居所是父亲行使亲权的前提,所以,上述规定谈不上暴虐,也谈不上平等,因为父亲是决策的一方,子女是服从的一方,即使涉及子女的事项,他们也不能自行决策。所以,到2004年版的《法国民法典》,上述规定基本维持。新一代立法者所做的,不过把亲权也交给母亲行使而已,并以增加条文的方式强调亲权的义务性而已。并强调在涉及子女自身事务的决策上要尽量听取他们的意见。1909年版的《德国民法典》第1626条及以下数条规定了亲权制度,规定未成年的子女处在亲权下(第1626条),而亲权是父亲照料子女的人身与财产的权利和义务(第1627条);照料人身的权利包括教育权(义务)、监管权(义务)和住所指定权(义务)以及相应的惩戒权(第1630条)。母亲也可行使上述亲权(第1634条)。管理财产的权利即父亲有权管理子女的财产,并对之享有用益权(第1652条)。[12]这些条文反映的亲子关系是管理—服从的关系,尽管不暴虐,但也无平等。尽管如此,新一代的德国立法者还是用父母的照护制度取代了这些条文构成的亲权制度。

新一代民法典以2002年《巴西新民法典》、2013年《捷克新民法典》为最新。《巴西新民法典》在2002年的版本中,一方面把1916年民法典使用的家父权(poder paterno)术语改造成"家庭权"(poder familiar),另一方面又受《德国民法典》家庭法改革的影响，把父母对子女承担的义务定性为“照管”（guarda，第1583条第1款及以下数条），这样不免新旧杂糅，不太协调。照管的内容包括给予亲子之情以及家庭群体之情、健康和安全、教育（第1583条第2款），强调了父母义务的情操培养方面。《捷克新民法典》则采用了亲责（Rodi čovská odpovědnost，第860条及以下数条）的用语，亲责的内容为照料未成年人身体的和情感上的健康、智力和道德的成长；代理未成年人；管理未成年人的财产。这两部民法典都未作出诸如亲子平等之类的规定。

在关于亲子关系的学说上，德国学者迪特尔·梅迪库斯认为，双亲和子女的关系是上下服从关系。[13]意大利学者马西莫·比杨卡认为，《意大利民法典》在家庭法领域维持一些明显的不平等对待，它们首先涉及妇女，也涉及亲权的行使。[14]他还指出，相互平等作为私法的特征不能绝对地理解，因为并非所有的私法关系都相互平等，私人也承认权威现象，如父母的权威、企业的权威、社团的领导机关的权威。[15]英国学者边沁更从否定亲子平等出发否定平等的普遍存在：“所有人——也就是所有人类存在——都具有同等的权利，就是说根本没有从属这回事。这样，儿子就会拥有和父亲一样的权利，他拥有他父亲约束和惩罚他的同样的权利，可以同样约束和惩罚他父亲。他在他父亲的家里拥有和父亲本人同样多的权利。”[16]这里，边沁似乎接触到了平等的一个核心标准：是否具有相互性，他认为只有在投桃报李的关系中才有平等。尽管西方学者对亲子关系未提过平等的口号，但仍强调保护子女的权利。例如，1999年8月4日至7日在秘鲁的阿雷基巴（Arequipa），由阿根廷、玻利维亚、秘鲁和波多黎各的民法典改革委员会联合制定的《阿雷基巴纲领》提出把保护未成年人的权利当作民法典起草的一个根本出发点。2007年11月14～19日在巴塞罗那召开的第三届全世界男童、女童与青少年权利保护大会也追求同样的目标。

（二）我国的立法和学说

《宪法》第34条规定：“中华人民共和国年满18周岁的公民，不分民族、种族、性别、职业、家庭出身、宗教信仰、教育程度、财产状况、居住期限，都有选举权和被选举权；但是依照法律被剥夺政治权利的人除外。”该条列举了立法者不得用以制造不平等的九大特性，其中不包括年龄，这意味着年龄被允许作为区别对待的标准。

《婚姻法》第 13 条规定"夫妻在家庭中地位平等",却未规定亲子平等。同法第 2 条第 2 款规定:"保护妇女、儿童和老人的合法权益。"此款明确把儿童与妇女、老人一起定位为弱者,把国家定位为他们的保护者,借助于国家的力量,妻子可能与丈夫平等、儿童可能与父母平等、老人可能与处在鼎盛期的其他家庭成员平等。此款对子女的这种定位诚然否定了亲子关系"自然"意义上的平等,但擦抢走火,也把《婚姻法》第 13 条确认的夫妻平等打了折,由于把妇女定位为保护关系的消极主体,否定了第 13 条规定的夫妻平等的自然性质,补充说它是一种规范性的平等。一句话,《婚姻法》的上述关于家庭关系的规定透露了这种关系的不平等性质:亲子关系根本是不平等的,需要国家的强力干预才能维持这种关系的平衡。而夫妻关系是有所平等的,有时需要国家的干预才能维持这种关系的平衡。两种关系中平等的轻重不同的缺失的原因主要是父亲——丈夫(母亲在很多时候与孩子共同受到压制),他之所以享有对妻子和未成年子女程度不同的霸权,主要原因是他通常是养家糊口的人。成年前的子女完全归他养活,所以此等子女与他之间不存在自然的平等;不外出上班或虽上班但收入少的妻子部分归他养活,所以此等妻子与他之间不存在完全自然的平等。但他的霸权不是永久的,他也要老去,成为老人,交出家事决定权让鼎盛期的子女对自己为决定,如果说他这时的地位是不平等的,这是一种换位的或轮换的不平等,由此抵销了他曾享有的优越地位的消极意义。林语堂说得好,男人开始是养人家,后来由人家养着。[17]在前种情形,他是霸权的行使者,在后种情形,他是霸权的承受者。这个时候,他要进入保护关系了。这就是《婚姻法》第 2 条第 2 款对老人的提及的意义吧!

就学说而言,只有少数非专业学者主张将平等带入亲子关系,认为现在的孩子比较成熟,既要受教育,但其人格也要受尊重。以平等之心对待他们,可减少亲子关系中的问题。[18]在专业的婚姻家庭法教材中,我尚未找到亲子平等之类的文字。但到处可见对男女平等原则的说明。事实上,从有机家庭到个人家庭的转变,主要体现为两个平等:其一是夫妻平等;其二是婚生子和非婚生子平等。但人们从不试图在亲子关系上建立某种平等。

四、为何人们不规定、不张扬亲子平等?

在有机家庭或父权制家庭的结构下,家庭关系表现为丈夫对妻子的霸权以及父亲对子女的霸权,经过个人化家庭的改革,夫妻关系趋向于平等了,亲子关系也发生了变化,表现为这种关系从有利于父亲转化为有利于子女的转变,但并无朝平等方向的改变。亲子关系与夫妻关系遭遇如此不同的待遇的理由似乎有二:其一,妻子具有行为能力,由此在理性的拥有上与丈夫相同,而未成年子女程度不同地无行为能力。其二,妻子劳动甚至有收入,在这点上她与丈夫相同,未成年子女基本不劳动且无收入(遗产收入除外),处于从属于父母的状态。按亚里士多德的平等定义,平等是"同样的人应受同样的对待",[19]平等的格言是:平等对待那些平等的,不平等对待那些不平等的。[20]按这样的平等公式,妻子地位趋近于丈夫而可以追求与后者的平等,而在亲子关系上,双方不具有这样的相同,在体力上,父母通常强而孩子通常弱,这构成不平等而不是平等的理由。有人假设,如果人类的婴孩不是有如此长的体外妊娠期,而是像有些动物(如斑马)一样生下来就会奔跑、觅食,亲子的地位更有可能平等些。[21]在智力上,父母有行为能力,孩子通常是无行为能力人。所以,亲子之间完全没有平等依据,这可能是我国《婚姻法》的立法者和众多国家民法典的制定者未规定亲子平等的根本理由。

另一理由是立法者处理夫妻关系与亲子关系的立场有所不同,处理前者时考虑家庭的外部面向(External Stance),即家庭成员间个人的权益关系;处理后者时考虑的是家庭的内部面向(Internal Stance),即家庭成员间彼此的爱、关怀和支持照顾。[22]事实上,夫妻关系存在解除的可能性,立法者从外部面向对之加以考虑,是自然的;而亲子关系具有不可解除的性质,这可能给了立法者从内部面向对之加以考虑的理由。基于同样的考虑,费希特、黑格尔等思想家都主张过把家庭法"开除"出民法,交给道德调整。[23]所以,亲子不平等不见得孩子的日子就过得很差,子女的利益由平等以外的东西保障而已。

尽管如此,亲子关系是个动态的结构,换言之,随着年岁的增长,孩子将具有与父母越来越多的共同性,也就是说,越加具有两者平等的可能,正因为这样,1989 年的联合国《儿童权利公约》第 12 条第 1 款规定:"缔约国应确保有主见能力的儿童有权对影响到其本人的一切事项自由发表自己的意见,对儿童的意见应按照其年龄和成熟程度给以适当的看待。"[24]也就是说,年龄越接近 18 周岁的孩子,越有可能参与与己相关事项的决策,由他决变为自决。这样的安排,跟民法按年龄梯度赋予儿童行为能力的安排是一致的。

五、结论

1.《民法通则》第 2 条关于民法调整平等主体之间的财产关系和人身关系的规定是错误的,亲子关系以及其他屈从关系都是不平等者间的关系,它们照样被民法调整。看来,民法的调整对象中不仅有公的纵向关系,而且有私的纵向关系。

2. 人们通常都把平等看作善而趋求之,把不平等看作恶而避开之。在人类的著述中不乏对平等的研究,但缺乏对不平等的研究。不平等是个空箱,凡是不符合平等要求的东西都可扔在里面。所以,如果说平等可以被大致地说成"一",则不平等完全可以被说成"多"。它至少可以包含"歧视"与"保护"两种类型,尽管两者都是不平等,但前者基本上可以说成是恶的(但歧视有前科的人不见得是恶行),而后者完全是善的。所以说有些不平等并非坏事,是安全的。亲子关系就是保护关系,也就是权威—服从的不对称关系。基于这种关系的事理之性质,到目前为止未看到人们把它改造成平等关系的意思表示,不过力求减少其中的任性因素而已。

与我国民法理论对平等原则的高度崇仰相反,意大利的通说认为,不存在据以要求平等对待的私的主观权利,因为关系生活的自由本来就包括了建立根据自己的选择的交易关系以及在内容上差异对待此等关系的自由。[25]根据 Salzwedel 的观点,在私法中适用平等原则无论如何不能为受害的主体提供适当的补救。[26]这样就可理解我在《平等原则是民法原则还是宪法原则》一文[27]中提出的为何在西方国家的民法典中很少或没有关于平等的规定的现象了。

3. 亲子关系经历了从正向不平等关系(弱者吃亏的不平等)转化为反向不平等关系(强者吃亏的不平等)的变迁,在当代的这种关系中,双亲尽义务多,享权少,子女享受权利多,尽义务少(有人说"孝"子是父母孝敬孩子,这个说法宣告了权利本位论在家庭法领域的破产,这个领域完全是义务本位的)。而且要注意到,在这种关系中,双亲享有的通常并非权利(Right),而是权威(Authority)甚至是责任,他们可以让自己的孩子觉得不平等的种种手段,是他们行使亲责的必要手段。所以,平等不是普适的,它有其限度。

4. 去掉了民法调整的社会关系中部分的被假定的平等性关系，也去掉了部分的私法自治，因为自治以平等为前提。事实上，亲子关系是他治的。

注释

1 Cfr. Pietro Perlingieri, Manuale di diritto civile, Edizione Scientifiche italiane, Napoli, 1997, pp. 21s.

2 See N. Y. Lowe, The Legal Position of Parents and Children in English Law, in 1994 Singapore Journal of Legal Studies, p. 339.

3 Cfr. Legge 19 Maggio 1975, n. 151, Su http://www. italgiure. giustizia. it/nir/1975/lexs_62345. html，2010 年 3 月 14 日访问。

4 参见李立如：“亲属法修正的轨迹——从父权体制到个人权益保障”，载《月旦民商法杂志》2007 年第 9 期。

5 参见李立如：“亲属法修正的轨迹——从父权体制到个人权益保障”，载《月旦民商法杂志》2007 年第 9 期。

6 参见李立如：“亲属法修正的轨迹——从父权体制到个人权益保障”，载《月旦民商法杂志》2007 年第 9 期。

7 参见陈苇主编：《外国婚姻家庭法比较研究》，群众出版社 2006 年版，第 278 页。

8 参见关颖：“亲子平等——一个重要的家庭教育观念”，载《家庭教育》2003 年第 7 期。

9 参见 Cheng 韵：“英语专业四级作文范文”，载 http://bbs. lqqm. net/thread - 65367 - 1 - 1. html，2010 年 3 月 16 日访问。

10 把年龄作为特性设定，既有用来保护未成年子女的可能，也有用来保护老年人的可能。在加拿大已取消了退休制度，这是为了让老年人免受歧视。参见无名氏：“加拿大取消 65 岁强制退休制度”，载 http://www. gsjsw. gov. cn/html/rkbl/09_09_12_199. html，2010 年 1 月 28 日访问。

11 参见徐国栋：《民法哲学》，中国法制出版社 2009 年版，第 101 页及以次。

12 See Civil Code of the German Empire, Walter Loewy trans. Fred B. Rothman & Company, 19 - 09. pp. 390ss.

13 参见[德]迪特尔・梅迪库斯：《德国民法总论》，邵建东译，法律出版社 2000 年版，第 11 页及以次。

14 Cfr. C. Massimo Bianca, Diritto Civile, 1, La norma giuridica, i soggetti, Giuffrè, Milano, 2002, p. 203, note 218.

15 Cfr. C. Massimo Bianca, Diritto Civile, Giuffrè, Milano, 2002, p. 38.

16 参见[英]边沁:《立法理论》,李贵方等译,中国人民公安大学出版社 2004 年版,第 189 页。

17 参见林语堂:《人生的盛宴》,湖南文艺出版社 1988 年版,第 84 页。

18 参见佟新:"将平等观念带入家庭",载《北京观察》2008 年第 2 期。

19 See Peter Westen, The Empty Idea of Equality, in Harvard Law Review, Vol. 95, No. 3 (Jan., 1982), p. 539.

20 Véase Karla Pérez Portilla, Principio de igualdad: Alcances y Perspectivas, UNAM, Mexico, 2005, pag. 100.

21 See Lawrence D. Houlgate, Family and State: The Philosophy of Family Law, Totowa, N. J., Rowman & Littlefield, 1988, p. 20.

22 关于家庭的两种面向的说明,参考李立如:"亲属法修正的轨迹——从父权体制到个人权益保障",载《月旦民商法杂志》2007 年第 9 期。

23 参见[德]费希特:"以知识学为原则的自然法权基础",谢地坤、程志民译,载梁志学主编:《费希特著作选集》(第 2 卷),商务印书馆 1994 年版,第 625 页。参见[德]黑格尔:《法哲学原理》,范扬、张企泰译,商务印书馆 1961 年版,第 177 页。

24 这一公约的文本,载 http://baike. baidu. com/view/102405. htm,2010 年 1 月 28 日访问。

25 Cfr. C. Massimo Bianca, Diritto Civile, 1, La norma giuridica, i soggetti, Giuffrè, Milano, 2002, p. 203, note 231.

26 Cfr. C. Massimo Bianca, Diritto Civile, 1, La norma giuridica, i soggetti, Giuffrè, Milano, 2002, p. 203, note 229.

27 载《法学》2009 年第 3 期。

徐国栋

代表作

贰拾叁

论民事屈从关系

——以菲尔麦命题为中心

一、一场教权与王权的大论战引发菲尔麦命题

1603年,终身未婚的英格兰女王伊丽莎白去世,由于无嗣,时任苏格兰国王的詹姆斯六世继承英国王位,成为英格兰国王詹姆斯一世(1566~1625年)。对于英格兰人来说,他是一个外来的国王,他确实显得对英格兰的情况缺乏了解,从而做出一些不合时宜的事情,导致人民的不满。于是在1605年,发生了英国天主教徒意在刺杀他的"火药阴谋"(Gunpowder Plot),其内容是在11月5日国会开幕时爆破上院,炸死英王。但阴谋在实施前败露,导致对阴谋者的战争、追捕、审判和处决。英格兰耶稣会的负责人亨利·加内特(Henry Garnet,1555~1606年)神父据称知悉阴谋的细枝末梢,他被处决并引起詹姆斯一世采用一些反天主教的法律。[1]为了杜绝类似的行动,詹姆斯一世制作了要求其臣民对其作出的效忠誓言(Oath of allegiance),其中包括7项确认,其最核心的内容是排斥因为忠于教皇而伤害国王的可能,有教皇既不能自己,也不能通过教会的权威和罗马教廷或任何其他权威处置英王、其王国和领地,也不能授权任何外国君主入侵或骚扰他,或免除英国人民对英王的忠诚义务,即使蒙受教廷的革出教门的处罚也不得背叛英王之类的文句。这无异于向教皇宣战。它在1606年6月22日发布,当时的教皇保罗五世(1552~1621年)就于1606年9月22日对之谴责,认定它显然包含了许多违反了信仰和得救的东西。[2]由此引发了教皇集团与国王集团就王权的性质进行的一场大论战。

在教皇方面,最先出战的是贝拉尔米诺(Roberto Francesco Romolo

注　本文原载《中国法学》2011年第5期。

Bellarmino,1542～1621年)红衣主教,他首先致信英国主牧师乔治·布莱克维尔(George Blackwell,1545～1613年),指责他作了效忠宣誓而背弃了对教皇的义务。[3]此信到了詹姆斯一世的手中,他也并非吃素的,写出了《三个榫缝对三个楔子或为效忠宣誓辩护》(Triplici nodo triplex cuneus or an Apologie for Oath of Allegiance,1608年)[4]的拉丁文著作作为回应,其中援引《圣经》的文句主张君权神授,世俗君主对教会享有管辖权,[5]并主张限制教皇权力,认为他诚然是主教中的第一人,但未尝闻他享有世俗的权力。[6]贝拉尔米诺则以 Matthaeus Tortus 的名义写出了《对冠名为三个榫缝对三个楔子之书的回应》(Responsio ad librum inscriptum Triplici nodo triplex cuneus)发出了第二轮攻击,其中承认效忠宣誓只是世俗的,它不该要求宣誓者否定其天主教信仰。[7]

第二个出战的是当时最有名的西班牙经院学者佛朗希斯科·苏亚雷斯(Francisco Suárez,1548～1617年),他受保罗五世的邀请揭露詹姆斯一世的错误。他不辱使命,于1613年出版了其《天主教信仰的保卫:反英国的裂教错误》(De defensione fidei catholicae: Adversus anglicanae sectae errores)一书,其中,他张扬理性平等享有论,谓:“根据自然理性的力量任何人不能想象,在整个的社会中,理性这种能力为何在一个人身上或一定数目的人身上聚集得比其他人多?所以,这种自然能力只是在一个社会中随机授予的”。[8]既然国王不比其臣民多智,他凌驾于他人就缺乏基础。苏亚雷斯还强调人们只有经过共同的同意才能联合为社会。[9]统治者必须经人民同意才能处在这个地位。[10]此等学说近乎社会契约论,与欧洲当时流行的君权神授论大相径庭。于是,该书被英王命令焚毁,1614年又被巴黎高等法院禁止。[11]

但焚毁与禁止不能取代从理论上驳倒,英国保王政治理论家罗伯特·菲尔麦(Robert Filmer,1588～1653年)自担驳倒的使命。[12]与詹姆斯一世以君权神授立论为王权制辩护不同,他以父权制为王权制辩护,在其于1630～1640年期间写成,于1680年重新出版的小册子《父权制或国王的自然权力》中,他提出了(严格说来,是重申)著名的菲尔麦命题:人生来不能免除对其父亲的屈从(subjection)。[13]换言之,未成年子女与其父亲的关系是不平等的。这是父权存在的基础,而王权来自父权,如果父权不可避免,则君主制也不可避免。由此打造了“天然屈从论”(Theory of Natural

Subjection)与“天然自由论”(Theory of Natural Freedom)对立。针对苏亚雷斯的理性平等享有论,菲尔麦认为父母是由于子女的年龄和谨慎不足才照顾他们的,实际上是主张亲子间理性上的不平等。[14]请注意,“天然自由论”在消极的意义上使用“自由”一词,采其“免受”的含义,暗示人生来不受父亲辖制,因而也不受一国之父国王的辖制,故可以选择非父权制的政府。

讨论一向被认为保守的天主教会为何成了英国革命的思想提供者乃至于现代的平等的宪法观念甚至民法观念的提供者,非本文主题,甚至这场论战的政治方面也只是本文的背景而已,属于本文论题的是这场论战引出的民事问题:亲子关系是否具有屈从性?这一问题是菲尔麦引出来的。应该说,菲尔麦对亲子关系的屈从性描述不过是回归现实,但这个现实却被作为证成君主制的论据,于是,菲尔麦命题成为启蒙思想家们的梦魇,因为他们力图破除专制王政,缔造民主共和。由于菲尔麦设定的父权与王权的捆绑关系,不证明父权不成立,就难以证明王权不成立。所以,他们必须先破除亲子不平等的命题,建立人人生而平等的观念,才能达成进一步的政治论证。

霍布斯(1588～1679年)在其《利维坦》(1651年)中第一个作出了破解的努力。他并不否认父母对于子女的支配权,而是为此等支配权寻找新的依据。如果说菲尔麦是认为父亲是通过出生对子女享有统治权的,霍布斯则认为是通过契约如此。他认为,家庭本身也是一个小型的国家,父亲,有时则是母亲,充当家庭的最高主权者;孩子们被认为是与他们的父母订立了契约,他们服从父母,换来的回报是存活下来。[15]显然,霍布斯力图用社会契约论分析亲子关系,这样,从家庭关系的契约性出发,可得出君臣关系也是契约性的推论。尽管如此,霍布斯对菲尔麦命题在家庭关系中的效力的破解不成功,试问,没有理性的孩子怎么能与自己的父母订约呢?[16]所以,霍布斯并未摧毁亲子不平等的命题,不过试图为这种不平等更换依据而已。

洛克(1632～1704年)的《政府论》上篇(1689年)专门为破解菲尔麦命题而写。他的理路是:(1)父亲即使给予了子女生命,不见得有权取回。他给予子女生命也许并非为了利他,而是为了满足自己的性欲。(2)从宗教的意义上讲,生命不是父亲而是上帝给予的。(3)父亲并非生命的唯一给予者，母亲也是这样的给予者。[17]不难看出，洛克的破解与其说是证明了亲子平等，不如说证明了父权的非专属性。

卢梭（1712～1778 年）心知菲尔麦命题而写作《社会契约论》（1762 年）。针对菲尔麦的人生来不自由的命题，卢梭反其道而行之。谓“人是生而自由的”。[18]此语中的“自由”为消极含义，所以，它是对菲尔麦命题繁复式表达的简化回应，按繁复式表达应是“人是生而免于屈从的”（Free from subjection），换言之，人是生而平等的。卢梭进一步宣示：在家庭中，每个人都自由、平等。[19]但卢梭并未论证这种平等的依据是什么。实际上，卢梭假定了这种平等的条件是子女的成年，他说：“孩子解除了他们对于父亲应有的服从，父亲解除了他们对于孩子应有的照顾之后，双方就同等地恢复了独立状态”。[20]这样，卢梭把自己在前几行说的生而平等缩减成了“长而平等”，没有破解菲尔麦命题而只是限缩了其效力的存续期间。

另外，詹姆斯·提雷尔（James Tyrrell，1642～1718 年）在其《父权制不等于君主制》（Patriarcha non monarcha，1681 年，伦敦）中，阿尔杰农·悉德尼（Algernon Sidney，1623～1683 年）在其《政府论》（Discourses Concerning Government，1751 年）中也批驳了菲尔麦的观点，前者的名称已揭示作者的理路：父权制可以与君主制脱钩，亲子关系的屈从性不得作为统治者与人民关系的屈从性的理由。至于为何未成年子女要屈从于父亲？提雷尔的回答很有意思：他们没有自己的财货和土地，跟仆人别无二致。[21]显然，他并未给出子女没有完备的智力的解答。后者主张，唯一能被称为公正的政府只能是经国民同意的政府，[22]换言之，父权制因为不经过人民同意不可能达至公正。

二、人人平等命题在现代公私法领域的流行

尽管菲尔麦命题未得到破解，它的反命题——人人平等——因能麻醉大众的精神在近代得到了流行。乔治·梅森（George Mason，1725～1792 年）在 1776 年的《弗吉尼亚权利宣言》第 1 条中断定：人人生而同等地自由并独立（That all men are born equally free and independent），并享有某些内在的自然权利，它们不能依任何协议剥夺或剥离于他们的子孙，其中有以取得和占有财产为手段享有生命和自由之权以及追求和取得幸福和安全之权。[23]此语以“生而自由”的文句否定了幼儿要屈从于其父母的事实，

表达了梅森追求完全的亲子平等的愿望,但未明示其社会契约论的思想基础,故在正式发布的文本中改成了这样的文句:人人依自然同等地自由并独立(That all men are by nature equally free and independent),并享有某些内在的自然权利,在他们进入社会状态后,它们不能依任何协议剥夺或剥离于他们的子孙,即以取得和占有财产为手段享有生命和自由之权以及追求和取得幸福和安全之权。[24]通过这样的修改,"人人同等地自由并独立"被理解成自然状态中的事情,在社会状态下,它有可能,但不应该受到威胁。这样就淡化了修改前的表达中包含的一个刚出生的娃娃与自己的父母平等的意象,但未放弃对这种平等的诉求。试看,修改后的这个第1条与菲尔麦概括出的贝拉尔米诺的论点何其相似乃尔:"人类天然地被赋予自由,并生而免受一切屈从,且可自由选择他们喜欢的政府形式,非独此也,任何人对他人享有的权力首先是根据众人的裁量赋予的"。[25]实际上,贝拉尔米诺自己并未讲过这样的话,相反,他认为,在单纯的状态中,存在年龄的差别,由此存在智慧和美德上的差别,所以,那些智慧少的人要屈从于智慧多的人。[26]这样的话是承认未成年子女对于父母的屈从的。无独有偶,苏亚雷斯也承认父亲对于子女享有权威,但不过是经济权力,不同于政治权力。[27]这样可切断父权与王权之间的关联。但菲尔麦为了加强自己的批驳,故意把对手的观点极端化或丑化(贝拉尔米诺不就由此成了"无父无君"之人了吗?)。令人遗憾的是,梅森不是通过贝拉尔米诺自己的论述而是通过菲尔麦的转述利用所谓的贝拉尔米诺的观点的,因为菲尔麦在美国比贝拉尔米诺的名气更大,其作品对于美国人更无语言障碍。[28]于是形成了一个以讹传讹的悲剧,造成的后果是,本文要证成的命题出自菲尔麦之手,要证否的命题——人人生而平等的命题——也出自他之手。菲尔麦占据了整个的舞台,他既是男主角,又是女主角,满场都是他的身影。

尽管如此,《弗吉尼亚权利宣言》产生了巨大影响,人们普遍相信,它影响了晚于它一个月诞生的美国《独立宣言》以及1789年的法国《人权与公民权宣言》。[29]但我认为,后两个文件都对《弗吉尼亚权利宣言》第1条的不足方面都做了弥补。就《独立宣言》而言,其作者杰弗逊把"生而平等"改成了"造而平等"(all men are created equal),这样,平等就不是人的天然属性,而是上帝的意志。不妨说,《弗吉尼亚权利宣言》是社会契约论式的,而《独立宣言》是创世论式的。而上帝不可能把人造得一样。如同贝拉尔米诺所言,上帝不可能一下子造出所有的人,他只能先造出一个男人亚当,然后用其一根肋骨造出夏娃,然后再由他们一辈一辈地生出世界上所有的人。这样,就造人的过程而言,就有先后之分、主次之分、辈分之分,所有这些“分”,都意味着不平等。[30]是否可以这样猜测:杰弗逊发现了《弗吉尼亚权利宣言》第1条的命门,以“造而平等”取代“生而平等”,让人们自然地联想出不平等,以避免《弗吉尼亚权利宣言》的谬误?[31]就《人权与公民权宣言》而言,它为《弗吉尼亚权利宣言》第1条的蓝本加了“在权利方面”的限定语,达成这样的表达:“人们生来在权利上是而且始终是自由平等的(Les hommes naissent et demeurent libres et égaux en droits)。只有在公共利用上面才显示社会上的差别”。[32]这样,就承认了人们之间自然的不平等,同时表示了法律在“公共利用”之外的领域无视此种不平等的态度。西方的正义女神都蒙着眼,因为一旦她看到,不平等就出来了。

值得指出的是,《弗吉尼亚权利宣言》对人的初始状态的描述是自由,《独立宣言》的描述是平等,《人权与公民权宣言》的描述是既自由又平等。那么,这些表达之间的关系如何?我认为是原因和结果的关系。自由是原因,平等是结果。此处的自由应为消极的自由,即免受屈从,彼此不屈从对方的人是平等的。所以,《弗吉尼亚权利宣言》对人的初始状态的描述从原因着笔,《独立宣言》则从结果着笔,《人权与公民权宣言》则是双管齐下,原因和结果一并规定。

无论如何,这些经典的宪法性文件中的平等规定对近现代各国的宪法产生了巨大影响,在现代各国的宪法中,很难找不到类似的平等规定。[33]而《人权与公民权宣言》本身,就是现行有效的法国宪法的一部分。

它们也对私法理论和立法产生了影响。就理论而言,德国学者拉邦德(Paul Laband,1838～1918年)在其《德意志帝国国家法》(Das Staatsrecht des deutschen Reiches,1876～1882年)中把主体平等作为私法的根本属性使之区别于调整隶属性关系的公法。此说成为19世纪下半叶和20世纪上半叶德国区分公私法的通说。[34]晚于拉邦德80多年的卡尔·拉伦茨(1903～1993年)仍基本照搬此说,认为:私法“以个人和个人之间的平等和自觉(私法自治)为基础”,公法涉及的“不是平等关系,而是一种隶属关系”。[35]在立法上,具有社会主义背景的民法典多有平等原则之设,我国也不例外,1986年《民法通则》第2条对民法调整的社会关系做了“平等主体”的限定[36]，各种民法教科书多以“平等主体”为基点对民法调整对象下定义。[37]代表性的言论有如下列：(1)在制定《民法通则》的过程中，彭真同志决定，民法调整的是平等者之间的关系，在民事活动中各主体的地位是平等的。[38](2)江平说，民法调整两类关系，它们都属于平等主体之间的关系。[39](3)杨大文、熊谞龙说：我国民法调整的是平等主体的财产关系和人身关系，婚姻领域里发生的都是平等主体的关系。[40]这些作者中，以杨大文、熊谞龙把婚姻家庭关系的平等性表述得最为直白。似乎不能假定他们认为婚姻关系只包括平等的夫妻关系，不包括不平等的亲子关系来为他们辩护，因为他们起草的民法典草案明确包括“父母子女”部分，所以，他们前面所为的一般说明的效力应及于这一部分。而且也不能假定他们以为“父母子女”关系由于数量微少不至于影响他们前面所为的一般说明的效力来为他们辩护，因为根据2011年4月28日公布的最新人口统计数字，0～14岁的人口有222459737人，[41]占我国总人口的1/6强，加上这2.2亿人的父母，涉本文意义上的亲子关系的人口达到了6.6亿强。如果加上14～18岁的我不知其数的未成年人口数，那就更见这种关系的主体数目巨大，不能够被忽略不计了。

三、菲尔麦命题的回归与扩张

18世纪和19世纪大部，菲尔麦被看作一个笑话，人们记得他仅仅因为其观点是洛克的《政府论》上篇的靶子，但到了19世纪晚期和20世纪上半叶，J. N. Figgis(著有《国王们的神权》)和J. W. Allen(著有《16世纪政治思想史》)开始认真地对待菲尔麦。更晚近的学者，如Gordon Schochet(著有《政治思想中的父权制》)，James Daly(著有《17世纪英格兰的绝对君主制观念》)，Carole Pateman(著有《政治义务问题》等)，Linda Nicholson(著有《女权主义/后现代主义》等)都把菲尔麦看作一个有价值的研究对象。[42]在这样的氛围下，出现了回归菲尔麦命题的趋势。

1898年，德国学者恩斯特·齐特尔曼(Ernst Zitelmann，1852～1923年)在其《国际私法》(II，1)中提出了“法律上能为之权利”(Recht des rechtlichen Könnens)的概念，用来表达现在人们用形成权的概念指称的事物，引起学者们的关注和接受。形成权的特点是法律关系的一方当事人可以单方决定他方当事人的法律情势，前者与后者在决策权上不平等。1903

年，德国学者埃米尔·泽克尔（Emil Seckel，1864～1924 年）用更简洁的形成权（Gestaltungsrechte）概念替代之，构成法学上的发现。[43]从此，形成权的概念得到流行，它通过民诉法学家 Giuseppe Chiovenda（1872～1937 年）之手流播到意大利。他脱离形成权的德文表达的具有平等意味的 Recht 原词，根据他对形成权的理解把这种权利用意大利语表述为威权权（diritto potestativo），因为说到底，它是一种威权（potestà）。[44]时至今日，意大利语、西班牙语、葡萄牙语和法语中仍用 diritto potestativo 或类似的词汇[45]而非 diritto formativo 表达形成权，实际上，后者更符合形成权的意思。所以，diritto potestativo 的翻译充满了解释色彩。那么，什么是 potestà？这是一个罗马法留下来的词汇，它用来指家父对家子、丈夫对有夫权婚姻中的妻子、家父对处在准奴隶地位的自由人的支配权，以及所有人对作为所有权客体的奴隶和物件的享用和处分权。[46]一言以蔽之，potestà 是比 potere（权力）更强的法律上的支配力，它的存在仅仅为支配者本身的利益。所以，diritto potestativo 的翻译是个矛盾的表达，diritto 是具有平等意味的主体的法律情势，potestativo 是具有不平等性的法律情势的 potestà 的形容词，把两者熔于一炉无异于使冰炭同器！所以，Chiovenda 采用这个表达是屈服于长久以来流行的私法平等理念（泽克尔用 Recht 给它定性也是如此！），但又考虑到形成权的不平等性，遂用 potestativo 的形容词弱弱地指出这种主体情势中的不平等方面，形成"不平等的平等"的语义结构。非独此也，在 Chiovenda 所处时代的意大利，适用 1865 年《民法典》，其中唯一使用 potestà 一词的地方是家庭法，分别用来指父母对于子女的威权以及丈夫对于妻子的威权。[47]这样，Chiovenda 的解释性翻译把新发现的不平等领域与古老的不平等领域连成一片了。

尽管如此，老领域与新领域还是有别的，要点有三。其一，亲子关系通常自然产生，当事人原则上[48]无可选择；形成权关系人为产生，当事人可选择是否进入此等关系。所以，尽管这种关系不平等，但人们享有避免这种不平等的自由。其二，亲子关系的不平等主要基于未成年子女与父母在理性上的不平等，而形成权关系的主体双方应该是具有同样的理性的，既然如此，这种关系中的不平等的依据何在？形成权的确立既可以是约定的，如当事人订约时商定一方在他方严重违约时享有解除权；也可以是法定的，如法律赋予赠与人在受赠人忘恩负义时的撤销赠与权。如此，形成权关系中的“不平等”可以是当事人自愿选择的结果。既然出自自由意志，不能把这种情形描述为不平等。所以，在约定形成权的情形，屈从可以不与平等对立。只有在法定形成权的情形才有强制性的不平等，这样的不平等可以视为对行为不当的当事人的惩罚。其三，亲子关系与形成权关系处于不同的层面，前者属于具体法律情势，后者属于抽象法律情势，它是对撤销权关系、解除权关系等具体法律情势的概括。亲子关系未完成对父权这样的具体法律情势的概括而停留在它本身。两种关系的抽象程度颇为不同。

基本与在德国发生的“法学上的发现”同时，在《弗吉尼亚权利宣言》的故乡美国有了类似的发现。德国裔美国学者霍菲尔德（Wesley Newcomb Hohfeld，1879～1918年）于1913年发表了《私法推理中应用的基本法律概念》一文（1917年重新发表），其中打造了一套严谨的权利及其对应物的术语体系。霍菲尔德把积极主体的法律情势分为权利、特权、权力、豁免四类，并设定义务、无权利、责任、无权力与之对应。霍菲尔德的法律术语理论与本文论题相关的部分是权力—责任理论。所谓权力，是某人为自己创立或为相对人与他人创立法律关系的能力。所谓责任，是相对人承受该人创立的两类法律关系的义务。[49]这样的权力—责任关系非常类似于形成权关系，两者中的消极主体都完全处在被动和受支配的地位，与积极主体地位不平等。这样，霍菲尔德也承认了私法中有权力这样的不平等现象。

在这样的背景下，爱德华·伯蒂歇尔（Eduard Bötticher，1899～1989年）更进一步，把形成权意味的、在Recht的名头下被掩盖的不平等用屈从（Unterwerfung）的术语揭示出来。在其于1964年出版的《私法中的形成权与屈从》（Gestaltungsrecht und Unterwerfung im Privatrecht，Walter de Gruyter & Co.，Berlin）一书中，他把屈从界定为法律关系一端承受负担的一方当事人不承担法律义务（Rechtspflicht）而受拘束被动地接受权利人之决定的地位。[50]此等屈从不同于义务，因为义务是请求权关系中的概念，它意味着要做某事，而屈从是形成权关系中的概念，形成权是一种没有义务对应的权利，与它对应的是屈从，它意味着什么都不需要做。这样就形成了法律关系的当事人双方“你定我从”的格局，双方在决策权上不平等，所以，屈从的要害是他决（Fremdbestimmung），与霍菲尔德的“责任”类似。

事实上，屈从概念并非新创，在伯蒂歇尔之前早就存在。拉丁文中就有相应的术语 subjectus，它是所有现代西方语言中表示屈从的词汇（意大利语：soggezione，法语：sujétion，西班牙语：sujeción，葡萄牙语：sujeição，英语：subjection）的母词，它来自动词 subicere，这个动词由前缀 sub（在……下）和动词 jacere（抛、投）构成，[51]为"置于下面"之意，后来引申为"使顺从、征服"之意。[52]例如，约翰·斯图亚特·密尔（1606～1873 年）在 1869 年就用这个术语念描述女性在法律上从属于（legal subordination）男性的地位，[53]其论证为，女性对男性的屈从是奴隶制的残余。太古时期，多数男人都是奴隶，女人亦如是。但后来男人得到了解放，女人的被奴役状况却被保留下来。这种屈从建立在体力强弱的基础上，因而是野蛮的。男人认为女人不行，是因为不给她们机会尝试。如果给，会证明女人的能力不比男人弱。总之，要授予女子普选权。[54]这是一部为女权张目的作品，引起了男权主义者的反弹。1896 年，著名的亲马克思作者 E. Belfort Bax 写作了《男人的法律上的屈从》（The Legal Subjection of Men）的小册子表达男性的不自由地位。在他看来，人们认为女性地位低下是一种感觉而非事实。现实是男性屈从于女性，例如，在法律程序上有许多优惠女性的措施，而且，男性要单方面地承担扶养妻子的义务，等等，所以，女性的地位是特权化了的。当然，更早的时候，人们用这个词描述一种政治上的统治关系，被统治者对统治者应当屈从，前者因此被叫做臣民（subjectus）。[55]但从 18 世纪末开始，或许是在欧美普遍的平等空气的影响下，该词首先被用来指称主语，进而其含义来了一个 180 度的大转变，被用来表示主体。[56]相应地，臣民的概念不再使用，人们代之以公民的概念。臣民与公民之别，用梁启超的话来说在于，臣民对于国家只有义务，没有权利，而公民对国家既有权利，也承担义务。[57]所以，该词张扬的是统治者与被统治者的关系并非屈从性质，而是平等性质的理念。

德语中的 Unterwerfung 由前缀 unter（在……下）和动词 werfen（抛、投）构成，也是"置于下面"之意，引申为"征服、战胜"之意。[58]显然，unterwerfen 与 subicere 的构词方式相同，各构成词素的意思相同，两者是异形同构词。unterwerfen 完全是 subicere 的德语化，但 subicere 的名词 subjectus 演变为具有"主语"、"主体"的含义后，unterwerfen 的名词 Unterwerfung 没有完成相应的转变，德语中的"主语"、"主体"还是用拉丁来源的词 Subjekt 表示。这样的格局给德语作者自由,他们可以 Unterwerfung 表示屈从却不担心冒犯该词的“主体”属性,所以,当伯蒂歇尔打造出屈从的概念后,由于它与流行的平等观念明显冲突,为了避免责任,其他语言区的作者就把自己语言中固有的屈从概念当作《弗吉尼亚权利宣言》之前的文物一笔勾销,把屈从概念的历史设定为仅仅从伯蒂歇尔始,所以,继受屈从概念的国家或地区只用他的屈从概念,也就是不要求屈从人承担义务而只无所作为的屈从概念,相信先前的屈从概念是要求屈从人履行义务的。

继受屈从概念的国家首先有意大利。前文已述,正是意大利学者最早通过冰炭同器的术语使用把形成权的屈从性揭示出来。实际上,在伯蒂歇尔之前,意大利的学说中早有屈从的表达,例如,在对 1942 年民法典的评注中,评注者就说:要约的法律效力是为受要约人创立以自己的单方意思表示达成合同的权力,要约人屈从于这样的权力,排除此等权力以及相应的屈从的撤回要约无效。[59]但该国学界仍假装是从德国引进的这个概念,以便把破坏经典的私法平等命题的责任推给德国人。故该国的《新法学辞典》和《民法词典》设的“屈从”(soggezione)词条都像伯蒂歇尔一样为解释,把屈从说成是一种主体的被动的法律地位,关系到另一权利主体形成权的行使。屈从者的特点是角色完全消极,因此与义务不同,不要求他有积极的合作或履行行为。[60]尽管如此,意大利学界对这样的解释有争议,有的学者认为没有相应义务的权利不可思议。[61]

其次有葡萄牙,曼努艾尔·德·安德拉德(Manuel de Andrade)在其于 1944 年出版以后不断得到修订的著作《法律关系总论》(Teoria Geral da Relação Jurídica)中,用很大的篇幅介绍了形成权的概念以及其种类,同時也在该书的第 3 页、第 16 页和第 17 页中介绍了“屈从”的概念。后来,安德拉德的弟子卡洛斯·阿尔贝尔托·达莫塔·平托(Carlos Alberto da Mota Pinto,1936 ~ 1985 年)用“屈从”一语来描述形成权的相对人的地位。[62]

第三是中国,申卫星教授等把这一概念介绍到大陆地区。[63]我在自己的《民法总论》中也使用了这一概念。[64]澳门地区的民法学者则通过葡萄牙的中介也采用了屈从的概念。[65]

其他继受屈从概念的国家或地区或许还有,限于视野,不及备述。

屈从概念复活的理论意义如何？我认为有二。其一，表达了对私法平等命题的反叛，提出屈从概念，实际上就是揭示了不平等的民事关系的一种类型，其中双方在决策权上不平等。其二，表达了当代人对既有的法律关系理论的不满，这种理论把权利义务当作法律关系的唯一内容，屈从概念的创立者则揭示：与权利相对应的除了义务外，还有屈从。事实上，在权利和义务两极间有一系列的过渡性概念，例如屈从、职责、负担，它们的强度随着接近端点的程度而增加。可以说，权利义务二元论过于简化，因而距真实的民事生活更为遥远。而屈从概念代表的多元论更为复杂，更能与真实的民事生活合拍，从而更有解释力。

然而，屈从概念的复活尽管打破了民事关系的平等性、权利义务二元性的幻影，它却是孤立的，未推广于《德国民法典》规定的屈从关系之外，[66]并运用于分析亲子关系等其他屈从关系。如前所述，亲子关系与屈从关系处于不同的层面，倘若也按抽象法律情势的方式描述亲子关系，则它包括父母对子女的服务请求权、惩罚权、行为规则确定权等，如果说前两者在现有的形成权理论中找不到自己的对应物，那么，后者典型地属于形成权中的规定权，[67]子女在这种权力下处于屈从地位，尤其在家庭被理解为一个经济单位的情形，亲子关系中的规定权就与劳动法中的规定权接轨起来。如此，形成权在家庭法领域不仅有离婚权的存在，还有规定权的存在。如果以形成权为公分母把民法中包含屈从关系的各部分打通，则可达成一种根本颠覆传统民法形象的理论成果。但伯蒂歇尔并未这样做，他把屈从仅仅定位为对法律关系的消极主体地位的描述，仅仅适用于处于财产关系中的形成权的相对人。为何如此？我认为原因在于屈从的概念比较敏感，它有悖于天主教经院哲学家开创、由《弗吉尼亚权利宣言》和《人权与公民权宣言》世俗化的平等的主流思想，是一个天大的政治问题。所以，伯蒂歇尔只在一个非常狭隘的语境中使用这一概念。如果扩张，人们会想到古代的臣民概念的复活。

本文的目的在于把亲子关系领域的屈从与形成权领域的屈从打通，甚至把屈从的概念运用于从属劳动关系等其他领域，形成一种规模性的屈从理论，打消天主教经院哲学家打造、近代重要宪法文件继受的平等幻觉，为一种新的民法理论张目。为此，本文下面要研究屈从关系的各具体类型。

四、作为屈从关系的亲子关系

前文已述，菲尔麦把亲子关系定性为屈从关系，以霍布斯为首的启蒙思想家们讨厌这一定性却又无法摆脱它，现在是我们观察菲尔麦命题何以如此坚固的时候。

首先要说的是，从消极主体的角度看，本文讲的亲子关系严格说来是父亲（近代加上了母亲）与未成年子女的关系，成年子女由于理智的成熟和经济上的自立，在法律上与其双亲是平等的。但未成年子女缺乏上述两个平等的支点，所以与其双亲维持屈从关系。从积极主体的角度看，本文讲的亲子关系包括一定情形中的祖（包括祖父母和外祖父母）——兄姐与未成年的孙——弟妹关系，因为在未成年人的父母去世或无监护能力的情形，祖取代父母的角色；在祖阙如的情形，兄姐取代父母的角色。[68]

在古代法中，把子女看作父亲的权力客体似乎是共同的趋势。例如，《汉穆拉比法典》第 117 条规定："订立借贷契约后，以妻、子、女交与债主以代银或从事工作者，其工作期限以 3 年为限；第 4 年应恢复其原状"。[69] 本条把儿女当作父亲的财产抵债，前者在后者负债时就成了其所有权的客体。

对于亲子关系的屈从性，柏拉图做了很好的描述："父母是他们子孙的上级，男人是女人和孩子的上级，统治者是他们的臣服者的上级"。[70] 他还说："你和你父……没有平等，不得以所受的还报他们，不得以恶言语还恶言语，以拷打还拷打，以及所有其他此类的报复"。[71]

在中国古代法上，儿女的地位差不多，例如在汉代，情况是"嫁妻卖子，法不能禁，义不能止"。[72] 卖子是把子女作为父亲的财产出售给他人。显然，此时的儿女，也是父亲的所有权客体。

上述古代法关于亲子关系的规定略嫌简略，罗马法的这方面规定更详细，因而更有分析空间。

在远古罗马，家父对家子享有遗弃权、出卖权、出租权、损害投偿权、惩罚权、杀害权、[73] 强制已婚子女离婚权、[74] 出养权、解放权、强制子女劳动权。遗弃权，是子女出生时如果奇形怪状，家父弃而不养之权。出卖权，是家父基于经济利益的考虑或其他考虑把自己的儿子永久地卖给他人为奴之权。出租权，是家父把家中富余的家子出租给他人获得收入之权。这是亲子关系与下文将讲到的劳动关系的交叉部分，或可称替代家父权，即把家父权中的经济利用权交给他人行使以取得对价。与出租权相类，家父还可把自己的孩子抵押给债权人，[75]收录于 C. 8,16,6 的戴克里先的一个敕答提到了收受孩子或自由人为质担保债权者滥用这些人质的问题。损害投偿权，是家父在家子对他人实施侵权行为时将其交给被害人从而解脱自己的责任之权。惩罚权，是家父由于家子的过犯监禁、鞭打他们的权力。杀害权，是家父因为家子违反家法或国法杀死自己子女而不受国家惩罚的权力，前文讲到的遗弃权实际上也是一种杀害权。强制已婚子女离婚权，是家父通过解放家子保留其妻子在自己权力下解除自己儿子与媳妇的婚姻关系的权力。[76]出养权，是家父基于一定的考虑把自己的子女出养给他人为子的权力。解放权，是家父允许自己的子女脱离自己的统治的权力。经济利用权，是家父要求自己的子女为了家庭的利益进行劳动的权力。此等劳动有直接在家父指挥下劳动和家子自行劳动，把所得交给家父两种形式，原始文献记载的以后者为多。[77]事实上，古罗马的家庭往往是一个企业，家父是其董事长，家子和奴隶是其员工。不劳动的家子的形象不合罗马家庭的企业性质。

无论如何，上述十权是按具体法律情势的术语描述家父的权力，按抽象法律情势的框架观察，前九权都是形成权，即一方当事人单方面地决定他方当事人法律情势的权力。试问，在家父行使上述九权时，家子可以表示异议吗？当然不可以！最后一权是请求权，它数量少却处在家父权的核心地位，其实质是家父对家子的直接经济利用权，间接的经济利用权体现为出卖权、出租权等。它们的实现依赖一些形成权的保障，例如，惩罚权和杀害权的保障。

上述十权足以证明罗马亲子关系的屈从性质，但这种屈从性的依据不是子女的未成年以及这种状态所意味的理智不足，因为罗马的屈从性的亲子关系维持终身，哪怕家子到了 80 岁，仍要屈从于 100 岁的家父，家父解放他们的情形除外。[78]这样，就需要寻找罗马亲子关系屈从性的原因，前文讲到的提雷尔的观点值得援引：子女没有自己的财货和土地，跟仆人别无二致。[79]此语适用于罗马的亲子关系颇为适用，因为罗马的家子的地位在大多数方面与奴隶一样，两者的共性是“无产”，特有产似乎被作为一种例外看待。但不能说他们“无劳”，因为他们都作为家族企业的员工自食其力，当然，未达当时人认为的劳动年龄的家子以及家生的小奴隶是个例外。

所以，“无产”和一定情形下的“无劳”构成罗马的亲子关系屈从性的原因，前一个原因仍然是现今的劳动关系的屈从性的原因。[80]当然，菲尔麦讲到的“生身”也可作为亲子屈从关系的原因。[81]

到了近代法上，亲子关系的屈从性也未尝改变。例如，早期的美国法把未成年子女看作父亲享有权利的财团中的资产……他们的服务和收入成为其父亲——主人的财产，以换取生活和扶养。一个农夫说，孩子要吃饭，那就得干活。[82]这样的说法与“无产”说贯通。这样，父亲可以自己直接利用子女的劳动，也可以间接地这样做，换言之，让自己的孩子去做童工，自己取得孩子们的工资。在 1900 年，美国纺织业的 274929 名工人中，16 岁以下的童工占 39866 人。南方纺织厂的 1/3 的劳动力是 10 ~ 15 岁的童工，其中很多年龄在 6 ~ 9 岁。[83]让如此低龄的孩子做童工，令人触目惊心。而在 18 世纪和 19 世纪早期，做工是儿童教育和家庭经济的一部分。甚至到了 20 世纪早期，子女的劳动仍被当作父母的财产。康德（1724 ~ 1804 年）的说法文雅一些，他认为“亲”对于“子”享有的是物权性的对人权（persönlichen Sachrechten），这是“是像占有一个物一样地占有一个人，但不把他当作物来使用的权利”。[84]这一概念还是把子女当作客体，与子女财产说无根本区别。所以，德文用 Gewalt 一词描述亲子关系，是以无言的方式说明了这种关系的屈从性。

有意思的是，相较于罗马法的规定，现代法上的父权已不针对成年子女，而只针对未成年子女，这就改变了亲子关系的屈从性的理由：尽管“无产”、“生身”还是理由，但更重要的理由似乎是“无智”或“少智”。这是一个历史性的进步，因为这样的改变导致了亲子关系屈从性存续期间的大幅缩短，不会是一辈子而只是 18 ~ 25 年了。当然，后人会通过降低成年年龄进一步缩短这个屈从期间。[85]

从抽象法律情势的角度看，父母对于子女还享有一定法律行为的同意权、撤销权、解除权、命名权、住所指定权、非婚生子女认领权和否认权、无行为能力宣告申请权、失踪和死亡宣告申请权等形成权。它们导致亲子关系具有屈从性。[86]

在欧美，从 19 世纪 50 年代开始，子女的地位得到极大改善。首先，通过推行义务教育制度并禁止童工，双管齐下地剥夺了父母对于子女的经济利用权。[87]其次，从 1979 年开始，瑞典、芬兰、挪威、奥地利、塞浦路斯、意大利、丹麦、拉脱维亚、克罗地亚等国立法剥夺了父母对子女的惩戒权。[88]父母几千年来享有的打子女屁股的权利，在这些国家消亡了。1959 年《联合国儿童权利宣言》采用了儿童最佳利益原则。英国在 1989 年制定的《儿童法》(Children Act, 1991 年和 2004 年修订)引入了亲责(Parental Responsibility)的概念取代传统的亲权概念，得到一些国际法文件的追随。[89]意大利人更把 Potestas 做了一个与其出发点完全相反的解释，将其目的界定为为了不具有此等权力者的利益的。[90]总之，子女的地位空前提高，形成了“子本位”的家庭法，但却无人声称亲子平等。在专业的婚姻家庭法教材中，我找不到亲子平等之类的文字。那么，为何人们不规定、不张扬亲子平等？原因非常简单：未成年子女为无行为能力人或限制行为能力人，他们与其父母在智力上处在不对称的地位。而且，他们除了准治产人的例外，[91]他们通常[92]没有自己的收入，在经济上依赖父母，形成财力上的不对称。在这样的情势下，亲子关系是保护关系，谋求这种关系的平等，无异于戏弄子女。所以亲子关系仍然维持其屈从的性质。

总之，20 世纪的亲子关系有了偏向于子女利益的很大改变，但子女作为客体的地位并无改变，改变在于他们从可以被虐待的客体变成了必须悉心呵护的客体。

五、作为屈从关系的从属劳动关系

作为屈从关系的从属劳动关系与同样作为屈从关系的亲子关系之间具有接续性，理由有二。首先，家父对于子女的出租权的行使造就出此等子女与承租人之间的从属劳动关系，由此可以说，从特定的角度看，劳动关系是从亲子关系分化出来的。其次，在 18 世纪的工业革命前，儿子在自己父亲的作坊劳动或在他人的作坊当学徒，亲子关系与劳动关系是重合的(无妨把师徒关系看作准父子关系，因为“师傅”有时也被叫做“师父”)。儿子或徒弟在成年前这样做时，他们的劳动性屈从是亲子关系或准亲子关系的内容，屈从的主要理由是“无智”或“少智”。当他们在成年后这样做时，屈从的理由改为“无产”。子女们在积累其自己的财富前，只能把自己的劳动力与父亲的生产资料相结合。

人类作为劳动者存在，或者说，劳动是人类存在的方式。劳动可大别为自主劳动和从属劳动，前者如自由职业者，他们是自己的老板，他们的劳动不引起劳动关系,只引起劳务关系,也就是与他们的不确定客户之间的平等关系,由合同法调整。后者如工厂的雇工,他们与雇主的关系是劳动关系,也就是用人单位与劳动者之间的关系,这种关系的当事人确定,地位不平等,由劳动法调整。

在从属性劳动中,还可分为体力劳动和脑力劳动、企业劳动和非企业劳动、一般劳动和家务劳动、固定雇佣期的劳动和钟点工劳动、一工共做劳动、间歇劳动、培养性的劳动(学徒)等。最典型的从属性劳动是企业劳动,它是劳动法的主要调整对象。

从根本上说,从属劳动是权力财产[93](即生产资料)的拥有者对非拥有者的支配,因而具有屈从性。对此,奥托·基尔克(Otto von Gierke,1841～1921年)说:在劳务关系中,从事劳务的雇员必须将其属人的一些东西从属于雇主的意志。[94]当代德国学者沃尔夫冈·多伊布勒也说,雇员和雇主并非平等的合同当事人。雇员的地位总是被动的,因为他找不到工作就没有饭吃,所以服从"差的工作强过没有工作"的法则,而雇主在任何情况下都有挑选求职者为其工作的权利。[95]意大利学者马西莫·罗切拉(Massimo Roccella)也说,从属劳动的关系的特征是一方当事人的社会经济地位低于另一方。[96]故《意大利民法典》第2086条规定:"企业主是企业的领导,其合作者按照不同的等级从属于企业主"。[97]意大利最高法院民庭1976年11月11日的判决也指出:在意大利法中没有一个适用于劳动关系的平等对待原则。《宪法》第3条规定的公民在法律面前平等并不适用于私人合同关系。[98]尽管在生产资料公有制的条件下,劳动者与企业家都是企业的主人,用"无产说"来解释劳动关系的屈从性有困难,[99]但随着非公企业规模的扩大甚至超过半数,以及国有企业的劳动关系改革,现阶段的我国劳动法学者也不讳言劳动关系的屈从性,不过采用了"从属性"或"隶属性"的表达,表现为劳动者的人身自由、经济自由和组织自由被剥夺。[100]胡新建则明确指出雇佣关系的当事人地位不平等,有人身依附性。[101]也有些学者认为劳动关系兼具屈从性和平等性,平等性体现在劳动关系成立中的选择性、协商性上。[102]总之,无论采用什么样的术语,打什么样的折扣,劳动关系的屈从性差不多[103]得到了中外学者的一致承认。行文至此,我感慨的是,既然如此,在劳动法被看作特别债法[104]的条件下,竟然还有人说得出私法调整平等者之间关系之类的话!

劳动关系的屈从性被日本学者细分为三个方面:(1)人的从属性,即劳动者在劳动过程中对雇主指挥命令之服从;(2)经济上的从属性,即劳动者的经济利益的实现从属于雇主;(3)组织上的从属性,即劳动者必须在一定劳动组织方式下进行劳动,完成劳动者之间的合作,雇主决定合作的规则。[105]德国学者更进一步指出,劳动者就早上何时开工、如何着装、承受哪些监管这些事情毫无决定权,也是劳动关系屈从性或不平等性的体现。[106]

从法律的角度看,劳动关系的屈从性表现为在劳动时间内雇员受雇主的如下权力的支配:(1)指挥权,即对于员工劳动的决策权,以达成雇主的经济目的;(2)控制权,是指挥权的一种运用形式,表现为雇主对生产过程的指挥;(3)惩戒权,即处罚不服从指挥和控制的员工之权。[107]指挥分为具体指挥和抽象指挥,前者是以命令的方式对具体的生产过程的操控,后者是以制定劳动规章的方式对一般的生产过程的操控。一定情形下的解雇权可理解为惩罚权的一种类型。这是用具体法律情势的术语描述雇主的权力,用抽象法律情势的术语描述,控制权是请求权,即雇主要求劳动者按照前者规定的方式输出自己的劳动力达成后者希望的劳动效果的权力,而抽象指挥权和解雇权都是形成权,前者是规定权的一种形式。[108]

或问,劳动法至少在中国已成为独立于民法的法律部门,那么,本文在民事屈从关系的名目下谈论劳动关系的屈从性的合法性何在?换言之,应否使用劳动屈从关系的概念?我认为,把劳动关系视为民事关系谈论其屈从性是合法的。从国外来看,劳动法在德国被认为是特别债法,[109]所以,德国的劳动关系就是民事关系。在意大利,劳动法只调整工业劳动关系、体力劳动关系,[110]而非工业劳动(例如家政劳动)和脑力劳动(例如承担职务创造工作),只要是从属劳动,其屈从性与工业劳动和体力劳动中的屈从性无根本区别,这些劳动关系由民法调整,把它们称为民事屈从关系是安全的。从我国的情况来看,劳动法只调整企业劳动关系和民办非企业单位中的劳动关系,[111]其他劳动关系由民法调整。在从属劳动的前提下,两类劳动关系的屈从性质无根本区别,至少把后一类劳动关系说成是民事屈从关系是安全的。

六、屈从关系的其他类型

(一)亲子关系类的屈从关系

亲子关系类的屈从关系有如下具体形态:

1. 监护人与被监护人之间的关系。在英国、美国和我国的大监护条件下，监护关系本身就包括作为最典型屈从关系的亲子关系。在小监护的条件下，监护关系极为接近于亲子关系，但监护人不具有对被监护人的经济利用权和惩戒权，主要承担管理被监护人财产的职责，是单纯的义务，但两者在命令与支配的属性上一致，故亲子关系不平等，监护关系自然也不平等。但监护关系的外延大于亲子关系的外延，因为前者不以保护年幼不能自我保护的人为限，而且保护精神病人，所以，在“无智”或“少智”的共同名目下，精神病人与未成年人同处于屈从关系下。

需要指出的是，现在有些国家有了老年人监护制度，如果在老年人与年轻人间发生监护关系，他们间就不平等了。

2. 保佐人与被保佐人间的关系。我国并无保佐制度，但这一制度在许多国家（如意大利、智利、阿根廷等国）存在。它是监护制度的姊妹制度，保佐针对的是部分无行为能力人，也就是接近成年年龄的人以及程度较轻的精神病患者，外加不能控制自己行为的人，如购物狂、毒瘾酒瘾拥有者。接近成年年龄的人受保佐的例子有《意大利民法典》第 390 条及以下数条的规定：18 岁以下的人经过法院批准结婚的，脱离亲权，但接受保佐。[112] 所以，相较于保佐，监护针对的是完全无行为能力人而已。保佐关系被定性为屈从关系的道理同于监护关系，不过，保佐关系的屈从性较弱，因为其对象具有一定的行为能力。而且，保佐屈从关系的对象同于监护屈从关系的对象：不仅包括年幼者，而且也包括精神病患者。

3. 住院性的医患关系。住院期间，患者与医院间建立了一种类似保佐关系的关系，前者应服从后者的指挥权、管理权、规定权等，在外出、服药、就寝等事项上不得自行其是，这样就形成了两者间的屈从关系。在精神病人住院的情形，医患关系的屈从性更严重，以至于许多人想到利用它，把送入精神病院作为修理自己不喜欢的人的手段。[113] 非住院性的医患关系也有屈从性，但弱一些，因为从理论上说，医生的规定，患者可以听，不听也没有什么强制措施追随。

（二）劳动关系类的屈从关系

公司的管理人员与一般员工的关系属此。尽管前者并非企业主，而且后者可能同时是企业的股东，但前者享有企业主享有的指挥权、控制权和惩罚权，可以说他们是在企业主是法律拟制体的情况下作为其机关行使企业主的权力,其地位与企业主无异。[114]如果说企业主与其员工的劳动关系具有屈从性,则公司管理人员与一般员工的关系也是如此。而且,在当下的法人资本主义时代,后种关系更加普遍,更有代表性。

(三)其他屈从关系

1. 房屋租赁关系。在房屋为稀缺资源的条件下,房客由于“无产”屈从于房东。尤其是房东享有解除租约权,如果他滥用这种形成权,意味着房客可以随时被扫地出门,转换为大街的房客。中国人往往不愿租房,而要买自己的房子,大概就是看透了房屋租赁关系的屈从性所致。那些理解不了这种倾向的人,大概因为他们生活在这种屈从性得到有效遏制的西方国家。[115]

2. 附有随意条件的合同关系。随意条件(condizione potestativa)是取决于债权人或债务人意志的条件[116](《智利民法典》第1478条,《意大利民法典》第1355条),对条件之成就与否无能为力的一方当事人处于屈从的地位。事实上,该词包括的potestativa词素就揭示了它与形成权的关联。学说上把随意条件分为简单的和纯粹的,前者的成就与否取决于债权人或债务人的意志行为,例如,赠与是否生效取决于赠与人或受赠人是否旅行来厦门的条件。后者的成就与否只取决于债权人或债务人的单纯意思。前一种随意条件有效,后一种随意条件的效力要根据具体情况定,合同的效力单纯取决于债权人的意思的,合同有效,取决于债务人的意思的,无效,因为这样赋予了债务人过大的自由,而屈从者处在过于不利的地位。[117]

3. 附随合同关系。附随合同是一方提供合同条件,他方对之只能要么全部接受,要么全部拒绝的合同。由于这类合同的提供者往往处于某种营业的垄断者地位,附随方通常无拒绝余地,因此处在屈从地位。为了纠偏,各国都立法采取了矫正这种屈从性的措施,例如,《意大利民法典》第1341条和第1342条关于合同的一般条款的规定确定:附随合同的承受方对不利条款缺乏有效认知时无效。实践证明这样的处置不够,于是,欧共体于1993年发布了第13号指令,提出了欺压性条款(Clausola vessatoria)的概念以及相应的法律规制手段,要求各成员国把它转化为自己的内国法。意大利通过1996年第52号法律接受了欧共体的上述指令(相信其他欧盟成员国也是如此),将其转化为《意大利民法典》第1469条附加条(共6条),它们构成新的一章,定名为“消费者合同”。其中将欺压性条款定义为“虽然诚信却使消费者的享有的权利和承担的义务明显失衡的条款”。[118]2005年,意大利又制定了单独的《消费法典》,过去按照欧共体1993年第13号指令增加的民法典内容被移入这个法典,其内容也根据学界的批评做了调整,例如改变了欺压性条款的定义,过去假定这样的条款的提出者是企业,过于狭窄,现在改为假定欺压性条款的提出者是专业人士(《消费法典》第33条第1款),这样就扩大了欺压性条款的涉案范围,把自由职业者也包括进来了。[119]此等条款的承受人自然可被称为受欺压者。这个词的意思比屈从要重得多。考虑到附随合同通常都是消费合同,而我们又每日以消费者的身份生活,我们可以感到屈从关系多么普遍,离我们多么近!

七、屈从关系的法律调整

(一)亲子关系和从属劳动关系的法律调整

这两类屈从关系的共同特点有二:其一,都是国家的人力资源为私人掌控的形式,因此,私人对这样的人力资源掌控得如何,影响国家的利益。例如,在普鲁士制定劳动法之前,由于广泛采用童工,大多数男子到18岁时健康状况已经恶化,在普鲁士的工业化地区已无足够的健康者可供征召入伍,由此影响到国家的存亡,于是普鲁士于1837年制定《童工条例》限制童工。[120]其二,双方当事人强弱失衡,弱的一方凭自己的力量不足以维护自己的利益,因此需要国家的保护性干预。所以,屈从关系调整的特点是国家的干预因素多,甚至作为法律关系的一方,以防止强势的一方当事人滥用其优势地位。就亲子关系的三角性而言,它是自然父母、国家父亲和子女的三方关系,前两者为积极主体,后者为消极主体。前者享有的是自然亲权,中者享有的是国家亲权。[121]就劳动关系的三角性而言,1917年成立的国际劳工组织改革劳资关系的方案就是把它改造成企业家、劳工和政府之间的三方关系(Tripartite relationship)。[122]我国劳动法学者常凯教授亦谓:“社会劳动关系在主体构成上已经不是劳资双方的构成,而是劳方、资方和政府的三方结构”。[123]

就亲子关系而言,国家对它的调整首先表现为对自然亲权进行限制,首先,剥夺了家父对于家子的杀害权,然后剥夺其出卖权,以此保持国家的人力资源不受损害。其次,在自然亲权阙如或不足时以国家亲权补充之,表现为设立基金扶养贫儿,设立官选监护、保佐制度保障未成年人的健康成长,[124]以此涵养国家的人力资源。

就亲子类屈从关系中的监护和保佐关系而言,它们从来都是国家干预的大舞台,表现为除了私人设立的监护保佐外,都有国家设立的监护保佐,可以说,这是公私两个方面共同发力的领域。就住院性的医患关系而言,也有物价部门制约医院的医疗服务定价权,还有法院制约医院的精神病患者认定权。

就劳动关系而言,国家对它的规制经历了一个发展的过程。先是把它作为平等主体间的劳务关系调整,1865 年的《意大利王国民法典》就是这样,它秉承罗马法的传统,把劳动关系作为租赁关系调整。[125]瑞士的经历差不多,1911 年的《瑞士债务法典》把劳动关系定性为地位平等者之间的雇佣合同。随着劳资关系对于社会和谐重要性的增加,1942 年《意大利民法典》改弦更张,以独立的一编(第五编)调整劳动关系。由此不把劳动关系看作平等关系,而看作需要立法者的保护性介入的关系。瑞士也于 1971 年修订了其债法,将原来的雇佣契约改为劳动契约,以图实现这种合同的社会化。[126]由此,劳动法成为一个与民法若即若离的部门法。因为它从民法分化出来,所以说“若离”,但它还是与民法共享许多原则和制度,所以说“若即”。无论如何,说劳动关系因为国家的干预强被作为社会法的调整对象看待,是安全的。

国家作为劳动关系的一方,担当什么样的角色?首先,国家建立工作场所的健康保护条件,确定最低工资标准,通过保险化解劳动者特有的生存危机,[127]并允许建立工会以增加工人的集体谈判能力、保护遭受事故和疾病的工人、保障工人工龄的跨企业移转、保护未成年劳动者,等等,由此使在私人控制下的国家人力资源得到保护,并让他们能无障碍地履行公民义务。

国家介入劳动关系的最重要舞台是限制雇主的解雇权,我们知道,解雇权是典型的形成权,是雇主手中最有杀伤力的武器,雇员由此处在最屈从甚至屈辱的地位,形成劳动关系的最不平衡点,所以,各国劳动法的核心部分之一是限制解雇法。[128]这种法律保障女工不得因为生产被解雇、男工不得因为服兵役被解雇、工会分子不得因为组织过罢工被解雇、有特殊性向者不因此被解雇。[129]甚至变更性解雇——即调换工作的雇主安排——也受限制。

调整劳动类屈从关系,类推适用上述原则。

(二)其他屈从关系的法律调整

其他屈从关系的调整的内容也是国家为维持强弱的平衡采取抑强扶弱的措施。就房屋租赁关系而言,规定了承租人的优先购买权、买卖不破租赁的规则等来限制出租人的形成权性质的解约权。[130]就附有随意条件的合同关系而言,法律确定附取决于债务人意思的纯粹的随意条件的合同无效就是强化弱者地位的手段。至于附随合同关系,法律通过允许国家机关审查附随合同的内容,在出现疑义时允许作不利于合同文本提供者的解释[131]等方式维护了双方当事人地位的平衡。

八、结论

从思想史的角度看,贝拉尔米诺和苏亚雷斯与菲尔麦论战是平等问题的拐点,两位神父"被"泛平等主义化以及这种在某种意义上是被强加的观点被近代重要宪法文件的起草者接受,开启了平等时代,而此前是罗马法代表的以不平等为当然的时代。由于菲尔麦对两位神父观点的带来积极后果的"捏造",说他是平等时代的开创者,并不为过,尽管他的本意并非如此。历史就是这样的具有讽刺性,他想做的事情没有做到,不想做的事情却做到了,前者表现为詹姆斯一世的儿子查理一世在英国内战中被作为暴君斩首,英国国王最终在英国宪法中沦为一个礼仪性的角色,后者表现为英国最终成为一个民治国家,人民之间的平等远远大于詹姆斯一世时代的情形。有意思的是,菲尔麦又提出亲子天然不平等论与他虚拟的亲子天然平等论对冲,以达到拯救君主制的目的。他的这一命题具有极大的杀伤力,革命派的几位理论高手试图破解却不成功,逼得革命派对其采取视而不见的态度,以便把人人生而平等的醉人口号继续喊下去。直到200多年后,菲尔麦命题才被重拾,被平心静气地对待,其真理性得到承认,于是,经过否定之否定的过程,平等世界基本维持,但其范围被缩减,人们开始承认一些不平等关系的客观存在并力图进行干预,于是,世界变成平等与不平等兼有的人间。民事屈从关系构成不平等世界的一部分,与之并列的还有行政屈从关系、税务屈从关系、刑事屈从关系等。其他屈从关系的屈从性比较显而易见,民事屈从关系的屈从性并不如此,因为民法是一个长期被平等幻觉麻醉的领域。如果本文能起到一点解醉的作用,我就十分满足了。

对于民事屈从关系,我们可以这样分类:(1)法定屈从和约定屈从,亲子屈从关系属于前者,合同类的屈从关系属于后者。就这类屈从关系而言,当事人可自由选择是否进入屈从关系。如果他们选择进入,他们承受的屈从是自愿的屈从。约定屈从框架下形成权制度的意义在于:即使确认了理性平等,人们间仍有法律上的屈从。而且理性平等的假定不真实,每个社会都有精神病患者和精神耗弱人,他们也要由于自己的理性缺陷遭受屈从。(2)好的屈从关系与坏的屈从关系。前者之设是为了保护屈从人,亲子屈从关系和劳动屈从关系属此。这类屈从关系闻起来臭,吃起来香。例如,由于一定的原因,家政劳动关系未被纳入我国《劳动法》调整,这可能是有些人认为家政劳动关系并非屈从关系所致,保姆由此不屈从于雇主,但她们付出了"没有双休日、没有加班工资、没有社会保险……"的代价。[132]把这种关系叫做保护关系,它就不会那么臭了。但屈从关系的保护性并非从来就有的,它经历了从利用屈从者到保护屈从者的变迁。后者之设是为了保护屈从人的相对人,附随合同屈从关系属此。

屈从概念冒犯人们的平等幻觉,但却有宪法依据:各国宪法无不援引一些人的特性(traits)作为立法者和司法者不得用来制造不平等的安全岛,如性别、宗教、党派、民族、种族等,但各国宪法几乎没有一个把年龄[133]和财产列为这样的特性,这意味着立法者和司法者可以合法地把两者作为不平等的原因。[134]事实上,亲子屈从关系基于年龄而成,劳动屈从关系基于财产(尤其是权力财产)而成。而性别由于被列为安全岛,妇女变得不屈从于丈夫,而她们曾经如此。由此可见,屈从关系可以消长,昨天的屈从关系今天可能就不是了,反之亦然。

如上所述对应于皮埃尔·勒鲁(1797~1871年)的平等理论,他认为有三种不平等:家庭等级制度,国家等级制度,所有制等级制度。[135]显然,亲子屈从关系是前者的体现,劳动屈从关系是后者的体现。

一旦确立了民事屈从关系的概念,《民法通则》第2条关于民法调整平等主体之间的财产关系和人身关系的规定就暴露出其错误,人们将承认民法不仅调整平等者之间的关系,也调整非平等的关系——民事屈从关系。事实上,现代民法已从将人作为自由行动的立法者、平等的法律人格即权利能力者抽象地加以把握,转为坦率地承认人在各方面的不平等……。[136]如果有人还像鸵鸟一样一头扎进平等的沙堆,那他就太接近18～19世纪了。

注释

1 See the Entry of Gunpowder Plot, 载 http://en. wikipedia. org/wiki/Gunpowder_Plot, 2011年4月14日访问。

2 See the Entry of Oath of Allegiance(United_Kingdom), 载 http://en. wikipedia. org/wiki/Oath_ of_Allegiance_（United_Kingdom）,2011年4月14日访问。

3 See the Entry of Pope Paul V, 载 http://en. wikipedia. org/wiki/Pope_Paul_V,2011年4月14日访问。

4 See The Political Works of James I, The Lawbook Exchange Ltd. Union, New Jersey, 2002, pp. 71ss.

5 See The Political Works of James I, The Lawbook Exchange Ltd. Union, New Jersey, 2002, p. 108.

6 See John Hearsey McMillan Salmon, Renaissance and Revolt: Essays in the Intellectual and Social History of Early Modern France, Cambridge University Press, 2003, p. 184.

7 See The Political Works of James I, The Lawbook Exchange Ltd. Union, New Jersey, 2002, p. lxi.

8 Cfr. Francisco Suárez, Opera omnia, Tomo 24, apud Ludovicum Vivès, 1859, p. 208.

9 See J. P. Sommerville, From Suarez to Filmer: A Reappraisal, In The Historical Journal, Vol. 25, No. 3(Sep. 1982), p. 529.

10 See J. P. Sommerville, From Suarez to Filmer: A Reappraisal, In The Historical Journal, Vol. 25, No. 3(Sep. 1982), p. 531.

11 See Pérez Goyena, Antonio. "Francisco Suárez." The Catholic Encyclopedia. Vol. 14. New York: Robert Appleton Company, 1912. 15 Apr. 2011 < http://www. newadvent. org/cathen/14319a. htm >,2011年4月6日访问。

12 除了菲尔麦外,国王方面的参与论战者还有John Buckeridge主教、Thomas Jackson、Marco Antonio de Dominis(1566～1624年)等,教皇方面的参战者还有红衣主教Perron。

13 "I see not then how the children of Adam, or of any man else, can be free from subjection to their parents". See Robert Filmer, Patriarcha or the Natural Power of King, 载 http://www. constitution. org/eng/patriarcha. htm,2011年4月2日访问。

14 See Robert Filmer, Patriarcha or the Natural Power of King, 载 http://www.

constitution. org/eng/patriarcha. htm, 2011 年 4 月 2 日访问。

15 参见[英]迈克尔·莱斯诺夫等:《社会契约论》,刘训练、李丽红、张红梅译,凤凰出版传媒集团,江苏人民出版社 2006 年版,第 253 页。

16 See Gordon Schochet, Thomas Hobbes on the Family and the State of Nature, In Political Science Quarterly, Vol. 82, No. 3 (Sep., 1967), p. 435.

17 参见[英]洛克:《政府论》(上篇),叶启芳、瞿菊农译,商务印书馆 1982 年版,第 44 页及以次。

18 参见[法]卢梭:《社会契约论》,何兆武译,商务印书馆 1980 年版,第 8 页。

19 参见[法]卢梭:《社会契约论》,何兆武译,商务印书馆 1980 年版,第 9 页。

20 参见[法]卢梭:《社会契约论》,何兆武译,商务印书馆 1980 年版,第 9 页。

21 See Gordon Schochet, Patriarchalism, Politics and Mass Attitudes in Stuart England, In The Historical Journal, Vol. 12, No. 3 (1969), p. 423.

22 See Gaillard Hunt, The Virginia Declaration of Rights and Cardinal Bellarmine, In The Catholic Historical Review, Vol. 3. No. 3(1917), p. 283.

23 See Gaillard Hunt, The Virginia Declaration of Rights and Cardinal Bellarmine, In The Catholic Historical Review, Vol. 3. No. 3(1917), p. 288.

24 See Gaillard Hunt, The Virginia Declaration of Rights and Cardinal Bellarmine, In The Catholic Historical Review, Vol. 3. No. 3(1917), p. 289.

25 See Robert Filmer, Patriarcha and Other Political Works, Basil Blackwell, Oxford, 1949, p. 53.

26 See De Laicis – Saint Robert Bellarmine's Treatise on Civil Government, 载 http://catholicism. org /de – laici s. html/7, 2011 年 4 月 12 日访问。

27 See Robert Filmer, Patriarcha or the Natural Power of King, 载 http://www. constitution. org/eng/patriarcha. htm, 2011 年 4 月 2 日访问。

28 See Gaillard Hunt, The Virginia Declaration of Rights and Cardinal Bellarmine, In The Catholic Historical Review, Vol. 3. No. 3(1917), p. 287.

29 See Gaillard Hunt, The Virginia Declaration of Rights and Cardinal Bellarmine, In The Catholic Historical Review, Vol. 3. No. 3(1917), p. 289.

30 See De Laicis – Saint Robert Bellarmine's Treatise on Civil Government, 载 http://catholicism. org /de – laici s. html/6, 2011 年 4 月 12 日访问。

31 关于杰佛逊作为一个种族主义者对于人人平等命题的不相信,参见 Gary S. Dykes, Are All Men Created Equal? An Issue in Semantics, On http://www. biblical – data. org/Equality. pdf, 2011 年 7 月 6 日访问。

32 参见姜士林、陈玮主编:《世界宪法大全》(上卷),中国广播电视出版社 1989 年版,第 761 页。

33 参见徐国栋:“平等原则——宪法原则还是民法原则?”,载《法学》2009年第3期。

34 See Gabor Hamza, The Classification into Branches of Modern Legal System and Roman Law Traditions, In Revista de Derecho de la Ponteficia Universidad Catolica de Valparaiso, Vol. XXVII(2006), p. 459.

35 参见[德]卡尔·拉伦茨:《德国民法通论》(上册),王晓晔等译,法律出版社2003年版,第1页。

36 关于这一限定的消极意义,参见徐国栋:“‘平等主体’民法调整对象限制语研究综述”,载《北方法学》2009年第3期。

37 这种民法调整对象定义的实例,参见《法学研究》编辑部编著:《新中国民法学研究综述》,中国社会科学出版社1990年版,第23页及以次。

38 参见顾昂然:“我国社会主义法制的主要奠基人——纪念彭真同志诞辰100周年”,载《求是》2002年第21期。

39 参见江平:“制定民法典的几点宏观思考”,载《政法论坛》1997年第3期。

40 参见王利明:《中国民法典学者建议稿及立法理由。人格权编·婚姻家庭编·继承编》,法律出版社2005年版,第195页。

41 参见《2010年第六次全国人口普查主要数据公报》(第1号),载 http://news.xinhuanet.com/politics/2011-04/28/c_121358336_2.htm,2011年7月6日访问。

42 See J. P. Sommerville, Filmer and Patriarchalism, 载 http://history.wisc.edu/sommerville/367/367-043.htm,2011年6月14日访问。

43 参见申卫星:“形成权基本理论研究”,载梁慧星主编:《民商法论丛》(第30卷),法律出版社2004年版,第11页及以次。

44 Cfr. G. Chiovenda, L'azione nel sistema dei diritti, Saggi di diritto processuale civile, Roma, Sefi, 1930, p. 20.

45 西班牙语为 Derecho Potestativo,葡萄牙语为 Direito potestativo,法语为 Droit potestatif。

46 Cfr. Federico del Giudice e Sergio Beltrani (a cura di), Nuovo Dizionario Giuridico Romanno, Napoli, Edizione Simone, 1995, p. 342.

47 Cfr. Iolanda Pepe (a cura di), Codice Civile (1865), Codice Commercio (1882), Edizione Simone, Napoli, 1996, p. 498.

48 说“原则上”,是因为在收养中,当事人可以互相选择。

49 参见王涌:“寻找法律概念的‘最小公分母’——霍菲尔德法律概念分析思想研究”,载《比较法研究》1998年第2期。

50 参见申卫星:“对民事法律关系内容构成的反思”,载《比较法研究》2004年第1期。

51 参见《在线词源词典》subjectus 条,载 http://www.etymonline.com/index.php?search =subject&searchmode =none,2011年4月16日访问。

52 参见谢大任主编:《拉丁语汉语词典》,商务印书馆 1988 年版,第 522 页。

53 See John Stuart Mill, Subjection of Women, Republished 2008 by Forgotten Books, www. forgottenbooks, org. p. 1.

54 See John Stuart Mill, Subjection of Women, Republished 2008 by Forgotten Books, www. forgottenbooks, org. p. 1.

55 See Jean Bodin, On sovereignty: Four Chapters from six books of the Commonwealth, edited by Julian H. Franklin, Cambridge University Press, 1992, p. 16.

56 Véase Alejandro Guzmán Brito, Los Orígenes de La Noción de Sujeto de Derecho. Rev. estud. hist. – juríd. [online]. 2002, n. 24 [citado 2011 – 06 – 29], pp. 151 – 247 . Disponible en: < http://www. scielo. cl/scielo. php? script = sci_arttext&pid = S0716 – 54552002002400007&lng = es&nrm = iso >. ISSN 0716 – 5455. doi: 10. 4067/S0716 – 545520 02002400007.

57 参见梁启超:《饮冰室合集》(1),中华书局 1989 年版,《饮冰室文集之六》,第 17 页。

58 参见《德汉词典》编写组:《德汉词典》,上海译文出版社 1983 年版,第 1298、1409 页。

59 Cfr. Antonio Scialoja, Giuseppe Branca, Francesco Galgano, Commentario del Codice civile Scialoja – Branca, N. Zanichelli, 1943, p. 32.

60 Cfr. Federico del Giudice (a cura di), Nuovo Dizionario Giuridico, Napoli, Edizione Simone, pp. 1170s. Cfr. C. Massimo Bianca, Guido Patti, Salvatore Patti, Lessico di Diritto Civile, Giuffrè, Milano, 2001, p. 703. Cfr. Francesco Gazzoni, Manuale di Diritto Privato, Edizione Scientifiche Italiane, Napoli – Roma, 1987, p. 68.

61 Cfr. L. Bigliazzi Geri et al., Diritto Civile, 1, Norme soggetti e rapporto giuridico, UTET, Torino, 1987, p. 321.

62 参见[葡]Carlos Alberto da Mota Pinto:《民法总论》,林炳辉等译,光大柯氏印务有限公司 1999 年版,第 92 页。

63 参见申卫星:"对民事法律关系内容构成的反思",载《比较法研究》2004 年第 1 期。

64 参见徐国栋:《民法总论》,高等教育出版社 2007 年版,第 155 页。

65 从澳门开办第一届法律课程开始,使用的教科书就是 Pinto 的《民法总论》,屈从理论在该书有较详细的论述。José Pinheiro Torres 在由澳门大学法学院于 2007 年出版的"Repertório do Direito de Macau"一书第 362 页提到了屈从的概念。另外,在澳门法院的司法见解中也经常可以见到屈从概念的使用,最近可以在 2008 年的一份澳门中级法院的判决中找到屈从字样: Processo n. °340/2008, Data do acórdão: 2008 – 07 – 03 (Recurso civil)。本注释的全部内容,都由澳门大学法学院的唐晓晴教授提供,在此致谢。

66 关于《德国民法典》中关于意味着屈从关系的形成权规定,参见[德]卡尔·拉伦茨,曼弗瑞德·沃尔夫:"德国民法中的形成权",孙宪忠译,载《环球法律评论》2006 年第 4 期。

67 参见[德]迪特尔·梅迪库斯:《德国民法总论》,邵建东译,法律出版社 2000 年版,第 75 页及以次。

68 参见《民法通则》第 16 条。

69 参见[英]爱德华兹:《汉穆拉比法典》,沈大铥译,曾尔恕校勘,中国政法大学出版社 2005 年版,第 42 页。

70 参见[古希腊]柏拉图:《法律篇》,张智仁、何勤华译,上海人民出版社 2001 年版,第 361 页。

71 参见[古希腊]柏拉图:《游叙弗伦·苏格拉底的申辩·克力同》,严群译,商务印书馆 1983 年版,第 108 页。

72 参见班固:《汉书·贾捐之传》,第九册,中华书局 1962 年版,第 2833 页。

73 Cfr. Luigi Brigida, La Patria Potestas, Dal Codice 1865 al Diritto Famiglia, Su http://www. diritto e storia . it/ archiviogiuridico/Archivio_8/Brigida. pdf,2011 年 6 月 30 日访问。

74 See John Crook, Patria Potestas, In The Classical Quarterly, New Series, Vol. 17, No. 1(May,1967),p. 1.

75 Voir Jaques Ramin and Paul Veyne, Droit et société: les hommes libres qui passent pour esclaves et l' esclavage volontaire, In Zeitschrift für Alte Geschichte, Vol. 30, No. 4(1981),p. 486.

76 参见徐国栋:《优士丁尼〈法学阶梯〉评注》,北京大学出版社 2011 年版,第 120 页。

77 故有家子是家父取得财产的工具之说。参见徐国栋:《优士丁尼〈法学阶梯〉评注》,北京大学出版社 2011 年版,第 349 页。

78 参见[德]奥托·基弗著:《罗马风化史》,姜瑞璋译,辽宁教育出版社 2000 年版,第 75 页。

79 See Gordon Schochet, Patriarchalism, Politics and Mass Attitudes in Stuart England, In The Historical Journal, Vol. 12, No. 3 (1969),p. 423.

80 但有人企图把劳方和资方都说成有产者,劳动者的"产"是其劳动力,资本家的"产"是生产资料。由于两方都有产,不能说劳动关系不平等。参见张秋惠、于桂兰:"劳资关系的产权理论演化研究",载《南京农业大学学报》(社会科学版)2010 年第 2 期。

81 See Robert Filmer, Patriarcha or the Natural Power of King, 载 http://www. constitution. org/eng/patriarcha. htm, 2011 年 4 月 2 日访问。

82 See Barbara Bennett Woodhouse, "Who Owns the Child? Meyer and Pierce and the Child as Property",33 William and Mary Law Review, 995 (1992), pp. 1037,1064.

83 参见刘丽华:"美国进步运动时期棉纺织业中的童工问题透析",载《辽宁大学学报(哲学社会科学版)》2000年第2期,第53页。

84 参见[德]康德:《法的形而上学原理——权利的科学》,沈叔平译,商务印书馆1991年版,第73页。

85 例如,波多黎各就尝试通过民意调查的方式把西班牙留下的《民法典》中21岁的成年年龄改为18岁。参见徐国栋:"孤星下的民法典——波多黎各民法典的过去、现在和未来",载《华东法律评论》(第2卷),法律出版社2003年版。

86 参见张俊浩主编:《民法原理》,中国政法大学出版社1991年版,第160页。

87 参见徐国栋:"普通法中的国家亲权制度及其罗马法根源",载《甘肃社会科学》2010年第1期。

88 参见高伟:"未成年人监护之公法化变革",载陈苇主编:《家事法研究》(2009年卷),群众出版社2010年版,第314页。

89 See N. Y. Lowe, The Legal Position of Parents and Children in English Law, In 1994 Singapore Journal of Legal Studies, p. 339.

90 Cfr. Francesco Santoro – Passarelli, Dottrine generali del diritto civile, Nona Edizione, Napoli, Jovene, 2002, p. 74.

91 即16岁以上靠自己的劳动收入为生的人。

92 说"通常",乃因为他们有时可通过继承获得自己的财产,但此等财产要由其父母代管。

93 关于权力财产的概念, See Margaret Jane Radin, Reinterpreting Property, The University of Chicago Press, Chicago and London, 1993, p. 49.

94 参见范剑虹:"限制期限合同与解雇的判例与法理依据",载北大法律信息网,2010年4月7日访问。

95 参见[德]沃尔夫冈·多伊布勒:"德国劳动法的基本架构及其在全球化影响下的发展前景",何旺翔译,载《中德法学论坛》(第4辑),南京大学出版社2006年版,第98页。

96 Cfr. Massimo Roccella, Manuale di Diritto del Lavoro. Giappichelli Editore, Torino, 2008, p. 4.

97 参见费安玲等译:《意大利民法典》(2004年),中国政法大学出版社2004年版,第489页。

98 Cfr. C. Massimo Bianca, Diritto Civile, 1, La norma giuridica, i soggetti, Giuffrè, Milano, 2002, p. 203, note 229.

99 但并非不可能,以分工论就可以解释,尽管都是主人翁,但厂长的职责是管理,工人的职责是做工,后者因此要"屈从"于前者。

100 参见曹燕:"从'自由'到自由:劳动法的理念缘起与制度变迁",载《河北法学》

2007年第10期。

101 参见胡新建:"劳务关系、雇佣关系、劳动关系之辨析与建构",载《温州大学学报》(社会科学版)2010年第3期。

102 参见钟广池:"劳动关系与雇佣关系联系之探讨——兼论劳动法统一调整模式",载《河北建筑科技学院学报》(社科版)2003年第3期。也参见黄元珊、郑至吾:"我国劳动法与民法调整的劳动关系比较",载《湖北民族学院学报》1999年第4期。

103 之所以说"差不多",乃因为存在例外,还有一些学者把劳动关系视为适用意思自治原则的平等主体间的合同关系。对此,参见黄卉的文章"德国劳动法中的解雇保护制度"(载《中外法学》2007年第1期)第100页注释7中罗列的持这种观点的德文文献,但遗憾的是,她声称[德]W.杜茨:《劳动法》,张国文译,法律出版社2005年版,边码第53页中有这种观点,但查法律出版社出版的此书的该页,并无这种观点的表述。杜茨明确表示劳动法是关于处于从属地位者(雇员)的雇佣关系的法律规则(从属劳动地位者的特别法)的综合。参见该书的中译本第1页。

104 参见[德]W.杜茨:《劳动法》,张国文译,法律出版社2005年版,第1页。

105 参见日本劳动法学会编辑:《劳动契约》,有斐阁2000年版。转引自参见曹燕:"从'自由'到自由:劳动法的理念缘起与制度变迁",载《河北法学》2007年第10期。

106 参见[德]沃尔夫冈·多伊布勒:"德国劳动法的基本架构及其在全球化影响下的发展前景",何旺翔译,载《中德法学论坛》(第4辑),南京大学出版社2006年版,第99页。

107 Cfr. Massimo Roccella, Manuale di Diritto del Lavoro. Giappichelli Editore, Torino, 2008, pp. 282ss.

108 《德国民法典》中的规定权指第315~319条规定的给付确定权。

109 参见[德]W.杜茨:《劳动法》,张国文译,法律出版社2005年版,第1页。

110 Cfr. Massimo Roccella, Manuale di Diritto del Lavoro. Giappichelli Editore, Torino, 2008, p. 4.

111 参见《劳动法》第2条和《劳动合同法》第2条。

112 参见费安玲等译:《意大利民法典》(2004年),中国政法大学出版社2004年版,第102页。

113 这样的被精神病的例子不绝于书,典型的是武汉徐武因为上访被精神病案。其详参见"武汉徐武'被精神病'舆情报告",载《政法网络舆情》2011年第18~19期合刊。

114 持类似观点的文献有许建宇:"关于劳动法学若干基本理论问题的探讨",载《法商研究》2000年第3期。

115 参见陈筠:"中国的年轻人为何不愿租房",载 http://bbs1.people.com.cn/

postDetail. do? boardId = 24&tree View = 1&view = 2&id = 96299716,2011 年 7 月 12 日访问。

116 《智利民法典》第 1477 条。

117 Véase Victor Vial Del Rio, Teoria General del Acto Juridico, Editorial Juridica De Chile, Santiago,2006, pag. 333.

118 参见费安玲等译:《意大利民法典》(2004 年),中国政法大学出版社 2004 年版,第 350 页及以次。

119 Cfr. Codice Civile e leggi complementari(A cura di Giuseppe Finocchiaro),2010, Gruppo24ore,Milano,p. 1386.

120 参见[德]沃尔夫冈·多伊布勒:"德国劳动法的基本架构及其在全球化影响下的发展前景",何旺翔译,载《中德法学论坛》(第 4 辑),南京大学出版社 2006 年版,第 99 页。

121 关于国家亲权的概念及其对亲子关系的干预,参见徐国栋:"普通法中的国家亲权制度及其罗马法根源",载《甘肃社会科学》2011 年第 1 期。

122 参见丁权赋、李晓玲:"论现代劳动法的基本理念",载《韶关学院学报》(社会科学版)2004 年第 8 期。

123 参见常凯:《劳权论》,中国劳动社会保障出版社 2004 年版,第 83 页及以次。

124 参见徐国栋:"普通法中的国家亲权制度及其罗马法根源",载《甘肃社会科学》2011 年第 1 期。

125 Cfr. Iolanda Pepe(a cura di), Codice Civile(1865), Codice Commercio(1882), Edizione Simone,Napoli, 1996, pp. 196s.

126 参见郑尚元:"雇佣关系调整的法律分界——民法与劳动法调整雇佣类合同关系的制度与理念",载《中国法学》2005 年第 3 期。

127 参见[德]沃尔夫冈·多伊布勒:"德国劳动法的基本架构及其在全球化影响下的发展前景",何旺翔译,载《中德法学论坛》(第 4 辑),南京大学出版社 2006 年版,第 99 页及以次。

128 参见黄卉:"德国劳动法中的解雇保护制度",载《中外法学》2007 年第 1 期;陈国文:"瑞典劳动法中的解雇制度研究",载《西部法学评论》2008 年第 5 期;田丹宇:"法国劳动法对劳动者权益的保护",载《法制与社会》2007 年第 1 期;郑爱青:"法国劳动法对女性权益的保护",载《人权》2005 年第 5 期;刘志军:"浅议德国劳动法上的变更性解雇",载《广西政法干部管理学院学报》2009 年第 6 期;谢德成、穆随心:"英国劳动法限制解雇制度",载《中国劳动》2005 年第 6 期;蔡红:"英国劳动法的不公平解雇及其法律救济",载《欧洲》2002 年第 2 期。

129 参见黄卉:"德国劳动法中的解雇保护制度",载《中外法学》2007 年第 1 期。

130 Cfr. L. Bigliazzi Geri et al., Diritto Civile, 1, Norme soggetti e rapporto giuridico,

UTET, Torino,1987,p. 323.

131 参见《合同法》第41条。

132 参见苏敏:“我国家政业服务人员法律适用选择——从民法和劳动法的角度”,载《天水行政学院学报》2011年第1期。

133 只有路易斯安那宪法规定了不得以年龄作为歧视理由,但它反对的不是歧视幼年人,而是歧视老年人,例如强制他们退休,不让他们就业等。

134 参见徐国栋:《民法哲学》,中国法制出版社2009年版,第111页。

135 参见周志成:“‘平等幻觉’与‘勒鲁平等’的当代意义滤析”,载《复旦学报》(社会科学版)2004年第2期。

136 参见[日]星野英一:《私法中的人》,王闯译,中国法制出版社2004年版,第71页。

图书在版编目(CIP)数据

民法对象研究 / 徐国栋著. —北京:法律出版社,
2014.10
ISBN 978 - 7 - 5118 - 6870 - 1

Ⅰ. ①民… Ⅱ. ①徐… Ⅲ. ①民法—研究—中国
Ⅳ. ①D923.04

中国版本图书馆 CIP 数据核字(2014)第 217234 号

民法对象研究 | 徐国栋 著 | 责任编辑 丁小宣 吴 昉 装帧设计 乔智炜

开本 710 毫米×1000 毫米 1/16
版本 2014 年 10 月第 1 版
出版 法律出版社
总发行 中国法律图书有限公司
印刷 北京嘉恒彩色印刷有限责任公司
印张 28.75 **字数** 435 千
印次 2014 年 10 月第 1 次印刷
编辑统筹 法律教育出版分社
经销 新华书店
责任印制 沙 磊

法律出版社/北京市丰台区莲花池西里 7 号(100073)
电子邮件/info@ lawpress. com. cn
网址/www. lawpress. com. cn
销售热线/010 - 63939792/9779
咨询电话/010 - 63939796

中国法律图书有限公司/北京市丰台区莲花池西里 7 号(100073)
全国各地中法图分、子公司电话:
第一法律书店/010 - 63939781/9782
重庆公司/023 - 65382816/2908
北京分公司/010 - 62534456
西安分公司/029 - 85388843
上海公司/021 - 62071010/1636
深圳公司/0755 - 83072995

书号:ISBN 978 - 7 - 5118 - 6870 - 1
定价:56.00 元